国家法治与法学理论研究重点项目"刑法立法方法研究"成果

（课题编号：16SFB1004）

刑法立法方法研究

陈伟◎著

Research on the legislative
method of criminal law

上海三联书店

目　录

第一章
刑法立法方法概论

第一节　刑法立法方法概述

　　立法是司法的先导,立法对于司法而言不仅仅具有工具价值,而且也蕴含着立法自身的指导性与引领性价值。在司法实践中,无论如何解释与适用刑法,都必须在刑法立法规定的既有框架体系、条文逻辑与规范表述的指引下展开。这就意味着,要达到良好的刑法实施效果,实现对刑事案件的理性处理,就必须保障刑法立法的理性与质量。而这离不开科学的刑法立法的指导,只有在科学的刑法立法方法的指导下,才能制定出充满理性和高质量的刑法规范,才能保障刑事案件处理的法律效果与社会效果的统一。

一、刑法立法方法的概念界定

　　何谓刑法立法方法? 对该问题的回答,离不开对刑法立法概念与立法方法概念的考察,因为刑法立法方法实际上是立法方法在刑法立法领域的具体化,是立法方法在刑法立法领域的特殊体现。在某种程度上,刑法立法方法概念是刑法立法概念与立法方法概念的结合。

　　立法既是一项法律活动也是国家的一项重要法律职能,立法既是法律实行的起点也是法律运行的权源。① 但是，从规范层面而言，立法本身的含义却并非显而易见、毫无分歧。何谓立法？对此，主要的回答有以下几种。第一种说法是，"立法是指与判例法相对应的颁布或者制定法律的活动；或者是指制定法律的权力；或者是立法活动；或者是立法的准备和制定；或者是制定法律。"②第二种说法是，"立法是由特定主体，依据一定职权和程序，运用一定技术，制定、认可和变动法则中特定的社会规范的活动。"③第三种认识是，将立法概念分为狭义的立法概念与广义的立法概念，狭义立法是指最高国家权力机关依照法定权限和程序制定、修改和废止法律的专门活动，广义立法则还包括其他有关国家机关依照法定权限制定、修改和废止具有不同效力的规范性文件的活动。④ 这一含义指的是在立法过程中产生的结果，即指制定法本身。

由于刑法立法是立法进行类型划分后在刑事领域的立法体现，是对犯罪、刑事责任与刑罚的内容进行规定的重要法律活动。那么，作为上位概念的立法概念之争，也不可避免地会引发对刑法立法概念的不同认识。当前，有关刑法立法概念的归纳，也有不同的认识。比如，有学者认为，"刑法立法是指立法机关根据社会政治、经济、文化生活发展的客观需要，创制刑事法律规范的一种活动。"⑤还有学者认为，刑法立法是指特定主体依据职权，按照一定的程序，遵循特定的立法技术，制定、认可、补充、修改、废止刑法规范的活动。⑥

继而，由刑法立法概念的复杂化、多样化延伸而来的问题是，刑法立法方法的概念必定也是多元化、多维度的，因而会存在诸多不同的认识和见解。储槐植教授就曾认为："刑事立法方法有许多，例如，提高规范精确度的立法方法，又如，如何实现内容精确与文字易懂结合最优的立法方法，怎样减少法条竞合的立法方法，再如，总则条文也有其自身要求的特定方法，还有一些纯技术性方法，诸如章节条项的编目顺序和怎样给后来

---

① 李怀胜：《刑法立法的国家立场》，中国政法大学出版社 2015 年版，第 23 页。
② 出自《布莱克法律词典》中对于"立法"的表述。
③ 周旺生：《立法学》，法律出版社 2000 年版，第 80 页。
④ 《法理学》编写组：《法理学》，人民出版社 2010 年版，第 291 页。
⑤ 陈兴良：《刑法哲学》，中国政法大学出版社 1997 年版，第 4 页。
⑥ 姚龙兵：《刑法立法基本原则研究》，中国政法大学出版社 2014 年版，第 3 页。

增加新法条留有空间余地的方法,法条要义(或称边注)的表述方法等"。①因而,从储槐植教授的观点中可以看出,刑法立法方法的多元化特征,既包括了立法表述方面的方法,也包括了立法适用方面的方法;既有逻辑体系方面的方法,也有立法技术编排方面的方法。立法方法的具体适用,包含着法的规范目的的价值内容,不可能是单一性的方法,也不可能是单一内容的体现。正是基于此,有学者提到:"立法者对规制对象和作为法律适用条件的事实特征的选择,不是一个简单任意的过程,他们必须根据社会道德规范、政府的行政追求、原有法律体系、紧迫的现实需要等共同作用形成的'法的规范目的'要求进行评价、整理和取舍,这就是立法选择合规范目的原则。"②

此外,由于立法方法是与一定知识体系相结合的,也正是知识架构的支撑才决定了立法方法不可能脱离理性标准与科学标尺。而"就立法方法而言,其与相关知识论标准相辅相成,目的均在于提高立法过程的合理性以及立法结果的质量,并需要一个立法合理性标准和立法质量的判别标准作为参照指引。"③那么,更为具体化的刑法立法方法,就不是对某一具体方面所形成的可以"适之皆准"的客观规律和方法,而是需要综合社会政治、经济生活、道德规范等因素,结合社会发展进程中不断涌现的危害行为样态及其类型特征,有条件地筛选出与之对应的诸多立法规则的结合体。

刑法立法方法的科学合理与否,直接影响着刑法立法的质量高低与立法操作技术的难易。可以说,没有刑法立法方法就没有科学合理的刑法立法过程,就没有科学化的立法产品,更不可能有公正化的刑事司法,刑事法治的目标就只能永远停留于理想状态。因而,刑法立法方法是刑事法治目标能否实现的关键所在,其科学性、明确性、有效性直接决定了规范意图落实到社会当下的可能和刑事法律理性发展的方向。因而,刑法立法方法是一个综合性体系,而不是单一的组合要素或者单一方法的

---

① 储槐植、侯幼民:《论刑事立法方法》,《中外法学》1992 年第 4 期,第 54 页。
② 王志远:《事实与规范之间:当代中国刑法立法方法论批判》,《法制与社会发展》2011 年第 1 期,第 59 页。
③ 姜孝贤、宋方青:《立法方法论探析》,《厦门大学学报》2016 年第 3 期,第 39 页。

呈现,这一系列不同的立法准则的综合性决定了刑法立法方法是逻辑性、关联性、科学性立法准则的统一体。

综上,笔者认为,刑法立法方法是指,为保障刑法立法科学性和提高刑法立法质量,在章节编排与罪刑条文的内容设定过程中,合乎刑法逻辑体系及其立法规则的总称。

二、刑法立法方法的现状观察

(一)法益保护目的对刑法立法方法的影响逐渐凸显

近年来,法益成为了刑法学界较为热衷的一个概念术语。所谓法益,就是指根据宪法的基本原则,由法所保护的、客观上可能受到侵害或者威胁的人的生活利益。① 尽管不同的学者对法益概念会有不同的认识,法益概念自身也具有一定的模糊性,但是,刑法核心目的在于保护法益的这一基本立场已经为大多数学者所认可。而且,在刑法学逐渐注重实质解释与教义学分析的背景下,法益这一概念对刑法立法与刑事司法的影响日益凸显。

刑法向法益保护的转向不仅会影响司法理念与具体的个案裁判,也会对我国的刑法立法方法产生实质影响。从近年刑法立法活动来看,刑法立法对法益保护的日益重视,主要体现在以下方面:第一,刑法立法对法益的保护日趋前置和提前。从以往的被动型法益保护转变为主动型的法益保护,法益保护的提前化、刑法处罚的早期化等刑法前置现象日益凸显。即从法益实害结果发生才予以刑法处罚,到进行审慎抉择后的某些法益具有被侵害危险时就作出刑法规制。例如,刑法修正案(九)将以往被认为是犯罪预备的行为规定,为了独立罪名,增设了准备实施恐怖活动罪、非法持有宣扬恐怖主义、极端主义物品罪等等。第二,刑法立法规定了数量较多的危险犯,加强了对法益的早期保护。当前,刑法立法"针对某种可能造成危险的行为设置罪刑规范,从重视法益实害转向重视法益

---

① 张明楷:《法益初论》,中国政法大学出版社 2000 年版,第 167 页。

的抽象危险,从注重保护个人利益转向重视公共法益和社会秩序的保护。"①比如,危险驾驶罪的增设即是明确性体现,除此之外,生产销售假药罪与生产、销售有毒有害食品罪等罪名的修订也是其立法体现。

但是,在日益注重法益保护功能的情形下,刑法的边界也在不断拓展,并由此带来了刑法是否已经过度化的质疑。所谓"过度刑法化",指的是刑法在参与社会治理过程中,没有遵守与其他法律、社会规范的界限,超出其合理功能的情况。② 因为,长期以来的刑法都被视为一种最为严厉的制裁手段,其在整个治理体系中也一直处于保障法的地位。但是,随着社会的快速发展,大量的潜在危险激发了人们对于重大危害后果的恐惧、焦虑,并不断期待着刑法立法能够对可能发生的危险进行强有力的回应与预防。伴随这一社会压力及公众呼吁,使得刑法不得不考虑提前介入对法益的保护,从而渐渐脱离原有对于法益实害结果的固守,逐渐转向对行为危险的控制与预防。而为了实现压制行为危险的目的,刑法立法就需要不断地拓展犯罪圈的边界,并通过"主动出击"来实现对于潜在危险行为的遏止。但正如有的论者所意识到的,"不要忘记所有的刑事制裁都只不过是一种恶害的选择。让明智的刑罚执行者在手里始终保持平衡,在防止轻微之邪恶的热情当中,避免因为自己的不慎而造成严重的恶害。"③刑法积极追寻法益保护的过程,其实就是刑法不断打破自身在整个治理体系的定位,不断前行和越位成为广义的"社会一般法"的过程,如果任由这一趋势发展,将使刑法逐渐丧失原初应具有的支撑和保障其他部门法的定位。

对此,在追求法益保护的前提下,如何通过刑法立法方法的有序引导来合理进行立法条文的编制,仍然是值得我们去探究的重大课题。从整体上来说,法益保护是一把双刃剑,既可能成为限缩刑法立法规制范围与刑事司法非罪化的有力武器,也可能成为扩张犯罪圈与推动刑事司法犯罪化的重要依仗。社会经济发展过程中新型的危害行为不断出现,社会

---

① 周光权:《转型时期刑法立法的思路与方法》,《中国社会科学》2016 年第 3 期,第 124 页。
② 何荣功:《社会治理"过度刑法化"的法哲学批判》,《中外法学》2015 年第 2 期,第 524 页。
③ [英]吉米·边沁:《立法理论》,李贵方等译,中国人民大学出版社 2003 年版,第 534 页。

公众的不安感与焦虑感客观存在,这必然会反馈到立法者那里,并在立法规范产品中体现出对法益保护的积极追求。因而,如何通过对刑法立法方法的遵守来适度推动法益保护,从而在秩序保护与权利保障之间寻求现实平衡点,是我们必须予以重点关注和解决的现实问题。

(二)刑事政策对刑法立法方法的指导作用日益突出

有论者认为,"刑事政策是国家基于预防犯罪、控制犯罪以保障自由、维持秩序、实现正义的目的而制定、实施的准则、策略、方针、计划以及具体措施的总称。"①也有论者认为,"所谓刑事政策,是国家和地方公共团体通过预防犯罪,维持社会秩序的稳定、安宁所采取的一切措施。"②但是,无论怎样界定刑事政策这一概念,都无法回避一个共识性的认识,即刑事政策与预防犯罪、刑法立法模式之间存在着密切关联性。因为,刑事政策是关注犯罪现象的政策学,对于危害社会的行为是否需要动用刑法进行规制,必然需要通过刑事政策的严格审查。不同的刑事政策引导着不同的刑法立法模式,而不同的刑法立法模式又具有不同的刑事政策功能,刑法立法模式的选择直接回应着刑事政策的贯彻与功能发挥。

从另一个角度也可以说,刑法立法能够在一定程度上限制刑事政策的扩张,因为刑法是刑事政策不可逾越的屏障。因为,"刑事立法具有国家意志性,由于法律是客观中立的,通过法定程序产生的立法一经确立,便具有了绝对的权威性。因此,通过立法来固定刑事政策,可以抵制不符合立法基本原则的不适当的刑事政策。"③就此而言,刑法立法不仅是呼应刑事政策的结果体现,也是刑事政策导引下的立法现实化;刑事政策指导刑法立法的制定,同时也是刑法立法规范正式出台的必经步骤。对于任何立法规范来说,都既依赖于刑事政策的推动出台,也需要向刑事政策寻求内涵支撑与价值映射。在此前提下,有论者明确提出,刑事立法理念应以宽严相济刑事政策为基础,刑事立法技术应以宽严相济刑事政策为

---

① 曲新久:《刑事政策的权力分析》,中国政法大学出版社 2002 年版,第 68 页。
② 〔日〕大谷实:《刑事政策学》,黎宏译,中国人民大学出版社 2009 年版,第 3 页。
③ 张朝霞、刘涛:《宽严相济刑事政策立法化研究》,《人民检察》2009 年第 1 期,第 62 页。

构架,刑事立法内容应以宽严相济刑事政策为范式。①

在近年来的刑法立法活动中,刑事政策对刑法立法方法的指导作用也愈加明显。比如,在刑法修正案(八)制定和出台的过程中,作为基本的宽严相济刑事政策,就对以何种理念进行刑法修正、如何调整罪名体系、如何设置罪状和法定刑等产生了直接的重要影响。"该修正案一方面作了一系列趋严的修正,如增加 7 个新罪;扩大 10 个罪的构成要件范围;提高、增重 8 个罪的法定刑等。另一方面,也作了不少趋宽的修正,如取消13 个罪的死刑;对已满 75 周岁的老年人犯罪从宽处理;对未成年人犯罪进一步从宽处理等。以上说明该修正案的宽严相济精神跃然纸上。"②再如刑法修正案(九),在其修改贪污贿赂犯罪的法定刑、调整危险驾驶罪规制范围、确定恐怖主义犯罪新类型等方面,毫无例外地均受到了宽严相济刑事政策的指导。

(三) 科学立法的要求彰显了刑法立法方法的重要性

2006 年 3 月 14 日,《中华人民共和国国民经济和社会发展第十一个五年规划纲要》规定:"贯彻依法治国基本方略,推进科学立法、民主立法,形成中国特色社会主义法律体系。"2012 年 11 月 8 日,党的十八大报告进一步提出了,"科学立法、严格执法、公正司法、全民守法"的"新十六字"指导方针。2015 年 3 月 15 日修正的立法法进一步将科学立法目标确定下来,其在第 6 条第 1 款中明确规定"立法应当从实际出发,适应经济社会发展和全面深化改革的要求,科学合理地规定公民、法人和其他组织的权利与义务、国家机关的权力与责任"。2017 年 10 月 18 日,党的十九大报告再次强调,"推进科学立法、民主立法、依法立法,以良法促进发展、保障善治"。时至今日,可以说,推进科学立法、提高立法质量,已经成为当前我国立法追求的基本目标。③

---

① 姜涛:《宽严相济刑事政策的立法化及其实现》,《江汉论坛》2011 年第 6 期,第 132 页。
② 高铭暄:《我国刑法是"宽严相济"政策的体现》,《民主与法制时报》2015 年 7 月 23 日,第 005 版。
③ 崔政博:《积极推进科学立法,不断提高立法质量》,《改革与开放》2018 年第 15 期,第 67—69 页。

就刑法立法活动而言,由于"刑法的些许变动会涉及到很多人的人身权利和财产权利,会牵扯到更多人的重大利益,因此也就更加需要立法的科学化。"①尤其是在社会转型的背景下,面对社会中涌现出的诸多新情况、新事物,刑法立法更应将科学化作为其目标之一。因为,当前出现的部分刑法立法新修罪名的司法搁置,刑法立法处罚范围的不当扩张,新型危害行为的不当处罚,以及刑事司法中疑难案例的出现等问题,都与刑法立法的体系结构和文本设定存在或隐或明的关系,因而对应性的就需要从刑法立法本身寻求根本性的解决之策。刑法不可能不食人间烟火,刑法回应并解决这些问题就必然要求刑法立法能够保障自身逻辑结构和条文内容设定的科学性,这是基本性也是核心性前提。否则,将难以从刑法立法本身入手解决当前面临的诸多刑事司法难题,无法保证刑事司法公正性目标的达成。

既然科学立法应当是刑法立法的追求目标之一,那么,如何实现刑法立法的科学化就成为一个必须回答的问题,而这自然离不开对刑法立法方法的研究。因为,就满足人们的实际需要而言,提出目的、计划仅是问题的开始,要解决人们实际需要的问题,就必须将所提出的目的、计划实现出来,而实现目的则离不开手段。②同样,仅仅提出刑法立法科学化的目标,并不足以实现人们所追求的刑法立法科学化,还需要借助特定手段、方法才能实现刑法立法科学化。例如,有论者认为,保障刑法立法的科学性,既要考虑刑法规范调整给现有法律体制和刑事司法活动带来的影响,又要预测其可能对个人权益、社会生活产生的影响,这就需要加强刑法立法过程中的实证研究。③因此,要保障刑法立法的科学性,促进刑法立法科学化目标的实现,就离不开对实证研究等刑法立法方法的运用,即刑法立法科学化的实现需要以科学的刑法立法方法予以支撑。

---

① 时延安:《实证研究是刑法科学立法的重要保证》,《法制日报》2014 年 11 月 19 日,第 10 版。
② 聂凤峻:《论目的与手段的相互关系》,《文史哲》1998 年第 6 期,第 76—77 页。
③ 时延安:《实证研究是刑法科学立法的重要保证》,《法制日报》2014 年 11 月 19 日,第 10 版。

(四) 研究投入不足制约了刑法立法方法的发展

曾有学者指出,"当代国家正处在一个'立法国'的时代,但却面临着立法膨胀与立法紧缩并存的困境,即国家成文立法的数量呈现指数性的增长,但立法的质量却越来越低。"①在某种程度上,我国也未能逃出这一藩篱的束缚,在社会飞速发展的今天,刑法以惊人的速度增加刑法修正案。② 刑法立法活动的频繁化和刑事司法解释的持续颁布已经成为一种现实。从侧面来看,大量刑事司法解释的出台正说明了刑法立法未尽其责"头痛医头、脚痛医脚"的刑法立法思维,让刑法制定者尚未深思熟虑就仓促地将刑法推上台面,诸多问题只能留待司法解释来慢慢"消化"。

长此以往,这在相当程度上必然会导致刑法的不可捉摸与复杂多变,而这一乱象的症结仍然要归结为,刑法立法过程中对科学的刑法立法方法的忽视。面对迅速变革的社会环境,当某一新问题超脱了原有刑法立法的规制范围而体现出公众不适时,刑法便通过迅速扩展犯罪外延的方式来实现对问题的"快速解决"。当这样一种立法习惯形成以后,刑法立法的自身逻辑便会被不断变动的犯罪圈所打乱,刑法立法方法也就变得零散无序,最终丧失刑法原本所应当具备的体系性、结构性、合理性。虽然这样一种刑法立法方法在短期内可以平息公众带来的舆论压力,但同样也会带来刑法立法体系、刑法立法结构、刑法立法合理性的损伤,久而久之会使刑法立法过程变得随意而毫无规则,刑法立法的内在价值、理性规则与体系构造也会逐渐褪色。遗憾的是,过去和现在并没有对快速解决型的刑法立法方法进行有效反思,对刑法立法方法研究的投入也相当有限。不难想见,如果相关的理论研究尚未真正得以确立,那么刑法立法方法的实践完善就更是停留于形式层面了。因而,科学研究投入的不足、理论研究上的忽视,在相当程度上严重制约了刑法立法方法研究的深入开展。

---

① Lucj Wintgens Legisprudence. A New Theoretical Approach to Legislation, Oxford Hart, 2002, pp. 65 - 79.
② 王志远:《事实与规范之间:当代中国刑法立法方法论批判》,《法制与社会发展》2011 年第 1 期,第 59 页。

第二节 刑法立法方法的原则遵守

刑法立法方法需要遵守内在的原则，并在这一原则的指导下开展具体的刑法立法活动。由此而来的问题是，有关刑法立法方法的基本原则未有法律明确规定，刑法立法方法应当依据何种原则仍不明确。正如学者所言："当前我国学界对刑法立法基本原则的认定还存在不同认识。由于我国对刑法立法学的研究仍处于初创阶段，还未形成成熟的刑法立法理论体系，对刑法立法基本原则的确立标准以及包括哪些原则等，尚没有形成定论。"[①]因而，为了对刑法立法方法有更好的宏观认知，我们仍有必要对刑法立法方法应当遵守的原则作进一步学理阐述。

一、科学性原则

党的十八大报告指出："法治是治国理政的基本方式。要推进科学立法、严格执法、公正司法、全民守法，坚持法律面前人人平等，保证有法必依、执法必严、违法必究。"其中，"科学立法、严格执法、公正司法、全民守法"被称为我国新时代法治建设的"新十六字方针"。[②]"新十六字方针"的提出，从立法、执法、司法、守法四个维度明确了今后我国法治建设的方向和目标，标志着我国法治建设进入了另一个新阶段。就立法而言，从党的十一届三中全会提出的法制建设"十六字方针"中的"有法可依"到十八大提出的法治建设"新十六字方针"中的"科学立法"，伴随时代的发展，对法治的认识愈加清晰，不仅进一步充实了立法的科学内涵，同时也对我国今后的立法工作提出了更高、更新的要求。[③]而且，我国立法法第 6 条也

---

① 姚龙兵：《刑法立法基本原则研究》，中国政法大学出版社 2014 年版，第 9—10 页。

② 1978 年，党的十一届三中全会确定了社会主义法制建设的基本方针，即"有法可依、有法必依、执法必严、违法必究"。党的十八大提出依法治国"新十六字方针"，即"科学立法、严格执法、公正司法、全民守法。"

③ 易有碌、武杨琦：《科学立法的内涵与诉求——基于"法治建设新十六字方针"》，《江汉学术》2015 年第 2 期，第 5 页。

规定："立法应当从实际出发,科学合理地规定公民、法人和其他组织的权利与义务、国家机关的权力与责任。"从中不难看出,立法的基本要义就是按照法治的科学性内涵进行体系安排与具体设计。

"由于刑法立法要受到时代发展、国情民意、犯罪状况、理论发达程度乃至国家政治决策层观念、立法者认识和立法技艺水准以及立法程序的科学性、立法参与者情况等多种因素的制约与影响,因此,刑法立法的科学和完善也必然是一个不断演进的过程。"①不言而喻,刑法立法方法更要遵循科学的原则、确立科学的方法并建构科学的方法论体系。原因在于,"刑法不能缺少科学性,否则,刑法所追求的自由、公平、正义、秩序等价值就无法达到,其人权保障与社会保护机能也无法实现。如果说自由与正义是刑法的灵魂,那么科学就是刑法的生命。"②科学性是判断事物是否符合客观事实的标准,具体规范是否符合刑法科学性是刑法自身完善的现实需要。刑法科学性原则所针对的对象是刑法规范本身,具体来说则是犯罪圈大小合宜与罪刑轻重相当,同时,科学性原则也包含了刑法立法技术应当加入适当的科学性要素。无论是刑法规范本身需要遵循的科学性原则,还是刑法立法技术需要遵循的科学性原则,都是刑法立法方法研究中需要着重贯彻实施的内容。

刑法立法的科学性是一个内容繁杂的综合体系,是刑事立法对自我的严格要求,也是刑事立法不断完善和不断追求的过程。具体而言,主要应从以下四方面着力推动刑法立法方法的科学化构建:

第一,注重立法程序。传统意义上的"重实体、轻程序"在刑法立法程序上也是客观存在的问题,为了克服这一症结,刑法立法应该在出生于摇篮之时就将公正的立法程序视为科学标尺,在立法过程中时刻保障程序公正。立法过程作为法律产生的关键程序,其自身的程序公正与否、妥当与否、合理与否等直接影响了其所产生的法律文本的科学性,因而我们必须借助一套完整的方法体系对立法程序运行不断进行自我检验,防范"劣法"进入到立法框架之中。对于立法的必要性、立法的时间性、立法的思

---

① 赵秉志:《积极促进刑法立法的改革与完善——纪念 97 刑法典颁行 10 周年感言》,《法学》2007 年第 9 期,第 8 页。
② 黄明儒:《论刑法立法的科学性》,《中南大学学报》2003 年第 1 期,第 41 页。

路整理、立法的效果预设、立法的语言表述等,都需要通过严格而科学的程序不断进行论证和自我评估,只有如此才能将立法过程纳入到制度化、规范化的轨道,保障立法产品科学性目标的实现。

第二,注重民众意愿。立法者不能也不应忽视民意,而应该努力满足民众的合理意愿,但这里所说的"民意"应该区别于情绪化的网民意见。刑法作为最后保障法、二次法,不应该站在社会纠纷处理的最前沿,应当防止制定出与公众认同不一致的规范。随着民众法律意识的提升,公众意见开始越来越多地对立法、司法产生着巨大影响,一方面能够督促法律的正向发展,另一方面也会导致"法意"所恪守的理性和公正受到过多的感性影响。"如不少特例立法都是个案特例发生之后,在社会关注较多和公众呼声较高的情况下,未加审慎考虑的结果。在立法时间上片面求快,以适应公众呼吁通过刑法手段进行干预的社会需要,以彰显国家利用刑法控制维持社会秩序的政治态度。"①受限于群体的主观性和不确定性,致使民意在某种程度上极具"情绪化",而难以从一个更为宏观的顶层设计的角度去考量刑法规范的制定。所以,对民意的吸收应保持谨慎与克制,否则便失去了立法作为一种方向引领和社会革新的导向作用。此外,另一点需要说明的是,在此笔者并未将民主单列为一项基本原则,因为民主原则与科学原则在立法方法意义上来说是相互交融、彼此辉映的,保证科学的立法方法同时必然要兼顾适用民主的立法方法,二者是相互关联、相互说明的。

第三,注重实证研究。实证研究是观察者通过搜集实证材料,为提出理论假设或者检验理论结论而采用的研究方法。实证研究具有鲜明的直接经验性,依靠得到的第一手实践素材来验证理论假设,避免了空洞的理论说教和论证过程的无的放矢。立法的针对性和专业性除了通过法理论证、观点交流等途径之外,其可行性方法决定了还应当深入到社会实践中进行调查、问询、分析、评估和验证。刑法立法的实用性、应用性特征,决定了立法所制定的法律不能是束之高阁的观赏性规范,而必须是和社会发展状况、公民生活息息相关的实用性规范。刑法必然是一种可以被民

---

① 刘炯:《特例立法之批判:以中国刑法为样本》,《山东警察学院学报》2011年第4期,第83页。

众感知和认可并加以遵守的行为规范,一种可以被法官援用进行个案裁判的准据,而不是一种纯粹意义的价值宣誓和口号引导。因而,刑法立法过程中的实证性研究,是保证刑法立法贴近现实并具备实际操作意义的关键所在,因而把刑法与社科法学相结合是刑法规范立法的应有之义。实证研究是检验刑法立法方法成效优劣的最直观手段,通常是整个刑法立法的终点,也是下一轮刑法立法方法研究的起点,从而循环往之推动刑法立法的科学发展。

第四,注重内容妥当。刑法立法的科学性必然要回归于内容层面,这是刑法科学与否的最直观判断,也是我们检视刑法科学与否的最重要参照载体。刑法作为其他法律的保障法和二次法的地位,仍然是以刑罚的责任承担作为实质内容的,因而纳入刑法之中必然意味着刑罚措施的适用。外在的危害行为是否有刑罚处罚的必要性,这不仅是司法适用中必然要面临的现实问题,而且是刑法立法之时就要考虑和解决的重要问题。从实践运行来看,我们在部分案件的规范选择层面存在疑难或者适用法律的困难,与刑法自身规范是否科学仍然不无关系。此时,如果刑法规范介入与内容表述等不具有妥当性,那么基于立法规范存在的现实前提与规范适用中的交叉重叠性,必然会为司法实践的具体适用带来现实阻碍。因而,在刑法不断修订的过程中,哪些危害行为应当划入到犯罪圈之中,首先需要在内容层面进行慎重抉择,权衡多方利弊关系,审慎地考量刑事处罚的必要性、刑事责任归咎的可行性,注重刑法的谦抑性原则,防范不当扩张犯罪圈而致刑事责任不当侵入的现实风险。除此之外、在有必要纳入到刑法规范中的前提下,我们要注意新的条款规定在具体内容表述上的妥当性,即注重刑法规范表述的明确性、法定刑中主刑与附加刑配置的合理性、与已有刑法规范之间的关联性等问题,为后续司法实践的具体适用提供良好的现实前提。

二、体系性原则

刑法本身是一个体系化的存在,长期的法典化过程已经注定了刑法不可能脱离体系性这一基本要求。刑法立法最终是要面向司法实践的,立法规范能否顺利地为司法实践服务，根据现有立法能否合理合法地推导出司法产品，必然都需要根据刑法规范的体系进行严格审查，并在规范体系的严密逻辑下得出裁判结论。所以说，刑法的体系性是刑法法典化的自身要求，也是刑法适用过程中内在逻辑性的必然要求。除此之外，刑法立法方法需要遵守体系性也是刑法立法方法的自然之义，是刑法立法过程需要"内外兼顾"、"相得益彰"的重要原则。就刑法立法方法的体系性而言，刑法既要注重自身的条文规范以及注释内涵，又要关注刑法之外的社科法学的积极影响；既要合理调整刑法总则的内容，又要对刑法分则个罪的构成要件进行协调安排；既要对新型危害行为适时作出犯罪化处理，又要及时对特定行为进行非犯罪化处理；既要对新罪设置自身的体系安排与规范表述进行慎重斟酌，又要对已有的关联性罪名进行反复考量。应无异议的是，刑法立法方法的体系性是刑法内容体系性的基本保证，没有合理的体系性方法，刑法内容的体系性自然也不可能实现，因而体系性既是刑法规范的内在要求，也是刑法立法方法需要遵循的原则。

由于刑法的知识体系牵涉到刑法之内与刑法之外的多方面内容，因而在具体的刑法立法方法的研究中就需要"眼观六路、耳听八方"，对之予以综合全面的考量。刑法学的研究已经呈现出综合性的态势，无论是对现有规范的注释研究，还是对社科法学知识的引入，其实二者并不是完全排斥的关系，而是一种良性互动关系。对此，正如学者所言，"在刑法理论研究中，既要坚持在刑法之中注释刑法学研究，也要坚持刑法学之外的社会学研究。"①具体到刑法立法方法中，则更应强调彼此之间的一体化思维。因而，我们不能单纯局限于从刑法规范自身来探究刑法立法方法，还应当时时关注刑法之外的社科法学的研究成果，通过社科法学的引入来促进刑法立法方法的发展，并在后续的刑法立法中进行检验、修正和提升。

因而，刑法立法方法的体系性，不应单纯局限于刑法之内的规则与条款的关系，还要协调刑法学与其他关联学科之间的关系，并在刑法立法的过程中予以知识关照与规范设计。刑法调整的社会关系极其宽泛，这一现实特征决定了刑法规范牵涉的法律关系更为繁杂，包含的知识点更不

---

① 王牧：《我国刑法立法的发展方向》，《中国刑事法杂志》2010 年第 1 期，第 6—8 页。

是某一方面或者单一学科所能完全囊括的。刑法立法方法的体系性原则,既要求关注社会发展变化对刑法立法带来的新挑战,也要求关注那些对刑法立法的稳定性会产生冲击的新型危害行为,还要求关注刑法的灵活调整与漏洞补充等。

三、适应性原则

由于刑法受罪刑法定基本原则的严格束缚,因而罪刑规范的明确性成为其基本要求,并在这一明确性要求之下保证司法实践适用的公正性,以及权利保障价值的顺利实现。可问题在于,刑法的明确性往往要求刑法表达尽可能精确化,但是过于精确化的刑法规范又必然带来刑法的灵活性不足。并且,尽管从法典的适用性来说,刑法的稳定性是其自然要求,但由于刑法永远赶不上社会发展的步伐,因而需要不断地进行后期修订。如此一来,又会带来刑法零散化、松散化问题,此时刑法如何适应自身的体系要求与社会发展变化之间的矛盾,值得我们关注和思考。因而,刑法立法方法需要关注规范适应性的问题,并在刑法规范的灵活性与稳定性之间作出必要调适。

刑法立法方法需要坚守适应性原则,这取决于刑法与社会之间的互动关系。一般而言,立法适应性是指立法对外部的促动而做出积极的、有选择的反应。适应性的特点在于,通过与社会发展与实践需求的现实贴近与互动结合,主动地、自觉地、有目的地、有规划地呈现自己与之相协调的过程。刑法立法是对社会现实的反映,其核心目的仍然在于解决现实生活中的问题,无论是行为规范指引层面还是裁判操作层面,相关问题都会集中反馈于立法层面,并期望刑法立法对此予以回应和化解。对于刑法立法来说,具有社会适应性的刑法立法方法能够让其顺利搭上时代的"高速列车",紧密其与社会变化之间的联动性,直击社会问题的内核,消除滞留已久的司法疑难。

从整体层面来说,具有社会适应性的刑法立法方法,应该满足如下两点:其一,适应性原则要求刑法立法方法应妥当有序地"顺势而变"。其中的"变"与"不变"应该从辩证的角度来解读,"变"是从社会现实出发进行的相应调整,"不变"是坚持刑法固有体系与原则的稳固性,"不变"与"变"的选择都要以社会现实对于刑法立法的客观需求为前提。伴随社会经济、科技、文化、环境等方面的变化,犯罪行为类型及其方式也在不断地"自我更新",有着不同于前期刑法立法所框定的犯罪新特征。例如,在社会发展变化中衍生出来的网络犯罪的新方式、民生犯罪的新类型、科技犯罪的新样态等,不断冲击着原有的刑法规制方式,给刑法立法方法带来了新的挑战。正是在社会情势的变化中,刑法立法方法不可能"静观其变",它必须根据社会情势的变化做出积极的调整。

其二,适应性原则要求刑法立法方法应力求克服刑法的滞后性。从严格意义上讲,所有的法律都是"过时性"的规范,没有永远稳固不变的"万世之法"。刑法规范文本同样具有天然的滞后性,先前出台的法律与之后产生的社会问题,总是存在难以直接"对号入座"的现实情形。正是基于刑法的此种滞后性,在规划刑法立法方法时,应当看到刑法的社会适应性的必要,并在具体条文规范的制订时,保持与社会发展步伐的一致性,即通过提升刑法立法方法来有效弥补刑法的滞后性。因而,这既需要在刑法法典化的修订之时具有一定的前瞻性,又要看到法典与社会现实之间的不一致性,并在后期修订时予以适应性的跟进。刑法的适应性对刑法立法方法提出了更高的要求,需要保持刑法制订规范的稳固性与系统性,通过规范的适用张力来适应刑法出台之后的社会变化。与之同时,刑法的适应性也是正视刑法自身缺陷的客观态度,在刑法规范难以跟上社会发展步伐时,要通过刑法立法方法的引导而适时地对原有立法进行修订,防范刑法与社会之间严重脱节。

第三节　刑法立法方法的研究方法与意义

一、刑法立法方法的研究方法

有关特定主题的研究离不开具体研究方法的支撑,只有选取符合研究主题特征与属性的研究方法,才能更好地开展课题研究、促进项目成果的学术产出。涉及到有关刑法立法方法这一主题的研究,笔者认为,应当综合运用以下研究方法:

第一,比较研究法。"一般而言,比较研究法,是指对两个或两个以上的事物或对象加以对比,以找出它们之间的相似性与差异性的一种分析方法。"①在刑法立法方法的研究中采用比较研究法,需要从两个方面进行比较分析。一是与纵向的历史角度进行比较。根据这一视角,需要将与刑法立法有一定关联的立法过程和既有规范,进行比较对照,判断异同、分析缘由,从而把握历史发展进程中刑法立法的共同规律和特殊规律。立法本身是一个不断向前的过程,前期的立法不可能不对后期立法产生影响力,因而收集前期的立法文献可以归纳分析出已有立法的利弊得失,并在总结以往可用经验的基础之上结合现实状况,展望未来刑法立法方法的发展动向。二是与横向的中外角度进行比较。需要在与域外的比较分析中找出差异,全方位剖析我国刑法立法方法的优势与不足,对域外立法的经验教训予以去粗取精、去弊存利,有选择地吸收并"为我所用"。如果能将外国对刑法立法方法的经验用之于我国刑法立法方法研究的参考,无疑是"站在巨人的肩膀上看远方",可以吸纳他人之长、反省自我之不足,对我国刑法立法方法的提升同样是受益匪浅。

第二,法律实证研究法。当前,法律实证研究方法已经被广泛运用于刑法立法、刑法解释等诸多领域,在实践中积累了丰富的研究经验并使该研究方法日趋成熟。何谓法律实证研究?简单来说,法律实证研究就是研究和"法"有关的各种事实,其并不局限于使用理论推演来发现事实,而是要实地考察现实世界的状况。② 从方法论的角度,可以将法律实证研究大体分为三种,即历史实证研究、现实问题的量性研究与现实问题的质性研究。③ 而在刑法立法方法的研究过程中,应该采取的则是以对现实问题的"质性研究为主、量性研究为辅"的法律实证研究方法。原因在于,刑法是应用性的法学基础学科,几乎所有犯罪论与刑罚论的理论学说,以

---

① 魏建国等编:《社会研究方法》,清华大学出版社 2016 年版,第 99 页。
② 张永健、程金华:《法律实证研究的方法坐标》,《中国法律评论》2018 年第 6 期,第 74—75 页。
③ 陈柏峰:《法律实证研究的兴起与分化》,《中国法学》2018 年第 3 期,第 133 页。

及关于刑法修正的相关讨论,都是建立在对个案的规范分析与价值判断的基础之上的,因而,定性分析为主是刑法的显性化特征,量性研究过程必不可少的也会有定性分析及其价值判断。但是,刑法作为应用性学科,同样也会涉及到量性研究的相关问题,结合案例的量性分析可以最真实地反映出刑法立法存在的问题,比如通过某一个罪的量刑来反映刑法立法中的刑罚配置是否科学,就是此类方法的典型运用。正是基于此,"质性研究为主、量性研究为辅"需要彼此结合,根据不同的具体情形灵活性地予以掌握。

第三,文献研究法。"文献研究是一种通过收集和分析现存的、以文字、数字、符号、画面等信息形式出现的文献资料,来探讨和分析各种社会行为、社会关系及其他社会现象的方式。"[①]与其他研究方法相比,文献研究法明显具有能够研究那些不可接近的对象、具有非介入性和无反应性,且费用较低的优点。[②] 将文献研究法与上述研究方法相结合,能够拓展刑法立法方法研究的路径,完善有关刑法立法方法研究的逻辑体系。在对刑法立法方法的研究中,除了强调比较研究、法律实证研究之外,还应该着重强调对有关刑法立法、立法方法、刑法立法方法等方面的文献进行收集、鉴别、整理和分析,从相关资料与已有研究的文献中获得更多的基础性认识,找寻到研究的突破口与灵感所在。尤其需要注意的是,在文献研究方法的适用中,需要依据各个部分的研究重心,对既有文献资料进行整合,以形成关于刑法立法方法的可用性素材,从而凸显本研究的主题要旨。

二、刑法立法方法的研究意义

"良法是善治之前提,立法科学化是创立良法之关键,然而,若没有科学的方法进行指导,立法效率难以提高,立法质量也无法真正得到保证。当前,我国历史遗留的立法问题依然很多,而新的立法也难免存在疏漏,

---

① 风笑天:《社会学研究方法》,中国人民大学出版社 2001 年版,第 217 页。
② 荆玲玲主编:《社会研究方法》,哈尔滨工程大学出版社 2016 年版,第 189—190 页。

所以,法治体系建设之中繁重的立法任务以及对科学立法的实践需求,都使得关于立法方法的研究十分重要和紧迫。"①良好的法治实践来自于科学合理的立法,科学合理的立法则源自于正确的立法方法。立法方法不仅是立法者描绘社会主义法治蓝图的一种有效手段,更是对法治社会中理想的法律文本予以保证的科学方法。在当前背景下,刑法立法方法的研究价值主要表现在以下方面:

(一) 刑法立法方法研究是构建良法的前提保障

"全面推进依法治国和国家治理现代化,必须实现良法善治。良法是善治的前提。国家若善治,须先有良法;治国理政若要达成,须先有良法体系。"②可以说,顺应最广大人民意愿、维护最广大人民利益的良法善法,是构筑全面依法治国的坚固基石,要通过科学立法、民主立法、依法立法的方式立良法、立好法。③ 但是,如何才能立"良法"、构建出"好法"体系呢? 这就离不开对刑法立法方法的研究。理由显然易见,就现阶段而言,制定出"良法"、构建"好法"体系是立法活动所要达到的目的之一,而实现这一目的就需要依托特定的立法手段和方法,只有借助特定的立法方法才能达到该立法目的。这意味着,在刑法立法领域,刑法立法方法是保证颁布出台"良法"或者"好法"体系的重要方式。没有科学、理性的刑法立法方法,就难以真正做到刑法的科学立法、民主立法、依法立法,更难以形成"善治"所需的"良法"这一前提。而且,刑法立法方法直接关系到刑法立法质量,刑法立法质量又直接关系到刑事法治的质量,三者之间存在递进关联的"层级式"影响关系。因而,注重刑法立法方法的实用性,关注刑法立法方法及其规范的科学性,提高刑法立法制订及其颁布的执行力,才能从根本上保障"良法"的出台以及规范体系的合理构建,从而促进我国法治建设和全面依法治国的顺利推进。因此,对刑法立法方法的研

---

① 刘睿、张继成:《立法评价方法初探——立法过程中价值评价的理性分析》,《法制与社会发展》2018 年第 6 期,第 157 页。
② 李林:《习近平全面依法治国思想的理论逻辑与创新发展》,《法学研究》2016 年第 2 期,第 12页。
③ 邱时:《立良法》,《检察日报》2019 年 3 月 9 日,第 5 版。

究是制定"良法"、创建"好法"体系过程的重要内容。

（二）刑法立法方法研究能够有效实现刑法二元机能的均衡

惩罚犯罪与保障人权是刑法的核心机能，在刑法的这两种机能追求中，保障人权是我国刑法的根本目的，惩罚犯罪只是实现刑法这一根本目的的手段。[①] 长期以来，如何正确认识和处理惩罚犯罪与保障人权之间的关系，是刑法学者一直探索与争论的问题。在此方面，刑法立法方法的建构理当促进该问题的解决，刑法立法方法的合理选用可以良好协调刑法的惩罚犯罪机能与人权保障机能，在二者的机能兼顾中得以实现综合性的价值。原因在于，刑法立法方法的研究，不仅涉及刑法立法规制范围的划定、规制对象的选择、规制方式的选用等宏观问题，而且涉及到如何合理设计罪状、如何科学制定法定刑等微观问题，而上述问题均关系到刑法惩罚犯罪与保障人权机能的价值协调。科学理性的刑法立法方法以及适用，必然会使刑法立法处于惩罚犯罪与保障人权两端之间的恰当位置，防范毫无缘由地偏向某一方面，更不至于极端化地选择某一刑法机能。

（三）刑法立法方法研究有益刑法确定性与灵活性的关系协调

尽管罪刑法定原则要求刑法必须具有高度的确定性，[②]但是，这一"确定性"仍然难以与社会高速发展的步伐完全相协调。"在社会转型时期，各种新情况、新问题层出不穷，无论立法者多么具有前瞻性，刑法立法多么地超前，在复杂多端的社会现实面前，总会显得捉襟见肘，法律缺漏在所难免。"[③]使得刑法立法的变动调整不可或缺。可以说，"刑法之确定性是罪刑法定原则的一项必然要求，而灵活性则蕴含在刑事法制实践对实质正义的追求之中。"[④]基于此，在刑法立法的具体过程中，如何协调刑法的确定性与灵活性的关系，如何实现二者的兼容并蓄，就成为一个难以回避的现实问题。笔者认为，解决的思路仍然需要从刑法立法方法入手，

---

① 高铭暄、马克昌：《中国刑法解释》，中国社会科学出版社 2005 年版，第 32 页。
② 周少华：《刑法之适应性及其法治意义》，《法学》2009 年第 4 期，第 105 页。
③ 赵秉志、阴建峰等：《中国刑法的修改完善论纲》，《刑法论丛》2012 年第 4 卷，第 2 页。
④ 周少华：《刑法之适应性及其法治意义》，《法学》2009 年第 4 期，第 105 页。

以妥当的刑法立法技术以及多元立法规则的运用,尽力实现二者的协调统一。从实质层面来说,刑法的确定性与灵活性的相互对立不可消除,而只能通过立法方法的完善而尽可能地予以协调。刑法的确定性与灵活性处于相互对立但又时时需要统一的关系之中,我们在刑法立法方法的研究中需要正视这一矛盾对立统一体,并依赖科学合理的立法方法予以妥当解决。

第二章

刑法立法的政策导向与技术制衡

　　刑法立法作为重要的法律活动,其对犯罪圈的合理划定与对刑罚结构的调整起着至关重要的作用。虽然刑法立法的最终结果是制定成文的法律规范,但是,立法过程并不以静态性的规范而全然得以展现,也并不以事后的主观解读就能够获得全部立法旨趣。因此,为了制定出科学的刑事法律,也为了更好实现刑法立法对罪刑设置的良愿,我们必须深入获悉刑法立法规范背后蕴藏的政策导向,并知晓刑法立法的扩张化背后如何通过技术制衡达致价值兼顾的实践情形。笔者希望通过对这些内容的厘清,从而对刑法立法与刑事政策的内在关系有一更加清晰的认识,并对未来刑法立法的更完善有一指导性参照。

第一节　宏观性特征：通过刑法修正案为视角的考察

　　自从我国刑事法典化以来,刑法立法的修订工作就从未停止过。从1979年第一部刑法典的制定并得以实施,刑法立法的步伐就显得格外频繁:一方面,大量的单行刑法被制定出来,另一面,酝酿中的统一刑法典的修订工作也在有条不紊地进行中。1997年经过第八届全国人民代表大会第五次会议的修订,第二部刑法典终于"千呼万唤始出来"。自此以后,刑法立法的修订基本上都是通过刑法修正案的方式得以展现,刑法修正案作为弥补刑法立法缺陷的主要方式得到了延续与遵循。已然非常清楚的是,我国目前共有十个刑法修正案,即 1999 年 12 月 25 日的刑法修正案[①],2001 年 8 月 31 日的刑法修正案(二),2001 年 12 月 29 日的刑法修正案(三),2002 年 12 月 28 日的刑法修正案(四),2005 年 2 月 28 日的刑法修正案(五),2006 年 6 月 29 日的刑法修正案(六),2009 年 2 月 18 日的刑法修正案(七),2011 年 2 月 25 日的刑法修正案(八),2015 年 8 月 29 日的刑法修正案(九),以及 2017 年 11 月 4 日的刑法修正案(十)。

从现有刑法立法的变化轨迹来看,主要体现了如下层面的特征:

其一,刑法立法的修改以"刑法修正案"为主要形式。自从第一部刑法修正案问世以来,后期的立法补充与完善都是以修正案的方式来进行的,摒弃了前期以条例、补充规定、决定等方式完善立法的模式。[②] 正如学者所言,"中国立法史上第一次以修正案方式对刑法进行修改、补充,以这样的方式修改完善刑法,对我国今后的刑法立法产生了深远的影响。"[③]比较明显的是,就未来刑法立法的发展趋势来看,刑法修正案的主导地位已经确立,刑法修正案必将在较长时间内作为我们的主要立法修订方式。

其二,刑法修订的频繁性突出。从 1997 年的新刑法典问世以来,刑法的修订就一直作为一个现实问题而存在,第一个修正案仅仅间隔刑法典二年多的时间就出台了,而且在此期间还于 1998 年 12 月 29 日第八届全国人民代表大会常务委员会第六次会议通过了《关于惩治骗购外汇、逃汇和非法买卖外汇犯罪的决定》。并且,我们在 2001 年先后通过了刑法修正案(二)和刑法修正案(三),这两个修正案间隔的时间还不到三个月。另外,刑法修正案出台时间间隔相对较长的为刑法修正案(六)与刑法修

---

① 第一个修正案没有序号(一)的明确标示,从当时的立法情形来看,其可能主要基于如下原因:其一,刑事立法者没有想到刑事立法会作为一种常态性的法律活动而存在,刑事立法的稳定性仍然是当时主要考虑的事情;其二,立法者没有预期在此之后会制订出一系列的刑法修正案,更没有意想到刑法修正案会作为未来刑法修订的主要方式。

② 全国人大常委会于 1998 年 12 月 29 日通过了《关于惩治骗购外汇、逃汇和非法买卖外汇犯罪的决定》,这是当前唯一一个被保留下来的单行刑法。但是,就时间上来看,自从第一个刑法修正案颁布以来,通过单行刑法立法的模式就一去不复返了。

③ 黄太云:《刑法修正案解读全编》,人民法院出版社 2011 年版,第 262 页。

正案(七),其时间间隔为二年八个月;时间间隔最长的为刑法修正案(八)与刑法修正案(九),二者之间的时间间隔为四年六个月。从整体刑法立法的修订情形来看,在近二十年的时间里,我们总共通过了十个刑法修正案与一个单行刑法,显示出刑法立法修订的频率较快。

其三,刑法修订的内容较为庞杂,前期修订内容以经济性犯罪的法律条款为主要内容。从第一个刑法修正案来看,共补充了8个法律条文,这8条内容全部都是与经济性犯罪相关的。在该修正案内容前面对本次刑法修正的初衷进行了明确表达,即"为了惩治破坏社会主义市场经济秩序的犯罪,保障社会主义现代化建设的顺利进行"是其修正的宗旨所在。而刑法修正案(二)的内容最少,仅仅只涉及到1个"非法占用农用地罪",该修订内容同样是对经济性犯罪的规定。刑法修正案(四)在修正案的正式条文之前明确确定,"为了惩治破坏社会主义市场经济秩序、妨害社会管理秩序和国家机关工作人员的渎职犯罪行为,保障社会主义现代化建设的顺利进行,保障公民的人身安全,对刑法作如下修改和补充",与之相一致,其修订的8个条文也全部都是经济犯罪的相关内容。刑法修正案(五)对妨害信用卡管理和窃取、收买、非法提供信用卡信息进行了新的规定,并对信用卡诈骗罪进行了立法修订,尽管其还修订了刑法第369条的破坏武器装备、军事设施、军事通信罪,增加了一个过失损坏武器装备、军事设施、军事通信罪。但是,通过内容比重的对比仍然不难发现,本次立法修订仍然主要是就经济犯罪而言的。刑法修正案(六)共有20个条文,除了新增加的组织残疾人、儿童乞讨罪,其他的全部都是经济性犯罪的罪名。刑法修正案(七)共有14个条文,除了刑法第262条之二的组织未成年人进行违反治安管理活动罪,刑法第375条的非法生产、买卖武装部队制式服装罪和伪造、盗窃、买卖、非法提供、非法使用武装部队专用标志罪,其他的新增内容也全部都涉及经济犯罪。刑法修正案(八)对刑法总则与分则都有修改,在刑法分则部分,除了危险驾驶罪名的增加,其他新增的九个罪名全部都是与经济性活动有关的罪名。刑法修正案(九)与刑法修正案(十)和前期修正案有一定的差异,刑法修正案(九)也对刑法总则与分则进行一体化修订,经济犯罪的修订虽有涉及,但是体现的并不突出。刑法修正案(十)增设了"侮辱国歌罪"一罪,主要是《中华人民共和国国歌法》第 15 条规定："在公共场合,故意篡改国歌歌词、曲谱,以歪曲、贬损方式奏唱国歌,或者以其他方式侮辱国歌的,由公安机关处以警告或者十五日以下拘留;构成犯罪的,依法追究刑事责任。"对此,为了与"构成犯罪的,依法追究刑事责任"的规定相对应,刑法修正案(十)新增了"侮辱国歌罪"。[①]

其四,刑法立法以扩大犯罪圈为主要特征。从我国现有的十个刑法修正案与一个单行刑法来看,除了原有犯罪罪状的修改和罪名的修正,通过刑法立法来扩大现有犯罪圈是其外显性的重要特征。

《关于惩治骗购外汇、逃汇和非法买卖外汇犯罪的决定》的单行刑法增设了一个"骗购外汇罪",第一个刑法修正案增加了 5 个罪名,分别是隐匿、故意销毁会计凭证、会计账簿、财务会计报告罪;伪造、变造、转让金融机构经营许可证、批准文件罪;编造并传播证券、期货交易虚假信息罪;诱骗投资者买卖证券、期货合约罪;操纵证券、期货交易价格罪。

刑法修正案(二)取消了"非法占用耕地罪"罪名,修改为"非法占用农用地罪",把原有的"耕地"扩大为"耕地、林地等农用地",扩大了犯罪处罚的范围。

刑法修正案(三)增加了资助恐怖活动罪、投放虚假危险物质罪,除此之外,在盗窃、抢夺枪支、弹药、爆炸物罪的修订中,增加了危险物质,罪名因而变更为"盗窃、抢夺枪支、弹药、爆炸物、危险物质罪";取消非法买卖、运输核材料罪罪名,改为"非法制造、买卖、运输、储存危险物质罪",犯罪对象得以增加,犯罪圈的扩大随之显现。

刑法修正案(四)取消走私固体废物罪,改为"走私废物罪";取消非法采伐、毁坏珍贵树木罪罪名,改为"非法采伐、毁坏国家重点保护植物罪";

[①]《中华人民共和国刑法修正案(十)》已由中华人民共和国第十二届全国人民代表大会常务委员会第三十次会议于 2017 年 11 月 4 日通过。其具体内容为:

为了惩治侮辱国歌的犯罪行为,切实维护国歌奏唱、使用的严肃性和国家尊严,在刑法第二百九十九条中增加一款作为第二款,将该条修改为:

"在公共场合,故意以焚烧、毁损、涂划、玷污、践踏等方式侮辱中华人民共和国国旗、国徽的,处三年以下有期徒刑、拘役、管制或者剥夺政治权利。

"在公共场合,故意篡改中华人民共和国国歌歌词、曲谱,以歪曲、贬损方式奏唱国歌,或者以其他方式侮辱国歌,情节严重的,依照前款的规定处罚。"

取消非法收购盗伐、滥伐林木罪罪名,改为"非法收购、运输盗伐、滥伐林木罪"。除此之外,还增加了雇用童工从事危重劳动罪;非法收购、运输、加工、出售国家重点保护植物、国家重点保护植物制品罪;执行判决、裁定失职罪;执行判决、裁定滥用职权罪。

刑法修正案(五)新增了3个罪名,分别是妨害信用卡管理罪;窃取、收买、非法提供信用卡信息罪;过失损坏武器装备、军事设施、军事通信罪。

刑法修正案(六)修订或者新增了20个罪名,分别是:强令违章冒险作业罪;大型群众性活动重大安全事故罪;不报、谎报安全事故罪;违规披露、不披露重要信息罪(取消"提供虚假财会报告罪"的罪名);虚假破产罪;非国家工作人员受贿罪(取消"公司、企业人员受贿罪"的罪名);对非国家工作人员行贿罪(取消"对公司、企业人员行贿罪"的罪名);背信损害上市公司利益罪;骗取贷款、票据承兑、金融票证罪;操纵证券、期货市场罪(取消"操纵证券、期货交易价格罪"的罪名);背信运用受托财产罪;违法运用资金罪;违法发放贷款罪(取消"违法向关系人发放贷款罪"的罪名);吸收客户资金不入账罪(取消"用账外客户资金非法拆借、发放贷款罪"的罪名);违规出具金融票证罪(取消"非法出具金融票证罪"的罪名);洗钱罪组织残疾人、儿童乞讨罪;开设赌场罪;掩饰、隐瞒犯罪所得、犯罪所得收益罪(取消"窝藏、转移、收购、销售赃物罪"的罪名);枉法仲裁罪。

刑法修正案(七)修订或新增了如下罪名:走私国家禁止进出口的货物、物品罪(取消"走私珍稀植物、珍稀植物制品罪"的罪名);利用未公开信息交易罪;逃税罪(取消"偷税罪"的罪名);组织、领导传销活动罪;出售、非法提供公民个人信息罪;非法获取公民个人信息罪;组织未成年人进行违反治安管理活动罪;非法获取计算机信息系统数据、非法控制计算机信息系统罪;提供侵入、非法控制计算机信息系统程序、工具罪;妨害动植物防疫、检疫罪(取消"逃避动植物检疫罪"的罪名);非法生产、买卖武装部队制式服装罪(取消"非法生产、买卖军用标志罪"的罪名);伪造、盗窃、买卖、非法提供、非法使用武装部队专用标志罪;利用影响力受贿罪。

刑法修正案(八)新增了10个罪名,分别是危险驾驶罪;生产、销售不符合安全标准的食品罪(取消"生产、销售不符合卫生标准的食品罪"的罪名);对外国公职人员、国际公共组织官员行贿罪;虚开发票罪;持有伪造发票罪;组织出卖人体器官罪;强迫劳动罪(取消"强迫职工劳动罪"的罪名);拒不支付劳动报酬罪;污染环境罪(取消"重大环境污染事故罪"的罪名);食品监管渎职罪。

刑法修正案(九)修订或新增了如下罪名:帮助恐怖活动罪(取消"资助恐怖活动罪"的罪名);准备实施恐怖活动罪;宣扬恐怖主义、极端主义、煽动实施恐怖活动罪;利用极端主义破坏法律实施罪;强制穿戴宣扬恐怖主义、极端主义服饰、标志罪;非法持有宣扬恐怖主义、极端主义物品罪;强制猥亵、侮辱罪(取消"强制猥亵、侮辱妇女罪"的罪名);侵犯公民个人信息罪(取消"出售、非法提供公民个人信息罪"和"非法获取公民个人信息罪"的罪名);虐待被监护、看护人罪;伪造、变造、买卖身份证件罪(取消"伪造、变造居民身份证罪"的罪名);使用虚假身份证件、盗用身份证件罪;非法生产、销售专用间谍器材、窃听、窃照专用器材罪(取消"非法生产、销售间谍专用器材罪"的罪名);组织考试作弊罪;非法出售、提供试题、答案罪;代替考试罪;拒不履行信息网络安全管理义务罪;非法利用信息网络罪;帮助信息网络犯罪活动罪;扰乱国家机关工作秩序罪;组织、资助非法聚集罪;编造、故意传播虚假信息罪;组织、利用会道门、邪教组织、利用迷信致人重伤、死亡罪(取消"组织、利用会道门、邪教组织、利用迷信致人死亡罪"的罪名);盗窃、侮辱、故意毁坏尸体、尸骨、骨灰罪(取消"盗窃、侮辱尸体罪"的罪名);虚假诉讼罪;泄露不应公开的案件信息罪;披露、报道不应公开的案件信息罪;拒绝提供间谍犯罪、恐怖主义犯罪、极端主义犯罪证据罪(取消"拒绝提供间谍犯罪证据罪"的罪名);非法生产、买卖、运输制毒物品、走私制毒物品罪(取消"走私制毒物品罪"和"非法买卖制毒物品罪"的罪名);战时拒绝军事征收、征用罪(取消"战时拒绝军事征用罪"的罪名);对有影响力的人行贿罪;非法批准征收、征用、占用土地罪(取消"非法批准征用、占用土地罪"的罪名)。

刑法修正案(十)新增了"侮辱国歌罪"。

通过上述修正案对罪名的修订不难看出,无论是对犯罪罪状的修改,还是新罪名的增加,实际上都体现出了刑法立法扩大犯罪圈的明显痕迹。

因而,就前述十个刑法修正案来说,我国当下的刑法修订仍然是以扩张犯罪圈为其核心特征的。

第二节 政策性导向: 刑事政策催生刑法立法的问世

通过对上述刑法立法变动轨迹的全景扫描,我们已然看到,自从第一部刑法典问世以来,整个社会对刑法立法的关注热情与日俱增,无论是刑法立法修订的频率还是修改内容的包容量,都以井喷式的方式大幅度地扩张。虽然现有的十个刑法修正案各自都有自己的不同内容,但是通过这些表面零散的、毫无章法的规范性法条,仍然可以串成一个动态性的画面,我们可以据此探查它们背后的刑事政策导向,以此来分析当前刑法立法顺利脱胎的背后蕴藏,并为未来刑法立法的基本走向提供借鉴性意义。

刑法立法作为不同于其他类别的立法活动,其最大特别之处在于,它以犯罪与刑罚这一特殊性质的内容界分了其与一般违法行为。由于刑事惩罚这一最为严厉性后果的责任承担方式,世界各国刑法立法在设置罪名与法定刑时都保持着极为谨慎的态度和最为慎重的方式。尽管从整体视角来看,刑法立法囊括了入罪化与除罪化的整体性内容,但是,就犯罪圈划定的客观情形而言,犯罪化仍然是当前世界各国刑法立法的主流。如此一来,刑法立法要把先前尚未进入犯罪圈的行为纳入到犯罪体系之中,在探讨其合理性与正当性之前,自然要对已经进入视线的危害行为进行一番考量与审视,即法律文本正式出台的背后必然存在着把该行为上升为犯罪的外在作用力——刑事政策的直接推动。

"所谓刑事政策,是指国家基于预防犯罪、控制犯罪以保障自由、维持秩序、实现正义的目的而制定、实施的准则、策略、方针、计划以及具体措施的总称。"[①]刑事政策是关注犯罪现象的政策学,外在的危害行为是否需要采用刑法进行抗制,必然需要通过刑事政策的严格审查。与之相对

---

① 曲新久:《刑事政策的权力分析》,中国政法大学出版社 2002 年版,第 68 页。

应,刑法立法也可以限制刑事政策的不当扩张,即"刑事立法具有国家意志性,由于法律是客观中立的,通过法定程序产生的立法一经确立,便具有了绝对的权威性,因此,通过立法来固定刑事政策,可以抵制不符合立法基本原则的不适当的刑事政策。"①可以说,刑事立法是呼应刑事政策的结果体现,同时也是刑事政策导引下的立法现实化。② 刑事政策是刑事立法的先导,作为刑事立法规范正式出台的前奏,任何立法规范的合理化表现都必须依赖刑事政策的推动,同时也必须寻求刑事政策的内涵支撑与价值映射。"更确切地说,刑法是这样一种形式,在这种形式中,人们将刑事政策的目的设定转化到法律效力的框架之内。"③缺少了刑事政策层面的积极响应,刑法立法之下的条文就缺少了支柱,制定出来的法律规范自然也就毫无生机,并且难以在理论和实践层面获得正当性根据。正如学者所言,"没有刑法的刑事政策,必将沦为常识的刑事政策,而不切实际。同样地,没有刑事政策的刑事法学,必将只看到刑事法学的形式规定,而无法找寻其真正的灵魂。"④当我们把刑事法律规范的拷问置于刑事政策的视野下,我们就把具体的法律条文置于了更为宽宏的社会背景之中,有了理性审视与综合评价的时空环境,有了对其进行现实评判与左右环视之后的对比性认识。

"在现代世界中,刑事政策的选择(不论是界定犯罪现象还是制定对犯罪现象的反应措施)取向总是不同的,因为它要根据这样那样的被认为是基本的价值来对安全的需要进行评估、感觉或理解。"⑤从总体上来看,我国一共经历了严打、惩办与宽大相结合、宽严相济三个不同的刑事政策阶段,上述刑事政策不仅对刑事司法有直接的作用力,对刑法立法的影响

① 张朝霞、刘涛:《宽严相济刑事政策立法化研究》,《人民检察》2009 年第 1 期,第 62 页。
② 刑事政策的制定者费尔巴哈认为,刑事政策是指,"国家据以与犯罪作斗争的惩罚措施的总和,是'立法国家的智慧'。"[法]米海依尔·戴尔玛斯·马蒂:《刑事政策的主要体系》,法律出版社 2000 年版,第 1 页。很显然,刑事政策与立法政策存在密不可分的关系,对此,更有学者直接指出,"在刑事政策概念产生之初,它指的就是刑事立法政策。"刘远:《刑事政策哲学解读》,中国人民公安大学出版社 2005 年版,第 208 页。
③ [德]罗克辛:《刑事政策与刑法体系》,蔡桂生译,中国人民大学出版社 2011 年版,第 49 页。
④ 许福生:《刑事政策学》,中国民主法制出版社 2006 年版,第 17 页。
⑤ [法]米海依尔·戴尔玛斯·马蒂:《刑事政策的主要体系》,卢建平译,法律出版社 2000 年版,第 27 页。

也是不容置辩的。严打刑事政策直接催生出了严打方针及其司法实践中的"从严、从重、从快"的操作规则。为了配合当时严打刑事政策的要求,我们通过单行刑法的方式设置了大量重刑罪名,也包括大量死刑罪名的增设。惩办与宽大相结合的刑事政策被正式写进了旧刑法典的第一条,作为对严打这一单极性刑事政策的反思与改进,在刑事政策中首次提出了要"惩办"与"宽大"相结合的一体化思路,纠正了原先一味从重而否定从轻的偏执性做法。在此基础上,受国际社会刑罚人道化、轻缓化以及两极化刑事政策思潮的影响,我国又提出了宽严相济的刑事政策,并在理论与实践层面都对该刑事政策的价值进行了深入和正面的肯定与褒扬。

刑事政策本身不是一成不变的,而是随着社会演进而相应地改变自己的步伐。"制度变迁不是个人自由选择的结果,而是人类以有组织的形式进行选择的结果。"①刑事政策自身的变化是社会不断进化的产物,正是由于社会形势发生了不可逆转的变革,在政治、经济、文化等因素都随之改弦更张之后,刑事政策就不可能固守自己原有的陈旧理念。与之相反,它必须在新的社会场域和理念创设中通过自己的焕然一新来寻求合理性坐标。因而,不难想见,我们经历过的严打刑事政策、惩办与宽大相结合的刑事政策、宽严相济刑事政策,实际上都是受社会背景因素的变动顺势而生的产物。需要指出的是,从这些刑事政策的语词表达与内涵界定上我们可以看出,上述刑事政策彼此之间的内涵并不完全重叠,原因就在于,由于社会背景的变化是一个延续性的缓慢行进过程,这一非跳跃式的发展决定了刑事政策也具有彼此之间的基因遗传共性。遗憾的是,自从宽严相济刑事政策现世以来,学者的目光几乎都倾注于这一刑事政策与原先刑事政策的差异之处,并在此基础上对新刑事政策的内涵作了深入挖掘与扩张,而对彼此之间的共性却疏于体察。

刑事政策是一个观念性的存在,是模糊抽象和宏观性的意向表达,公民个人很难涉入到刑事政策的具体内容之中。正如学者所言,"公民个人并不是刑事政策的主体,公民不可能以公民个人的身份参与到刑事政策

---

① 王爱声:《立法过程:制度选择的进路》,中国人民大学出版社 2009 年版,第 34 页。

决定——无论是元刑事政策、基本刑事政策还是具体刑事政策。"①与之同时,刑事政策作为政策性的存在,它也不具体针对某一个特定事物,既不具体指涉某一个被标定的犯罪行为,更不针对某一个现实化了的犯罪人。因为,刑事政策作为指导刑事运转的一个方向性指引,它既没有规范性的限制性束缚,也没有遵守或者违背该政策所要承担的责任后果。刑事政策要把自己的满腔抱负转化为实践行为,必须通过刑法立法与刑事司法的辅佐。"刑事政策自身的诸多缺陷如确定性、强制性的不足以及在人权保障方面存在的隐患,往往直接产生了制定刑事法的需要。在这个意义上,我们也可以说,在特定的情况下,是刑事政策的不足催生了刑事法。"②毫无疑问,刑事政策作为贯穿刑事活动全过程的指导性理念,刑法立法是离其最贴近并首当其冲的刑事法律活动,同时也是受到如上政策理念冲击最强的阶段。因而,大谷实教授认为,"抑制犯罪的对策是通过刑事法来实现的。与犯罪形势和社会、经济状况变化相适应的刑法立法,对于刑事政策特别是抑制犯罪对策来说,是不可或缺的。"③刑事政策要把自己既有的刑事理念转化为具体的实践操作,就必须进行现实化的转化,而这一转化必然要依赖刑法立法的规范化表达得以实现。

纵观我国所有刑法修正案的出台背景,毫无例外都是跟随刑事政策的相应调整而随之变动的。通过现行的刑法立法修正案来看,最初的刑法完善(主要指刑法修正案五之前)基本上都是集中式的内容修订,要么集中于经济领域中的某一类犯罪,要么针对其中的单一性犯罪进行完善。通过这些修订内容可以看出,刑法修改的重心仍然在经济领域,这与市场经济政策确定之后的社会背景是息息相关的,由于经济活动本身的复杂多样性,再加上法律法规惩治不足所导致的严重危害行为的甚嚣尘上,刑法立法及时做出的弥补无疑是对其他法律法规的效力保障,同时也是对市场行为与利益分配的一种积极干涉。如果把刑法立法的修正看成是对

---

① 曲新久:《刑事政策的权力分析》,中国政法大学出版社 2002 年版,第 69 页。
② 侯宏林:《刑事政策的价值分析》,中国政法大学出版社 2005 年版,第 98—99 页。
③ [日]大谷实:《刑事政策学》,黎宏译,中国人民大学出版社 2009 年版,第 104—105 页。

先前立法的一种反思性调整,这里已然能够清晰地显现出市场经济渐进深入前后的不同背景导向的刑法立法的差异性,同时也展现出刑法立法无法超越社会现实做出跨越时代需求的完美性规范表达是一种常态性现实。

但是,从刑法修正案(六)、修正案(七)、修正案(八)和修正案(九)的内容来看,刑法立法从单一性逐步迈上了混合性的立法模式,尤其是刑法修正案(八)和修正案(九),其不仅对刑法总则进行了大幅度的修订,而且对刑法分则的修订也并不局限于某一类罪或某一个罪名。很显然,这一变化体现了刑法立法基本指导思想的转变,即以先前的零散式刑法修订走向逐步系统性修订的立法思路。正如学者所言,"从宏观到微观、从总体到具体的修改,从而使我国的刑事立法真正做到了系统性、整体性与全局性。"①其原因在于,先前的刑法修订都是为了弥补刑法立法的缺陷而进行的"堵漏式立法",是为了在罪名设置上完善相应的立法体系,及时克服罪名系统自身的不协调与不完善。实际上,这与我们当时一贯倡导的"宁疏勿密"的刑事立法政策也是息息相关的,因为当时立法者的意图在于,期望通过开放性与模糊性的立法来应对司法实践的复杂情形,为刑事司法留下实践运用与挥舞手脚的空间,但是,随着罪刑法定原则的确立以及之后的不断深入贯彻,法外定罪与类推解释被严格排斥,原先在刑法立法中有意留下的粗疏痕迹得以更为明显的显现,由此也大大制约了刑事司法的操作性适用,为此,刑事司法运转过程暴露出来的问题需要刑法立法担起重任并予以消除。

然而,从后期的刑法修正案来看,由于宽严相济的刑事政策被正式提出,并且在较短的时间内就获得了理论界与实务界的认可,相关的学术研讨会与理论研究也围绕着如何理解与适用这一刑事政策进行了深入的和多侧面的反思,使得该刑事政策从抽象性的政策逐步变得清晰起来。受其影响,后期的刑法修订就自然是在宽严相济刑事政策理念的映照下应运而生的产物,在诸多条文中都直接体现了这一刑事政策的身影,勿庸讳

---

① 刘艳红:《刑法修正案(八)的三大特点——与前七部刑法修正案相比较》,《法学论坛》2011 年第 3 期,第 7 页。

言,刑法修正案(八)和刑法修正案(九)就是对宽严相济刑事政策进行的集中性展示。① 由此可见,刑事政策作为刑事立法的先导,是推进立法规范化出台的直接动力。"刑事政策立法化是一种理念与技术的组合,同时还是一种现实的行动,因为刑事法律不仅在理念上要以刑事政策为指导,而且还必须适时地以一定的立法技术将刑事政策的内容予以固化。"②很显然,在任何刑事立法的背后,都不可能缺少刑事政策的存在,刑事立法作为逻辑思维推导下的综合产物,刑事政策对刑事立法的影响无论如何都不可或缺。

既然任何刑事立法的背后都有刑事政策的影响力,而且刑事政策又是刑事立法的先导,那么,从原则上来说,只要社会的时代背景在不断发生变化,犯罪类型就会呈现出较之以往的不同形态,与之相对应的刑事政策就必然要做出顺应性的调整,以更好的理念与思路来预防与惩治此类犯罪的发生。这样说来,只要犯罪存在,刑事政策就必然不会消失,只要在社会转型过程中犯罪形态呈现出多样化与动态化,那么,刑事政策调整自己的内容就必不可少。与之紧密相关的是,一旦刑事政策的内涵改弦更张,刑事立法就既有了修改之必要,同时也具有了重新修正的现实理由支撑,而且最终也会为刑事政策的表达找到作用的支撑点与运作空间。"现代法治国家的刑事法实践正是在这种'刑事政策引导和调节刑法的制定与适用,刑法提供和限定刑事政策作用的界域'的互动过程中,追求合理而有效地使刑法的运用达到最优化境界的目标。"③

从位阶的先后顺序上来看,刑事政策作为指导刑法立法的先导性存在,是高于刑法立法的上一阶层,刑事立法则是与刑事政策相对隔离的另

---

① 自从"宽严相济刑事政策"于 2006 年进入了刑事法学的视野以来,其受到了普遍的赞誉并获得了高度的认同。为了使"宽严相济刑事政策"从理念变为实践,刑事实体法与程序法都对此进行了旷日持久的探讨与研究,发表的科研成果数量也是相当惊人的。"宽严相济刑事政策"本身也是一个折衷性的产物,它既不是彻底与传统刑事政策的绝裂,也不是毫无创新性的老调重弹,延续传统并贴近法治理念的变革是其获得生命力的源泉所在。

② 姜涛:《宽严相济刑事政策的立法化及其实现》,《江汉论坛》2011 年第 6 期,第 132 页。

③ 梁根林:《刑事政策:立场与范畴》,法律出版社 2005 年版,第 178 页。

一层级。^① 这一界分告诉我们,作为刑事活动过程不同阶段的两个不同的范畴体系,刑事政策与刑事立法必然具有自己不同的核心内涵与外延界限。因而,不能否认的是,刑事政策与刑事立法之间保持着一定距离,它既说明了二者的非同一性,也说明了各自所处位置的重要性,这进而决定了彼此不能被随意取代的客观现实。如此一来,问题就出现了,既然刑事政策与刑事立法并不完全重叠,刑事立法如何保证与刑事政策相一致呢? 刑事政策是否会与刑事立法出现相抵牾的情形呢? 从事物相异的排斥性来看,有可能得出肯定结论的。但是,笔者认为这一情形在刑事政策与刑事立法身上却不会出现。原因在于,刑事政策作为整个刑事活动的前导,它的存在已经前置性地为后面的刑事立法与司法定下了基本格调,在它辉映之下的刑事立法不可能偏离刑事政策的基本主题,何况,刑事政策的内涵并非是孤立静态的事实性陈述,既然它有价值性追求与目标设定,那么它必然通过动态性方式把这些内容映射到具体的立法制定与司法践行中去。^② 并且,"刑事政策又是普遍的社会政策中的一个部分,而且,基于整体机制的视角,人们必须将刑事政策解释成为社会政策的规则机制。"^③刑事政策是对多元化的社会政策进行综合权衡之后予以提炼的结果,这一抽象提取物虽然高于社会现实,但是也是来源于社会现实的,因而在刑事政策确定的过程中已经囊括了刑事立法需要审慎抉择的价值取向,这实际上就解决了刑事立法如何设计安排的关键问题,使得立法表达可以围绕刑事政策这一中心主线而不会出现逾界之虞。

事实上,刑事政策与刑事立法往往保持着一种亦步亦趋的跟随状态,仔细查看背后的因果链条关系则不难发现,这与二者在"原因——目标"

---

① 费尔巴哈首先创设了"刑事政策"的刑法语词,费氏当时也仅仅是在论述刑事立法时使用"刑事政策"一词,在其话语体系下,刑事政策与刑事立法成为无甚区别的同义语。徐久生先生也认为,"自费尔巴哈提出刑事政策一词以后,近代西方刑事法学界通常将刑事政策等同于立法政策。"徐久生:《刑罚目的及其实现》,中国方正出版社 2011 年版,第 28 页。

② 刑事政策是基于社会中的犯罪现象而采取的刑罚反应,是运用刑罚治理犯罪的政策性总和。刑罚目的是刑事政策的理论基石,刑事政策的提出也是目的刑思想的反映。"国家刑事政策的目的及价值取向与国家的刑罚目的(包括刑罚创制、适用和执行等诸环节)所要追求的目的是一致的,都是为了惩罚犯罪,预防犯罪。"徐久生:《刑罚目的及其实现》,中国方正出版社 2011 年版,第 30 页。

③ [德]罗克辛:《刑事政策与刑法体系》,蔡桂生译,中国人民大学出版社 2011 年版,第 55 页。

上的共同指向是密不可分的。详言之,二者共同的上级阶层是犯罪情势与现实状况,只要这一层级的内在要素发生变化,牵一发而动全身的结果就必将导致刑事政策与刑事立法的共同性调整。同时,在方向归宿上,刑事政策与刑事立法以规制和预防犯罪为其共同的关切目标,即刑事政策需要考量的是何种刑事理念能够更好地应对当前的犯罪态势,并从刑罚适用上进行有效的惩处与预防,而刑事立法的目光却是如何把刑事政策的理念通过规范性文本予以融会贯通,因而如何增加罪名并完善罪状与法定刑的设计就成了刑事立法的根本使命。

正如学者所指出的,"刑事政策学是以犯罪学的研究为前提的,犯罪现象论及犯罪原因论是事实学,建立在此基础上的刑事政策学具有事实学科的属性;而刑事政策的法律化使得研究刑事政策本身的刑事政策学又具有了规范学科的属性。因此,刑事政策学既是事实学科又是规范学科。"[1]因而,不难看出,尽管刑事政策与刑事立法存在层级上的先后位阶关系,但是由于在前置动因、内涵包容与目标定位上的高度一致性,就决定了二者呈现出一种唇齿相依的彼此关联。并且,厘清了这一关系,我们就能看到刑事立法科学化转型的背后动因,也唯有如此,刑事立法才能跟随刑事政策的指挥棒及时作出合乎时代需要的内容修正。

第三节　保守或激进：刑法立法进行社会调控的向度

由于刑事立法牵涉的社会关系最为宽泛,并且犯罪行为引发的刑罚后果最为严厉,因而如果刑事立法不加节制地随意变动,不仅将大大减损其权威性,而且还将直接降低民众对刑事法律的可预测性,致使刑事司法人员在把握刑法规范时捉摸不透。如果法条之间存在逻辑混乱或者前后矛盾的情形,势必影响刑法体系结构的稳定性,最终致使刑事司法人员无所适从或者刑事裁判结果摇摆不定。实际上,任何成文法的出台,都既要

---

[1] 李卫红:《刑事政策学的重构及展开》,北京大学出版社 2008 年版,第 122 页。

保证其理解上的前后一致性,同时又要守护其价值层面的左右融通性,因而,尽可能保证法律条文的稳定性是立法时必须要考虑的一项重要内容。刑事法律作为成文法之一种,其罪刑结构的内容设置决定了法律条文的稳定性不能弱于而是应该更强于其他法律。

刑事法律的稳定性有其不容忽视的诸多益处,其最直接的好处当然在于维持民众对刑事规范归责后果的可预测性,促使民众可以事前对自己的行为方式进行权衡与选择,按照刑事法律的禁止性或者命令性规定引导自己的行为,提前防范自己跌入犯罪的深渊。而且,刑事法律的稳定性特征也给予犯罪行为人以心理上的事前判断,在行为人的行为已经触犯了刑事法律之后,前后一致的法律规范能够保证其行为性质的认定与刑罚惩处的惯性延续,使得犯罪行为人对自己需要承担的责任后果作出基本判断,保障其应有的权利不致因为司法人员自由裁量权的随意放大而遭受不当侵犯。"刑法要尊重和保障人权,如果处罚范围完全超出国民可以接受的范围,便侵犯了国民的人权,也侵犯了国民的预测可能性。"①与之同时,刑事法律的稳定性也极大便利了法治教育的宣传,有利于树立积极预防的司法理论。因为稳定性的刑事法律可以简化法律文本由上而下普法宣讲的繁琐过程,大大简化"送法入乡"的中间步骤,甚或省却文本释法的必要,使其通过现实案例就完全可以获悉行为性质的认定与惩处的后果。对一向不太主动积极趋附法律规范文本的民众来说,稳定性的法律为他们知晓法理提供了方便途径,对强化他们的守法意识和推动规范人格的形成助益颇多。尤其是随着法治民主主义与人权主义理念的普及,刑事法律的稳定性成为了护佑这一法治准则的基本要求,得到了不同国家刑事立法实践的积极响应。

从另一个层面来说,刑事法律的稳定性本身需要法律的明确性为前提,否则,缺乏清晰表达的法律就很难维系法律的稳定性。但是,由于刑法的稳定性是通过司法实践中大量类似案件的循环性操作而逐渐被沉淀下来的,体现在具体案件的适用过程中就必然要贯穿司法者的个人理解与主观认识,并且结合大量类似案件的聚集和往返式适用,不同的司法实

---

① 张明楷:《罪刑法定与刑法解释》,北京大学出版社 2009 年版,第 21 页。

务人员自然而然地就产生了倾向性共识。如此一来,尽管刑事立法层面可能存在某种程度的模糊性,但是,刑法的稳定性将大大化解这一模糊性可能带来的司法擅断现象,为刑事法治的建构提供外在的有力保障,促使刑事司法能够沿着事先已为社会公众所认同的方向照常进行下去,极大程度上弥补刑事立法模糊性可能影响刑事法治目标实现的弊端,避免了刑事个案摇摆不定或者畸轻畸重现象的发生。[①]

刑事立法的稳定性作为一种理想模式,是人人心向往之的最佳状态,但是,"刑事法律永远不可能与现实生活同步,总是要落后后者半拍。"[②]而且,世事变迁与刑事政策的内涵变化决定了绝对的立法稳定只是一种"乌托邦"式的幻想。毕竟,唯物辩证法提醒我们,在看到刑事立法保持稳定性会带来诸多益处的前提下,我们还必须思考,刑事立法是否会"迁就"我们的主观意图而保持一种冷静与稳定? 除了上述列举的优点,刑事立法的稳定性背后是否还潜伏着令人不安的其他担忧? 刑事立法的变动性是否需要为弥补自身稳定性引发的不足而在此基础上进行自我更新?

刑事立法与刑事政策必须保持一种动态性平衡,这是二者存在的紧密关系所决定的。刑事政策作为刑事立法的先导,它起着灵魂作用的前置性引导力,并且驱动着刑事立法的直接走向与修改完善。刑事政策的内涵来源于社会层面诸多因素的摄取,它与社会生活的接触最为直接,同时刑事政策又是对前期刑事司法进行反思与总结的产物。"立法需要依赖生活经验,但又不能全受经验支配,因为立法需要考虑生活经验的多变,立法不能钳制法官对不同个案事实作价值判断。"[③]由于社会生活不可能是平铺直叙式的单线条演进,司法活动更不能毫无阻挠且波澜不惊地演绎,因而,基于刑事政策与这些前导性社会因素之间的互动关系,自然决定了刑事政策必须与之对应性地随时保持一种动向状态的客观要求。在此基础上,基于文章前述所阐释的刑事政策与刑事立法之间的体

---

① 即使刑事立法是静止状态,但是如果刑事司法却常常变动不居,这仍然不是刑法稳定性的体现。因为这样一来,刑事司法以动态的实践适用排斥了刑事立法的规范表达,否定了稳定性立法的价值所在,这种"独立司法品格"的倡导必然是司法权僭越立法权的体现,是法治语境下极不协调且不允许出现的情形。

② 叶良芳:《转型期刑事立法的宪政制约研究》,知识产权出版社 2010 年版,第 68 页。

③ 林东茂:《一个知识论上的刑法学思考》,中国人民大学出版社 2009 年版,第 35 页。

系连接,既然刑事政策是一个变动性的存在体,那么,刑事立法就根本不可能是一个静态性的实物,因而,寄望一劳永逸地解决犯罪与刑罚的立法构想就只能是一个奢望。基于此,在刑事政策的框架视野下,刑事实体法要想保持自己的绝对稳定性是根本不现实的。一如学者所认为的,"对刑法来说,那种绝对的确定性观念也是虚妄的。在刑法的实践中,灵活性的机制不仅是必要的,而且始终是存在的。"①

虽然刑事政策直接导向刑事立法的制订,但是刑事政策终究只是一个抽象的政策,它既无法与刑事立法划等号,也不能自动生成规范化的刑事立法条文。由于二者出台的背后都存在多样化的主体参与,加之刑事政策与刑事立法之间具有相对分离的时空间隔,所以,这一政策如何落实为具体的罪状与法定刑内容,必然在其中间充满了颇多的环节,掺合了刑事政策从理念指导转化为现实条文必不可少的感性因素。因而,卢梭感慨,"要为人类制定法律,简直是需要神明。"②可以说,尽管存在刑事政策这一根强有力的指挥棒,但是,刑事立法的制订仍然具有不可控的外在特性,客观外化的刑事立法也难以保证制定出来的所有刑事法律规范都是沿着刑事政策的思路——进行转化的。

刑法是社会中的法律,刑事立法作为调控社会秩序的手段,必须贴近社会现实并以维系社会体的正常运行为其使命。受立法者自我主观认知能力的局限,立法者不可能超越具体的社会情势而对某些行为产生需要纳入犯罪圈的想法,更不可能对尚未产生严重社会危害性的行为具有刑罚规制的冲动。③"当我们尽力总结法律中静止与运动的对立以及解决途径时,占上风的看法必定是寻求一种调适,强调法律原理的相对性,务实地不断变换方式以适应预期的目标。"④社会现实发展到什么阶段,刑

---

① 周少华:《刑法之适应性——刑事法治的实践逻辑》,法律出版社 2012 年版,第 108 页。
② [法]卢梭:《社会契约论》,何兆武译,商务印书馆 1982 年版,第 50 页。
③ 尽管"冲动的刑罚"不是理性刑事立法所需要的,但是,从刑事立法的现实情形来看,一个行为是否需要纳入犯罪往往依赖于这一"冲动性"使然。只不过,在冲动之余,我们还需要精细地审思,既要对入罪的必要性做全面性的考量,又要对如何进行罪状与法定刑的设计进行科学的规划。因此,"冲动性"为某些行为进入刑事法律视野提供了思想动力,但这绝对不是依照自我的"感觉良好"进行随意化的立法表达。
④ [美]卡多佐:《法律的成长 法律科学的悖论》,董炯、彭冰译,中国法制出版社 2002 年版,第 144 页。

事立法就应当具有什么样的规模与样态,如果在社会发展到某一个更高的阶段之后,刑事立法仍然停滞不前,那么刑事法律不仅将因其严重过时带来的处处蹩脚而饱受世人诟病,而且还将因为与社会的极不协调而严重阻滞社会步伐的向前迈进。由于时代在不断地发展,刑事理念在不断地更新,犯罪类型在日益多样化地涌出,基于此,任何已有的刑事立法都不可能达到尽善尽美的程度,寄望通过刑事立法一劳永逸解决所有犯罪的目标根本无法实现。基于此,"社会系统的进化必然提出新的犯罪化、刑罚化、刑事化的要求。"①

刑事立法是对过去司法实践中客观经历过的情形的反映与再现,然而,刑事立法制订出来之后却是要直面未来的刑事司法的,在刑事司法不断向前而刑事立法制订出来的法律早已成为"过去时"这一极不对称的情形之下,刑事立法要保持一种泰然处之的架势肯定是做不到的。"毫无疑问,现行法不能被理解为逻辑完善的系统,因为任何逻辑系统都不可能论证它自己没有矛盾。但是对这个不完善问题的回答并不在于外部的效力保证,而是在于不断生产法律文本。"②无论当时的刑事立法受到多高的赞美和多好的评价,现实的社会发展都会以新鲜素材的介入而为其提出难题,因而,从某种意义上来说,刑事立法一制订出来,就是一部"过时"的法律。而且当新的应受刑罚惩罚的危害行为出现,司法实践需要规制与刑事法律付之阙如之间必然存在现实的碰撞,此时它显现的不是实践操作者的无能为力,而是刑事立法因其法律漏洞而客观存在的尴尬。在立法权高高在上并且司法不能逾越立法界限的原则之下,刑事法律要想避免颜面扫地的窘境,此时其最好的做法只能是及时增加和修订法律规范。

刑法的现实效果是通过个案的实践运用而展开的,在具体的刑事案件中,刑法的报应与预防功能通过对犯罪行为人个别化的动态适用而得以体认。实际上,刑事立法制定的静态化的刑事法律同样充满着功能性的期待,如果通过刑事法律文本就能收获耗时费力的刑事司法所要追求的效果,这无疑是最好不过的事情。因此,尽管刑事司法背负了

---

① 刘远:《刑事法哲学初论》,中国检察出版社2004年版,第362页。
② [德]卢曼:《社会的法律》,郑伊倩译,人民出版社2009年版,第146页。

一些期望,但是这并不能取代我们对刑事立法的诸多希冀,这也决定了刑事立法在制订法律时根本无法保持一种超凡脱俗的心态,更不可能在怡然自得的心境下寻求一种无所谓的心理慰藉。为了与社会预期相一致,刑事立法就必须保持一种灵动性的张力,既要省察自己因"先天不足"而存留的某些空缺,又要觉察社会实践的变迁而作好"后天努力"的及时跟进。

"刑法的调控范围即犯罪圈的大小不是由立法者的主观意志决定的,而是由许多客观因素所决定的,其中最主要的因素就是社会抗制犯罪的客观需要。"[①]大谷实教授认为,"犯罪抑制对策,应以犯罪化为中心的立法,特别是以修改刑法为中心来实施。"[②]虽然从西方国家引入的"非犯罪化"概念引人侧目,但是社会急骤上涨的犯罪率仍然需要"犯罪化"的及时救场。正如卢建平教授指出的,"与'非犯罪化'趋势相比,西方各国刑法'犯罪化'的势头则要迅猛得多。"[③]这样说来,基于抗制犯罪的现实需要,强调刑事立法的超强稳定性终究不是现实之举,无论这样的稳定具有怎样的优势与便利,它都将因为理论欠缺与实践窘境而被抛弃。从学理上来说,尽管保守的刑事立法与激进的刑事立法各自具有自己的理由,而且理论上的纷争还要长期探讨并进行下去,但是,基于上述的分析我们已经看到,刑事立法如何在保持自身稳定的前提下寻求社会适应性已然成为刑事立法未来的方向选择。很显然,单纯的固步自封必将把刑事立法置于社会变动性的反面,致使自己被尘封或者束之高阁。与之同时,一味追随先进潮流和奇思异想则又必将产生刑事立法的前后断裂,在间距形成的过程中既导致传统刑事法治精髓的弃置,同时还会致使所有延续先前步伐一路走过来的实践适用者无所适从。

刑事立法既不能选择偏执极端的保守做法,也不能遵从一味求新的激进思想,我们坚持刑法稳定性前提下的适时修正,实际上是在保持传统刑法内容前提下的吐故纳新,是对立法保守主义与激进主义进行综合权衡之后的一种折中性取舍。从刑事立法的现实情形来看,新旧

---

① 许秀中:《刑事政策系统论》,中国长安出版社 2008 年版,第 192 页。

② 〔日〕大谷实:《刑事政策学》,黎宏译,中国人民大学出版社 2009 年版,第 102 页。

③ 卢建平:《刑事政策与刑法》,中国人民公安大学出版社 2004 年版,第 120 页。

两部刑法与后期的刑法修正案都是沿着此思路在前进的。毫无疑问，这里体现的仍然是平庸和谐的中庸之道，是相对主义理念在刑事立法活动中的体现。可以说，选择刑事立法的中庸路径，既体现了刑事立法不能超越时空场域的无奈，也展现出了刑事立法必须顺应社会步伐的一种务实，同时还呈示了人类主体在有限理性引导下融通达济的一种智慧与立法哲学。

第四节　技术性制衡：刑法立法扩张化中的谨慎策略

一、刑法立法从"国权刑法观"向"民权刑法观"过渡

刑事政策理念与刑事立法条文都在不断更新，而且基于前文的分析阐述，我们可以清晰地推断出，这一运动轨迹还将继续沿着该方向进行下去。纵观刑事政策内容的更迭发展过程，它的变化脉络已经无可争议地被人所共知，即我们已经从单纯强调刑罚惩罚的报应刑思想过渡到宽严有度的路径上来，实现了从单极化刑事政策向"轻轻重重"双极化刑事政策的积极演进。这一理念的变化是对刑事法律自身以及实践运作的重新反思，尽管刑事法律作为其他法律的保障法，具有补充性与不得已性的内在特性，但是置其最后登场并不代表它可以实现我们前期未能实现的任何法治畅想。刑事法律作为法律体系中的一环，它仍然只能担当部分职责并在有限空间内发挥调控社会秩序的效果。

刑事政策的不断转型无疑是在对刑法理性认识基础之上的自我重塑，这一改革过程不可能对传统刑法的原有内容彻底否定之后重新"洗牌"。社会变革仍然是在延续前期历史基础上的有序推进，犯罪样态也是在传统形态基础上的有限翻新，刑事司法理念更不可能对传统司法文化弃之不顾而另有所图，这些都决定了刑事政策不可能绝裂既往过去而进行所谓的另辟蹊径。因此，无论是"严打"、"惩办与宽大相结合"还是"宽严相济"，其实它们的核心思想仍然是"异中有同"，如何协调性地兼顾惩

治与宽大的矛盾关系成为刑事政策发展过程中摆脱不掉的重心,这也成为刑事政策之下所有刑事法律活动的方向指引。这样说来,我们把宽严相济刑事政策提高到一种全新程度的理解就难免有失偏颇,这不仅割裂了刑事政策自身的历史延续意义,也必然使所有的刑事法律行为在孤立的时空场域找不到归宿感,致使一路披荆斩棘走过来的法律人在信心与勇气的失去中变得无所适从。无论刑事政策如何发展,合理调谐社会关系仍然是其不变的主线条。"当今刑事政策(论)的基本动向是存在个人保护和犯罪的社会防卫必要性这种二律背反的紧张关系,在重视谦抑主义和最小限度侵害原理的同时摸索如何调整具体的利害关系。"①实际上,刑事政策包容的内涵本身就是一个矛盾体,如何在对立统一的关系层次中寻求一种协调性平衡是刑事政策如何顺应社会变革的关键。

既然刑事政策牵涉的内容主要是关系协调问题,那么基于彼此之间的紧密关联,在刑事政策之下的刑事立法同样概莫能外。从刑事法律出台的过程观之,刑法立法实质上就是协调、平衡利益和避免价值冲突的过程。我们评判一个法律制度制定的成功与否,就是要看它是否顺利地在冲突价值的两端之间达到了平衡并调和了对抗性矛盾。然而,我们怎么才能实现刑事政策的平衡效果呢?对此,就需要建构一种法律价值观,即法律的价值中立,它是与价值非中立或者价值倾斜性相对立的价值定位。②笔者认为,在相当程度上,刑事立法的过程需要摒弃纯粹的学派之争,或者说刑事立法需要不同学派的妥协性认可。比如,李斯特就指出,"随着 20 世纪的开始,长期以来被认为是很有必要的德国刑法立法的变革即将开始。刑法学内部的两个学派的代表人物均已声明,暂时放弃学派之争,共同致力于刑法改革这一重大任务的完成。"③而且,除此之外,我们还必须在继承立法传统的基础上,找到一条符合自己土生土长习惯的现实路径,

---

① [日]森本益之等:《刑事政策学》,戴波等译,中国人民公安大学出版社 2004 年版,第 26 页。
② 谢晖:《价值重建与规范选择》,山东人民出版社 1998 年版,第 34—39 页。
③ [德]李斯特:《德国刑法教科书》,徐久生译,法律出版社 2006 年版,第 87 页。

毕竟,任何抛弃以往做法的新颖思路都有不切实际的一面。[①]

　　然而,长期以来,我们对刑事法律寄托了太多的期望,把刑法当作了最后的社会防护盾牌并大大夸大了其治理社会的现实功效,受其影响,刑事政策给人的感觉不仅显得过于偏执,而且按照重实体轻程序的现实做法表现出来的完全是一副进攻架势,权利保护被无形地屏蔽掉了。在"舍我其谁"的自我膨胀之下,刑法以"唯我独尊"的秉性在欺骗自己的同时也蒙蔽了他人。但是,无论理想多么丰满,实践映照出来的却是日益骨感的现实,当思想的闸门打开,我们豁然发现刑法自身的短板所在,而且这样的短板还不是简单地通过完善刑法规范就可以彻底解决的。长期以来,刑法体系所承受的是以权力为中心的犯罪观与刑罚观,"国权主义刑法观"是对其恰如其分的称呼。在国权主义刑法观的思想指导下,民权理念得不到应有的重视,与之相对应,由于权力思想的主导性使然,刑法的社会防卫功能得到了相当程度的彰显,而人权保障意识却被刻意压制或者贬损了。

　　从刑事立法的产生来说,其本身并不是为扩充权力而诞生的,原因在于,"没有立法的犯罪打击可能是更加及时、有效、灵活和便利的。如果从这个角度讲,刑法本身是多余和伪善的,它除了在宣传和标榜上有美化国家权力的作用外,起的主要作用是束缚国家机器面对犯罪的反应速度和灵敏度。……刑事法律要遏制的不是犯罪人,而是国家。"[②]"市民社会与政治国家处于不断变化并良性互动、协调发展关系之中,由此所决定,在刑法立法中必须加强国家意志对国民意志的尊重,以实现刑法立法对构建中国新型社会关系的促进作用。"[③]当然,在刑法中强调人权保障,似乎这本身就是一个悖论,因为刑法以惩处犯罪为其核心内容,在惩处犯罪的同时又要进行权利保障,二者如何进行矛盾调谐终究是一个现实问题。实际上,从刑事政策上来说,刑事法律就是要让犯罪人在确定的法律框架

[①] 比如,刑事立法究竟是既定性又定量,还是立法定性、司法定量,争议仍然存在。对此,李洁教授就指出,"在整个法体系的设定过程中,刑事犯罪与一般违法之界限,应该以行为性质而不是行为程度进行划分。"李洁:《罪与刑立法规定模式》,北京大学出版社2008年版,第33页。很明显,李洁教授的主张属于后者。但是,在笔者看来,要彻底抛弃刑事立法定性与定量的综合模式,在我国相当长的时间内都是很难实现的目标。

[②] 李海东:《刑法原理入门(犯罪论基础)》,法律出版社1998年版,第3页。

[③] 魏昌东:《刑事法治与刑法立法关系思辨》,《刑法论丛》2008年第14卷,第30页。

体系内公正性的达到刑事归责的效果,在注重权利保障的同时,预防或者减少犯罪行为的发生。这一效果的取得必须依赖刑事法律以及执行情况,即既需要从实体法上坚守刑法的基本原则,并在具体的刑法适用中实现罪刑均衡的结果,客观公正地定罪与刑罚裁量,与之同时,其权利保障还体现在程序法的权利享有以及贯彻执行上,而且在相当程度上,其权利保障的效果好坏也离不开诉讼程序规则的遵守与体现。

刑事政策并不以权力维护为其根本核心,合理的刑事政策就是要促进社会防卫与权利保障的共同实现。可以说,每一特定时期的刑事政策的内容都是确定的,但是这一"确定"也只是表面上的语辞表达相对明确而已,随着社会节奏的不断加快,刑事政策的内涵必须重新调整以适应刑事司法理念的现代化步伐,因此,如何把刑事政策权利保障的理念适用到具体个案中去无疑更为微妙,也更为重要。当然,刑事政策要想厘清刑事法律关系,建立一种理想的宏观图景,最为直接的方式仍然需要在刑事立法层面进行民权刑法观的改善,因为寄希望绕过立法规范而径直改变或者干涉司法操作的做法,这在法治社会的可能性已经不复存在。由于刑事政策的外力推动与实践需求的加剧,刑事立法必须保持一种动态跟进的方式来不断完善现有的法律疏漏,从而一方面实现刑事政策的寄托,另一方面通过立法的自我修正来统辖司法操作的有序进行。

为了顺应这种现状,我们必须扭转公权力中心的刑法观,从"国权刑法"向"民权刑法"的方向进行逐渐转移,在刑事法律过程中进行防卫社会与人权保障的双向兼顾,并尽可能地向人权保障功能有所倾斜。然而,就我国当下的刑事立法来看,犯罪化占据了绝对主流的位置,与之相对的是,除罪化的立法情形却体现得极其有限。尽管刑法修正案(八)和刑法修正案(九)去除了部分罪名的死刑、创设了审判时已满75周岁的人附条件不适用死刑,增设应当缓刑、社区矫正入刑、免除未成年犯前科报告义务、坦白情节法定化、未成年犯不构成普通累犯等制度,但是死刑仍然保留、增设限制减刑、提高有期徒刑的刑期、犯罪集团首要分子排除缓刑适用、废除自首且有重大立功的减免刑罚规定、免除未成年犯前科报告的条件附加、扩大特殊累犯、提高部分犯罪法定刑、增设终身监禁制度等,都说明刑法修正案的重刑痕迹仍然在延续,现有刑事立法的权利保障与民生保护并非完美无缺,从未来来看,刑事立法的未来改革空间仍然存在。①另外,在刑事司法实践中,我国当前司法人员的入罪意识仍然相当浓厚,把现实案情作为犯罪的积极证成要素的主动性仍然过强,从消极要素层面排斥犯罪成立的理念仍然严重不足,而且,受权力意识、司法体制等因素的左右,在我国重刑适用仍然占有相当的比重,无罪判决的比例则极为低下。笔者以为,要较大程度地扭转这一现状,我们必须回归到民权刑法观的道路上来,真正强调刑法的权利保障观念,去除盲目依赖刑法实现社会治理的主观信仰,在理性看待刑法功能的前提下正确进行立法技术上的调整,从而渐行改变司法理念与实践现状。

　　虽然刑事立法的前行步伐是不可阻止的潮流,而且未来刑事立法的具体内容仍然不得而知,但是,刑事立法以权利保障的主导意识将是未来立法变革的主导。有学者呼吁,"改革刑法必须以权利发展为主线,以权利发展为主导而不是权力强制来推动。"②笔者也相信,只要我们仍然依赖法治作为社会管理创新与秩序重构的重要手段,作为"善治"的刑事法治的首要之选就是选择民权刑法。不能否认,刑法的扩张会时时带来刑罚泛滥的潜在危险,但是,唯有民权刑法才能降低这种风险并保护公民的个人权益。③在现有的刑事法律改革未尽完善且未来改革之路还要继续进行下去的前提下,只有真正从国权刑法转向民权刑法,原本以重刑苛责和权力维系的旧有面貌才能得以彻底改观,刑事实体法才能在权利维系和社会底层的接触中受到越来越多人的尊敬,刑事立法也才能在获得更多正当性的同时最大限度地实现预期目标。

---

① 不能否定的是,刑法修正案(八)的部分规范也确实体现了人权保障与民生保护的理念,较之前几次刑法修正案有明显进步之处。但是,有学者也指出,"修正案(八)从宏观到微观,都在一如既往地沿着严刑的路径延伸,因而我们没有理由不认为其承续了以往刑法修改的一切非理性因素。"刑馨宇、邱兴隆:《刑法的修改:轨迹、应然与实然——兼及对刑法修正案(八)的评价》,《法学研究》2011年第2期,第35页。

② 蒋熙辉:《权利发展与刑法改革》,《法制与社会发展》2005年第5期,第24页。

③ 有学者建议,"只要认为刑罚是为了保护国民的利益而存在,就应当考虑把公共利益尽量还原为个人的法益,否则处罚的范围就有扩大趋势。"许道敏:《民权刑法论》,中国法制出版社2003年版,第82页。由此不难看出,在当下刑事法律不断扩充的前提下,以个人法益保护为核心的民权刑法就有限制刑罚处罚范围的功用。

二、刑法立法的协调平衡需要立法技艺的有效制衡

刑法立法必须保持一种积极扩张的状态，这已经不是它自身"想不想"的问题，而是它"不得不"的事情了。尽管社会在快速地发展，对刑法的理性认识也在逐渐加深，但是民众对刑法的心理依赖感仍然没有明显的减弱，一旦出现较有影响力的社会事件，条件反射式的应对措施仍然是采用刑罚归责的方式予以解决。如果当下的刑事法律中欠缺相关的条文，则呼吁刑事立法增设罪名就成为了当然之选；如果刑事法律中已有对应性罪名，则加大刑罚的惩处力度就又成了一种急切期盼。毫无疑问，如果顺应民众的呼声，刑事立法很容易能够找寻到立法背后的社会基础，同时也可以通过刑事政策的抽象性表达为自己确立政策根据。但是，"在公众缺乏精确了解的范围内，他们对危害的感觉可能奠基于事实的错误之上。"[①]如果放任此种情形不断沿续下去，刑法立法会变得更为随意化或者情绪化，一项严肃和周密的立法工作必将会因为外界的公众呐喊而变得摇摆不定，进而使得刑法立法在跌跌撞撞之中东奔西突，根本毫无章法可言。而且，令人担心的是，这样一来，刑事法律会毫无止境地进行犯罪化进程，把众多情感上不可忍受的诸多行为统统吸纳到犯罪圈之中，致使犯罪圈的包容量变得异常庞杂，与此相对应，为了平复民众的心理愤慨，在后果处置上也必然会导致刑罚日益趋重的不良后果。

很显然，这样的情形是应该极力避免的，因为封建时代长期采用的"以刑统法"的历史教训已经告诫我们千万不可再重蹈覆辙，何况重刑苛责的危害仍然历历在目，任何企图单纯通过刑法扩张来达到社会调控的想法都仅仅只是一厢情愿的主观愿望而已。在现代法治已经行走到今天的时下，刑法立法已经不可能轻率地"再走回头路"；反之，如果我们在此道路上稍稍有所折返，伤害最大的仍然是民众的基本权益，与之同时，也必将遭受由理性人士和社会公众发起的新一轮否定性质疑。为了防止此种

---

① 〔美〕赫希：《已然之罪还是未然之罪》，邱兴隆、胡云腾译，中国检察出版社 2001 年版，第 72页。

情形的出现,刑法立法必须在不断修正的过程中时刻保持清醒的头脑和理智的心理,审慎地审察社会变革的现实,认真对待民众的呼吁,通过立法的制衡技术进行协调性平衡,通过多方位的权衡进行最终的立法取舍。

刑法立法的过程必须依赖立法技艺进行多方关系的协调,这自然需要立法技术的精巧构思与灵活运用。通过刑法立法技艺层面的操作,有限考量社会民众犯罪化呼吁与理性入罪的协调性制衡。民众的声音可以把社会底层的声音传导出来,让刑法立法在不脱离社会现实的前提下关注此类事件,让上层注意并审查该行为是否具有纳入犯罪圈和进行刑罚惩罚的必要。除此之外,刑法立法还要关注与社会民众关系不甚密切的危害行为,借助立法议案的方式对此进行一并考虑。从总体上来说,刑法立法既要跟随刑事政策理念的变动而不断更新,同时又必须在进行立法设计时严格审核犯罪圈的划定与刑罚结构调整的必要性,在刑事归责合适与否的质问之下反思危害行为入罪的正当性问题,并对刑罚结构的调整与完善进行细致的分析与恰当的把握。

刑法立法必须通过技术性运用调整立法冲动与理性控制之间的关系,受刑事政策与社会转型的促动,刑法立法的多样化需求如何得以兼顾是法律制订过程中必须考虑的事情。由于刑事法律牵涉的关系最为广泛,刑法立法需要调整的内容相应地也最为多样,因而技术性指导的需要也最为迫切。这样说来,前导性的刑事政策还必须细化为刑法立法政策,从而为刑法立法提供更理性的和更直接的服务。面对政策制定在正义、科学、功利、立足于不同国情与背景下现实主义的不同价值取向,我们认为最好的刑事政策是社会不断根据犯罪的实际状况和自身理性的价值选择,调整对犯罪的容忍度的平衡艺术。① 在关系牵涉如此错综复杂的前提下,为了增加刑法立法的透明度,一定程度听取社会民众的意见有其必要性,与之同时,也只有兼听不同利益群体的意见,刑法立法才能在权利保护发生冲突时找寻到平衡点。"立法过程中的沟通与协调,实际上是利益主体表达利益诉求的过程,是以妥协和退让谋求彼此间利益均衡的过

---

① 白建军:《关系犯罪学》,中国人民公安大学出版社 2005 年版,第 510—516 页。

程。"①通过这一过程,不仅可以弥补刑法立法制订过程中可能存在的疏漏,而且可以统筹考虑私权利益的正当诉求。在此之下,我们可以说,刑法立法就是这一平衡技艺的直接运用,出台的刑事法律则是制衡技术的成果展示。

刑法立法的技术制衡必须基于现有的罪名体系进行前期考察,即在增加罪名设置时必须与现有的罪名进行比较,预备纳入犯罪圈中的危害行为是否具有与此类似甚至更高的应受刑罚惩罚的特性,如果结论是肯定的,纳入犯罪圈的理论根据就比较容易得以确定,否则刑法立法的时机则可能还尚未成熟。另外,如果新增加的罪名与其他罪名之间没有关系或者关系较为疏远,这样一来,拟增加的犯罪行为与现有罪名体系就缺乏直接的参考对象,在此情形下,我们要判断的就是此类危害行为是否具有入罪的紧迫性,即社会情势是否已经到了非犯罪化不可的程度,是否其他法律规则对此行为已经无能为力而必须有待刑事惩罚予以责任追究。如果社会上此类危害行为仅仅具有偶发性与短期性,只要加强非刑事法律的监督与执行就可收到规制的良好效果,刑法立法就没有必要匆匆插足。由于犯罪行为的罪状设置与刑罚的结果呈对应关系,所以在考察具体行为是否入罪时,必然需要通过反向性的刑罚来考量该行为设置的必要性。"每一个强制都必须以其必要性为条件,且不得超过与以刑罚痛苦作为其必然后果的犯罪行为的大小相适应的程度。"②从某种意义上来说,刑法入罪的必要性也就是刑罚惩罚的必要性,如果行为承担的刑罚明显与行为性质并不相称,此时刑法立法的涉足就明显不合适。刑事惩罚以其"替补性"身份决定了它应当发动的时机,如果不用刑罚而有更为合适的可供替代的其他责任追究方式,则匆匆把该危害行为纳入犯罪圈就是非必要的。

刑法立法通过修订必然是想达到良好的社会效果,这就是前文所说的立法自身所隐藏的一种社会预期。实际上,民众的犯罪化呼吁除了想借此平复其报应心理之外,同样寄托了刑法立法能够改变法益被随意侵

---

① 杨炼:《立法过程中的利益衡量研究》,法律出版社 2010 年版,第 197 页。
② [德]费尔巴哈:《德国刑法教科书》,徐久生译,中国方正出版社 2010 年版,第 32—33 页。

犯的一种主观期盼。因而,犯罪化不可能仅仅只是罪状的设计,除此之外还包括了法定刑的有效配置。"刑事立法活动是国家有效行使刑罚权的一个重要方面,加强对刑罚权的控制即意味着加强对刑事立法的规范和制约。"①"这里的设想,不是要创造刑罚的神话,也不是要推翻相反的异端;刑罚合法性的任务,可以在最优化问题的技术层面来单独地计算。"②笔者认为,刑罚的立法配置必须紧紧围绕社会危害性及其程度展开,同时也要在立法中为人身危险性的刑罚调节预留空间,在犯罪轻重的分层中实现均衡性要求。而且,"立法上犯罪分层必须照顾量刑上的自由裁量需要,对一定层次的犯罪对应的是一定幅度的法定刑。"③从社会主体的要求来说,往往具有重刑惩处的倾向,轻罪重罚成为较为常见的一种要求。然而,"轻刑会保护坏人这个真相他们是看到了,但是重刑可以保护好人这个现象从来没有人看到,否则不会在有许多死刑或无期徒刑的刑罚规定之下,还不断出现乱世用重典的呼声。"④当愈发对刑罚保持一份理性,对刑罚的发动就会愈加克制,毕竟刑罚万能论已经不合时宜,我们能够做的就是,"必须对刑罚的功能保持一种清醒的认识,既不夸大刑罚的预防功能,也不人为地贬低刑罚的预防功能。"⑤在立法技术的考量中,必须围绕罪刑均衡进行合理布局,不能以新增加的都是重罪或者以入罪的必要性而随意进行重刑化立法。既然刑罚是犯罪人需要付出的成本,那么,如何通过成本与收益之间的核算,让行为人无法通过犯罪谋利,这是立法技术首先要考虑的基本问题。"倘若刑罚仅仅剥夺罪犯获得的利益,则刑罚不能产生合理的威慑作用,确认行为为犯罪就违背了有效原则。"⑥因此,刑罚的设置必须在均衡性与有效性之间寻求平衡,均衡性要求刑罚要控制合理的量,但是有效性往往会要求刑罚突破一定的量。毫无疑问,这里

---

① 杨俊:《论我国刑事立法的合宪性审查》,《苏州大学学报》2009 年第 2 期,第 40 页。
② [德]米夏埃尔·帕夫利克:《人格体　主体　公民——刑罚的合法性研究》,谭淦译,中国人民大学出版社 2011 年版,第 79 页。
③ 叶希善:《犯罪分层研究——以刑事政策和刑事立法为视角》,中国人民公安大学出版社 2008 年版,第 257 页。
④ 许玉秀:《当代刑法思潮》,中国民主法制出版社 2005 年版,第 48 页。
⑤ 吴宗宪:《中国刑罚改革论(上册)》,北京师范大学出版社 2011 年版,第 61 页。
⑥ [美]贝勒斯:《法律的原则——一个规范的分析》,张文显等译,中国大百科全书出版社 1996 年版,第 403 页。

暗藏的仍然是公正性与功利性的对立统一关系,在此之下的立法方向同样是明确的,即在确保公正的前提下,合理容忍并提供功利性调节的空间,只要此类刑罚在公正性的基础上能够大致收到社会效果的预期,这样的刑罚配置就基本上能够满足我们的需要。①

刑罚设置不是一成不变的,而是必须跟随刑事政策的变化而变化的。"不同国家的刑事政策(刑罚政策)会对应不同的刑罚结构体系,而同一国家在不同时期刑事政策(刑罚政策)的变化也会导致刑罚结构进行相应的调整。"②由于刑罚的适用是对具体犯罪人的适用,因此如何贯彻人本主义的刑罚观就成为当代刑罚进化的必然需要。"人本主义刑罚观从人道、理性和效率的角度,对罪刑关系的评估注重与我国当前社会发展的时代背景相结合,有助于法定刑的配置。"③当然,针对类型化的犯罪行为,我们要在立法设置中考虑到不同情形的差异化行为状态,要么通过不同层次的法定刑档次进行刑罚的合理化布局,要么通过罪名转化以更好实现罪刑相当的原则性要求,从而实现刑阶的自然衔接。"理想的刑阶衔接状态应当是层次清晰,衔接有序,各刑种或刑罚执行方式依据各自严厉性的层次不同承担其应有的刑阶效用,同时彼此幅度相切,而不发生刑阶断裂的后果。"④在此过程中,我们也不能肆意突破该类行为的刑量上限,而只能在其常态行为的基础上进行罪责幅度的伸延,加重情节或者加重结果是刑罚合理配置时的最直接参照。

三、刑法立法的实践转化需要司法技艺的有效辅助

刑法立法不可能解决刑事政策寄予的所有预期,无论刑法立法的技术多么高超,也无法逻辑周全地考虑到所有的问题,更不可能依赖技术制

---

① 比如,"危险驾驶罪"的刑罚只有"拘役"刑一种,刑罚的量是非常轻的,但是,自从"危险驾驶罪"被纳入罪名体系并实施以来,并没有因为其刑罚较轻而致使民众随意逾越刑法底线,相反,"醉驾"行为减少和因"醉驾"引发恶性刑事案件数量的降低都说明了,较轻的刑罚惩处并不阻碍刑罚效益的取得。
② 郭理蓉:《刑罚政策研究》,中国人民公安大学出版社 2008 年版,第 87 页。
③ 吴宗宪:《中国刑罚改革论(上册)》,北京师范大学出版社 2011 年版,第 78 页。
④ 蔡一军:《刑罚配置的基础理论研究》,中国法制出版社 2011 年版,第 125 页。

衡就成功化解众多棘手的现实阻碍。刑法立法只是通过成文法尽可能地在前期做到了它应该做到的事情,余下的具体工作仍然有待刑事司法予以担当,因此,如何通过刑事司法自由裁量权的操控,一方面实现司法制衡立法的不当扩张,另一方面合理弥补刑法立法的滞后性,这一技艺操作仍然是未来较长时期需要面临并解决的目标。应当承认,刑法立法的技术制衡极大程度上牵涉的是刑事政策立法化的问题,由于立法规范并不针对具体个案作细致的规定,法条文本与事实陈述之间仍然存在一个转化与对号入座的问题。因此,为了对立法层面的制衡全面地贯彻到底,我们就必须在司法适用过程中保持一种谨慎态度,在考察具体个案时不能简单因为事实与法律的相似性而机械地奉法而为,也不能单纯根据法律文本而先入为主地通过文本释义进行犯罪化处理。

具体说来,为了使刑事司法制衡刑法立法的策略得以较好贯彻,就需要从两个方面予以完善:

一方面,真正确立教义刑法学的逻辑方法。长期以来,我们重视注释法学而忽视法教义学,这一现状应该逐渐得以较大程度的改变,有效的路径仍然有待于加强刑法教义方法论的培养。从刑法的适用来说,教义刑法学不仅是一种解决个案的方法论,还是一种审慎周详的逻辑思考方式,它以尊重法律规范为前提并辅之合理的逻辑推导,为法律文本向现实正义的输送提供了有效工具。因此,相对于我们当前司法自主性不足、逻辑思维僵化、说理欠缺的刑事司法而言,教义刑法学理当作为我们今后刑事司法的常态范式。而且,最为根本的是,教义学方法能够在众说纷纭的解释论中找到刑事法条背后的目的,能够最终在内涵限缩中寻求问题的科学性答案。这样一来,在刑事法律条文扩张化的背景下,我们也可以从规范背后的目的来分析其具体适用与否。毕竟,"研究刑法的目的有利于立法与司法上合理控制处罚范围,将没有侵犯法益的行为排斥在犯罪之外。"[①]既然刑事法律规范以法益保护为目的,那么从目的层面进行法律适用的审查无疑就对合了这一目的性要求。"(目的性限缩)可将不符规

---

① 张明楷:《刑法原理》,商务印书馆 2011 年版,第 10 页。

范目的之部分排除在外,俾仅剩的法律意义更为精纯。"①然而,就传统刑事司法的适用而言,注释刑法学在我们刑事司法中长期徘徊逗留,使我们养成了一种先入为主的惯性模式而鲜有改变,并且,这种零敲碎打式的刑法注释很难通过个案运用为我们带来思路清晰的判断路径,也缺乏体系兼顾与逻辑训练来达致运送正义的目标,更无法通过有效的技术性运用来制衡犯罪化扩张所带来的诸多不良后果。正如耶林所指出的,法学要成为一门科学,必不可少的一个重要环节就是,"必须在教义学的面向上,将所有我们借着对法律认识与掌握,而获致之暂时性的高点与终点,汇集于经验与事实,并且基于实际使用之目的安排这些素材,进行科学式的铺陈。"②因此,有意进行刑法教义学的司法训练以及素养养成,既是提高我们刑事司法人员个人素质的重要方式,也是在刑法现代化变革中实现刑事司法良好转型与较好变革的一条现实路径。

尽管刑法立法的步伐不会停止,但是当立法的包容量达到一定程度,在此之后的立法节奏肯定就不会像先前那样日益频繁。因此,从未来的发展趋势来看,刑事司法的中心地位必然会更为显性化地予以呈现。在此情形下,以关注司法适用为旨趣的刑法教义学作为一种以形式法治为前提的逻辑方法,其作用与意义也因此显得更为重要。难以否认,无论是我们当前的刑法理论研究还是司法实践,刑法教义学的程度都比较低,与定位科学、理念明确、逻辑严谨、体系完备的目标还有不小的距离。因此,选择何种教义学并如何完善该教义学是我们当前必须严肃考虑的事情。受民权刑法观这一指导性理念的影响,刑法教义学也应该以关注权利保障为核心,而不是放任权力的自由驱使。有学者指出,"现代的刑法教义学已明显地表现出'市民刑法'的趋势,认为人作为人格体,是其自身之目的所在,是可以发挥其自由的精灵,在此基础上形成一种自由和民主的意识形态模式,因此赞成尊重人权的刑事政策和刑法体系,已经受到或者说应该受到所有国家的关注。"③由此可见,刑法教义学仍然要受刑事政策

---

① 杨仁寿:《法学方法论》,中国政法大学出版社 2004 年版,第 202 页。
② 〔德〕耶林:《法学是一门科学吗》,李君韬译,法律出版社 2010 年版,第 86 页。
③ 谢焱:《刑事政策考量下的刑法教义学该何去何从》,《中国刑事法杂志》2012 年第 12 期,第 15 页。

观的影响,以维护法律秩序和权利保障为宗旨的刑法教义学应当是其立身之本,秉着刑事司法科学适用的教义学也必须在该框架内谨慎而为。

刑法教义学以规则遵守以及背后的逻辑推导为形式法治奠定了基础,并为刑事法律安全性、公正性与体系性目标的获得架设了桥梁。正如陈兴良教授所指出的,"法教义学不仅提供法律规则,而且关注法律规则在司法活动中的实际运用,从而为司法裁判的正当性提供某种逻辑保障。"①法教义学是形式规则背后的另一套严密性的思维法网,尽管刑事法律规范纷繁复杂,但是,受其庇护下的刑法适用能够最大限度地防止法外因素的自由涉入,从而杜绝罪刑擅断或者肆意枉法行为的出现。原因就在于,"法教义学正是一套约束法律判断,避免恣意,避免法律外因素对法律判断的影响,保证形式公正的基本工具。"②尽管刑法教义学的方法提供并不否定价值判断,但是受法律素养和逻辑推导的有力保障,教义学的重心仍然不能偏离现有的规范表述。正如冯军教授所认为的,"刑法教义学者当然也需要在规范之外广泛猎取,但是,首先要巡回在规范之内,生发对于规范的感动。"③正是如此,我们才能把司法权力限制在立法规范之内,案外的伦理、时势、权力扩张或者政治干涉等因素才能较好地被撇开在外,一切因刑事法律动态化行进中的恐惧和担心才能得以真正消除。

另一方面,建立有效的案例指导制度并予以规范化适用。由于刑事司法适用是在法律与事实之间往返来回的逻辑思维过程,因而在此过程中司法人员必不可少地要加入自己的主观性理解。由于缺少明确的参照系,加之教义学方法的思维塑造不是一蹴而就的事情,基于此考虑,为了统筹性加强司法人员对刑法立法的理解与运用,确立有效的案例指导制度就理当作为另一项技术性的要求。笔者认为,确立案例指导制度的优点在于能够培养司法人员的类型化思维,通过案件的分析比对进行事实与规范的合理转化,避免随意化的机械性法律适用;通过案例的裁判要旨积极探寻法律背后的内涵和原理,深化对现有法律的认识,利用解释工具

---

① 陈兴良:《刑法教义学方法论》,《法学研究》2005 年第 2 期,第 40—41 页。
② 张翔:《形式法治与法教义学》,《法学研究》2012 年第 6 期,第 8 页。
③ 冯军:《刑法教义学的规范化塑造》,《法学研究》2013 年第 1 期,第 19 页。

进行案件的合理化操作,引导法官得出合乎正义的结论;要求法官注重案件办理过程中的逻辑推导,在参照既有案例的基础上,学会定罪与量刑过程中的因案说理,使之公开化并受到诉讼参与人与社会公众的检视。

自从最高人民法院和最高人民检察院分别于 2010 年 11 月 26 日、2010 年 7 月 9 日印发《关于案例指导工作的规定》以来,案例指导得以从理论探讨逐渐迈向现实步伐上来。截至目前,最高人民法院已经于 2018 年 12 月 25 日印发了第二十批指导性案例,最高人民检察院于 2019 年 5 月 21 日发布了第十四批指导性案例。从现实情形观之,当前发布的指导性案例的数量还比较有限,每批指导性案例并不多,选取案件的代表性与典型性也存在某种程度的不足,指导性案例中裁判要旨的分析也未必充分合理。但是,指导性案例所作的努力践行避免了实践操作过于依赖刑法立法与司法解释的传统路径,在成文法体系之下较好弥补了已有规范所具有的抽象性与模糊性的特点,较好充当了成文法细则或者指导性适用的功能。对此,陈兴良教授指出,"在成文法体制下的裁判规则是司法活动中形成的规则,由此而使司法活动在消费规则的同时又生产规则,从而极大地改变了司法的性质。"①最为直接的是,在当前司法适用中,案例指导制度促动法官摆脱法律规范的机械依赖性,通过案件事实的裁减与法律规范的再次加工,从而最终促成裁判结果的出台。由于每一个案件都必须在案件事实、法律规范、司法解释、指导性案例之间来回往复多次,促成司法人员从积极与消极两个层面来判断罪刑的质与量,对犯罪构成要素与刑罚轻重的情节会因此考虑得更为周全,先入为主的意识会在此过程中不断被消退,从而利于司法自主与法治思维的优良养成,最大限度地保障犯罪行为人的应有权益。

从形式上来看,在我国成文法体系之下,我们已经有了正式法典、司法解释、指导性案例这三种可供适用的法律规则,因而随之可能会带来另一个担心,即法律规则数量上的增多将无形中导致刑事法律适用上的泛滥。但是,这样一种把刑事指导案例当成无节制的刑法立法的思路明显是有问题的,刑事指导案例是对刑事法律规范进行的再次解读,是通过现

---

① 陈兴良:《案例指导制度的法理考察》,《法制与社会发展》2012 年第 3 期,第 77 页。

实案例方式进行的动态化法律推理过程,刑事指导案例有对法律与司法解释进行再演示的客观特征,它本身并不扩充罪名与法定刑,它既与当下某些司法解释充当"司法法"的现象不能相提并论,更与刑法修正案的修法功能不可同日而语。而且,由于指导性案例以裁判要旨的形式给出了自己的分析过程与理由,因而需要司法人员在正确认清犯罪事实的前提下对犯罪构成的罪状进行深入剖析,这样一来,把事实与法律进行对照和转化的分析过程就能较好地揭示出案件处理的背后根据。尽管指导性案例加入了主观性理由而具有规范创制成份,但是,这样的"创制"不是对立法的扩充或者膨胀,而是在审慎性的事实裁减与法律推导基础上的限制或减缩。因此,笔者有理由相信,通过案例指导制度的渐行展开和规范性适用,法官的守旧思维方式将会得以逐渐改变,独立性意识将会大大提高,司法技能运用的娴熟性也会渐行渐长地逐渐形成,其对刑法立法扩张化的制衡性效用也将最终慢慢显现出来。

第五节　本章小结

刑法立法仍然未曾停歇地在动态化进行,刑事法律规范也在不断增加,与之同时,犯罪行为同样未有丝毫的阻断与平息。于是,这就有了刑事法律规范增加而犯罪现象并未明显减少的客观现状,产生了犯罪样态多样化和刑法条文随之日益庞杂的外在现实。但是,我们绝对不能把二者简单地看成二律背反的关系。原因在于,犯罪的增加并不能简单归因于刑法立法条文的增多,实际上,刑法立法只是使犯罪行为进行了显性化的规范表达,无论有无法律规范的存在,犯罪行为都在那里,不增不减;无论刑事归责有无兑现功利性预期,犯罪行为也都在那里,不舍不弃。基于此,我们不能混淆因果缘由而把犯罪行为的增加看成是刑事条文数量激增的对应物,也不能把预防犯罪不理想的效果一概追溯为刑事犯罪圈的扩张。从刑法立法发展的趋势来看,已然不能单纯为了减少犯罪的数量而停滞刑法立法的向前步伐,更不能否定刑法立法的积极功能而打压其直面现实的勇气。笔者相信,刑法立法在刑事政策引导下的顽强延续,这不是面临生存绝望而进行的无畏挣扎,也不是"向死而生"时英勇就义般的末路情怀,而是在面临诸多质疑与彷徨时对自我立场锲而不舍的信念坚持。

刑事政策与刑法立法之间存在亦步亦趋的互动关联,刑事政策作为刑法立法的引导性力量,直接推动刑法立法的不断修订以及完善。刑事政策的非稳定性是由社会现实的变动性所决定的,刑事政策的相应调整必然引发刑法立法的及时跟进,由此决定了刑法立法的扩张是不可阻挡的历史潮流与客观现实。应当扭转刑法立法扩张化过程中权力中心主义的传统,把理性立法之下的权利保障作为民权刑法观的应有之义予以倡导,通过立法技术与司法技艺的结合来实现对刑法立法扩张的有效制衡,以合乎刑法现代化演进的现实所需。

刑法立法不可能一蹴而就地立即实现刑事法治建构设计出来的宏伟蓝图,而且,甚或刑事法网的扩张会让我们普通民众时时如履薄冰,唯恐权力机关挥舞刑罚利刃时用之不当而出现伤人伤己之弊。但是,我们相信,只要刑法立法的政策理念能够保持一种理性与自觉,修法行为能够主动贴近正当化刑事政策并贯通法律完善的演绎全程,刑法立法就能够在谨慎的犯罪化与非犯罪化过程中进行恰当取舍,最终在刑罚配置时能够顺应体系结构的调整并作出合理抉择。而且,笔者相信,通过刑法立法方法的科学规划与刑事司法的技术制衡,刑事法律可以在整体的法律体系之下虽然身负重任且能坦然面对,我们也期待刑事规范通过理性与技术的双向重塑而能获得更多的认同和更大的效益。

第三章
域外刑法立法方法的考察与评析

　　当今世界是一个开放性的世界,这一开放性不仅体现在经济层面,同样也体现在法律规范制度层面。虽然单纯地照搬移植他国法律不具有可行性,但是,学习了解他国立法方法并汲取其中的有益元素,仍然是推动我国立法走向科学化的有效路径。基于此,刑法立法方法研究不仅要着眼于我国刑法立法的历史与现状,还应当放眼于全球这一更宽广的背景之中,以国际化的视野对域外国家的刑法立法方法予以梳理和剖析。本章对域外国家的"刑法立法模式"和"刑法编章体系"予以考察与评析,通过评析其中的利弊得失,从而为我国刑法立法方法未来的完善提供值得借鉴的有益经验。

第一节　域外刑法立法模式的考察

　　"刑法立法模式是指国家立法机关在进行刑法立法时所采用的标准样式。"①虽然都是刑法规范的来源,但是刑法立法模式与刑法渊源并不等同。刑法渊源与刑法立法模式是包含与被包含的关系。按照刑法理论的通说,作为国家根本大法的宪法是我国刑法的渊源之一,但不能等同地认为宪法是我国刑法的立法模式。一般来说,刑法立法模式有成文刑法

---

① 柳忠卫:《刑法立法模式的刑事政策考察》,《现代法学》2010 年第 3 期,第 52 页。

和判例刑法两种类型。但是,由于我国是一个成文法国家,缺乏判例法赖以存在的政治基础和法律传统,因此域外国家的判例刑法对我国刑法立法并无多大的借鉴意义。因此,下面笔者从成文法的角度出发,选取大陆法系和英美法系中具有代表性的国家,对刑法典、单行刑法、附属刑法、刑法修正案这四种刑法立法模式予以梳理与考察。

一、刑法典

(一) 大陆法系

刑法典是指立法机关颁布和施行的,全面、系统规定犯罪、刑事责任和刑罚的法律规范的集合体系。大陆法系国家刑法立法通常以刑法典为基本模式。1810 年和 1994 年法国刑法典、1871 年和 1975 年德国刑法典、1907 年日本刑法典都是大陆法系乃至全世界刑法典的经典代表之作。

1810 年法国刑法典注重实际运用,并不一味追求刑法基本原则的抽象归纳和理论概括,该法典的刑法条文简明扼要,同类犯罪的法律规定都编排在相邻的刑法条文中,便于法官援引和适用。[①] 该法典对大陆法系国家的刑法立法模式产生了极为深远持久的影响,成为诸多大陆法系国家刑法典编撰的范本,直到 1994 年,其才被法国新刑法典所取代。1994 年法国刑法典基本保留了旧法典的核心内容,体现了新旧法典之间的"一贯性",例如:新法典保留了旧法典的重罪、轻罪、违警罪的三分法;新法典保留了原有的罪刑法定原则,并通过多个刑法条文予以巩固和强化;新法典关于犯罪未遂和共犯的规定,其法律后果几乎没有什么变化。除了鲜明的"一贯性",1994 年法国刑法典还体现了"演变中的连续性":许多新增的罪名之前已经规定于单行刑法之中(例如反人类罪);有的罪名经过法院判例的补充而扩大了惩治范围(例如将诈骗罪的规制范围扩大到对"服务的诈骗");旧法典中的部分内容在新法典中独立成罪(例如新法

---

① 参见刘文明:《外国法制史》,湖南人民出版社 2005 年版,第 204 页。

典将旧法典中作为法定加重情节之一的"恐怖活动"独立成罪)。此外，1994 年法国刑法典还将危害人类罪置于刑法分则之首，并对法人犯罪予以详细规定，这都体现了新法典的"时代性"。①

1871 年德国刑法典充分吸收了 1810 年法国刑法典颁布以来刑事立法改革和刑法理论发展的最新成果，在刑法立法体例和刑事法律制度等方面都作出了一定的创新。② 在形式上，该法典分为总则和分则两大部分，立法体例更加系统完整；在内容上，该法典确认了资产阶级刑法的一般原则并通过多项刑事法律制度予以落实。1975 年德国刑法典继续坚持旧法典规定的资产阶级刑法的基本原则，同时注重刑法理论对刑法立法的指导和引领作用。该法典通过吸收刑法理论研究成果的精华，使刑法立法的进程和社会发展的步伐保持基本协调一致。在基本原则上，该法典严格实行罪刑法定原则，在总则中明确规定"法无明文规定不为罪"，在分则中详细规定各种犯罪的构成要件及相应刑罚。在权利保障上，该法典对包括私有财产权、个人隐私权在内的公民基本权利予以较为全面的保护。在刑罚制度上，该法典废除了死刑，规定最高刑为无期徒刑，对溯及力实行轻刑原则，统一了徒刑的执行方式。③

1907 年日本刑法典以 1871 年德国刑法典为立法蓝本，对古典刑法学派的报应刑思想和社会刑法学派的目的刑思想兼收并蓄。除了罪刑法定原则之外，该法典基本体现了资产阶级刑法的基本原则，同时又保留了一定的封建残余。与 1880 年日本刑法典相比，1907 年日本刑法典废除了旧法典关于重罪和轻罪的划分，剔除违警罪，以概括的方式列举罪名；新法典取消了旧法典对罪刑法定原则的规定，扩大了刑期幅度，并修改了旧法典规定的刑罚种类和若干法律术语；新法典增加了属人主义的规定，首次规定缓刑制度并完善假释制度。④ 二战结束前，日本根据社会经济发展的需要，分别于 1921 年和 1941 年对刑法典进行了部分修改。二战结束后到 20 世纪末，随着社会的不断发展，日本又对该法典进行了多次

---

① 参见何勤华：《外国法制史》，法律出版社 2011 年版，第 275—277 页。
② 参见何勤华：《外国法制史》，法律出版社 2016 年版，第 295 页。
③ 参见何勤华：《外国法制史》，法律出版社 2011 年版，第 328—329 页。
④ 参见刘文明：《外国法制史》，湖南人民出版社 2005 年版，第 243 页。

部分修改,吸取了域外先进的刑法立法经验,摒弃了原刑事法律制度中的一些陈旧性内容,以顺应时代发展的潮流。进入 21 世纪之后,日本对刑法典的部分修改工作仍在持续不断地进行。① 例如,2006 年至 2016 年,日本对刑法典进行了七次部分修改。除了在刑法分则中创设新罪名、对部分犯罪提高了法定刑之外,日本还对刑法总则中的刑罚部分进行了修改:在时效制度上,日本刑法典废除了死刑的时效,提高了十年以上有期惩役、监禁和无期惩役、监禁的时效;在缓刑制度上,日本刑法典将原先规定的缓刑制度界定为"整体缓刑",并与此相对应地创设了新的"部分缓刑"制度等等。由此可见,日本刑法典在颁布施行后的一百多年里经历了频繁的部分修改,虽然日本立法机关也曾多次考虑全面修改刑法典,但是日本至今仍未颁布全新的刑法典。

(二)英美法系

英美法系国家以判例法作为刑法的主要渊源,法官在审判活动中要"依循先例",即从以往的判例中寻找审理、裁决案件的根据。一方面,在具体个案的裁决中,先前的判决对之后的审判活动产生现实约束力,在一个个鲜活的判例当中,推动法律理念和规则运动的发展;另一方面,在具体法律的适用中,特定判例中的法律原则得以抽象、概括、归纳与总结,带有普遍意义的法律原则会应用到具体案件中去。② 因此,英美法系国家对刑法典的编撰并不像大陆法系国家那样热衷。

英国是世界上少数几个至今没有颁布成文刑法典的国家之一。美国刑法则由联邦刑法和各州刑法两个基本部分构成,二者均以制定法和判例法作为两大基本法律渊源。正是由于这种双重体系结构的存在,导致 20 世纪以前的美国刑法纷繁芜杂且无法统一。为了使刑法立法更加系统化和现代化,美国分别于 1877 年、1909 年和 1948 年对联邦系统的所有刑法立法进行了整理和修订,将其列入《美国法典》的第 18 篇,即"犯罪与刑事诉讼"篇。③ 20 世纪以后特别是 30 年代以来,美国启动了统一各

---

① 参见何勤华:《外国法制史》,法律出版社 2011 年版,第 366—368 页。
② 参见尚绪芝、王福蕊:《外国法制史教程》,知识产权出版社 2014 年版,第 128 页。
③ 参见李春雷、张鸿巍:《外国刑法学概论》,北京大学出版社 2011 年版,第 288 页。

州刑法的浩大工程。1962年,美国法律协会公布了《模范刑法典》,该法典旨在促进联邦和各州加强对现有刑法文本的全面梳理和审查,并为联邦刑法和各州刑法的制定和修订提供范本。"美国法学会1962年通过的《模范刑法典》在美国刑法法典化的历史中发挥了最重要的作用。自颁布至今,该法典一直是美国刑法典改革的主导力量,也是美国刑法学研究的催化剂。"①

在体系结构上,美国模范刑法典比各州的刑法典更加具有系统性和逻辑性;在概念术语上,美国模范刑法典比各州的刑法典更加明确和规范。该法典虽然没有直接的法律效力,颁布后也未被各州所普遍采用,但其对各州刑法的统一具有十分重要的指导意义,有三分之二的州都以它为蓝本制定或修改各自的刑法典。美国国会建立的联邦刑法改革委员会于1971年提出了联邦刑法典草案,该草案之后在参议院获得通过但是最终未能在众议院通过。② 由此可见,美国作为英美法系国家的代表,目前缺乏一部全面、完整、统一的联邦刑法典,以致于相当庞大的群体希冀美国能早日制定一部系统完备的刑法典,以统一全国刑法的适用。

澳大利亚的刑法体系同美国类似,同样有联邦刑法和各州刑法、制定法和判例法之分。但是,澳大利亚在1995年制定了统一的联邦刑法典,这是澳大利亚首部联邦刑法典,也是一部英美法系国家并不多见的联邦刑法典。1995年澳大利亚联邦刑法典是一部在继承普通法传统的基础之上而制定的刑法典,其一方面继承了大量普通法的基本原则和诉讼制度,另一方面在很大程度上对以往的刑法立法传统进行了突破和创新,其将实体法和程序法合二为一便是一个典型例证。这反映了其注重程序正义的立法倾向,凸显其与英美法系的血缘联系。在内容上,1995年澳大利亚联邦刑法典严厉打击腐败犯罪并注重保护公职人员,废除死刑适用并强调人权保障。此外,该法典紧随时代潮流进行修改,并积极吸收澳大利亚签订的各种国际条约的精髓,使国内立法同国际条约充分接轨和

---

① 〔美〕保罗·H.罗宾逊、马卡斯·德克·达博:《美国模范刑法典导论》,刘仁文、王祎译,《时代法学》2006年第2期,第107页。
② 参见何勤华:《外国法制史》,法律出版社2011年版,第235页。

协调。①

二、单行刑法

(一) 大陆法系

单行刑法是指立法机关颁布和施行的,在形式上独立于刑法典而在内容上专门规定犯罪、刑事责任和刑罚的法律规范的立法文件。② 在大陆法系国家中,因受实证主义法哲学的影响,法国在 19 世纪开始以单行刑法的立法模式进行刑法立法,从而对 1810 年法国刑法典进行修改和完善。③ 例如,1885 年颁布的《累犯惩治法》与《累犯防止法》对累犯制度予以补充和完善;1891 年颁布的《关于减轻和加重刑罚的法律》增设了缓刑制度;1912 年颁布的《青少年保护观察法》对青少年犯罪进行了单独考量等等。这些单行刑法体现了近代法国刑法的新社会防卫思想。法国于 1945 年成立了刑法改革委员会,掀起了大规模的刑法改革运动,同时根据刑法改革的目标和精神制定了大量的单行刑法。例如,出于改革刑罚执行方式的需要于 1972 年颁布了《关于允许服刑期间监外执行、半自由和许可外出的法律》,为了顺应废除死刑的国际潮流,1981 年又颁布了《关于废除死刑的法律》等等。④

在 1975 年德国刑法典颁布之后的四十多年里,由于德国社会发生的巨大变化(尤其是东德和西德的统一),欧洲一体化进程的不断加速,并且国家在犯罪预防与刑事处罚等方面所面临的一系列新情况和新问题不断出现,德国不断以单行刑法的立法模式对刑法典作出修改和完善,主要体现在如下方面:首先,为了加强对经济犯罪的惩治,德国于 1976 年和 1986 年分别颁布了两部旨在打击经济犯罪的立法,明确经济犯罪的基本概念和处罚程序,增设经济犯罪的具体罪名,扩大经济刑法的打击和保护

---

① 参见《澳大利亚联邦刑法典》,张旭等译,北京大学出版社 2006 年版,序言,第 5—8 页。
② 参见赫兴旺:《我国单行刑法的基本理论问题研析》,《法学家》1994 年第 4 期,第 40 页。
③ 参见夏新华:《外国法制史》,厦门大学出版社 2012 年版,第 209 页。
④ 参见郑翔:《刑法立法模式研究》,安徽大学 2014 年硕士学位论文,第 26 页。

范围。① 其次，为了加大对毒品犯罪、洗钱犯罪和恐怖主义犯罪等有组织犯罪的打击力度，德国于 1992 年颁布了《防治非法毒品交易和其他形式的有组织犯罪法》，于 1993 年颁布了《严重犯罪所得利润追查法》，于 2002 年颁布了《反国际恐怖主义法》。再次，为了践行教育刑思想和对未成年人的保护，德国于 1974 年颁布了《少年法院法》，对少年和未成年人的违法犯罪行为作了较为详细的专门规定，并在颁行后进行了多次修改。最后，为了加大对自然资源和生态环境的刑法保护力度，更好顺应社会对环境保护的现实需求，德国于 1994 年颁布了《与环境犯罪作斗争的第二部法律》等等。

　　除了对 1907 年日本刑法典进行部分修改，日本立法机关还采取单行刑法的立法模式对刑法典予以修改和完善。20 世纪上半叶，日本颁布了《关于处罚暴力行为的法律》和《轻犯罪法》等单行刑法，进一步丰富了原有的刑法立法体系。② 之后，根据不同时期社会经济发展的特点以及打击惩治犯罪的需要，日本频繁采取单行刑法的立法模式来修改和完善刑法典。例如，为了惩治有组织犯罪及洗钱罪，日本于 1999 年颁布了《关于有组织犯罪的处罚及犯罪收益规制等的法律》；为了实现儿童利益保护的最大化，日本于 1999 年颁布了《处罚有关儿童卖淫、儿童色情等行为及保护儿童的法律》，于 2000 年颁布了《关于防止儿童虐待的法律》等单行刑法；为了有效保护处于弱势地位的女性的合法权益、制止家庭暴力，日本于 2000 年颁布了《关于规制纠缠行为等的法律》，于 2001 年颁布了《关于防止配偶的暴力及保护被害人的法律》等单行刑法。③ 除此之外，日本的单行刑法还有总结归纳刑法规范的独特作用。例如，针对机动车交通事故问题，日本于 2013 年颁布了《有关因驾驶机动车致人死伤行为等的处罚的法律》。之后，日本刑法典中原先有关危险驾驶致死伤罪和驾驶机动车致死伤罪的规定被删除，这两个犯罪与其他有关驾驶机动车犯罪的刑法规范均被规定在该单行刑法之中。

---

① 参见[德]马克·恩格尔哈特：《德国经济刑法的发展和现状》，徐剑译，《刑事法评论》2016 年第 2 期，第 307 页。

② 参见何勤华：《外国法制史》，法律出版社 2011 年版，第 408 页。

③ 参见何勤华：《外国法制史》，法律出版社 2011 年版，第 368 页。

(二) 英美法系

由于大部分英美法系国家没有统一、系统、成文的刑法典,为了弥补判例法的不足和缺陷,单行刑法成为英美法系国家主要的刑法立法模式,例如美国的 1978 年《盗窃罪法》。英国的单行刑法数量更是相当庞大。例如,与未成年人有关的单行刑法有 1933 年《儿童及未成年法》1969 年《禁止未成年人纹身法》1984 年《诱拐儿童罪法》1997 年《没收酒类(未成年人)法》等等;与毒品、酒类有关的单行刑法有 1971 年《毒品滥用法》1985 年《醉人物质(提供)法》1985 年《体育赛事(酒精等物的控制)法》1994 年《贩毒罪法》等等;除此之外,还有 1968 年《火器法》1990 年《计算机滥用法》1997 年《性犯罪人法》1997 年《刀械法》等诸多单行刑法,这些单行刑法就是专门针对火器、计算机、性犯罪、刀械等方面的犯罪所作出的具体法律规定。①

而像澳大利亚、印度、新加坡等少数拥有统一、系统、成文的刑法典的英美法系国家,同样存在数量繁多的单行刑法。在这些国家,单行刑法成为修改、补充、完善刑法典的重要形式之一。例如,2001 年发生的"9·11"恐怖袭击引起了国际社会对恐怖主义犯罪的广泛关注。针对这一社会危害性极大的国际公害类犯罪,澳大利亚迅速通过了一系列单行刑法,新兴恐怖主义犯罪成为了刑事法律重点打击的范畴。例如,2002 年《禁止资助恐怖主义法》2004 年《反恐怖主义法》2004 年《反恐怖主义法(第 2号)》等等,均是其单行刑法立法的典型体现,从而为惩治恐怖主义犯罪提供更加充分的法律保障。

三、附属刑法

附属刑法是指民事、行政、经济法律及其他非刑事法律中有关犯罪、刑事责任和刑罚的法律规范的集合。② 附属刑法这种立法模式主要有两

---

① 参见《英国刑事制定法精要(1351—1997)》,谢望原等译,中国人民公安大学出版社 2003 年版,序言,第 8 页。

② 参见赫守才:《附属刑法立法模式的比较与优化》,《现代法学》1996 年第 4 期,第 44 页。

种具体表现形式：散在型附属刑法和编纂型附属刑法。前者是指刑法规范分散规定在民事、行政、经济法律及其他非刑事法律中的立法模式，此种立法模式在世界各国的附属刑法中最为常见；后者是指立法机关以法律调整的社会关系、针对的主要对象等为标准，将散见于各个非刑事法律中的刑法规范通过归类、梳理、筛选、修改、补充等方式汇编成册，以消除刑法规范之间重复、冲突和矛盾的立法模式。①

（一）大陆法系

针对刑法典中较少涉及的非传统类犯罪，大陆法系国家通常选择以附属刑法的方式将这类犯罪规定在非刑事法律中。② 在法国，根据 1958 年法国宪法的规定，违警罪也不再属于刑法立法的范畴，而是由行政法规性质的条例进行调整。③ 自此，法国的刑法典不再仅仅依靠立法机关制定的基本法律，刑法典演变成为由法律和行政法规两种不同层次和位阶的法律渊源组合而成。④ 除此之外，在环境保护、欺诈、新闻等方面的专门法律以及《公共卫生法典》《交通法典》《劳动法典》《城市规划法典》《消费法典》《知识产权法典》等专门法典之中也分布着数量可观的刑法规范。⑤ 由此可见，附属刑法也是法国主要的刑法立法模式之一。

在德国，经济刑法是指由单行经济犯罪惩治法、经济立法附带刑事规范和刑法典关于经济犯罪的规定这三大部分共同构成的刑事法律规范的集合和统称。⑥ 其中，"经济立法附带刑事规范"是德国典型的附属刑法。德国的附属刑法主要由两大类组成：第一类，专门规定违法犯罪行为（如违警罪）以及刑事责任的行政法律，即编纂型附属刑法。典型立法例是二战后联邦德国制定的《秩序违反法》。第二类，行政法律、经济法律等非刑事法律中有关违法犯罪行为以及处罚的规定，即散在型附属刑法。在《半导体保护法》《基因技术法》《麻醉品法》《器官移植法》《有限责任公司法》

① 参见李希慧：《中国刑事立法研究》，人民日报出版社 2005 年版，第 270 页。
② 参见郑翔：《刑法立法模式研究》，安徽大学 2014 年硕士学位论文，第 19 页。
③ 参见何勤华：《外国法制史》，法律出版社 2016 年版，第 250 页。
④ 参见何勤华：《外国法制史》，法律出版社 2011 年版，第 276 页。
⑤ 参见夏新华：《外国法制史》，厦门大学出版社 2012 年版，第 211 页。
⑥ 参见何勤华：《外国法制史》，法律出版社 2011 年版，第 330 页。

《商标法》等行政法律、经济法律中,同时囊括了大量的罪刑规范,这些罪刑规范同样属于德国附属刑法的范畴。

在日本,附属刑法也是非常重要的刑法立法模式。日本的《国家公务员法》《公职选举法》《道路交通法》等行政法律中明确规定了众多刑事罚则的规定,即对触犯行政法律、违背行政义务的行为人处以刑罚的法律规定,理论上称之为"行政刑法"。《银行法》《证券交易法》《金融期货交易法》《中小企业协调组织法》等经济法律中也专门针对违反经济法律的行为设置了相应的刑事罚则,通过具体条款明确规定了罪状和法定刑,这些罪刑规范理论上称之为"经济刑法"。可以说,这些散见于行政法律、经济法律等非刑事法律中的附属刑法既适应了日本不同时期社会经济发展变革的需要,同时也充分体现了日本刑法立法的历史沿革和时代变迁,成为日本刑事法律体系中不可或缺的重要组成部分。①

(二) 英美法系

19 世纪以来,大陆法系和英美法系并没有相互隔绝,而是在如何更好地构建法治规范与法治社会的共同目标之下,各自均进行了积极性的相互学习并受到彼此影响。在此种过程中,各国的刑事法律均采取了较为开放包容的态度,并在立足自身传统刑事法律文化的基础上,积极有效地吸纳他国法律文化的有益成分。其中的主要表现内容是,英美法系国家积极学习和借鉴了大陆法系国家成文制定法的立法经验,不仅制定出了越来越多的单行刑法,而且在许多非刑事法律中以附属刑法的形式对有关犯罪和刑罚的内容作出了具体规定。而且,从事实上来说,在当今英美法系国家,附属刑法在刑法立法中正发挥着越来越重要的作用。

大部分英美法系国家的非刑事法律中存在大量的罪刑规范,即附属刑法,以此弥补成文刑法典中具体规范缺失的现实境况。附属刑法在美国的刑法立法模式中占据着相当重要的地位。由于其有联邦刑法和各州刑法两大系统,因此美国附属刑法的数量极为庞大。例如,《美国法典》第15 篇关于"商业与贸易"的规定中有大量关于经济犯罪的刑法规范。英

---

① 参见何勤华:《外国法制史》,法律出版社 2011 年版,第 368—369 页。

国《1980年公路法》《1983年人民代表法》《1990年环境保护法》等非刑事法律中也有大量关于犯罪与刑罚的规定。[1]

四、刑法修正案

(一) 大陆法系

刑法修正案是指立法机关针对刑法典中的某些法律规定,通过颁布和施行修正条文的形式,修改、补充、删减相应的刑法规范,从而完善刑法典的立法文件。1810年法国刑法典施行后,以颁行单行刑法和刑法修正案(即修改刑法典立法部分的法令)的形式进行了四次较大规模的修改:第一次是在1832年,受当时人道主义思潮的影响,废除肉刑、减少死刑种类,以减轻刑法的残酷性;第二次是在1863年,基于维护社会经济秩序和实现刑罚轻缓化的双重目的,增设累犯制度和某些新罪,并对大部分犯罪作出减轻处罚的规定;第三次是在1958年,以实现刑法现代化为目标,全面承认法人犯罪的惩罚原则,同时使刑法典在犯罪构成要件和刑罚制度体系等方面具备了现代刑法的基本特征;第四次是在1960年,为了保障戴高乐总统新政策的贯彻和实施,重新定义和全面规范危害国家利益的犯罪和侵犯经济秩序的犯罪。[2]

1975年德国刑法典颁行后的四十多年里,随着社会经济的快速发展,德国对刑法典进行了多次修改。德国刑法典的修改主要采取单行刑法和刑法修正案两种立法模式。通过制定多个刑法改革法和数十个刑法修改法,德国对刑法典不断补充和完善,并适时对经过多次修改的刑法典予以重新颁布。刑法修正案的修改重点主要在于:第一,在基本原则上,严格落实罪刑法定原则,强化犯罪预防,坚持刑事处罚中的人道主义;第二,在刑罚制度上,放宽假释的适用条件并扩大假释的适用范围,废除了累犯加重处罚的规定,凸显了刑法立法中的教育刑思想;第三,在罪名调

---

[1] 参见《英国刑事制定法精要(1351—1997)》,谢望原等译,中国人民公安大学出版社2003年版,序言,第9页。

[2] 参见何勤华:《外国法制史》,法律出版社2011年版,第275—276页。

整上,顺应犯罪形势的发展变化,及时调整犯罪圈的大小和刑事处罚的力度,既注重对金融犯罪、毒品犯罪、高科技犯罪、恐怖主义犯罪等社会危害性极大的犯罪的打击和惩治,又对传统领域中某些轻微犯罪实行除罪化。[①]

(二) 英美法系

近年来,价值观念的多元并行和科学技术的突飞猛进在推动人类文明进步的同时,也随之产生了许多前所未闻但危害极大的犯罪形式、犯罪手段和犯罪技术。这些复杂多样的新型犯罪必然要求刑法立法的及时介入和有效规制。澳大利亚的立法者对此有着理性且务实的认识。1995年澳大利亚联邦刑法典颁布之后,澳大利亚议会不断通过刑法修正案的形式对刑法典予以补充和完善。以恐怖主义犯罪为例。2001年"9·11"恐怖袭击发生后,澳大利亚议会迅速通过了一系列刑法修正案,大幅增强对恐怖主义犯罪的打击力度。例如,《2002年刑法典修正案(禁止恐怖主义爆炸行为)》《2002年安全立法修正案(恐怖主义)》《2002年刑法典修正案(恐怖组织)》《2003年刑法典修正案(恐怖主义)》《2003年刑法典修正案(真主党组织)》《2003年刑法典修正案(哈马斯及拉什卡-塔伊巴组织》《2004年刑法典修正案(恐怖组织)》等等。[②] 这些数目可观的刑法修正案为严厉打击和惩治恐怖主义犯罪奠定了坚实的法律基础。而在其他英美法系国家中,英国和美国联邦由于没有统一、成文的刑法典,因而不存在刑法修正案的立法模式。

第二节 域外各具特色的刑法编章体系

刑法编章体系是指刑法立法文件按照一定的逻辑、规则、顺序对刑法条文进行排列、组合所形成的框架结构。刑法编章体系因各国政治基础、

---

① 参见何勤华:《外国法制史》,法律出版社2011年版,第329—330页。
② 参见《澳大利亚联邦刑法典》,张旭等译,北京大学出版社2006年版,序言,第7页。

法律传统、法治意识、指导思想等因素的不同而呈现出各自不同的特点。下面以表格的方式对 1994 年法国刑法典、1975 年德国刑法典、1907 年日本刑法典、1996 年俄罗斯联邦刑法典和 1962 年美国模范刑法典的编章体系进行简要的梳理和介绍。

一、大陆法系

1994 年法国刑法典①		
第一卷　总则	第一编 刑法	第一章　一般原则
		第二章　刑法的时间效力
		第三章　刑法的空间效力
	第二编 刑事责任	第一章　一般规定
		第二章　不负刑事责任或减轻刑事责任之原因
	第三编 刑罚	第一章　刑罚之性质
		第二章　刑罚制度
		第三章　刑罚之消灭、判刑之消失
第二卷 侵犯人身之重罪与轻罪	第一编 反人类罪	第一章　种族灭绝罪
		第二章　其他反人类罪
		第三章　共同规定
	第二编 侵犯人身罪	第一章　伤害人之生命罪
		第二章　伤害人之身体或精神罪
		第三章　置人于危险罪
		第四章　侵犯人身自由罪
		第五章　侵犯人之尊严罪
		第六章　侵犯人格罪
		第七章　伤害未成年人罪与危害家庭罪

---

① 参见《法国新刑法典》,罗结珍译,中国法制出版社 2003 年版,目录,第 1—10 页。

	1994 年法国刑法典		
第三卷 侵犯财产之重罪与轻罪	第一编 欺诈据有财产罪	第一章	盗窃罪
		第二章	敲诈勒索罪
		第三章	诈骗罪及相近似的犯罪
		第四章	侵吞财产罪
	第二编 其他侵犯财产罪	第一章	窝藏赃物及类似或相近似的犯罪
		第二章	毁坏、破坏、损坏财产罪
		第三章	侵犯数据资料自动处理系统罪
		第四章	洗钱罪
第四卷 危害民族、国家及公共安宁罪	第一编 危害国家基本利益罪	第一章	叛国罪与间谍罪
		第二章	其他危害共和国之各种制度或危害国家领土完整罪
		第三章	其他危害国家防务罪
		第四章	特别规定
	第二编 恐怖活动罪	第一章	恐怖活动罪
		第二章	特别规定
	第三编 危害国家权威罪	第一章	危害公共安宁罪
		第二章	由履行公职的人实施的危害公共行政管理罪
		第三章	个人妨害公共行政管理罪
		第四章	妨害司法罪
		第五章	危害欧洲共同体、欧盟成员国,其他外国与公共国际组织之公共管理罪
	第四编 妨害公众信任罪	第一章	伪造文书罪
		第二章	伪造货币罪
		第三章	伪造公共机关发行的证券或其他有价信用证券罪
		第四章	伪造权力机关之标志罪

续　表

1994 年法国刑法典		
	第五编 参加坏人结社罪	
第五卷 其他重罪与 轻罪	第一编 在公共卫生 方面的犯罪	第一章　在生物医学伦理方面的犯罪
	第二编 其他规定	全一章　对动物的严重虐待或残忍行为
第六卷 违警罪		
第七卷 适用于海外 领土与马约 特领地的 规定		

　　1994 年法国刑法典分为两个部分。该法典的第一部分是法律，分为七卷。第一卷是总则，规定了刑法的一般原则、时间和空间效力、刑事责任和刑罚。第二卷是侵犯人身之重罪与轻罪，规定了反人类罪、伤害人之生命、身体或精神罪、侵犯人身自由、人之尊严、人格罪等犯罪。第三卷是侵犯财产之重罪与轻罪，规定了盗窃罪、诈骗罪、窝藏赃物罪、洗钱罪等犯罪。第四卷是危害民族、国家及公共安宁罪，规定了叛国罪、间谍罪、恐怖活动罪、受贿罪、伪造货币罪等犯罪。第五卷是其他重罪与轻罪，规定了在公共卫生方面的犯罪、对动物的严重虐待或残忍行为等。由此可见，该法典大体按照"个人法益——国家法益——公共法益"的顺序编排罪名。第六卷是违警罪，第七卷是适用于海外领土与马约特领地的规定。该法典的第二部分是条例，即最高行政法院提出资政意见后颁布的法令，是对第一部分前六卷的部分刑法条文的补充和细化。

1975 年德国刑法典①		
总则	第一章　刑法	第一节　效力范围
		第二节　本法之用语
	第二章　行为	第一节　可罚性之基础
		第二节　未遂
		第三节　正犯与共犯
		第四节　正当防卫与紧急避险
		第五节　议会言论及报道不受处罚
	第三章　行为的法律后果	第一节　刑罚
		第二节　量刑
		第三节　触犯数法规的量刑
		第四节　缓刑交付考验
		第五节　刑罚保留的警告与免除刑罚
		第六节　矫正与保安处分
		第七节　追缴和没收
	第四章　告诉、授权和要求判刑	
	第五章　时效	第一节　追诉时效
		第二节　执行时效
分则	第一章　危害和平、叛乱、危害民主法治国家	第一节　危害和平
		第二节　叛乱
		第三节　危害民主法治国家
		第四节　共同规定
	第二章　叛国和外患	
	第三章　针对外国的犯罪行为	
	第四章　妨害宪法机关及选举和表决的犯罪	

---

① 参见《德国刑法典》，徐久生、庄敬华译，中国方正出版社 2004 年版，目录，第 1—3 页。

1975 年德国刑法典	
第五章　危害国防	
第六章　抗拒国家权力	
第七章　妨害公共秩序的犯罪	
第八章　伪造货币和有价证券	
第九章　虚伪的未经宣誓的陈述和伪誓	
第十章　诬告	
第十一章　有关宗教和世界观的犯罪	
第十二章　妨害身份、婚姻和家庭	
第十三章　妨害性自决权	
第十四章　侮辱	
第十五章　侵害私人生活和秘密	
第十六章　侵害他人生命	
第十七章　伤害	
第十八章　侵害他人人身自由	
第十九章　盗窃和侵占	
第二十章　抢劫和敲诈勒索	
第二十一章　包庇和窝赃	
第二十二章　诈骗和背信	
第二十三章　伪造文书	
第二十四章　破产	
第二十五章　应处罚的利己行为	
第二十六章　妨碍竞争	

续 表

1975 年德国刑法典	
第二十七章 损坏财物	
第二十八章 危害公共安全	
第二十九章 危害环境	
第三十章 职务犯罪	

1975 年德国刑法典分为总则和分则两个部分,共计 358 条。刑法总则规定了刑法的效力范围和重要用语的含义,行为(主要包括可罚性之基础、未遂、正犯与共犯、正当防卫与紧急避险等内容),行为的法律后果(主要包括刑罚、量刑、缓刑、免除刑罚、矫正与保安处分、追缴和没收等内容),告诉、授权和要求判刑以及时效(包括追诉时效和执行时效)。刑法分则一共分为三十章,大体按照"危害国家安全犯罪——经济犯罪——侵犯公民人身权利犯罪——侵犯财产犯罪——危害公共安全犯罪——职务犯罪"的顺序排列,即基本按照"国家法益——个人法益——公共法益"的顺序编排罪名。

1907 年日本刑法典①		
第一编 总则	第一章 通则	
	第二章 刑罚	
	第三章 期间计算	
	第四章 缓刑	
	第五章 假释	
	第六章 刑罚的时效和刑罚的消灭	
	第七章 犯罪的不成立和刑罚的减免	
	第八章 未遂罪	
	第九章 并合罪	
	第十章 累犯	

① 参见《日本刑法典》,张明楷译,法律出版社 2006 年版,目录,第 1—3 页。

	1907 年日本刑法典
	第十一章　共犯
	第十二章　酌量减轻
	第十三章　加重减轻的方法
第二编　罪	第一章　删除①
	第二章　内乱罪
	第三章　外患罪
	第四章　有关国交的犯罪
	第五章　妨害执行公务罪
	第六章　脱逃罪
	第七章　藏匿犯人和隐灭证据罪
	第八章　骚乱罪
	第九章　放火和失火罪
	第十章　有关决水和水利的犯罪
	第十一章　妨害交通罪
	第十二章　侵犯居住罪
	第十三章　侵犯秘密罪
	第十四章　鸦片烟罪
	第十五章　有关饮用水的犯罪
	第十六章　伪造货币罪
	第十七章　伪造文书罪
	第十八章　伪造有价证券罪
	第十八章之二　有关支付用磁卡电磁记录的犯罪②
	第十九章　伪造印章罪

---

① 1947 年,日本依据第二次世界大战后制定的新宪法的精神,以平等主义和尊重人权主义为基础,删除了第一章"对皇室的犯罪"。

② 2001 年日本立法机关修改刑法典时增设该章。

1907 年日本刑法典	
	第二十章　伪证罪
	第二十一章　诬告罪
	第二十二章　猥亵、奸淫和重婚罪
	第二十三章　赌博和彩票罪
	第二十四章　有关礼拜场所和坟墓的犯罪
	第二十五章　渎职罪
	第二十六章　杀人罪
	第二十七章　伤害罪
	第二十八章　过失伤害罪
	第二十九章　堕胎罪
	第三十章　遗弃罪
	第三十一章　逮捕和监禁罪
	第三十二章　胁迫罪
	第三十三章　略取和诱拐罪
	第三十四章　对名誉的犯罪
	第三十五章　对信用和业务的犯罪
	第三十六章　盗窃和强盗罪
	第三十七章　诈骗和恐吓罪
	第三十八章　侵占罪
	第三十九章　赃物罪
	第四十章　毁弃和隐匿罪

1907 年日本刑法典分为"总则"和"罪"两编,共计 369 条。刑法总则的第一章"通则"规定了刑法的适用范围,属人主义色彩浓厚。此外,还规定了外国判决的效力、溯及力原则和总则对其他法令规定的犯罪的适用。此外,"通则"还对"公务员"、"公务机关"、"电磁记录"等术语的含义进行了解释。刑法总则的第二章到第十三章规定了刑罚、期间计算、缓刑、假释、

排除犯罪性行为、犯罪未遂、数罪并罚、累犯、共同犯罪等内容。这些内容的排列比较零散,刑罚论和犯罪论交叉规定,缺乏一个清晰的编排脉络。第二编"罪"即该法典的刑法分则的内容,多达四十章,主要规定了各种犯罪以及应当判处的刑罚,大致按照"危害国家安全犯罪——危害公共安全犯罪——经济犯罪——侵犯公民人身权利犯罪——侵犯财产犯罪"的顺序排列,即基本按照"国家法益——公共法益——个人法益"的顺序编排罪名。

		1996 年俄罗斯联邦刑法典①	
总则	第一编　刑事法律	第一章	俄罗斯联邦刑法典的任务和原则
		第二章	刑事法律的时间效力和空间效力
	第二编　犯罪	第三章	犯罪的概念和犯罪的种类
		第四章	应该承担刑事责任的人
		第五章	罪过
		第六章	未完成的犯罪
		第七章	共同犯罪
		第八章	排除行为有罪性质的情节
	第三编　刑罚	第九章	刑罚的概念和目的刑罚的种类
		第十章	处刑
	第四编　免除刑事责任与免除刑罚	第十一章	免除刑事责任
		第十二章	免除刑罚
		第十三章	大赦、特赦、前科
	第五编　未成年人的刑事责任	第十四章	未成年人刑事责任与刑罚的特点
	第六编　其他刑法性质的措施	第十五章	医疗性强制措施
		第十五-2 章	没收财产②

① 参见《俄罗斯联邦刑法典》,黄道秀译,北京大学出版社 2008 年版,目录,第 1—3 页。

② 2003 年,立法者将"没收财产"从俄罗斯联邦刑法典中删除。2006 年,立法者又将"没收财产"重新规定于刑法典中,但将其从"刑罚的种类"移至"其他刑法性质的措施",从而改变了"没收财产"的法律性质。

1996 年俄罗斯联邦刑法典			
分则	第七编　侵害人身的犯罪	第十六章	侵害生命和健康的犯罪
		第十七章	侵害自由、名誉和人格的犯罪
		第十八章	侵害性不受侵犯权和个人性自由的犯罪
		第十九章	侵害人和公民的宪法权利和自由的犯罪
		第二十章	侵害家庭和未成年人的犯罪
	第八编　经济领域的犯罪	第二十一章	侵犯所有权的犯罪
		第二十二章	经济活动领域的犯罪
		第二十三章	商业组织和其他组织中侵犯服务利益的犯罪
	第九编　危害公共安全和社会秩序的犯罪	第二十四章	危害公共安全的犯罪
		第二十五章	危害居民健康和公共道德的犯罪
		第二十六章	生态犯罪
		第二十七章	危害交通安全和交通运输运营安全的犯罪
		第二十八章	计算机信息领域的犯罪
	第十编　反对国家政权的犯罪	第二十九章	侵害宪法制度基本原则和国家安全的犯罪
		第三十章	侵害国家政权、侵害国家公务利益和地方自治机关公务利益的犯罪
		第三十一章	妨碍司法公正的犯罪
		第三十二章	妨碍管理秩序的犯罪
	第十一编　军职罪	第三十三章	军职罪
	第十二编　破坏人类和平和安全的犯罪	第三十四章	破坏人类和平和安全的犯罪

1996 年俄罗斯联邦刑法典分为总则和分则两部分，共计 360 条。该法典的总则有六编十五章，与我国刑法总则的编排体例有很多相似之处，即均是按照"刑法的任务和原则——刑法的时间和空间效力——犯罪——刑罚"的顺序予以排列。但与我国刑法总则不同的是，该法典还专章规定了"未成年人的刑事责任"，体现了立法者对未成年人犯罪的高度重视。同时，该法典还将"没收财产"规定在"其他刑法性质的措施"这一编中，这与我国将"没收财产"作为一种附加刑规定在"刑罚"中的立法体例有很大区别。此外，"其他刑法性质的措施"这一编还用较大篇幅规定了"医疗性强制措施"，我国刑法总则对此并无详细规定。该法典的分则有六编十九章，规定了六大类犯罪，大体按照"个人法益——公共法益——国家法益——全人类法益"的顺序排列。在每一具体罪名中，又依从轻到重的顺序规定了犯罪情节及其相应的量刑幅度。

二、英美法系

1962 年美国模范刑法典[1]		
第一编　总则	第 1 节　序言	
	第 2 节　责任的一般原则	
	第 3 节　正当事由的一般原则	
	第 4 节　责任能力	
	第 5 节　不完整罪	
	第 6 节　对罪犯的刑事处分	
	第 7 节　法庭的量刑权	
第二编 具体犯罪的界定	涉及州的生存及安全的犯罪	
	涉及人身安全的犯罪	第 210 节　杀人罪
		第 211 节　伤害；轻率地使他人处于危险状态；恐吓

[1] 参见《美国模范刑法典及其评注》，刘仁文等译，法律出版社 2005 年版，目录，第 1—14 页。

1962 年美国模范刑法典		
第二编 具体犯罪的界定		第 212 节　绑架及相关犯罪;强制
		第 213 节　性犯罪
	侵犯财产的犯罪	第 220 节　纵火、毁损财产以及其他破坏财产的犯罪
		第 221 节　破门入户及其他刑事侵入罪
		第 222 节　抢劫
		第 223 节　盗窃及相关犯罪
		第 224 节　伪造和欺诈活动
	侵害家庭的犯罪	第 230 节　侵害家庭罪
	侵害公共管理的犯罪	第 240 节　贿赂和腐败性影响
		第 241 节　伪证和公务中的其他虚假行为
		第 242 节　妨害公务;脱逃
		第 243 节　滥用职权
	侵害公共秩序和有伤风化的犯罪	第 250 节　暴乱、妨害治安行为及相关犯罪
		第 251 节　有伤风化罪
	有关其他犯罪的规定	
第三编　处遇和矫正		第 301 节　暂缓宣告刑罚;缓刑
		第 302 节　罚金
		第 303 节　短期监禁刑
		第 304 节　长期监禁刑
		第 305 节　假释
		第 306 条　有罪判决或者监禁刑导致的权利丧失及其恢复

1962 年美国模范刑法典	
第四编 矫正组织	第 401 节 矫正局
	第 402 节 假释委员会
	第 403 节 机构的管理
	第 404 节 假释处
	替代方案：第 404 节 缓刑和假释处
	第 405 节 缓刑处

1962 年美国模范刑法典分为四编。第一编"总则"分为七节,第一节的序言不仅规定了刑法典的名称和生效日期、刑法的目的和解释原则、刑法的空间效力、犯罪的种类和违警罪、制定法主义和法典总则的适用、时效等实体法方面的内容,还规定了刑事追诉、举证责任、证明标准等程序法方面的内容。这种实体规范与程序规范并立的立法体例是该法典的一大鲜明特色。除此之外,"总则"还规定了责任、正当事由、责任能力、不完整罪、刑事处分、量刑等内容。第二编"分则"即"具体犯罪的界定",大体上按照"国家(州)法益——个人法益——公共法益"的顺序规定了六大类犯罪。而且,在每一类犯罪的构成要件之前,该法典都对相关法律术语的含义予以明确、详细的解释。第三编"处遇和矫正"和第四编"矫正组织"用大量的篇幅规定缓刑、假释、短期监禁刑和长期监禁刑等内容,这从侧面体现了该法典的起草者对处遇和矫正的高度重视,相应的立法也顺应了刑罚轻缓化和行刑社会化的时代潮流。

第三节 域外刑法立法对我国刑法立法方法的启示

任何法律都有一个本土化的过程,而不可能直接照搬域外立法模式以及具体规范。"法律本土化,是指国外法律制度与本地区或者本国的实际情况相结合,使其既体现法律之精髓又具有实际效果的过程。"①一方面,我国刑法立法要根植于我国的具体国情,立足于我国的刑事法治实践,不能被域外刑法立法传统所制约;另一方面,我国刑法立法不能作茧自缚、固步自封,陷入封闭隔绝的状态,而是应当充分了解和掌握域外国家刑法立法的理论和实践,借鉴域外国家刑法立法的先进经验,对其合理的成分予以本土化的参照适用。当然,法律本土化的实现需要将借鉴的立法经验和移植的法律制度进行技术性改造,与我国的实际情况紧密结合,避免不必要的立法排异现象的发生,从而推动我国刑法立法的不断发展和完善,构建出严密统一、逻辑自洽、井然有序的刑事法律体系。

一、域外刑法立法模式的特征归纳与经验启示

(一) 域外刑法立法模式的特征归纳

1. 多种刑法立法模式并行不悖

域外各国在漫长的历史岁月中形成了各具特色的政治运行机制、社会经济制度和法律思想文化,不同国家的刑法立法体制和刑事司法实践也具有较大的独特性,因此,域外各国的刑法立法模式呈现出多元化的特征。论及立法模式,大陆法系国家和英美法系国家存在着显著差异。大陆法系国家一般采用成文化、法典化的刑法立法模式,具体表现为系统的刑法典加上单行刑法、附属刑法和刑法修正案。英美法系国家一般采用判例化、非法典化的刑法立法模式,这些国家即使后期陆续制定了成文化的刑法典、颁布了数量可观的单行刑法、附属刑法和刑法修正案,却仍然保留着判例法的重要地位和独特作用。在当下全球化的大背景之下,经济一体化、政治一体化的进程不断加速,大陆法系和英美法系在刑法立法模式上也有相互学习的趋势,两大法系国家在刑法立法模式上相互借鉴和影响。大陆法系国家的判例在司法实践中开始发挥出现实价值,并对司法适用起着直接指引作用;英美法系国家的制定法的数量在迅速增加,

---

① 陆幸福:《全球化语境中的法律本土化及其中国应对》,《政法论丛》2013 年第 5 期,第 28 页。

形成了制定法和判例法二元并存的局面。

纵观大陆法系和英美法系中具有代表性的国家,可以发现,以法国、德国、日本为代表的大陆法系国家均注重同时使用多种刑法立法模式,充分发挥各种刑法立法模式的长处,取长补短、相互配合。这些国家都在努力实现刑法立法"结构的分散性与内容的协调性",使"分散"与"协调"得以较好地兼顾并行。即使是以判例法见长的英美法系,在二战后也有越来越多的国家(如澳大利亚、印度、新加坡等)制定了统一、成文的刑法典,并通过单行刑法、附属刑法、刑法修正案等形式不断对刑法典予以完善。其中的原因仍然在于,刑法典、单行刑法、附属刑法和刑法修正案这四种刑法立法模式都有各自的长处和不足。一国的立法机关在进行刑法立法活动时,不能期望只使用一种立法模式就能一劳永逸地完成刑法立法的艰巨任务,而是应当让各种刑法立法模式在扬长避短中紧密结合、相互补充、相辅相成,在优势互补中造就出结构完整又颇具活力的刑事法律体系。[1]

2. 刑法法典化运动的不断深入

"法典是一种专门的立法形式,即按照一定的目的、顺序和层次,对相关法律规范进行排列而形成的一个较为统一的规范整体。"[2]将各种法律规范编纂为法典的法典化运动兴起于 18 世纪末 19 世纪初的欧洲大陆。当时,资产阶级革命打开了思想的大门,资产阶级民主政治制度逐步确立。而且,第一次工业革命方兴未艾,各种发明创造不断涌现,自然科学取得了长足的发展。启蒙运动积极倡导的理性主义渗透到社会生活的方方面面,其中的人类学、心理学、医学等学科取得的优秀文明成果使科学实证的方法被人们积极运用到法律制定和法律研究中去。在法律改革思想和科学实证主义的感召和引领下,欧洲大陆对于制定法典充满了信心和热情,人们将法典视为一种奠定新秩序、展示新规则的神圣之物。诞生

---

[1] 有学者指出:"在当今社会,仅仅依靠刑法典来治理犯罪的'法典万能论'必将寿终正寝,取而代之的应当是采取刑法典、单行刑法和附属刑法多元的立法模式。这不仅是刑法体系自我完善的重要举措,而且对于有效治理犯罪也具有极其重要的意义。"利子平:《我国附属刑法与刑法典衔接模式的反思与重构》,《法治研究》2014 年第 1 期,第 50 页。
[2] 赵秉志:《当代中国刑法法典化研究》,《法学研究》2014 年第 6 期,第 181 页。

于 1804 年的法国民法典便是法国大革命时期为保卫资产阶级革命的胜利果实而制定的。"法典成为革命成功的某种象征,或者说革命的成果要用法律的形式给确定下来。"①基于上述社会背景,法典化的部门法得以不断颁布出台。

作为大陆法系的核心和支柱,法典的影响并不仅仅局限于民法领域。在刑法领域,1791 年法国刑法典和 1803 年奥地利刑法典的颁布拉开了刑法法典化运动的序幕。但是,真正开启刑法法典化时代的,则一般要追溯到 1810 年法国刑法典的颁布。之后,刑法法典化的浪潮不断向前推进,1871 年德国刑法典、1907 年日本刑法典、1930 年意大利刑法典等具有广泛影响力的刑法典也随着经济发展和社会变迁陆续制定和颁布。可以说"大陆法系国家近代以来兴起的法典编纂运动以及对制定形式统一、内容完备、逻辑自足的大一统的完美法典的不懈追求,正是其在法律领域追求科学精神与形式理性的具体体现。"②

与大陆法系国家不同的是,英美法系国家缺乏法典化的法律思想和实践传统,他们的主要法律渊源是判例法。不过,20 世纪以来特别是二战结束之后,随着不同法系相互融合趋势的日益增强,英美法系国家的制定法数量也在迅速增加,因而诞生了不少优秀的刑法典。③ 例如,19 世纪末 20 世纪初,美国掀起了法典化运动。虽然最终未能制定一部全国性的统一刑法典,但目前所有的州都制定了各自的刑法典,各州的刑法典大部分是以 1962 年美国模范刑法典为立法蓝本而制定的。而同属英美法系的澳大利亚、印度、新加坡等许多国家,也都制定了各自专门的刑法典。④ 由此可见,体系的法典化日益受到重视,刑法法典化运动已经在全球铺展开来,并且还在不断加强和深化。

3. 刑法立法的稳定性和时代性得以兼顾

一方面,域外各国特别注重保持刑法立法特别是刑法典的稳定性。刑法典规定了一国公民的基本行为规范,具有连续性和权威性。如果过

---

① 付子堂主编:《法理学初阶》,法律出版社 2013 年版,第 198—199 页。

② 刘之雄:《单一化的刑法立法模式反思》,《中南民族大学学报》2009 年第 1 期,第 108 页。

③ 参见赵秉志:《当代中国刑法法典化研究》,《法学研究》2014 年第 6 期,第 185 页。

④ 参见赵秉志:《当代中国刑法法典化研究》,《法学研究》2014 年第 6 期,第 185 页。

于频繁地修改刑法典,就会瓦解刑法典赖以维系的稳定性、体系性和权威性。同时,刑法典的大幅修改必然导致法律关系和社会制度的重新适配,对社会经济生活产生强烈且深远的影响。因此,出于保证刑法典的权威性与稳定性的需要,域外各国对刑法典的修改都十分谨慎,甚至可以说态度基本上是保守的,一般不轻易对已有法典进行大幅度的全面修改。例如,1810 年法国刑法典颁布一百八十多年后,1992 年法国才对刑法典进行了全面修改并颁布新的刑法典,并于 1994 年开始实施。1871 年德国刑法典颁布近一百年后,1969 年德国制定了刑法改革法案,1975 年新的刑法典才正式施行。现行日本刑法典自 1907 年颁布,至今仍然在延续适用。虽然在 20 世纪下半叶,日本立法机关多次提出全面修改刑法典的草案,但是日本全面修改刑法典的立法工作至今没有取得最终结果。[①]

另外,即使刑法典经过了多次修改,但是各国刑法典的诸多传统特色仍然得以保留。例如,1994 年法国刑法典仍然保留了 1810 年法国刑法典关于犯罪的三分法:重罪、轻罪、违警罪,保留了罪刑法定原则,犯罪未遂和共同犯罪的法律后果整体上未曾变化。1995 年澳大利亚刑法典颁布之后虽然经过刑法修正案的多次修改,但是其实体法和程序法合二为一的特色依旧得以保持。

另一方面,域外各国十分注重彰显刑法立法的时代性。虽然刑法典一旦颁布实施,一般就有保持稳定和不轻易修改的特性,但是"稳定和不轻易修改"并不等同于"毫不修改"。随着外部环境的不断发展和变化,刑法典同样有根据世情、国情、社情等进行适时修改的需求与必要。由于立法者认识能力和立法技术的局限性,刑法典在颁行之后总会存在一些缺陷和疏漏,并在之后的司法适用中显现出来。刑法典颁行之后,相对稳定的刑法典与迅速变化的社会经济生活之间终究会出现相互的不适应,甚至会带来一定程度的冲突和矛盾。如果社会经济生活不断向前推进,从而造成刑法典与现实生活存在严重脱节,此时还不对刑法典予以修改和完善的话,由此带来的后果必将是导致刑法典最终丧失对社会生活的调控能力,导致刑法规范存在的否定性价值。

---

① 参见何勤华:《外国法制史》,法律出版社 2011 年版,第 368 页。

因此,域外各国都认识到了适时修改刑法典的重要性,从而使刑法立法紧跟时代发展的步伐。例如,1907 年日本刑法典颁布之后,虽然没有对刑法典进行全面修改并颁布新的刑法典,但是根据社会经济的发展情势而部分修改刑法典的活动从来就没有停止过。20 世纪 80 年代以来,日本顺应社会发展变化节奏较快的潮流背景,多次对刑法典进行修改和完善,呈现出了刑事立法活性化的现象。刑法保护的早期化、刑罚处罚的重罚化、刑法表述的通俗化等均是这一时期日本刑法典的修改特点。①除了对刑法典的直接修改,日本还通过颁布大量单行刑法和附属刑法的形式对刑法典予以修改和补充,甚至对单行刑法和附属刑法的修改也呈现出频繁之势。除了以日本为代表的大陆法系国家,英美法系中有统一刑法典的国家也根据社会经济的发展变化,陆续通过颁布单行刑法、附属刑法和刑法修正案的形式对刑法典加以修改和补充。如前文所述,澳大利亚在 21 世纪初颁布了多部单行刑法和刑法修正案,不断加强对恐怖主义犯罪的刑法规制,使联邦刑法规范的体系内容更加完善,不断增强刑法与社会变化之间的适应性。

(二) 域外刑法立法模式的经验启示

由于每种刑法立法模式都各有利弊,域外各国往往综合运用多种刑法立法模式来构建本国的刑事法律体系。为了对域外刑法立法模式的考察有更好的全面性认识,下文对刑法典、单行刑法、附属刑法和刑法修正案这四种刑法立法模式的利弊予以初步评析,并从中探寻出值得我国刑法立法借鉴和吸纳的合理之处。

1. 四种刑法立法模式的利弊评析

(1) 刑法典

刑法规范既是裁判规范又是行为规范,具有较好的稳定性、连续性与体系性。刑法典将相关的犯罪行为予以罗列和分类,予以体系化的编排与规范性陈述,提高了刑法的查阅便利与适用效率。清楚明晰的刑法典可以使公民准确地理解其规范要旨,并对自身行为的合法性作出合理的

---

① 参见张明楷:《日本刑法的发展及其启示》,《当代法学》2006 年第 1 期,第 5—7 页。

预测和评价,发挥刑法立法的引领作用。与之同时,集系统性和完整性于一体的刑法典可以有效消解刑法规范之间的冗余与矛盾,促进刑法规范内容的完善和结构的协调,从而彰显刑法立法的科学性和权威性,直接或者间接推动现代刑事法治事业的不断发展与进步。"就刑法法典化的规范价值而言,它能通过内部体系的合理构建,解决不同刑法规范之间的冲突,从而创立一个内容完备、结构合理、体系科学的刑法规范体系。既是发挥刑法的指引、评价、引导等规范作用的基本要求,也是社会主义法治建设的重要内容。"①

　　但是,刑法的法典化也有自身的缺陷所在。一方面,刑法典在内容上难以把所有的犯罪类型都纳入其规制范围。比如,要把各类金融犯罪、网络犯罪、高新科技犯罪等犯罪类型全部囊括于刑法典中,对立法者来说要求太高,而且也并不现实。原因在于,这些新型犯罪往往是随着社会不断发展而呈现出来的,对其危害性的认识有一个逐渐深入的过程,原有的刑法典不可能先知先觉地把它们全盘考虑进去。在此情形下,如果通过后期的法典修订将这些犯罪补充到刑法典之中,则会使刑法立法陷入频繁的变动状态,从而有损刑法典的安定性和连续性。如果不作修订,则又会使刑法典不能满足社会经济的发展与犯罪形势的变化,导致刑法与社会现实生活之间相脱节,呈现刑法滞后性的明显弊端。"在当前技术、经济与社会全面发展的时代背景下,刑法立法必然会变得更加频繁,涉及的领域也会更为广泛,甚至一些立法项目具有时间上的紧迫性。如果采用法典化的方式,那么就意味着刑法立法会面临一系列问题,如立法准备不足、计划不周详、立法反复、法典的稳定性被破坏、立法涉及面太广、肢解刑法条文体系的协调性等问题。"②

　　另一方面,刑法典难以对特定的犯罪类型作出有针对性的制度设计。对于黑社会性质组织犯罪、恐怖活动犯罪、毒品犯罪等有别于传统犯罪的犯罪类型,立法者应当制定专门的刑事政策,并在专门性刑事政策的引导下对刑罚制度、追诉时效、空间效力等方面作出特别规定。然而,这些特

---

① 赵秉志:《当代中国刑法法典化研究》,《法学研究》2014 年第 6 期,第 187—188 页。
② 童德华:《我国刑法立法模式反思》,《法商研究》2017 年第 6 期,第 28 页。

别规定既不适合规定在刑法总则之中，也不适合规定在刑法分则之中。因此，由刑法典对这类犯罪设置有针对性的罪刑规范，存在一定的难度。① 因而可以说，刑法典的体系性仍然是其核心特征，这一体系性要贯彻的往往是整体性原则与一般性规定。在此情形下，这一体系性特征就必然会制约刑法典对特殊类型犯罪的立法规制，从而在一定程度上成为刑法典的短板。

（2）单行刑法

单行刑法具有诸多功能。首先，作为刑法典的有益补充，单行刑法具有弥补刑法规范缺陷和不足的功能。其补充、修正的范围十分广泛，既可以针对刑法总则的原则规定，又可以针对刑法分则的具体罪名；既可以修改具体犯罪的构成要件，又可以完善刑罚体系的制度设计。其次，单行刑法具有创制刑法规范的功能。随着社会经济生活的发展和变化，立法机关可以凭借单行刑法的立法模式创制出崭新的刑法规范，这样不仅能保持刑法典的连续性，还能弥补刑法典的滞后性，从而使刑法立法与现实的社会相适应，顺应时代发展的潮流，紧跟社会经济发展的改革步伐。正如学者指出的："相对于刑法典而言，由于单行刑事法律涉及面较窄，立法程序较简单，因而采用单行刑事法律来修改或补充刑法，形式简便灵活，且行之有效，有利于保持刑事法律的统一和完整。"② 最后，单行刑法具有解释刑法规范的功能。刑法典中的诸多刑法规范较为抽象、笼统和概括，对这些规范的理解和适用往往存在分歧和争议。通过单行刑法对这些有歧义的刑法规范作出精确明晰的解释，可以为刑法规范的精准理解和正确适用提供充足的保障，避免适用中的争议和类似案件不同罚的情形出现。

但是，单行刑法同样存在不足之处。单行刑法的制定修改与刑事政策的内容往往密不可分，受到刑事政策作用力的影响较突出。从整体上来说，政治经济体制的改革、社会价值观念的转变、犯罪形势和治安状况等都会影响刑事政策的具体制定。从中不难看出，如此众多影响刑事政策的因素并不是固化的，而是往往处于变动状态之中的，因而致使刑事政

---

① 参见刘之雄：《单一化的刑法立法模式反思》，《中南民族大学学报》2009 年第 1 期，第 109—110 页。
② 赵秉志主编：《刑法修改研究综述》，中国人民公安大学出版社 1990 年版，第 44 页。

策的内容也往往具有变易性特征。基于这一现实前提,单行刑法需要对刑事政策的内容作出针对性反应,因而容易造成单行刑法规定的内容缺乏刑法理论和司法实践的科学论证,同时也使刑法立法活动缺乏合理周密的系统规划,致使刑法立法的规范出台具有随意性,有损刑法的权威性和严肃性。[1] 由于刑事政策的变易性而带来单行刑法的不断出台,如此一来,纷繁芜杂的单行刑法就会造成刑法立法的零散和杂乱,难以形成一个统一协调的有序体系,这在相当程度上消解了刑法典的体系性与稳定性,阻滞了刑法"惩罚犯罪、保护人民"价值预期的实现。1979 年刑法施行后我国颁布了大量的单行刑法,最终造成刑法规范的庞杂和臃肿,致使刑法典之外分散着大量的刑事规范。这既是刑法立法缺乏规划的具体表现,也是单行刑法自身存在不足的现实明证。

(3) 附属刑法

"完整、科学的附属刑法立法模式,既是一个国家刑法立法高度完善的重要表征,同时也折射出一个国家刑事司法水平的高低。"[2]附属刑法与单行刑法一样,具有显著的针对性和灵活性,以及对社会经济发展和刑事政策变动的适应性。除此之外,附属刑法还具有其他立法模式难以具备的优势。由于附属刑法依附于行政法、经济法等非刑事法律而存在,涵括了这些非刑事法律所规制的违法行为,使得一般违法与刑事犯罪的规定可以较好地体现出差异性,使附属刑法能够较好地协调刑法与其他部门法之间的关系,更好地界分刑事责任与非刑事责任。因而就此来说,附属刑法一方面有利于降低刑事司法人员援引其他部门法法条的难度,使刑事司法人员能够较好注意到刑事罚则与违法处罚之间的差异,从而对刑事案件作出精确的定性和公正的量刑;另一方面,有利于公民在学习和理解非刑事法律条文的同时,对违法与犯罪形成更为全面系统的认识,注意到刑事违法与一般违法的同时存在,充分发挥刑法和相关法律对行为的规范功能。

但是,附属刑法的缺点也是显而易见的。附属刑法所依附的民商法、

---

① 参见赵秉志主编:《刑法改革问题研究》,中国法制出版社 1996 年版,第 308 页。
② 郝守才:《附属刑法的立法模式的比较和优化》,《现代法学》1996 年第 4 期,第 44 页。

行政法、经济法等部门法所规定的内容,很多都具有极强的专业性。例如,商法、经济法中的附属刑法常常涉及公司企业、银行保险、货币外汇、证券期货等商业、金融领域的专业知识。大部分普通民众和一部分刑事司法人员由于缺乏相关的专业基础,因而难以准确理解和掌握附属刑法规定的相关犯罪。此外,部分附属刑法仅仅是框架性立法,只是简要指出某种行为应当追究刑事责任,至于究竟适用哪些罪状与法定刑,均缺乏具体的罪刑规范,有损附属刑法规范的权威性和司法适用价值。正是基于此,张明楷教授直接指出:"只要非刑事法律中没有真正的罪刑规范,就不存在'附属刑法'这一渊源。"[①]在现有附属刑法未能真正确立的情形下,如果遇到刑事法律对附属刑法涉及的犯罪行为规定不明确的情况,容易造成部门法中的刑事罚则难以与刑事法律中的具体规范形成有机的衔接,甚至出现无法找到对应刑法条文的情形,从而使附属刑法的相关规范成为形同虚设的一纸空文。[②] 出现这样的非一致情形,不仅是司法者不想见到的,而且也是立法者极力避免而又很可能无法避免的事情。

(4)刑法修正案

"任何一部法律都无法通过一次修改就可以一劳永逸的,由于立法者认识能力的非至上性和立法水平的限制,更重要的是一个确定的法律文本相对于变动不居的社会生活来说,其滞后性是无法避免的。"[③]因此,刑法修正案作为一种刑法立法模式,具有跟随社会发展而适时调整立法规范的积极价值。刑法修正案这一立法模式的现实运用,使刑法立法保持了与社会最大程度相接触的现实可能,能够使刑法规范与社会现实之间保持一种灵敏关系与互动机制。在社会的演进过程中,新型的社会关系以及危害行为必然得以不断出现,尽管防范刑法不当扩张的戒备之心一直存在,但是要真正停止犯罪化的步伐仍然是否定社会不断演进这一现实前提下的不当之举。在此过程中,我们不能"因噎废食",不能无视刑法规范背后的社会变动,也不能强求刑法规范的稳定性,而是要在二者之间

---

① 张明楷:《刑法学》,法律出版社 2016 年版,第 17 页。
② 参见孟庆华:《附属刑法的立法模式问题探讨》,《法学论坛》2010 年第 3 期,第 79 页。
③ 张波:《论刑法修正案——兼谈刑事立法权之划分》,《中国刑事法杂志》2002 年第 4 期,第 22 页。

进行更好的兼顾与协调,并在刑事立法的调整中尽可能地做到"两全其美"。

就刑法修正案的优点来说,"有利于保持刑法典较长期的相对稳定性和社会适应性,避免刑法典的相对滞后性与短期内再次修订刑法典的不足。"①而且,刑法修正案通过不改变刑法典原有框架结构的方式对刑法典予以补充和修改,有利于维护刑法典的完整性和连续性,使得法典化的优势仍然得以延续,并且在保持刑法体系协调有序的同时,刑法典的积极功能仍能得以充分发挥。

但是,刑法修正案也具有明显的局限性。"在片面追求刑法典稳定和形式统一的立法思想指导下,刑法修正案成了唯一的刑法修改方式,但刑法修正案所要求的法律法典化程度高、稳定性强的前提,目前刑法典并不具备,这种不协调导致刑法修正案超越立法权限,产生了诸多立法弊端。"②一方面,刑法修正案的修改是建立在刑法典立法文本的基础之上的。鉴于刑法典的稳定性和连续性,刑法修正案往往不能根据金融领域、互联网领域、高精尖领域等新型、复杂的专业领域中出现的犯罪新情势,对刑法典进行大幅度的全面修改,从而不利于对这些犯罪进行及时、有效的规制。此外,如果新型的犯罪类型所侵犯的法益已经明显超越现行刑法典的犯罪分类体系的范围,那么就无法仅仅依凭刑法修正案的立法模式来修正刑法立法,否则就会打乱刑法典的编章体系,折损刑法典的系统性和逻辑性。另一方面,"采用刑法修正案的立法方式也存在某些缺陷。特别是通过修正案的立法方式修改刑法,随着某个条文的内容被废除会出现'废条',即没有内容的条文。"③例如,我国刑法第 199 条原先规定了集资诈骗罪、票据诈骗罪、金融凭证诈骗罪、信用证诈骗罪等若干金融诈骗犯罪的死刑。但是,刑法修正案(八)和刑法修正案(九)两次对该条进行了修订,将这些金融诈骗罪的死刑予以废除,导致该条文的内容已无存

① 黄华平、梁晟源:《试论刑法修正案的立法模式》,《中国人民公安大学学报》2005 年第 3 期,第 11 页。
② 姚建龙、林需需:《多样化刑法渊源之再提倡——对以修正案为修改刑法唯一方式的反思》,《河南警察学院学报》2018 年第 6 期,第 69—70 页。
③ 陈兴良:《刑法修正案的立法方式考察》,《法商研究》2016 年第 3 期,第 6 页。

在必要而被全部删除,成为没有任何内容的空白条款。尽管刑法第 199 条仍然存在,但是内容却呈现空白,这对刑法典的完整性和连续性造成了一定的消极影响,不利于刑事法律体系的科学化、合理化构建。

2. 我国刑法立法模式的应然选择

自 1997 年刑法颁行起,我国的刑法立法基本上朝着集中、统一的法典化方向发展,意图通过一部全面、系统、完备的刑法典将所有的犯罪类型囊括其中。但是,立法的滞后性仍然不以任何人的意志而转移,随着社会不断的往前发展,1998 年颁行的《关于惩治骗购外汇、逃汇和非法买卖外汇犯罪的决定》,通过单行刑法的方式增设了骗购外汇罪。这部单行刑法也是 1997 年刑法施行后我国唯一的单行刑法,这可谓是延续前期单行刑法的惯性所致。随着 1999 年第一部刑法修正案的颁行,标志着我国进入刑法修正案的立法模式时期。截至目前,我国已经颁布了十部刑法修正案,通过修正案来修订立法的主导模式已经得以确立。此外,虽然我国形式上存在附属刑法,但实质上这些散见于其他非刑事法律的附属刑法并没有真正发挥其应有的作用。与绝大部分域外国家不同的是,我国的附属刑法既不规定犯罪构成要件,也不设置相应的法定刑,而是一律笼统、概括地表述为"构成犯罪的,依法追究刑事责任"。这种过于模糊、原则的立法表述方式使我国的附属刑法成为一种十分抽象的、仅仅表达刑事责任存在的立场宣示。因此,当前我国真正意义上的刑法立法模式只有两种:刑法典和刑法修正案。

笔者认为,上述四种刑法立法模式各有所长和不足,应当充分地趋利避害、综合发挥各自的价值,使刑法立法方法趋于更加科学合理。"由于单一法典化是现代中国刑法立法若干问题中的核心之所在,所以要破除单一法典化的立法方式,使刑法立法表达方式呈现多样化。"[1]因而,我们应当综合运用各种刑法立法模式,极力发挥各种刑法立法模式的优势,这是我国刑法立法的应然选择。仅仅运用刑法典和刑法修正案的立法模式,一方面使单行刑法和附属刑法被排除在刑事法律体系之外,二者的缺位有碍刑法功能全面、充分的发挥;另一方面容易造成刑法典体量的不断

---

[1] 童德华:《当代中国刑法法典化批判》,《法学评论》2017 年第 4 期,第 81 页。

扩大,导致刑法典的规范条文过于冗长和庞杂,纷繁芜杂的刑法条文有损刑法典的体系性和协调性。"在风险社会,犯罪的种类日益增多,犯罪的形式日趋复杂,犯罪的发生也具有更大的不确定性。因此,试图仅仅依靠一部刑法典来应对千变万化的犯罪是不切实际的。"①

纵观域外各个制定刑法典的国家,可以发现相当多的国家在刑法立法的实践中几乎都不拒绝单行刑法和附属刑法的立法模式,此种综合立法模式在实践中发挥的积极效应同样值得我们深思。刑法典、单行刑法、附属刑法和刑法修正案四种刑法立法模式都有其存在的价值,也是目前域外国家普遍采取的刑法立法方法。在科学化刑法立法方法的引导下,我们应当根据立法实践所需对这些立法模式进行灵活选择,而不应该禁锢于某些种类上面,更不能排斥某些立法模式。"不同的刑法立法模式具有不同的刑事政策功能,其本身的价值取向也各不相同,充分发挥各种刑法立法模式的优点,可以在各种刑法立法模式之间形成优势互补,从而更好地实现刑事政策的任务。"②从根本上来说,这种多元化的刑法立法模式能够较好解决不同类型犯罪面临的刑法立法调整问题,妥善调和刑法典与其他立法模式选择所要考虑的稳定性、连续性、灵活性、适应性之间的难题。

因此,我国应当充分借鉴"综合性立法模式"的刑法立法方法,在保留刑法典和刑法修正案的同时兼顾采用其他立法模式。一方面,我国应当根据犯罪形势的演变情况适当增加单行刑法的数量。"类似有组织犯罪(恐怖活动犯罪)、毒品犯罪以及在我国生效的国际条约所规定的比较复杂的犯罪,都适合由单行刑法规定。此外,军事刑法、少年刑法需要采取单行刑法的立法方式。"③另一方面,我国应当改革现行的附属刑法立法模式。在非刑事法律规范中规定某种违法行为构成犯罪的同时,还应当具体规定相应的罪状和法定刑,使附属刑法实现"名正言顺",从而"以附属刑法有效缓解刑法与行政法的衔接性问题,以此维系刑法典体系的基

---

① 利子平:《风险社会中传统刑法立法的困境与出路》,《法学论坛》2011年第4期,第31页。
② 柳忠卫:《刑法立法模式的刑事政策考察》,《现代法学》2010年第3期,第54页。
③ 张明楷:《刑事立法的发展方向》,《中国法学》2006年第4期,第21页。

本稳定。"①只有附属刑法设置匹配的罪刑规范,才能使附属刑法补充、完善刑法典的功能得到真正有效的发挥,使我国的刑事法律体系更加合理和协调。因此,坚持采用刑法典、单行刑法、附属刑法与刑法修正案相结合的立法模式,是我国今后刑法立法模式的应然选择,立法机关应对此采纳并通过立法修订予以体现。

二、域外刑法编章体系的特征总结与经验借鉴

(一)域外刑法编章体系的特征总结

1. 刑法总则的编章体系大同小异

从前文罗列的表格中可以看出,各国刑法总则的编章体系大同小异。刑法的基本原则、刑法的时间和空间效力、共同犯罪、犯罪未遂、正当化事由、刑事责任和刑罚等均是各国刑法总则所共同规定的内容。因此可以说,刑法总则是关于犯罪、刑事责任和刑罚的基本原理的法律规范体系,这些刑法规范是认定犯罪、界定刑事责任和裁量刑罚所必须严格遵循的共同规则。

但是,共性中包含着个性,各国刑法总则均有与众不同的地方。例如,1975 年德国刑法典在总则第四章规定了"告诉、授权和要求判刑",对"被害人及其亲属的告诉"以及"公权力机关和军队中长官的告诉"作了相当篇幅的专门规定,建立了德国独特的告诉制度。1907 年日本刑法典的总则并没有规定罪刑法定原则,该法典不规定罪刑法定原则的理由是:"法律没有明文规定的不构成犯罪和不受到处罚,这是不言自明、人尽皆知的普通道理,况且明治宪法第 23 条已作了类似的规定,因此沿用旧刑法的此条规定已无必要。"②1996 年俄罗斯联邦刑法典的总则第十四章专门规定了"未成年人刑事责任与刑罚的特点",体现了俄罗斯立法机关对未成年人犯罪的高度重视。此外,部分英美法系国家的刑法典的总则还规定了刑事程序法方面的内容。例如,1962 年美国模范刑法典在总则第

---

① 卢建平:《刑法法源与刑事立法模式》,《环球法律评论》2018 年第 6 期,第 24 页。
② 何勤华:《外国法制史》,法律出版社 2011 年版,第 366 页。

一节"序言"中规定了刑事追诉、举证责任、证明标准等刑事程序法方面的内容。这充分反映了以美国为代表的英美法系国家对正当法律程序的不懈追求。

通过上述各国刑法典的规定来看,虽然各国刑法总则的编排内容具有一定的差别,结合本国自身特色制定了相关的刑法规范,但总体来说各国刑法总则的编章体系仍然是大同小异。由此也可以得知,刑法作为与日常生活联系极为紧密的基础性法律规范,罪刑规范是它区别于其他法律规范的最大特殊性所在,但是在刑法原则性与一般性的总则层面,各国并没有太多的实质性差异。这不仅是刑法规范的共通性所在,也决定了刑法立法规范与司法适用层面的知识互通性可能。

2. 刑法分则的编章体系各有千秋

但是,在刑法分则的编章体系上,各国刑法典就存在显著的区别。刑法分则的编章体系是指刑法分则对各类犯罪的划分和编排顺序,实质上涉及的是刑法分则如何对犯罪进行分类和排列的问题。现代刑法一般以"犯罪侵犯的法益"为标准对犯罪类型采取二分法或三分法。二分法即将犯罪分为"侵犯公法益的犯罪"与"侵犯私法益的犯罪";三分法即将犯罪分为"侵犯国家法益的犯罪"、"侵犯公共法益的犯罪"与"侵犯个人法益的犯罪。"这种以公共法益和个人法益的界分为基础的法益理论既体现了对公共权力的限制与约束,又体现了对个人权利的尊重与保护,并且能对两种不同性质的社会关系进行全面、妥适的调整,因而在相当程度上是合理建构刑法分则编章体系的重要标准。

刑法分则编章体系的建构,即类罪名的划分及其在刑法分则中的排列顺序,不仅是立法技术问题,背后还蕴涵着刑事法治理念和刑法价值取向的时代转变。二战前,各国刑法典一般将"侵犯国家法益的犯罪"置于刑法分则的首章,国家利益优先的"国家本位"的观念显而易见。但二战之后,随着人权保障观念的深入人心,以及人们对法西斯主义随意践踏人权的深刻反思,部分国家重新反思了"国家——公民"之间的关系,从"公民对国家的义务神圣不可侵犯"向"公民的基本人权神圣不可侵犯"进行了价值转向,法国、俄罗斯等国通过修改刑法典将"侵犯公民基本权利(个人法益)的犯罪"置于刑法分则的首章。但是,德国、日本等国仍然将"侵犯国家法益的犯罪"置于刑法分则的首章。因而,就法益类型对刑法立法章节的排列来说,不同国家仍然有不同的立法做法。

此外,对于刑法分则具体规定的犯罪类型的划分,域外不同国家刑法典的差异仍然较为明显。东欧和亚洲许多国家的刑法分则,大都把犯罪类型划分得简明扼要,一般包括十余类犯罪。例如,1996 年俄罗斯联邦刑法典的分则将犯罪划分为十九类。然而,有些国家的刑法分则划分的犯罪类型则相当繁多,一般包含几十类犯罪。例如,1975 年德国刑法典的分则将犯罪划分为三十类,1907 年日本刑法典的分则所划分的犯罪类型更是高达四十类。

(二)域外刑法编章体系的经验借鉴

1. 国家法益与个人法益的先后顺位

(1)"国家本位"向"权利本位"的价值转变

一方面,刑法分则编章体系的建构应当适应"国家本位"向"权利本位"的深刻转变。在计划经济时代,国家的行政干预相当强大,在不能有效划分公法和私法的边界的情况下,整个法学领域渗透着以国家公权力为本位的国权主义思想。1979 年刑法分则编章体系的建构即是这种"国家本位"观念的产物,国家法益绝对优于个人法益。最典型的表现是将社会经济活动视为国家行政活动,将"破坏社会主义经济秩序罪"置于"侵犯公民人身权利、民主权利罪"与"侵犯财产罪"之前。然而,自 20 世纪 90年代起,我国掀起了以市场经济为目标的经济体制改革浪潮,"公法产生的基础——政治国家"与"私法产生的基础——市民社会"的分野逐步显现。市场经济是法治经济,市场经济对法律的基本要求就是合理设定和保障权利。市场经济孕育的权利观念得以不断彰显,这就为充分肯定公法和私法的划分、逐步改变我国长期形成的"国家法益至高无上"的国家本位观念提供了现实契机。"淡化国家本位观念,强化私法精神,就是提倡以权利为本位的人本位观念,主体本位观念,推崇人的解放、人的中心地位及法律对人的终极关怀,防止制度对人性的歪曲和人的异化。"[①]因

---

① 李培泽:《刑法分则体系的反思与重构》,《现代法学》1996 年第 3 期,第 50 页。

此,刑法分则编章体系的建构、犯罪类型的划分和排列,应当首先考虑侵犯个人法益的犯罪。

然而,1997年刑法并未根本改变1979年刑法对犯罪类型的划分和排列方式,仍然将"危害国家安全罪"置于刑法分则的首章,"侵犯公民人身权利、民主权利罪"与"侵犯财产罪"仍然被置于刑法分则中较为靠后的位置。刑法分则编章体系的现有安排,与"结构科学、编排科学、权利至上"的价值理念仍然存在一定的距离,同时也不利于消除长期束缚人们思想的国家本位观念。"现行刑法分则体系的排列顺序过度体现国家利益优先地位。这种立法编排顺序,是站在国家的立场,坚持刑法社会保护职能优先的体现,与现代刑事法治强调刑法人权保障功能相抵牾。"①因此,笔者认为,从权利本位和人权保障的观念出发,按照"个人法益——公共法益——国家法益"的顺序编排犯罪类型更为合适。

(2)"公民基本权利优位"的宪法定位

另一方面,刑法分则编章体系的建构应当立足于"公民基本权利优位"的宪法理论。宪法是公民权利确认和巩固的形式,是公民基本权利的保障书。从价值层面上看,公民的权利和自由是宪法最核心的价值。宪法对公民权利的保护具有根本地位和特殊功能。"从产生之日起,宪法就肩负着不同于普通法律的历史使命,负责抵制公共权力对个人权利的侵犯。"②因此,宪法蕴涵着"公民基本权利优位于国家权力"的核心理念。在我国,宪法作为国家的根本大法,具有最高的法律效力。在我国的社会主义法律体系中,宪法居于核心地位,其他法律法规都不得与宪法相抵触,任何违背宪法的法律法规都为无效。宪法作为"母法",是各个部门法立法的法律依据,宪法宗旨的实现和宪法规范的实施需要依赖作为"子法"的部门法,"子法"需要遵循"母法"精神并把抽象性的宪法原则贯彻下去。1997年刑法第1条开宗明义地规定"根据宪法,制定本法",这一规定应当体现到刑事立法的具体活动中去,并在制定出来的刑法法典中予以体现。因此,作为宪法之子的刑法,自然应当在宪法原则之下进行具体

---

① 姚龙兵:《刑法立法基本原则研究》,中国政法大学出版社2014年版,第180页。

② 汪太贤:《中国宪法学》,法律出版社2011年版,第15页。

化的规范展开,在此前提下,除了内容层面不得与宪法精神以及原则相抵牾之外,在具体的法律体系排列之时,同样也应当与宪法原则相一致,并尽可能地予以映照与体现。

但是,从目前我国刑法分则编章体系的排列来看,1997 年刑法和1979 年刑法都遵循了同一思路,即在传统的"国家利益高于公共利益,公共利益高于个人利益"的指导思想之下,基本上都是按照"国家法益——公共法益——个人法益"的顺序对犯罪类型进行排列。① 尽管这涉及到的仅仅只是一个编章体系的排列问题,但是也从侧面说明了我们刑法立法的基本理念。特别是 2004 年宪法修正案将"国家尊重和保障人权"明文写入宪法,对公民基本权利的保护在宪法层面提出了更高要求。"尊重和保障人权"成为宪法的最高原则与法律价值的重要体现,宪法之下的其他部门法的法律规范理应在这一原则及其价值之下进行具体的规范建构。

因此,立足于"公民基本权利优位"的宪法理论,在宪法尊重和保障人权的原则映照之下,我国刑法分则的编章体系可以作出相应的调整。从整体上来说,可以把个人法益置于最前列,公共法益与国家法益紧随其后,并据此对犯罪类型进行相应的重新梳理和编排。需要指出的是,这一排列并不会减损对国家法益与公共法益的刑法保护力度,因为其所在刑法的独立排列同样彰显了法益的重要性,而且实践层面的规范适用也没有任何障碍,因而由此带来的质疑并不成立。从另一层面来说,把个人法益放在首位,也不是要在个人法益保护层面置刑事法治原则于不顾,倡导的不是以牺牲公共法益和国家法益来保护个人法益。个人法益置于规范体系的前端,体现的依宪治国和权利保障的法治思维,强调的是相对于弱势地位的个人更应受法律保护的人权理念。因而,基于上述原因考虑,我们应当充分借鉴部分域外国家(如法国、俄罗斯)在刑法分则编章体系上的排列,结合"公民基本权利优位"的宪法价值的确立,在我国下一次进行

---

① 1979 年刑法分则的排列顺序是:反革命罪;危害公共安全罪;破坏社会主义经济秩序罪;侵犯公民人身权利、民主权利罪;侵犯财产罪;妨害社会管理秩序罪;妨害婚姻、家庭罪;渎职罪。1997 年刑法分则的排列顺序是:危害国家安全罪;危害公共安全罪;破坏社会主义市场经济秩序罪;侵犯公民人身权利、民主权利罪;侵犯财产罪;妨害社会管理秩序罪;危害国防利益罪;贪污贿赂罪;渎职罪;军人违反职责罪。

刑法典的体系编撰时,对刑法分则各章节犯罪的具体编排进行相应的重新调整。

2. 章节制与小章制的选择

我国刑法分则主要按照"犯罪侵犯的同类客体的不同"将犯罪划分为十章。除了"破坏社会主义市场经济秩序罪"和"妨害社会管理秩序罪"两章又细分了"节"之外,其余各章未分"节"。无论是各章类罪的先后顺序还是章内个罪的先后顺序,都采用由重到轻的规则进行排列。同时也考虑了犯罪主体的同类性、行为对象的相似性、行为内在的逻辑顺序等因素。对于刑法分则编章体系的建构方式,目前刑法学界有两种基本方案:一是"章节制",即不但在刑法分则设章,而且在章下设节。"破坏社会主义市场经济秩序罪"和"妨害社会管理秩序罪"两章即采用这种建构方式;二是"小章制",即章下不设节,该建构方式的特点是每章包含的刑法条文较少,但总章数繁多。[①]

对于我国刑法分则的编章体系是否应当仿照 1975 年德国刑法典和 1907 年日本刑法典而采取小章制的建构方式,刑法学界存在正反两派观点。[②] 笔者认为,刑法分则的编章体系无论是采用章节制还是小章制,均需依照各章的具体情况而定。目前我国刑法分则采用的章节制总体而言

---

① 参见孟庆华、李佳芮:《重构我国刑法分则体系若干问题探讨》,《河北师范大学学报》2012 年第 1 期,第 39 页。

② 肯定者认为:"因为刑法分则不可能各章均采章节制,若有的章采用章节制,有的章不采用章节制(如我国现行刑法分则的体系),则显得体例不统一,不同章之间罪种、条文的数量差别过大而不够协调;同时,采取章节制的分类方法,虽然在章下又作了若干节的划分,仍存在内容庞杂、不便于适用和研究的弊端。而采用小章制的分类方法,可以避免上述弊端,维持各章之间体例的统一和罪种、条文的协调,有助于司法之适用。"赵秉志:《关于完善刑法典分则体系结构的新思考》,《法律科学》1996 年第 1 期,第 81 页。

否定者认为:"上述采用小章制的理由并不充分。首先,尽管有的章用章节制,有的章下面没有节,使体例显得不统一,不同章之间罪种、条文的数量差别大而不够协调,但只要能反映客观的犯罪态势,这种安排就应当是成功的、合理的。其次,采用章节制仍然是把性质相近的犯罪放在一起,只是另用节的形式将同章中仍有较小差异的犯罪的特点加以说明,这与'内容庞杂'、'不便于适用和研究'没有必然联系。恰恰相反,因为有节这一层次,使得各章所规定的犯罪之间更具有条理逻辑性,更便于适用和研究。此外,章下也可采用节这一形式将章中犯罪的共同之处统一规定,避免重复,而呈现出简练的特色。若采用小章制,则仍可能出现有的章罪名很少,而有的章却可能出现数个甚至数十个罪名的情况,很难说就显得'统一'和'协调'。由此可见,实行小章制也并非就是我国刑法分则体系的最佳选择。"李培泽:《刑法分则体系的反思与重构》,《现代法学》1996 年第 3 期,第 51 页。

并无多大不妥之处,并不妨碍刑法分则内容整体的协调与均衡。但是,一些章的编排体系存在不够合理之处,需要予以重构或者适当调整。以"妨害社会管理秩序罪"为例,它不仅是刑法分则中罪名最多的一章,而且设置了九个小节,涉及内容过于庞杂,犯罪分类也不尽合理,部分犯罪有沦为"口袋罪"的现实倾向。详言之,我国刑法分则第六章"妨害社会管理秩序罪"主要存在以下方面的问题:

第一,有些"节"可以独立成"章"。例如,第七节"走私、贩卖、运输、制造毒品罪"。本节犯罪虽然以"走私、贩卖、运输、制造毒品罪"为标题,但实际上"走私、贩卖、运输、制造毒品罪"只是本节犯罪中的一个具体个罪。以某个个罪作为一整节犯罪的标题,这种做法的合理性值得商榷。此外,毒品犯罪所侵害的客体具有独特性,其不能完全被"社会管理秩序"所涵盖。毒品犯罪是一个类罪名,我国刑法将毒品犯罪作为"妨害社会管理秩序罪"的一个小节的做法,既不利于同类客体的有效保护,也不能彰显毒品犯罪的特殊性以及在刑法中的重要地位,反而在一定程度上难以适应我国打击和制裁毒品犯罪的现实需要。因此,笔者认为,我国刑法有必要借鉴1907年日本刑法典的立法体例,将该章规定的所有毒品犯罪独立成章,从而为毒品犯罪的有效惩治奠定坚实的法律基础。

第二,有些"节"可以考虑合并。例如,第八节"组织、强迫、引诱、容留、介绍卖淫罪"和第九节"制作、贩卖、传播淫秽物品罪",二者都属于妨害社会风化的类型化犯罪。1975年德国刑法典第十三章"妨害性自决权"就将"卖淫"和"散发淫秽文书"这两种行为共同规定在该法典的第184条之中。[①]因此,我国刑法应当借鉴这种立法体例,将第八节和第九节规定的犯罪类型整合在一起,从而使刑法分则的编章体系更加系统、协调。[②]

第三,有些"节"需要根据与其他章节的关系进行适当调整。例如,该章第一节"扰乱公共秩序罪"规定的"非法获取国家秘密罪"与刑法分则第一章中的"危害国家安全罪"规定的"为境外窃取、刺探、收买、非法提供国家秘密、情报罪",第九章"渎职罪"中规定的"故意(过失)泄露国家秘密

---

① 参见《德国刑法典》,徐久生、庄敬华译,中国方正出版社2004年版,第98—99页。
② 参见王文华:《我国刑法分则研究之考察》,《东方法学》2013年第1期,第79页。

罪"应当整合在一起,从而不仅便于社会公众的正确理解,而且也方便司法人员准确适用刑法规范;该节规定的"投放虚假危险物质罪"和"编造、故意传播虚假恐怖信息罪"应当以"第 X 条之一"的形式分别与第二章"危害公共安全罪"规定的"投放危险物质罪"和若干恐怖活动犯罪规定在一起。在编章排列时把关联性的犯罪整合到一起,从而有利于维护刑法典的体系性和逻辑性,这是我国刑法分则部分章节应当做到而未做到之处,也是未来刑法立法修订需要完善之处。

3. 重要法律术语的解释说明

前文主要从宏观层面论述域外刑法编章体系对我国刑法立法的启示,下文则从微观层面——"重要法律术语的解释说明"出发探讨域外刑法编章体系中值得我国借鉴的立法经验。域外许多国家的刑法典都在总则或者分则中对一些重要的法律术语的含义作出解释和说明,从而为社会公众理解和遵守刑法、为司法人员定罪量刑提供充分的保障。例如,1975 年德国刑法典在总则第一章第二节专门规定了"本法之用语",对"亲属"、"公务员"、"法官"、"违法行为"、"故意"、"文书"、"重罪"、"轻罪"等若干术语进行了解释。1907 年日本刑法典在总则第一章"通则"中对"公务员"、"公务机关"、"电磁记录"等法律术语的含义进行了立法说明。

但是,域外最具代表性的还是 1962 年美国模范刑法典。该法典在总则罗列了大量频繁使用的法律术语的定义,在分则许多节的开头也给出了不少限定的术语,在这些法律术语之后才是对犯罪构成要件的具体描述。因此可以说,对重要法律术语的解释说明贯穿于美国模范刑法典的始终。"《模范刑法典》起草者熟知:一个模糊术语与欠缺的或者不完整的规定一样,均将招致司法部门创造法律,以及实际上削弱'合法性原则'的目标。虽然每部法典都必然会出现模棱两可的语言,这须由法官来解释,但他们坚信,起草者的义务是仅在难以避免的场合才授权给司法机关。不同读者合理产生不同解说的法典术语应予以限定。"①

我国刑法在总则第五章"其他规定"中规定了若干法律术语的含义,

① 〔美〕保罗·H. 罗宾逊、马卡斯·德克·达博:《美国模范刑法典导论》,刘仁文、王祎译,《时代法学》2006 年第 2 期,第 113 页。

包括"公共财产"、"公民私人所有财产"、"国家工作人员"、"司法工作人员"、"重伤"、"违反国家规定"、"首要分子"、"告诉才处理"等术语。我国刑法在分则中也对一些法律术语进行了解释,例如"毒品"、"淫秽物品"、"战时"等。但是,我国刑法对重要法律术语的解释范围仍然过于狭窄,诸多频繁使用并存在争议的法律术语没有被纳入刑法的解释体系内,导致社会公众对刑法理解和适用的诸多疑惑。

以"枪支"为例,我国刑法分则诸多条文都涉及到"枪支"这一法律术语。例如,非法制造、买卖、运输、邮寄、储存枪支罪,违规制造、销售枪支罪,盗窃、抢夺、抢劫枪支罪,非法持有、私藏枪支罪,非法出租、出借枪支罪,丢失枪支不报罪,非法携带枪支危及公共安全罪以及抢劫罪中的持枪抢劫,等等。除了以上明文表述的"枪支",还有走私武器罪和非法携带武器参加集会、游行、示威罪中的"武器",盗窃罪和抢夺罪的罪状描述中的"凶器"等等与"枪支"认定关系密切的法律术语。我国刑法中包含数量如此之大的涉枪罪名,但是对"枪支"却没有给出任何解释和说明,这无疑是我国刑法立法的一个巨大漏洞。

目前,我国只有《枪支管理法》第四十六条在法律层面上对"枪支"下了一个定义。[①] 然而,由于该定义过于笼统,缺乏可操作性,司法实践中认定枪支的依据却是公安部于 2007 年发布的《枪支致伤力的法庭科学鉴定判据》这一公共安全行业标准。根据该标准,当不能发射制式弹药的非制式枪形物发射弹丸的枪口比动能≥1.8 焦耳/平方厘米时,该枪形物被认定为枪支。该标准按照"枪口比动能"这一专业概念对"枪支"的界定过于深奥,绝大多数普通民众都无法准确理解和掌握。普通民众对"枪支"的日常理解与现行枪支鉴定标准相差甚远,从而导致司法实践中出现大量被告人坚称行为对象是"仿真枪"甚至是"玩具枪",但是由于涉案枪形物的枪口比动能达到了 1.8 焦耳/平方厘米以上而被定罪量刑的案件。"王国其非法买卖、运输枪支案"、"刘大蔚走私武器案"、"赵春华非法持有枪支案"等引发公共舆论强烈争议的案件就是其中的典型代表。

---

① 《枪支管理法》第四十六条:"本法所称的枪支,是指以火药或者压缩气体等为动力,利用管状器具发射金属弹丸或者其他物质,足以致人伤亡或者丧失知觉的各种枪支。"

《枪支致伤力的法庭科学鉴定判据》对"枪支"这一概念的外延进行了扩张,从传统的制式枪支扩展到一部分具有较大杀伤力的非制式枪支,这种概念的扩张可以理解为一种扩大解释。"罪刑法定原则并不禁止扩大解释,但这并不意味着扩大解释的结论都符合罪刑法定原则。换言之,扩大解释方法本身并不违反罪刑法定原则,但其解释的结论则可能与罪刑法定原则相抵触。因为不合理的扩大解释,也可能超出国民的预测可能性,侵犯国民的自由,从而违反罪刑法定原则。"[1]因此,对"枪支"进行扩大解释不能超越必要且合理的限度,必须符合国民的预测可能性。然而,《枪支致伤力的法庭科学鉴定判据》对"枪支"作出的这一扩大解释违背了科学认知和生活常理,超出了普通民众的理解能力和接受程度,明显与普通民众的朴素观念相冲突。同时,《枪支致伤力的法庭科学鉴定判据》制定后,公安部并没有立刻对外宣传以便让普通民众知晓,没有任何权威部门对该标准规定的致伤力作出通俗化的描述和解释,相关普法教育严重缺失,这就令普通民众无法对自身行为的合法性作出准确无误的判断,一不小心就有可能触犯刑法,甚至面临重刑制裁。因此,针对"枪支"作出的这一扩大解释超越了国民的预测可能性,不但严重违反了罪刑法定原则,而且使公民的自由受到极大的限制和损害。

　　正是因为上述司法困境的普遍存在,笔者认为,我国刑法应当充分借鉴1962年美国模范刑法典的立法体例,扩大对重要法律术语的解释范围,将包括"枪支"在内的出现频率较高并且存在理解争议的法律术语纳入我国刑法的解释体系中,以化解争议,并从立法层面"以正视听"。只有这样,才能保证刑法编章体系建构的科学性与合理性,才能使罪刑法定原则得到贯彻和落实,才能有效实现刑法的秩序维护机能与人权保障机能的动态平衡。

第四节　本章小结

　　仔细梳理域外刑法典的代表性立法规范,我们不难发现,域外各国的

---

[1] 张明楷:《罪刑法定与刑法解释》,北京大学出版社2009年版,第118—119页。

刑法编章体系各具特色且异彩纷呈。无论是刑法总则和刑法分则的编排结构，还是犯罪论和刑罚论的立法体例，甚至包括章节标题的文字表述，都在字里行间突显出本国法律思想文化和刑法立法传统的鲜明特色。因此，我国立法机关应当充分吸纳域外刑法编章体系编列上的先进经验，汲取其中的精华成分，在犯罪类型的排列顺序、章节内容的调整优化、法律术语的解释说明等方面予以借鉴，从而真正有益于我国刑法立法的体系化、规范化与科学化等目标的实现。

放眼全球，在二百多年的历史长河中，域外的大陆法系国家和英美法系国家通过刑法典、单行刑法、附属刑法和刑法修正案四种刑法立法模式的综合运用，不断发展和完善本国的刑事法律体系，彰显了这些国家对刑法立法现代化的不懈追求。在刑法法典化运动纵深推进的同时，域外各国既注重保持刑法典的相对稳定性，一般未曾对刑法典进行大幅度的全面修改；同时又努力保障刑法典的社会适应性，通过对刑法典的适度修正使其能够跟随时代发展的脉搏，积极适应社会经济生活日新月异的发展步伐。然而，四种刑法立法模式各有利弊，过度强调单一化的刑法立法模式并不利于构建科学、合理的刑事法律体系。当前我国的刑法立法模式以刑法典和刑法修正案为核心，单行刑法和附属刑法的内在价值和外在功能尚未得到充分有效的彰显和发挥，不利于我国刑事法律体系的合理化构建和规范化运行。因此，我国的刑法立法可以充分借鉴域外国家的刑法立法经验，让包括单行刑法和附属刑法在内的各种刑法立法模式通过相互补充、紧密配合而助推刑法立法的完善。

第四章

刑法立法的社科属性与方法论选择

欲善其事,必利其器。方法的意义既在于此,刑法立法方法论对于刑法立法而言的重要意义也在于此。刑法立法的科学化需要有恰当的刑法立法方法作为指导,科学的立法方法是保证立法产品科学化的最有效途径。刑法立法不是一个孤立的过程,其间必然需要通过教义法学和社科法学的关系予以考察,并在刑法立法中运用社会研究方法探究刑法立法的事实基础和运行效果。刑法立法作为综合性因素的体现,制订出来的刑法规范生存于社会现实土壤之中,这就决定了刑法立法脱离不了社会科学的内在属性,也决定了我们可以从社会科学层面来更好地检视刑法立法方法以及合理构建。因此,以社科法学这一独特视角审视我国的刑法立法,并将社会法学方法与刑法立法方法结合起来,无疑具有十分重要的理论价值与实践意义,也能够给我们提供诸多有益的思考和启发。

第一节 超越教义法学的立法方法论

一、从"司法公正"到"科学立法"

我国刑法理论研究的重心,经历了一个从关注立法到聚焦司法的转变过程。在 1997 年刑法颁布之前,我国刑法理论都是围绕刑法修订为中心展开的。在这个时期,我国刑法理论研究的成果大多数属于立法论方面的研究,研究焦点集中于对 1979 刑法的批判和对正在筹备之中的 1997 刑法的建言献策。这种集中对刑法立法本身的批判出现的原因有二:一是源于当时"宜粗不宜细"的立法指导思想以及立法技术的不成熟,致使我国 1979 年刑法规范本身过于粗放和散乱;二是当时我国刑法研究还处于起步阶段,对刑法进行解释的能力不足,当司法中遇到非典型疑难案件时,总是习惯性地对立法进行检讨,立法层面的不足往往被提及。可以说,立法论即是彼时刑法规范研究的重心,较多学者在学术著述中往往对立法漏洞和立法修改提出针对性的见解,以致立法论的研究成为了当时刑法学探讨的显性化特征。

类似 1997 年刑法典集中编撰这样的立法创制活动并不经常发生,但刑法的适用却是每时每刻都在进行的。在刑法典颁布之后,刑法理论对适用中的规范释义成为研究的主要目标和职责。[①] 在此前提下,逐渐展开了中国刑法学界关于形式解释与实质解释的学派之争,无论是学者还是实践工作者都热衷于围绕具体个案,基于实现个案正义而在现有刑法规范之中找寻最为合理的解释路径。对刑法规范的尊重和以成文规范为前提的逻辑推理,使得法教义学方法论的研讨盛极一时。法教义学在处理立法、司法与执法三者关系的时候,当实体法出现立法与执法、司法的出入时,也一般是要求执法、司法向立法靠拢。[②] 由于司法实践对刑法解释方法的现实需求,刑法解释学逐渐成为主流的刑法研究内容。

尽管以实现裁判公正和贯彻罪刑法定原则的刑法释义已然成为刑法研究的主流,但每一次的刑法修改,又将刑法学者的视线再次拉回到立法层面,并对构建科学合理的刑法体系抱以期待。如今,刑法解释方法论的讨论热潮逐渐退去、刑法教义学的引入与中国化的理论进程也开始进入到总结阶段。在刑法释义的持续研究过程中,刑事立法规范逐渐暴露出自身难以遮蔽的缺陷。2019 年正值中国首部刑法典颁行四十周年,在

---

① 参见陈兴良:《刑法教义学的发展脉络——纪念 1997 年刑法颁布二十周年》,《政治与法律》2017 年第 3 期,第 3 页。

② 参见左卫民:《一场新的范式革命?——解读中国法律实证研究》,《清华法学》2017 年第 6 期,第 49 页。

"科学立法"这一依法治国新方针内涵的引领下,我国刑法学研究关注的重心又重新回归到对刑法立法的讨论之中,并以"刑法立法科学化"为主线,发展为关注的对象和全新的时代课题。

二、从"教义法学"到"社科法学"

在法学方法论选择的争述中,近年来"教义法学"和"社科法学"的学派之辩蔚为壮观。二者的激辩与对话标志着我国当代法学方法论的纵深式发展,在笔者看来,二者的关系也从最初的完全对立走向对话合作。无论"教义法学"与"社科法学"的立场如何,在彼此之间存在实质关联的前提下,求同存异地寻求合作分工的努力仍是不容置疑的,但是如何选择合作的方式和路径仍有待深化。因而,提倡以"社科法学"作为刑法立法的方法论选择,仍然是与立法本身的特性息息相关的。在司法领域中,教义法学处于主导地位,社科法学对教义法学的影响,往往作为一种补充或者反思,具有明显的辅助性作用,司法领域法教义学方法论的基本立场并没有改变。与之不同的是,立法领域法教义学作为主流法学方法论选择的正当性和适当性则面临着严峻的挑战,同时也因适用领域的不同,法教义学与社科法学的关系发生了一定程度的转变。因而,如何对社科法学方法进行有效选择和适用,将是刑法立法方法横向拓展需要积极思考的事情。

(一)教义法学作为刑法立法方法选择的现实瓶颈

1. 立法方法论与教义法学的适用领域不同

刑事司法与刑法立法虽然同属于刑法现象,但二者的研究路径却存在显著的差异。刑法立法研究与刑事司法研究对待现行刑法规范的态度有着根本的不同。简单来说,刑事司法的核心目标是如何将生活事实与法律规范相对应,使得法律规范得以正确适用,并妥当地输出公正化的法律产品。刑事司法是以承认法律规范合理有效为前提的,最终是为了实现司法裁判的公正。刑法立法的研究,仅仅就规范文本的修订而言,是立法主体如何创制或完善刑法文本的过程,其是以承认现行法律规范"有缺陷"为前提的,最终是为了实现立法科学。在司法者眼中,刑法规范本身的确定性与有效性是法律解释得以展开的关键,关注的是具体的法律问题,围绕对刑法条文和概念的解释展开讨论,同时司法领域的刑法研究也是以保障刑法规范的体系化和内在逻辑的一致性为追求的。因此,刑事司法领域的方法是解释法律的方法,或者称为法律适用的方法。而在立法者这里,刑法规范恰恰是需要加以改造的对象,刑法运行过程中所暴露出来的问题亟需通过立法修订的方式予以弥补,立法关注的不是具体的法律问题,而是共性的法律问题。同时,为了做好合理的立法决策和科学的立法预测,需要深入了解刑法立法在社会中实际的运行状况,致力于关注立法的社会背景和实施效果。概言之,刑法立法与刑事司法虽然同为刑事法律实践活动,但在基础、动因、进路、价值目标等方面却存在显著不同,二者对于方法论的需求也必然不尽相同。因此,根据指导法律活动领域的不同,可以将刑法方法论分为刑法立法方法论和刑事司法方法论,前者主要在立法领域提供方法论指导,后者侧重于在司法阶段提供方法论支持。在当前刑法立法进入活性化时期,立法方法论探讨自然也需要及时地更新和跟进。

我国刑法方法论的选择,是随着我国刑法研究重心的转移不断发生变化的。"由于当代中国法治建设的重点从立法研究转向了司法研究,因此需要法教义学。"①由此可见,法教义学之所以成为主流的刑法研究的方法论选择,是因为当前刑法学研究的重心是司法实践,法教义学方法论则是适配于法律适用的方法论。教义法学将现行法规范作为基础前提而不是批判的对象,并以此为出发点展开体系化的解释适用。与此不同的是,刑法立法得以展开的前提是对作为基础的法律规范的"质疑",这是教义法学与刑法立法方法论产生冲突的根源。刑法立法具有自身的独立特性,立法以创制和完善规范为自己的任务;司法以对法律的解释和适用为主要任务,法教义学理所应当地作为了首要的方法论选择。但是,法教义学囿于信奉现行法的前提设定,难以在立法作出改变之前及时回应新的社会需求。立法者的程序运行和学者对刑法规范的理性思考都需要全新

---

① 冯军:《刑法教义学的立场和方法》,《中外法学》2014 年第 1 期,第 172 页。

的方法论为指引,必不可少地需要有更适合立法特征的方法论作为指导。

2. 立法方法论与教义法学的功能存在差异

如今我国刑法方法论整体上是以司法实践导向的教义学为主,致力于对法律的正确解释并在此基础之上进行逻辑推理。[1] 但经由"刑法解释学"与"刑法教义学"的概念之争,刑法教义学在中国化的过程中也获得了长足的发展。为了与同样是围绕刑法规范进行解释的"刑法解释学相区分",同时也是出于对规范体系本身封闭和僵化的警惕,刑法教义学在方法论层面意味着"超越法条注释、创造法律概念……以法律文本为出发点,包括狭义上的解释,但不止于解释"。[2] 法教义学逐渐开始与刑事政策取得联系,甚至"已经将法教义学等同于除法社会学、法史学之外的关于法律司法适用的一切法学学问"。[3] 但是,即使是将刑事政策整合到法教义学之中,其规范属性依然是法教义学的基本特征,事实属性和社会属性的内容并不是法教义学的重点,与刑事政策一样,规范之外的内容只是对刑法教义学实质化的一种引导,仍只是规范体系内部存在论与价值论的纠葛。[4] 在刑法教义学中,在具体的方法上,无论是政策的导向、社会效果的考量、利益关系的判断等等都只是配角地位,其仍然以将"塑造一个自足的、统一的、封闭的法律体系"作为最高的目标追求。[5] 因此,法教义学的封闭性和保守性受到质疑。

立法过程并不以静态的条文而全然得以呈现,也并不以事后的规范解读而获得全部的立法旨趣,而是必须提前至立法的准备阶段,深入了解刑事立法背后的社会基础。事实上,法律行为仍系社会行为的法律界定,法律关系也只是社会关系的时空移置。[6] 立法是将生活事实上升为规范事实的法律实践活动,如果在立法过程中,不探究法律与客观现实间的实

---

[1] 陈兴良:《刑法教义学方法论》,《法学研究》2005 年第 2 期,第 38 页。

[2] 车浩:《理解当代中国刑法教义学》,《中外法学》2017 年第 6 期,第 1405 页。

[3] 苏力:《中国法学研究格局中的社科法学》,《法商研究》2014 年第 5 期,第 58 页。

[4] 陈兴良:《刑法教义学与刑事政策的关系:从李斯特鸿沟到罗克辛贯通》,《中外法学》2013 年第 5 期,第 974 页。

[5] 宋旭光:《面对社会科学挑战的法教义学——西方经验与中国问题》,《环球法律评论》2015 年第 6 期,第 119 页。

[6] 胡玉鸿:《法学方法论导论》,山东人民出版社 2002 年版,第 168 页。

际关联性,并得出确信的论证结论,我们所形成的法律规范必然会失去事实基础而成为立法者主观臆断的产物。因此,法律体系的一致性和贯通性当然是立法科学的当然之义。但在此前,立法方法首先要回答为什么要开展立法活动这一前提性问题。面对法律运行过程中出现的问题,尤其是尚未进入司法实践的问题,仅仅依靠教义法学的分析方法是远远不够的,仍然需要结合政治、经济、文化、社会等多元因素进行判断。随着社会发展的加快,社会形态日趋复杂化,法律体系面对多变的社会问题需要更加及时有效地予以跟进,而当前的刑法立法活动也正是为了回应社会问题而变得愈加频繁。① 法教义学所忽视的社会现实问题,恰恰是刑法立法的目标和任务,而立法方法论的缘起即是事实与规范的非对应而倒逼立法的修订。在规范与事实的相互调适中,法教义学侧重追求规范的体系性,而刑法立法更偏向于事实性的一面。教义法学旨在解释法律,而立法方法论则需要解决如何构建科学规范。

3. 立法方法论与教义法学供需不平衡

在教义法学看来,刑法想要得到正确的理解和适用,需要在规范条文之上构建可供现实案件适用的理论模型。这些理论模型旨在将现实与法律规范相关联,进而将法律规范适用于具体事实。这些理论模型在刑法典中找不到文字规定,又与传统的刑法解释方法相区别,由此构成了法教义学方法论的具体内容。② 而透过这些理论模型,能够看到立法规范在解释和适用过程中的得失,看到立法原意在实践贯彻中的效果,从而合理地预测和调整当下的立法。③ 即言之,法教义学通过法律的理解和适用能够对立法规范的实践运行效果进行评估,并发现立法规范的不足,从而对立法加以调整。但法教义学对立法的影响是建立在对法律规范的批判之上的,其从对法律解释的过程中归纳和塑造理论模型,通过这些理论模型可以大幅降低思考和操作的成本,最终形成某种"教义"。而这些教义本身是在刑法规范中没有文字规定的,是超脱于规范本身的,因此又能够反过来检视刑法规范本身。因而,就此而论,教义不仅仅是发现法律漏

---

① 陈柏峰:《社科法学及其功用》,《法商研究》2014年第5期,第70页。
② 车浩:《刑法教义的本土形塑》,法律出版社2017年版,第191页。
③ 车浩:《刑法教义的本土形塑》,法律出版社2017年版,第191页。

洞,甚至也能够影响刑法立法的体系。① 因此,法教义学旨在形成某种解释和适用法律的理论模型,并通过这些理论模型创造与立法的关联性。

问题在于,仅仅是对立法的批判或者是对立法体系协调性的检视就是刑法立法方法论意义的全部内容吗? 单纯地批判立法并不是当代刑法立法研究的重点,如何制订出更加完善的规范才是其归宿。另外,教义学并不以批判立法为核心内容,相反,其首先是以现行法律规范的有效性为前提。因此,我们既不能否认法教义学确有对刑法立法科学性的检视功能,也不能放大这一附随功效的方法论意义。(毫无疑问,我们既应当尊重刑法教义学作为刑法适用方法论的现实作用,也应当肯定在相对稳定的法律体系内,法教义学能够高效充分地应对大量常规案件的司法适用。)

尽管如此,在刑法立法再次进入活跃期的当下,一方面,刑法体系愈加成熟,以批判立法为着眼点的理论创见和观点论证已经难以获得学术共鸣,更不为实务部门所推崇;另一方面,刑法立法积极的扩张倾向和功能主义转型,立法的调整来源于社会的治理需求,刑法立法变得越来越像基于经验的政策性和对策性研究,而非基于某些"教义"的指导。② 甚至某些传统的教义观念反而阻碍着刑法立法的发展进程,甚至可以说,随着社会现实的高速发展,刑法立法成果又反过来重新定义某些传统的刑法教义。因而,法教义学能够在某些方面供刑法立法以方法论指导,从而为后期刑法规范的完善提供知识来源。但是,刑法立法方法论需求的素材并不仅以教义知识为全部,除了教义层面揭示出来的规范缺漏之外,实践层面的素材仍是立法不可偏离的基础。由此可见,法教义学与刑法立法之间并非毫无联系,只是法教义学的方法论供给与刑法立法的方法论需求之间缺乏直接的对应。

(二) 教义法学与社科法学的关系厘定

在如今的刑法方法论的普遍观念中,社科法学一直作为教义法学的

---

① 参见雷磊:《法教义学能为立法贡献什么》,《现代法学》2018 年第 2 期,第 30 页。
② 参见苏力:《中国法学研究格局的流变》,《法商研究》2014 年第 5 期,第 61 页。

替代被提及。虽然社科法学本身的定义和边界较为模糊,但在具体方法上,社科法学的指向还是相对明确的。教义法学注重规范论证,但社科法学强调经验叙事。某种程度上讲,社科法学就是法律的经验研究的别称,①它不是法律解释方法,而是社会分析方法。因而,可以认为,社科法学是以社会分析方法为进路,以法律实践作为研究对象,以经验性、实证性的方法来研究"作为事实的法"。②

1. 教义法学与社科法学的差异审视

社科法学与教义法学具有明显的差异性。其一,教义法学是规范思维,是以"对—错"作为评价结论的;社科法学是结果思维,是以"好—坏"作为评价结论的。其二,教义法学旨在提出具体的刑法解释方法或理论模型,通过解释方法和理论模型的套用就可以直接得出结论;社科法学旨在对相关事实进行实证性分析的基础之上,以实证分析的结论作为论证的事实依据。其三,在研究对象上,教义法学以现行法律规范的正确有效为前提,是对静态法律文本的解读和适用;而社科法学则将法律作为一种社会现象,需要考察和检视法的实际运行状况。其四,从运作方式上看,教义法学提供的解释法律的具体方法,使司法人员在适用法律的过程中能够直接使用,具有极强的操作性;社科法学提供的是对法律及相关现象运行状况的分析方法,并不能直接得出结论,仅仅是提供分析结论的依据。其五,教义法学致力于法律的理解和适用,主要发生在司法领域;社科法学针对的是一切与法律有关的现象和问题,既包括司法领域,也包含立法领域,甚至是整个法律实践。最后,教义法学的目标是在现行法律框架下选择最佳的解释,注重逻辑性和体系性;而社科法学更加注重现实,强调"不做调查就没有发言权",③以使法律的运行更加符合社会实际。具体比对可以参照下表:

---

① 参见侯猛:《社科法学以经验为核心,应与法教义学相互对话》,《北大法律评论》2016 年第 2 期,第 276 页。

② 宋旭光:《面对社会科学挑战的法教义学——西方经验与中国问题》,《环球法律评论》2015 年第 6 期,第 120 页。

③ 陈柏峰:《社科法学及其功用》,《法商研究》2014 年第 5 期,第 72 页。

教义法学与社科法学的比对略表

类型	实证分析方法论	社会分析方法论
思维模式	规范式思维	结果式思维
具体方法	文本解释与体系化	实证研究
研究对象	静态的规范条文	动态的规范运作
运作方式	操作性的	观察性的
适用领域	司法领域	一切与法律有关的现象
研究目标	正确的法律适用	高效的法律运行

2. 教义法学与社科法学的分工合作

教义法学与社科法学的方法论之争，与法学理论上大多数的"学派之争"一样，从最初的"分庭抗礼"走向探寻"求同存异"的合作模式。首先，在合作态度上，"教义学的主张无意排斥其他的法学研究进路。"[1]其二，在合作基础上，"社科法学与教义法学的关系是相对的，社科法学可以说是教义法学的基础。"[2]其三，在合作的正当性根据上，"社科法学和教义法学有着不同的研究前设和侧重点，它们的学术功能、目标、任务也不相同，因而形成互补关系。"[3]其四，在合作的可行性上，"教义法学与社科法学已经从彼此对抗转向相互合作，并不断面向实践敞开。"[4]其五，在合作的具体路径上，"二者存在以分工为基础走向合作的可能。"[5]在更为具体的合作关系上，"构建中国当代的司法哲学，应该发挥教义法学的基础和主导作用，同时合理发挥社科法学的补充和拓展作用。"[6]概言之，教义法学和社科法学之间以"分工"为主要合作模式的理论基调已然形成。

---

[1] 张翔：《宪法教义学初阶》，《中外法学》2013年第5期，第916页。

[2] 熊秉元：《论社科法学与教义法学之争》，《华东政法大学学报》2014年第6期，第141页。

[3] 谢海定：《法学研究进路的分析与合作——基于社科法学与法教义学的考察》，《法商研究》2014年第5期，第89页。

[4] 孙光宁、吕玉赞：《规范法学与社科法学交融的法律方法研究》，《山东大学学报》2018年第6期，第165页。

[5] 宋旭光：《面对社科法学挑战的法教义学》，《环球法律评论》2015年第6期，第116页。

[6] 孙跃：《以法律方法构建"多元一体"的司法哲学》，《湖北社会科学》2017年第12期，第137页。

但问题在于,教义法学为当前法学研究的主流方法论选择,在与社科法学的合作过程中如何处理二者之间的关系呢? 主流观点认为应以教义法学为主,以社科法学为补充。但单从二者之间的关系来看,社科法学却处于更为基础的地位。造成这种不协调的原因是什么? 笔者认为,这是因为当前该理论主要在司法领域内讨论教义法学和社科法学的合作模式,而较少从刑法立法方法的视角来反思二者合作的可能。空间的不同自然会带来合作模式的差异。转向刑法立法场域,笔者认为应以社科法学作为刑法立法方法论选择的核心,并确立社科法学在刑法立法方法论体系中的主体地位。但是,需要指出的是,这并不必然意味着对教义法学的否认,而是因为立法本身从事实层面到规范层面的发展过程中,其与经验事实具有天然的亲和力。同时,仍然应当认可司法领域才是教义法学的"主战场",在立法领域教义法学的核心地位并未确立。因此,提供以社科法学作为刑法立法的方法论选择,是综合考量立法与司法领域的显著差异所致。在厘清了教义法学和社科法学的功能、目标和任务层面的区别之后,需要进一步探讨二者如何进行相互协助,如何在刑法立法领域发挥社科法学的基础性作用。

第二节 刑法立法的社科属性与方法论引入

一、刑法立法不只是规范完善

相较于过去粗疏的立法技术,当下我国刑法立法的专业性和技术性均有了显著进步,刑法文本中单纯的规范技术缺陷也日益减少。现行刑法规范面临的主要难题在于:一是如何为急剧的刑法扩张找寻正当性根据;二是如何在活性化的立法时期实现刑法安定性与适应性之间的平衡。刑法立法存在的现实问题根源在于缺乏适当的立法方法论为指导。过去我们将提升立法科学性的着力点放在了对刑法规范体系结构性的调整,试图制定出一套逻辑自洽、内部贯通的刑法体系,但是或多或少忽略了刑法与现实的关联性，致使部分规范无法适应不断变化的社会现实。

具体表现在如下方面：在技术层面，法学专家们总是寄希望于提升文字表达水平以改善立法质量，但现实却是，"不存在通过语句精确表达立法主体意图禁止之行为的方法"，"所有词语和短语都潜伏着不确定性"。[1] 由于对未来可能发生的情况一无所知，立法者提前用概括性的语言制定法律规则，[2]但这全然不足以显示立法者所要描述的种种可能的法律现象。又或是为了贯彻刑法的明确性要求，立法者尝试尽可能准确地描述事实，将具体的犯罪行为直接表述为规范上的构成要件，却缺乏对事实发展现状和规律的认知和遵循。这就造成了刑法立法在概括性与具体性、前瞻性与滞后性、扩张性与谦抑性等诸多矛盾中无法适从，最终导致刑事立法规范朝着高度概括或者极致精细的两极化发展。

在立法的前期准备上，立法者们对刑法立法虽然具有一定的"问题意识"，也发现了原有立法中的漏洞和缺陷，并试图通过立法修改来解决问题。但是，所提出的对策建议，可能缺乏对社会事实基础的权衡和把握，而不具有有效性或可行性。立法是将生活事实上升为规范事实的过程，刑法规范的来源是复杂的社会，其内容来源于社会并将在社会中运行。换言之，对立法规范的质疑和修改的观点仅仅是对条文删减或者修订的主观判断，虽然可以指引立法完善的进一步向前运行，但是部分观点可能由于缺乏对刑法所处社会现实的把握，相应的对策结论也会因为欠缺实践基础而没有针对性与有效性。

不可否认，当前刑事立法对社会现实的关注还不够，还停留在规范层面的完善和体系化的探寻过程之中。刑法作为一种社会现象而存在，应当将刑法立法放到社会整体之中进行分析和权衡，既要将刑法视为一种静态的规范体系加以完善，又要将刑法立法的过程和运行视为一种社会现象，从社会角度来审视刑法立法及其修订，把社科法学方法纳入到刑法立法方法之中并予以合理借鉴。

---

① ［美］约书亚・德雷斯勒：《美国刑法纲要》，姜敏译，中国法制出版社 2016 年版，第 118 页。
② 参见［美］布赖恩・Z.塔玛纳哈：《法律工具主义对法治的危害》，陈虎、杨洁译，北京大学出版社 2016 年版，第 62 页。

二、刑法立法的社会科学属性

(一) 刑法立法目的的社会性

刑法是由国家制定、颁布并保障实施的,除法律属性以外,刑法还当然地具有政治属性。"国家把某些行为定为犯罪行为原本就具有政治色彩。"①刑法在本质上应当定性为,以国家的名义颁布的最严厉的行为规范。② 隶属于法律范畴的刑法立法同样具有政治上的属性。国家有维护统治秩序的制度需求,刑法作为一种法律规范不可避免地具有目的性,国家主导下的刑法立法以及规范运行具有社会治理功能的指向性。除此之外,现代文明国家所进行的刑法立法具有鲜明的目标指向:或是惩罚犯罪并保护社会,或是防范权力滥用而保障权利,或是解决司法实践中的疑难问题,或是表达特定的政治意图等。

在当今法律的创制活动中,国家有义务不断地修改刑法以适应新的情势,刑事立法活动需要及时解决因立法疏漏所引发的社会问题,刑法立法当然地具有实用主义和功利主义倾向,这是刑法规范面向社会现实所决定的。同时,刑法规范创制本身也是多方观点妥协的产物,而妥协的方案最终应服务于维护国家治理、社会稳定和权利保障,即规范背后往往以多元利益的融合与兼顾为体现。因此,刑法立法活动应当侧重于规范的现实性以及实效性。刑法立法总是服务于一定的国家统治和社会治理需求,需要对刑法立法前后在社会现实中的运行状况进行分析,探明真实的立法需求与利益考量,从而通过立法活动,精准地提供规范供给。

(二) 刑法立法活动的社会性

刑法作为一种社会现象,并不是孤立存在的,刑法规范是在社会中被实施和修订的。首先,刑法立法不仅关心人与刑法的关系、刑法的合理性、刑法的价值目标这些内含于刑法关于"人与正义"的内容,它也关注犯

---

① [日]大塚仁:《犯罪论的基本问题》,冯军译,中国政法大学出版社1993年版,第5页。
② 参见陈忠林:《刑法散得集》,法律出版社2003年版,第114页。

罪现象和刑罚制度运行等一系列的社会问题。① 其次,刑法的修订并不是漫无目的的抽象思辨或者纯粹"先验性"逻辑分析的产物,刑法是一个社会文化规范的历史积淀,是对社会既有的行为习惯、经验意识、司法传统的总结。② 刑法的修订不是原创性的,而是历史性的,刑法的创制活动难以摆脱同过去社会法律生活的联系而独立存在。最后,刑罚的严厉性要求刑法立法坚持慎重态度,也要求主导刑法立法的权力意志不能随意地主观任性,而要受到既定社会结构、经济水平、文化传统、国际形势等诸多方面的影响。马克思认为:"立法者不是在制造法律,不是在发明法律,而仅仅是在表述法律,他用有意识的实在法把精神规律的内在关系表现出来。"③因此,刑法立法不仅仅具有规范性,而且具有社会性。刑法立法更应该关注隐藏在刑法规范背后引起其变化的动因,关注刑法所依托的社会基础,为科学的刑法立法寻找客观、准确、合理的事实根据。刑法立法活动的发生就是刑法作为一种社会现象为适应社会变化而自我调整的过程,基于实践面向社会变化这一基本特点,刑法立法活动必然要关注社会现实的客观情形。

(三) 刑法立法内容的社会性

从一般意义上来说,刑法立法过程就是将事实行为界定为犯罪行为的过程,刑法规范是国家围绕犯罪现象建立的规则体系。刑法立法是对犯罪之类型及其构成要件详加厘定,形成条文规范的活动。"犯罪是一种社会政治现实,而不是自然现象。"④犯罪行为作为一种社会现象,刑法立法是围绕犯罪行为展开的,由此决定了刑法立法活动也应具有社会属性;同样,罪刑关系也只是社会关系的时空移植,如果在刑法立法工作的准备阶段,不确立刑法与社会之间的实际关联并形成相应的转换标准,那么刑法立法所进行的犯罪化过程就必然会因为失去对社会因素的考量而丧失

---

① 参见马克昌:《刑法学》,北京大学出版社 2016 年版,第 5 页。
② 参见梁根林:《刑法方法论》,北京大学出版社 2006 年版,第 126 页。
③ [德]卡尔·马克思:《马克思恩格斯全集》(第 1 卷),(中共中央马恩列斯著作编译局编译)人民出版社 2001 年版,第 183 页。
④ [美]哈波特·L. 帕克:《刑事制裁的界限》,梁根林译,法律出版社 2008 年版,第 361 页。

相应的合理尺度。要在刑法规范中准确地描述犯罪类型，就必须对作为社会现象的犯罪行为有准确的认知。刑法上的规范事实源于生活事实，刑法规范本身因其源于这些生活事实而具有社会性。

刑法立法的科学性不仅体现在对犯罪行为描述的准确性，还表现为刑罚配置的适当性。作为一种自然行为，没有哪个危害行为一发生就伴随着刑罚后果。犯罪之后的刑罚轻重，首先取决于法律的规定。欠缺罪刑配置的立法规制，任何犯罪行为都无危害程度的大小可言。那么，法律根据什么标准对某种犯罪作出相适应的刑罚轻重的界定呢？或者说，罪刑均衡作为刑法的基本原则，它在指导刑法立法过程中实现均衡的标准是什么？有研究表明："根据50个国家刑法典13121个独立罪刑关系的经验研究，发现各国刑法的严厉程度与人口因素、民族组成结构、城市化进程以及国民素质等多种非法律因素相关。"①各国只有依据自身国家的社会传统和文化结构，才能构建本土化的罪刑关系。因此，刑法立法如何进行刑罚配置才能做到罪责刑相适应，也是由刑法所处的社会现实情况所决定的。

综上所述，刑法的社会治理功能、刑法规范本身作为一种社会现象、罪刑关系构建的社会基础，决定了刑法立法的社会科学属性。从这个意义上说，制定科学合理的刑法规范关键在于对刑法所处社会现实进行全面的、客观的了解与把握。运用社会研究方法，将刑法立法置于复杂的社会语境之中，采用理性的思维方法将行为事实置于社会发展进程之中予以通盘考虑，以保护个人自由发展和实现国家社会控制相衡平为目标，合理评估行为的社会危害性程度，并衡量刑罚的必要性与有效性，方可制定出符合实际、满足社会治理需求的刑法规范。

三、积极引入社科法学方法论

从刑法学研究方法的历史发展进程来看，刑法学研究方法经历了由"规范法学"走向"社科法学"的漫长路程，历经"价值研究方法"之关隘而

---

① 白建军：《法律实证研究方法》，北京大学出版社2014年版，第122页。

逐步进入"社会分析方法"之沃野。传统的刑事古典法学派以纯粹的理性思辨为基础,构建了现代刑法体系的基本框架,但是由于其沉迷于形而上学的思辨和论战,较少回应社会现实与生活需要,而且其理论运用的前提和经验证实问题一直饱受质疑,因而单纯以刑法教义观念为指导来构建的刑法规范立法活动并不多见。也正是由于这种与社会现实相脱离的高度理性迫切需要的现实化,才催生了社会分析法学派的诞生。社会分析法学派的积极介入与观念引入,将刑法研究的逻辑演绎转变为切合实际的求证归纳,把研究视角从抽象、宏观的理论思辨转向对具体、微观的经验事实的把握。

庞德认为:"经验由理性形成,而理性又受经验的考验,舍此之外,在法律体系中没有任何东西能够站得住脚。"①立法即是将法律理性与社会现实相协调,将经验上升到理性的过程。我们对理性的研究已经足够深入,早已将对理性的认识深植于现代民主国家的立法理念和立法制度的设计之中。因此,在一定时期内,法律理性不会有太大的变化,反而是变动不居的社会现实成为了法律创制或不断修订的主要动因。这就决定了刑法立法上应更集中于对社会现实情况的把握,为科学的刑事立法提供更为充足的实践经验。刑法立法面临的事实基础是社会上具有相当危害性的行为,因而对一种社会现象行为的认识就需要借助社会科学的研究方法。因为法律形成的本身需要进行价值判断,但是价值判断属于立法者个人立场的抉择,无法进行合理客观的论证。在大多数时候,立法者根本不可能仅仅依靠"公平正义"的理念进行立法活动,为了制订出合乎社会发展的法律规范,必不可少地需要探究立法者进行立法时事实上的决策依据是什么。在这里,社科法学因其天生的内在优势,可以作为规范性法学的补充以指导刑法立法。

社科法学方法论已经在法律研究格局中开始崛起并扮演重要角色,法学研究日益重视作为法学研究基础的社会现实,开始关注法学与社科法学之间的某种"血缘特征"。②苏力教授认为:"每个专业的知识,只要

① [美]庞德:《通过法律的社会控制》,沈宗灵译,商务印书馆1984年版,第110页。
② 参见左卫民:《一场新的范式革命——解读中国法律实证研究》,《清华法学》2017年第3期,第45页。

对社会有用,就可以通过这种知识的产生以及信息的交流影响立法,而未必需要其政治代表经由传统的政治过程来影响法律。"①法作为社会现象,必然要与其他社会现实相联系,法律的社会属性也具有相当的社会科研价值。因此形成了一系列以社会科学的知识和方法运用到法律中的研究,其被统称为社科法学。②"它用一种怀疑的眼光看待那种长期以来一直在法律中当道的形而上学真理,随着社会法律实证主义对法律的社会和经验特征的肯定,它拒绝打着真理名义的宗教、道德和正式的规则,并视之为虚幻的构造。"③马克斯·韦伯认为:"当我们谈到法律、法律秩序和法律命题时昂奋……社会学法律观认为某些规范有效并在实际行动中遵从这些规范的可能性……实际上发生了什么事情?"④"法社会学的功能是揭示规范符号隐藏而不表达的所有关于法律的现实,是经验的,而非规范的。"⑤一言以蔽之,社科法学关注法律与社会现实的实际联系。

"立法过程就是一个认识深化的过程,一个好的法律规范是正确认识客观现实和大量增加知识分析的结果。"⑥以社科法学提供的分析方法来研究刑法规范,起草刑法规范时所针对的社会现象,乃是创制刑法规范所必不可少的背景知识。⑦ 在谈到社科法学如何在立法上为法律所用时,法社会学观点认为:"只有当立法机关在进行重大及塑造性的干预之前,得以根据经验调查的数据已经洞悉了社会现实的图景,如此才能使法律得到恰如其分的续造。"⑧不关注社会现实和社会经验发生的立法活动,既是缺乏社会基础的"观念造法",与之同时,这样的立法内容也是毫无根基可言。"刑法规范产生时的法律状况以及刑法应发生作用的社会现

---

① 苏力:《也许正在发生——中国当代法学发展的一个概览》,《比较法研究》2001 年第 3 期,第 3 页。
② 侯猛:《社科法学的内涵与贡献》,《法商研究》2014 年第 5 期,第 74 页。
③ [美]玛丽安·康斯特布尔:《正义的沉默——现代法律的局限性与可能性》,曲广娣译,北京大学出版社 2011 年版,第 42 页。
④ 马克斯·韦伯:《经济与社会》(上卷),林荣远译,商务印书馆 1997 年版,第 345 页。
⑤ 朱明哲:《法源:法教义学与法社会学相遇点》,《中国社会科学报》2016 年 6 月 28 日,第 3 版。
⑥ 于兆波:《立法决策论》,北京大学出版社 2005 年版,第 160 页。
⑦ 参见[德]卡尔·拉伦茨:《法学方法论》,陈爱娥译,商务印书馆 2016 年版,第 72 页。
⑧ [德]托马斯·莱赛尔:《法社会学基本问题》,王亚非译,法律出版社 2014 年版,第 175 页。

实,这是科学制定刑法规范所必须具备的信息储备以及决策依据。"①没有前提性的信息知识的积淀,立法决策必然是茫然无序的,对立法何去何从的指引也是毫无方向性的。

因而,为了保证立法的实效性与方向的正确性,使得立法者对信息的获取必然要采用社会科学的分析方法,对社会科学的知识运用也变得顺理成章。"法律的源泉……是生活的需求、匮乏以及实际的悟性,这种悟性追寻着必要的目的和合适的手段。"②就此而言,社科法学同立法活动有着内在的一致,是天然的可以被借鉴且被适用的立法方法。其实,我国的刑事立法早就在践行这样的立法理念。在我国刑法立法实践中,立法过程中会倾听各方参与群体与专家的意见,设置了有不同相关立法知识背景的专业人员组成的起草小组,通过实证的数据而获得前期的基础信息知识,发布法律草案以供公开讨论,全面收集立法建议并酌情采纳。

社科法学以社会分析方法作为具体的研究方法,即采用社会研究方法研究立法问题或者刑法规范,而社会研究方法具有经验性特征。"所谓经验性是指,社会研究必须依据可感知的材料。"③这些经验性的素材来源于现实,而非我们单纯的主观感知或者精神感受,更不是学者们在书斋中单纯凭借主观想像就能意会的东西。因而,我们不能全然无视这些经验之物,它源于生活之事,是事与人的组合体,离不开社会生存的土壤空间,与客观实在之物、与我们的主观态度、价值判断、群众意愿等直接相关。正是基于此,有学者指出:"可观察的人的行为,人所创造的东西以及语言为中介的意见和关于态度、价值判断、意愿等都属于经验上可感知的社会事实。"④所以,经验性素材的核心特质在于"可感知",无论是客观外在的事物,还是主观评价之内容,它都源于日常生活并扎根于生活经验之中。

"立法事实考察的重点在于对数据的收集以及统计性的处理,这些针

① 蔡荣:《刑法立法"实证化"的理论基础与实现方法》,《法律方法》2018年第2期,第380页。
② [德]耶林:《法学是一门科学吗?》,李君韬译,法律出版社2010年版,第63页。
③ 风笑天:《社会研究方法》,中国人民大学出版社2013年版,第4页。
④ [德]阿特斯兰德:《经验性社会研究方法》,李路路,林克雷译,中央文献出版社1995年版,第3页。

对法律事实的概括性及统摄性的实证结论,使得立法者可以将其作为同样旨在一般化规制的法律的素材和样本,这样才能实现对立法信息全面客观的掌握。"①单纯的日常生活中的数据仍然是杂乱无序的,是表象化的肤浅存在,如果不透过外在的这些数据信息进行深入的归纳和整理,这些数据仍然仅仅只是数据而已。立足社会经验事实对立法的贡献,就是要求我们在掌握现有数据的前提下,能够由表及里地更进一步,从而把握社会层面的问题而让我们认知得更全面,了解得更深入,提出的对策更具有针对性。全面地掌握与分析这些数据,可以让我们较好"摒弃那些基于法律事实的片面感知而形成的惯常理论,以及因此引发的政策论战和僵局,为改善法律提出有事实的说理依据"。② 社会分析方法是在广泛的素材基础上有序展开的,其论证的客观性是社会科学方法最大的优势所在。立法者应当熟练掌握并灵活运用社会科学的基本研究方法,并把它合理嫁接到立法的具体事项之中,从而在对经验性事实分析、归纳和总结的基础之上,提出具有说服力的立法方案以及论证理由,保证立法产品的推出能够具有实效性。

第三节　社会科学方法助推刑法立法科学的实现

　　随着近二十年来立法技术的革新和立法方法的提升,我国刑法立法成果逐渐丰富并呈现优质化发展趋势。面对社会转型时期大量出现的社会问题,我国的刑事立法需求也从"有法可依"转变为"科学立法"。注重法律事实研究的社会科学研究方法的引入,将为刑法立法质的跨越提供现实可能。刑事法学研究不仅仅是为了理性的释义刑法,也同样承担着改善刑法的任务,社科法学方法论在立法上的作用是结合社会科学和法学研究并为刑法立法作好准备。刑法学中社科法学方法论的引入,在为刑法研究提供坚实的事实基础的同时,在实践层面也反馈着刑法实践,引

---

① 蔡荣:《刑法立法"实证化"的理论基础与实现方法》,《法律方法》2018年第2期,第381页。
② 〔德〕托马斯·莱赛尔:《法社会学基本问题》,王亚飞译,法律出版社2014年版,第100页。

导着刑法立法朝着社会科学方向进行有益转型。立法修订最初的理论构想往往来源于规范层面的价值思辨,而要真正落实到立法层面回应这些问题,则需要通过经验性的研究进行立法调查,并通过实践效果来检验立法成果的优劣。因此,在刑法立法的过程中,社会科学方法有其重要的价值,对其合理化的引入并适用,可以较好地助推刑法立法科学目标的实现。

一、提升刑法立法预测的前瞻性

刑法规范的明确性是罪刑法定原则的基本要求,这也是罪刑法定原则在现代社会的积极价值所在。但是,从绝对意义上来说,任何法律规范都是不明确的,因为作为案件陈述的"事实"适用于"规范"并进行二者之间的对号入座之时,"事实就是事实,规范就是规范"的属性差异,在此时必然突显所有的"明确性"都仅仅只是一种理想追求。因而,要求所有被适用的刑法规范既清晰又明确,只是我们不懈追求的一种境界——尽管它永远无法企及,但是值得我们尽其所能地为之努力。毕竟,过多的模糊性规定会让行为人和裁判者面临更多的决策成本,可能导致对罪刑法定原则的背离。制定法不断往前的推进运用,要求其尽可能前瞻性地予以确定,而不是根据主观理解进行任意地修订或者变动不居地不断调整。但立法滞后性的固有缺陷,又使得人们不得不面对时刻变动的社会现实和立法滞后之间的矛盾。从实质正义的观点来看,一个不完善的法律应当尽快地予以修正,然而正义也绝不能容忍任何经常变动的法律。"只有当法律以最佳的方式可预测时,法律和平才能存在。"①这就要求,刑法立法尽可能对将来可能出现的影响刑法变动的社会现象进行合理的预测,并在规范范畴内予以包涵。

近年来,刑法的频繁修订更是将这种法律的安定性与适应性的矛盾集中暴露出来了。一方面,在社会转型时期经济发展和社会治理方面出现了新的犯罪现象,刑法需要及时填补漏洞;另一方面,刑法立法预测性

---

① 〔德〕阿图尔·考夫曼:《法律哲学》,刘幸义译,法律出版社2011年版,第210页。

不足,单次的刑法修改仅仅注重解决已经出现的问题,而忽略对未来犯罪现象的预测,面对社会治理需求只是消极地回应而非积极地应对。因此,刑法立法前瞻性的不足是造成刑法立法活动频繁的主要原因。单个罪名之下所列举条款的频繁变动、兜底条款的出现、模糊性用语的存在等,都对刑法立法的预测能力提出了现实的挑战。

"立法越活跃,就越考验法律制定者的智慧"。[①] 同时,立法的频繁变动也反映了以往立法研究在方法论运用上存在的不足。教义学方法论过于重视逻辑性思考,基于理性立法者的前提预设,将"立法"置于"法学"之下,"立法者只是不断运用法学所提供的法的范畴。"[②]但是,要实现刑法立法科学,绝非单凭"教义"就足够的,还需要对犯罪现象进行针对性的社会学分析。立法者应当客观揭示各现象之间的联系,需要借助实证方法勾连表象与实质之间的关联。"真正的实证精神在于为了预测而观察,根据社会发展规律不变的普遍信条研究现状,以便推断未来。"[③]处在社会转型时期的现代中国,纷繁芜杂的社会生活中充斥着大量的信息,立法也面临着更具挑战性和多元性的社会问题。单纯依靠法教义学进行理性的逻辑推演显然难以准确预测未来可能影响刑法修改的社会现实。网络犯罪、新型经济犯罪等犯罪类型的出现,其在行为类型上表现出来的非典型性以及易变性,是单纯的教义分析无法准确预见并解决的。例如虽然我国在刑法修正案(七)和刑法修正案(九)中对网络犯罪的相关规定进行了大范围的扩张和修订,但是新出现的网络犯罪行为依然暴露出刑法立法的缺漏。由此可见,刑法立法的前瞻性仍然有其不足之处。

正是由于教义法学方法论在刑法立法预测方面的供给不足,才需要转以经验性的事实观察为基础的社科法学来提供方法论指导,从抽象性的逻辑思辨视角适度转向对现实问题的具体考量和问题解决。[④] 增强刑法立法的实证基础是刑法立法的未来发展方向,这也是刑法立法的基础

① 周光权:《转型时期刑法立法的思路与方法》,《中国社会科学》2016 年第 3 期,第 127 页。
② [德]卡尔·拉伦茨:《论作为科学的法学的不可或缺性》,赵阳译,《比较法研究》2005 年第 3 期,第 144 页。
③ [法]奥古斯特·孔德:《论实证精神》,黄建华译,北京联合出版公司 2013 年版,第 23 页。
④ 参见周光权:《积极刑法立法观在中国的确立》,《法治研究》2016 年第 4 期,第 23 页。

与根本所在。社科法学能够在立法预测中,根据统计资料分析数据依时间变化的规律表现出来的趋势;根据法与社会需求之间、法的现象之间的依存关系,对刑法立法成果的运行前景进行预测。[①] 如此一来,既能提升刑法立法预测能力以实现刑法的安定性,也符合刑法立法注重增强实证基础的内在要求与发展趋势,使刑法在安定性与适应性之间达致平衡。

二、保证刑法立法决策的科学性

当刑法立法问题呈现在立法者面前,需要立法者对这些问题的解决做出定夺时,刑法立法决策便应运而生。刑法立法决策是立法者在刑法立法活动中就立法问题作出判断和应对的行为过程。提高刑法立法决策的科学性,是实现立法完善与立法科学化的重要保证。刑法立法决策的科学性由两方面组成。一方面,"刑法是由立法机关通过法定程序选择后形成的制度规范,因此,选择主体的素质、偏好等直接影响到这种制度规范的内容。"[②]刑法立法科学的基础在于立法者相对中立的角色定位。因为"科学的精神特征是指约束科学家的有情感色彩的价值观和规范的综合体。"[③]如何使刑法立法者保持客观理性,是实现决策科学的前提。另一方面,在刑法立法活动中,立法者会遇到大量的现实问题。这些问题的解决,需要通过细致的立法调查,准确地发现和提出立法问题,并深入了解问题现状以及采取预设解决方案可能带来的影响。刑法立法问题的客观性决定了真正影响刑法立法决策的因素或者解决立法问题的现实答案,往往是在刑法之外的。

刑法立法活动不是立法者或者立法机关单独能够完成的,立法机关需要组织立法听证会、论证会或者座谈会听取社会各方面意见,或者将法律草案向社会公布以征求意见。刑事立法的决策正确不在于立法者的"个人理性",而是必然要通过民主程序得以实现。但是,"民主的真正价

---

① 参见周旺生:《立法学》,法制出版社 2009 年版,第 416 页。
② 姚龙兵:《刑法立法基本原则研究》,中国政法大学出版社 2014 年版,第 96 页。
③ [美]R. K. 莫顿:《科学社会学》,鲁旭东译,商务印书馆 2003 年版,第 363 页。

值不是取决于多数人的偏好,而取决于多数人的理性。"①人类在利用经验法则完成决策活动时往往会犯错,其根源在于完成行动前,所处形势的信息片面、外界误导以及理解偏差所致。另外,"法律专家和技术官僚主导了刑事立法的废、改、立,把持了立法的方向和几乎所有的话语权,法典及其修正案成为高度封闭的、体系内循环的产物。"②立法成员组成的单一性势必放大这一偏见。正如医生治疗疾病一样,专科医生解决疑难杂症,其效果更具有有效性。基于此认识,由于法律的特质,法律的起草和执行往往由专职的、受过训练的、专业的并经授权的法律专家,而不是由该社会的全体成员进行。但是,法律专家不是社会学家,他们可能只了解法律而不了解"社会"。然而,刑法立法是一项充满社会性的复杂事项,法律专家的立法决策需要对立法信息充分的掌握,只有在充分了解了立法所处的社会背景、所面临的现实问题以及立法活动可能会给社会生活带来的实际影响之后,立法者才能发现真正的立法问题、提出确实可行的解决目标,并以此为基础进行刑法立法决策。质言之,立法者只有站在充分的事实基础之上,才能保证刑法立法决策的科学性。

在立法决策中,制作可供选择的方案,需要有准确、全面的立法信息,对多种可选方案进行对比、评价、选择,其中离不开搜集、分析、评判相当数量的相关信息。③ 数据和信息将成为刑法立法决策中具体方案和科学决策的基础。人们通过对犯罪行为规律的认识,分析其中的生成原因、危害程度、违法类型、归责后果等,用以决定是否将其规定为犯罪并配置相应的刑罚。因此,刑法立法决策的科学性取决于对赖以进行决策的信息的掌握程度和对信息的挖掘能力。刑法立法必须注重运用社会科学方法进行分析,通过分析需求和可能、目标和条件、成本和效益等诸多范畴之间的内在关系,克服主观偏见的弊端,使经验决策行为逐渐为科学型的决策行为所取代。④ 由上可见,立法者在利用经验法则完成决策活动时往往会有"走偏"的风险,只有采用社会研究方法,从社会事实出发并以解决

---

① 季卫东:《法治秩序的建构》,中国政法大学出版社 1999 年版,第 51 页。
② 李怀胜:《刑事立法的国家立场》,政法大学出版社 2015 年版,第 11 页。
③ 参见周旺生:《立法学》,法制出版社 2009 年版,第 416 页。
④ 参见周旺生:《立法学》,法制出版社 2009 年版,第 416 页。

社会问题为最终归宿,才能为正确的立法决策夯实客观基础。

具体来说,刑事立法调查应当揭示最广泛和最直接的社会诉求与利益需求。通过立法调查,揭示和反映社会行为的危害性大小、犯罪动态、刑罚必要性和有效性等内容。例如:在征求刑法第 240 条拐卖妇女、儿童罪的修改建议过程中,据有关部门介绍,2008 年到 2012 年全国各法院共审结收买被拐卖妇女、儿童案件 345 件,年均 69 件,是同期审结拐卖妇女、儿童案件数的 4.01%,是部分省公安机关 2010—2012 年收买被拐卖妇女、儿童案件立案数的 5%。而且,对买方的处罚很大程度上是基于对被害人成长角度的考虑。某省 2010 年共解救被拐卖儿童 838 人,其中 72 人被送往福利机构,127 人送还亲生父母,629 人留在收买家庭。① 也就是说,对收买方不予刑事立案的出罪机制是基于对被拐卖儿童保护的立场考虑。但是,拐卖妇女、儿童犯罪是特殊对象的犯罪,买方市场发挥着直接的引导作用。由于收买行为促进了拐卖行为的发生,因而从拐卖与收买之间的双向关系来说,对收买行为作为犯罪评价有其必要。同时考虑到,收买方完成收买行为之后,其事后作出的积极表现,比如不阻碍妇女返回的、对儿童没有虐待且不阻碍对其进行解救的,仍然需要从刑罚评价上予以从宽对待。立法者据此对刑法修正案(九)中"收买被拐卖妇女、儿童罪"的第六款进行了修改。可见,当通过社会调查掌握客观全面的立法信息时,立法者就能够较好地克服片面的经验认知,从而为后期立法规范的出台提供更多可靠性。

三、实现刑法立法说理的妥当性

近年来,我国的刑法修改带有明显的扩张性,具体表现为:行政违法行为犯罪化、帮助行为正犯化、预备行为实行化、危险犯扩大化等。犯罪圈的一再扩张,自然引来以保守古典刑法观为信条的学者们的反对,对刑法谦抑性的坚守和对犯罪化的警觉使得人们对刑法的扩张往往有所抵触。然而,学理上对扩大化刑事立法的批判,并没有阻止刑法立法不断扩

---

① 参见黄太云:《刑法修正案解读全编》,人民法院出版社 2015 年版,第 56 页。

张的步伐。原因在于,刑法的扩张是由社会不断向前的现实背景与治理需求所决定的,传统的以价值分析和抽象思辨为基础的权利保障的刑法观念,无力解决新的社会需求,高举人权信条、呼吁刑法谦抑的教义遵循,并不能真正解决现今社会发展中不断涌现的现实问题。

事实上,人们已经意识到刑法扩张仍然有其必要,只是由于这些罪名的修改牵扯到惩罚犯罪与保障人权之间的价值平衡,加之对立法背后的多元事由欠缺理性认知、特殊个案出现之后被过分渲染,从而导致这些立法修订往往遭受质疑。立法说理未能有效进行,是当前学界对刑法扩张持批判态度的主要原因:一方面,立法者并没有在立法中提出详实、可靠、必要的将某一行为犯罪化的事实依据,常常以"日益严重"、"日益猖獗"、"具有巨大的社会危害性"、"严重危及"、"反映强烈"[1]等含糊的字眼来说明其立法理由,难以让人信服。另一方面,法律评论家们不对立法制度设计的深层次原因进行挖掘,而仅仅根据经验性、主观印象、价值分析等抽象思考就对新出台的立法规范展开教义学批判,而这样的评论意见很可能仅是个人猜想或者主观臆断。由于缺乏对刑法修改理由进行妥当说明,学者们对犯罪扩张的立法趋势有所忌惮,因而整体上持反对立法扩张的态度也就不难理解。

笔者认为,当前刑事立法中最迫切需要解决的问题不是犯罪圈的合理划定,而是回答设立这种新罪名的理由为何?是否有正当性根据?具体而言,其社会危害性大小如何?造成多大的危害结果才能入罪?其发生的频率是否足以将其规定为犯罪而不成为"象征性立法"?这些问题都有赖于充分的立法评估以及理由说明才能给出合理答案,而不能是立法者根据其直觉和经验偏见予以代替或者进行模糊性说明。只有运用社会科学的方法对刑法扩张的必要性和有效性进行分析,才能有效回应刑法扩张所引发的诸多质疑或者批判。

事实上,部分学者已经开始采用社会科学的研究方法对刑法犯罪化的实施效果进行考察,以检验立法成效,同时发现新罪名或者新制度实施

---

[1] 参见臧铁伟、李寿伟:《中华人民共和国刑法修正案(九)条文说明、立法理由及相关规定》,北京大学出版社 2015 年版,第 291 页。

过程中存在的问题,从而为下一次的立法修订提供参照。例如,"醉驾入刑"应当是刑法犯罪化最典型的例子,也是问题反映最集中的个罪所在。全国人大法工委出具的立法说明理由是:"……违法驾驶行为导致的交通事故频发,特别是醉酒驾驶和飙车行为,因其具有高度危险性和极易造成交通事故……以加大对这类行为的打击力度……将其写入刑法。"[①]与之不同的是,学界和实务部门就"醉驾入刑"的利弊展开了充分的讨论。刘仁文教授等就"醉驾入刑"五年来的效果进行了细致且极具说服力的实证研究,既肯定了"醉驾入刑"对酒后驾驶导致交通事故发生的抑制效果,又通过揭示具体问题而提出了完善法定刑配置的立法修改意见。[②]二者对刑法立法理由说明的可确证度的差别显而易见,实证分析直接呈现出了新罪设立后的运行效果,以此作为犯罪圈扩张之后的实践检视,实则也是另一侧面的刑法立法的理由说明,并且从方法层面来说更具有妥当性和说服力。

综上所述,认可社科法学作为刑法立法方法论的理论价值和现实需求,运用具体的社会研究方法对立法决策进行事实层面的全面梳理,结合社会发展趋势及其需求来准确预测立法趋势,并在立法说理中更加妥当地描述立法修订的内外根据,从而构建出科学的刑法规范体系。

第四节　本章小结

虽然我们提倡将社科法学方法论引入刑法立法方法之中,但并不排斥兼顾其他方法论的综合运用。在此过程中,我们依然要牢牢立足法学学科的内在属性,从法学的核心特质出发进行其他学科价值的有益汲取。社会研究方法作为一种方法论工具,并不因其积极价值而全然代替所有的立法工作,毕竟,最终的立法活动依然要回归到对法律语言范式的优化

---

① 全国人大法治工作委员会刑法室:《中华人民共和国刑法修正案(八)条文说明、立法理由及相关规定》,北京大学出版社 2011 年版,第 77 页。

② 参见刘仁文、敦宁:《醉驾入刑五年来的效果、问题与对策》,《法学》2016 年第 12 期,第 148 页。

选择和法律规范内容的科学表述。同时,在提出立法建议或者进行立法修订之前,需要我们对大量的数据和材料进行收集整理,我们既不能忽视这些材料,也不能拘泥于材料本身。正如学者所言,我们要防止社会科学研究中的细节过程化、素材故事化倾向。[1] 积极认可社会事实研究的基础性价值、实现刑法立法的科学化,我们既要深入社会实践进行广泛的实际调查,从浩瀚如烟、杂乱无章的现实生活中,搜集有助于科学研究的各种素材,同时又要保证相关材料的真实性与准确性,并且注意对实践素材进行归纳提炼,及时发现材料背后的事实关联与立法价值。社科法学方法论的最终目的不是描述社会现象或者复制社会事实,而是为刑法立法方案的提出奠定坚实的实证基础。刑法立法充分运用社会科学方法来对接社会现实,增强刑法规范与社会治理需求的紧密联系,把刑法规范投之于社会现实之中予以多方考量,从而有益于助推立法者制定出切合社会发展与实际需求的刑法规范。

_____

[1] 参见陈瑞华:《论法学研究方法》,法律出版社 2017 年版,第 162 页。

第五章

刑法立法中的前置化现象考察与省思①

在立法过程中,社会环境、科技水平、民意变化等诸多因素引导着刑事立法的发展方向,决定着刑事立法具体内容的制定。与此相伴随,刑事立法活动也会主动适应社会、科技、民意等相关因素的变化,以获得法律规范体系之外的正当性和合理性,从整体上来说,二者在发展状态上逐渐结合为一种动态的交互关系。因而,在社会、科技、民意等因素逐渐向现代化演进的过程中,刑事立法也会呈现出突破传统刑法理论的新面向。其中,刑事立法中的前置化现象即是刑事立法活动走向现代化的典型范例。特别是,随着刑法修正案(八)、刑法修正案(九)的出台,透过其立法内容,刑事立法中的前置化现象引起学者们的广泛关注,其不仅是检验刑事立法方法是否科学的资料基础,对其予以类型提炼之后的系统反思,同样也是推动刑事立法方法继续向现代化演进的良好经验积淀。然而,当前有关刑法前置化现象的研究,仍存在诸多空缺之处,还有待深入的学术思考。因此,为检验刑事立法活动的合理性,推动刑事立法方法的现代化与科学化审视和反思刑事立法中的前置化现象就不仅在理论上是必要的,而且在立法实践上也是具有重要价值的。

---

① 本章部分内容由陈伟、霍俊阁共同完成,相关内容曾经发表于《山东警察学院学报》2018 年第 1 期,在收入本书时进行了修改与调整。

第一节　刑法修正案中的刑罚修订及其前置化

当前,随着社会生活的复杂性、关联性、技术扩散性,许多犯罪行为一旦顺利完成,就会造成不可估量的灾难性侵害结果,所以必须对法益进行提前保护,不能等待造成侵害结果后再处罚。[①] 在这一背景下,我国刑法经过多次修正、调整,逐渐"从重视法益实害转向法益危险,在增设新罪时放弃了原则上规定结果犯和侵害保护个人法益的立法模式"。[②] 正是基于这一认识,我们在陆续立法修订的过程中,形成了对法益进行提前保护、早期保护的刑事立法现象。而在刑事立法中,法益保护早期化则表现为,为了早期预防而提前对该当基本构成要件的行为进行处罚。[③] 由于刑法对法益保护的超前性,有学者也称其为前期化、早期化,也有学者以"法益保护前置化"予以称呼。[④] 在此,为了表述上的简洁性与概括上的明确性,笔者认为,可以将上述刑事立法对法益的提前保护现象,直接称之为"刑法前置化"。

由此,基于当下的刑事立法,我们将刑法前置化界定为基于早期预防而提前把该当基本构成要件行为予以处罚的刑事立法现象。从形成历程来看,我国的刑法前置化现象并不是从最开始就得以彰显出来的,而是经历了多个刑法修正案的修改和摸索之后,才逐步得以显性化并体现出来的。因而,在刑法修正过程中研究刑法前置化的典型事例,将有助于我们更加直观地理解刑法前置化现象,更加生动地认识刑法修正过程中采取的立法方法。虽然我国已有论者对刑法前置化的立法表现进行了分类总结,但因分类视角和分类重心的差异,学界并未就此达成统一认识。例如,有论者认为,刑法前置化在我国立法中的表现方式有两种,一种是传统表现方式,包括从处罚既遂犯到处罚未遂犯、预备犯,以及从处罚实害

---

① 张明楷:《刑事立法的发展方向》,《中国法学》2006 年第 4 期,第 24 页。

② 周光权:《转型时期刑法立法的思路与方法》,《中国社会科学》2016 年第 3 期,第 129 页。

③ 〔日〕关哲夫:《现代社会中法益论的课题》,王充译,《刑法论丛》2007 年第 2 期,第 346 页。

④ 王姝、陈通:《我国刑法对法益保护前置化问题研究》,《刑法论丛》2017 年第 3 期,第 162 页。

犯到处罚危险犯;另一种是现代表现方式,包括规定独立预备罪和抽象危险犯。[1] 也有论者认为,刑法前置化的立法倾向主要表现在如下方面,即预备行为实行化、既遂形态前置化、行政民事违法行为进入刑法制裁领域方面。[2] 还有论者认为,刑法前置化的常见表现形式,包括增设危险犯、预备行为入罪化、增设持有型犯罪。[3]

就学者的概括与归纳来说,尽管各有其侧重点,但是对刑法前置化的立法现象都已经有所体察,并且在前置化显现的主要内容层面具有相当程度的类同性。笔者在此,将以刑法修正案(九)为例,从刑罚层面对刑法修正案中的前置化现象予以分析和说明。

一、刑罚修订在刑法修正案(九)中占据了重要份量

具体说来,刑法修正案(九)共包括了 52 个条文,不仅每一条文的内容包容量极大,而且牵涉到的刑法总则、分则的内容更是庞杂,比如其中涉及到总则部分的有 4 条,分则部分有 47 条,适用时效有 1 条。但是,就具体的内容来看,刑罚方面的修改是刑法修正案(九)修订内容中的突出特点。比如,从刑法修正案(九)涉及的章节内容来看,刑法总则章节共有 4 条,包括总则第 3 章"刑罚"第 37 条、50 条、53 条、69 条;涉及的刑法分则章节有:第 2 章(4 条)、第 3 章(4 条)、第 4 章(7 条)、第 5 章(1 条)、第 6 章(23 条)、第 8 章(6 条)、第 10 章(2 条),即除了第 1 章危害国家安全罪、第 7 章危害国防利益罪之外,本次刑法修正案已经囊括了分则的 8 大章节。由上可见,本次刑法修正案(九)无论是就修正案的条文数量,还是就其牵涉到的横向内容来看都极其宽泛,并在前后陆续推出的刑法修正案之中有自己的鲜明特色。

实际上,无论是就本次刑法修正案(九)的总则还是分则的具体内容,

---

[1] 王姝、陈通:《我国刑法对法益保护前置化问题研究》,《刑法论丛》2017 年第 3 期,第 168—174 页。

[2] 孙万怀:《违法相对性理论的崩溃——对刑法前置化立法倾向的一种批评》,《政治与法律》2016 年第 3 期,第 11—13 页。

[3] 张道许:《风险社会的刑法危机及其应对》,知识产权出版社 2016 年版,第 155—161 页。

都较为突出地彰显了刑罚在该修正案修订内容中占据的重要比例。比如,就刑法总则来看,刑法第 37 条之一增设了有期限的从业禁止制度,尽管其不是典型的主刑与附加刑,但是这一制度仍然是附属于刑罚适用的重要体现;刑法第 50 条确立了死刑缓期执行变更成死刑立即执行的情节限制、死刑缓刑执行因新罪而带来的缓刑考验期重新计算制度;刑法第 53 条确立了罚金刑的延期缴纳制度,在原本已经存在多样化的执行方式的基础上,又另行增加了新的执行方式;刑法第 69 条确立了异种自由刑的数罪并罚制度,弥补了长期在立法层面对不同种类主刑如何并罚的实践问题。

在刑法分则中,除了新增罪名和对原有罪名的构成要件进行调整之外,其他相关内容基本上都集中于刑罚内容的修改上。比如,在延续刑法修正案(八)的基础上再次废除 9 个犯罪的死刑;对绑架罪绝对死刑的调整;对收买妇女、儿童一律纳入刑事责任体系之下,去掉"可以不追究刑事责任"的规定;增设了暴力袭警从重处罚的规定;计算机犯罪增设了单位犯罪以及双罚制的规定;贪污贿赂犯罪量刑上的重大立法修订等。此种总则和分则共同对刑罚内容的调整,让我们看到刑法修订对刑事法律责任后果的"格外用心"。

而刑罚作为犯罪之后的责任后果,最为直接地牵涉到实体性权利的剥夺问题,无论是就立法还是司法来说都显得意义非常。尽管我们惯常性的司法操作模式是先定罪后量刑,但是,定罪之后的法律结果则是刑罚的份量分配,刑罚轻重是犯罪成立之后的责任承担。就立法上的刑罚设置来说,如果本身不能从根本上解决罪刑均衡的现实问题,而要让司法机关通过自己的自由裁量权予以化解,在成文法的立法体系与罪刑法定原则的束缚之下,具有极大程度的非现实性。尽管司法机关拥有的量刑裁量权不可否认,但是,为了防止这一裁量权的随意挥洒和逾越法律界限,立法机关必然要在立法之时尽量把刑罚配置得轻重得当、不宽不纵、罪刑相当。

从刑法修正案(八)和刑法修正案(九)的内容来看,刑事立法的修订工作已经并不局限于刑法分则中罪名的增加与调整,两个修正案均对刑法总则的诸多部分进行了集中性的修订,这是前几次修正案都未曾出现的立法情形。这一较大的立法变化反映出,刑法修订的任务并不以分则中罪名的改变为唯一内容,如何对刑法总则部分有所调整,在总则理论受到重视与立法理念变化的基础上进行全方位考量,已经成为刑法修订时必须认真考虑的重要事项。与此相对应的是,由于刑法总则的较多内容都牵涉到刑罚制度,加之刑法总则受到立法修订的较多调整,因而刑罚在刑法修正案(九)中占据的内容比重较大也就得以顺理成章。

就不同罪名的立法构成来说,都有相对固定的类型化特征,这是该罪区别于彼罪的典型性特征所决定的。司法机关在具体的司法罪名选择时,也是根据本罪的类型化特征与案件事实要素进行相应的对号入座。尽管对司法机关来说,所谓的疑难案件往往是指争议较大的案件定性而言,因而相当程度的困难在于如何选择一合适的罪名,但是,对犯罪行为人及其家属来说,最为看重的仍然在于刑罚的轻重程度。对社会公众来说,刑罚判处的轻重后果往往是其评判司法公正与否的重要衡量指标,是其了解司法运行和感知司法权威的重要渠道。因而,由此可见,刑法修正案(九)除了对犯罪罪名增设与原有罪名构成要件的修改,通过立法修订对刑罚的内容进行积极调整,在相当程度上也是对刑罚价值、公众认同、秩序维护、罪刑均衡等方面进行综合考量的结果。

二、刑法修正案(九)刑罚调整的特点呈现及其归纳

就本次刑法修正案(九)的出台来看,不仅前期经历了多次的审议,而且在每一次审议过程中都对草案内容进行了全方面的意见听取,人大政协、公检法司、政法院校、律师队伍等不同部门和人员都积极参与其中,对草案中的所有条文都进行了认真的审读与意见提出,使得本次刑法修正案立法修订的民主性得以极大程度的彰显。在刑法修正案的不断制订和出台过程中,我们的立法理念与立法方法也在不断的历练之中得以渐进成熟,这些也是刑法科学化的重要保障。

刑法的基本内涵仍然脱离不了刑罚,正如学者所言:"刑法体系的构建应当以刑罚观为价值指引,以刑罚概念为逻辑起点,用刑罚来约束和解

释犯罪内涵,反对有罪无刑。"①由于刑罚本身属于最为严厉的处罚,上至生命刑,下至财产刑,中间还有大量的自由刑,这些基础性的权益内容如果不以法治理性作为支撑,在立法制订过程中不把法治原则与精神贯彻其中,那么受其影响下的司法必然会混乱不堪。笔者之所以认为本次刑法修正案(九)较好体现了刑事法治的原则性要求,就是因为这一修正案的诸多内容都尽可能回应了学界关注的现实问题,并且诸多内容都是学者不断呼吁并希望予以解决的,比如,刑法总则中的"有期限的从业禁止制度"、"异种自由刑的数罪并罚制度"等,分则中死刑的继续废除、绝对死刑的修订、罚金刑的配置等。具体说来,刑法修正案(九)的刑罚调整,主要呈现出以下特点:

(一)刑罚配置体现了刑罚轻缓化的总体趋势

尽管刑罚针对的是犯罪人,而且犯罪人实施了严重的社会危害性,但是刑罚仍然需要保持一种理性态度。需要指出的是,我们憎恶的是严重侵害法益的犯罪行为,而不是多种原因促使之下实施该危害行为的犯罪人。就正常情形来看,每个人都有可能步入犯罪漩涡,都有可能触犯刑法并承受刑罚的责任后果。进一步言之,"法律面前,人人平等"实际上也包涵了此寓意。在整体性的社会行进过程中,充满血腥性的刑罚已经成为过往,且正在被理性化的现代化刑罚所取代。刑罚是犯罪后的产物,同样也是社会行进中的产物,刑罚不可能脱离社会外在环境而单独性地存在,对刑罚的认识及其适用理当伴随社会的发展而作适时跟进。

"随着国际社会人权运动的日益高涨以及刑罚谦抑、人道、宽容思想渐次深入人心,世界刑事政策总的趋势是朝向轻缓化的方向发展。"②随着社会与时俱进和日新月异向前发展,刑法修正案(九)受现代化理念与理性思潮的影响,刑罚只能一路向前地不断与之相适应,也不可能重返历史老路上去。因此,在本次刑法修正案中,刑罚轻缓化仍然是刑罚通过纵向对比可以呈现出来的显性化特征。比如,死刑的继续废除仍在一如既

① 黄伟明:《论刑罚本位立场之倡导》,《法治研究》2013年第2期,第32页。
② 赵志华:《论刑罚轻缓化的实现途径》,人民法院出版社2012年版,第74页。

往地向前推进、死缓变更为死刑立即执行受到进一步的立法限制、绑架罪绝对死刑的废除保证了刑罚适用的现实张力。很显然的是,刑罚轻缓化是我们在社会治理过程中越来越清晰地辨清刑罚自身现实功能的体现,是摒弃刑罚万能化和单纯依赖重刑化治理犯罪的务实之举,同样也是对厘清犯罪发生具有多重原因基础的理性回应。刑罚作为社会化的法律产物,要求我们治理社会与防范犯罪的理性之举应该采取对症下药,而不是一味强求更重程度的苛厉惩罚。正是基于此,刑罚轻缓化才得以从理论走向实践,并在立法制订与司法层面获得更多认可并体现出来。

(二) 刑罚调整深入贯彻了宽严相济的刑事政策

刑罚调整离不开刑事政策内容的积极引导,在具体的社会时代环境下,可以说,有什么样的刑事政策就有什么样的刑罚政策,有什么样的刑罚政策就有什么样的刑罚立法。"刑事政策与刑事立法之间存在亦步亦趋的互动关联,刑事政策作为刑事立法的引导性力量,直接推动刑事立法的不断修订与完善。"[1]众所周知,我们当下所认同和遵循的是宽严相济的刑事政策,其基本内涵则是:当宽则宽、该严则严、宽严适当、整体从宽。"宽严相济刑事政策作为我国基本刑事政策的地位已经得到了充分的确认,因此对其基本政策要求的解读,就不能仅着眼于司法层面,而是要从刑事立法、司法和执行的整体层面来进行。"[2]

在这一整体性刑事政策的引导下,刑法修正案(九)也积极贯彻并体现了该刑事政策的现实引导力。比如,对当下社会危害性严重、民生反映强烈、侵害法益恶劣的犯罪,其死刑仍然得以保留;对恐怖主义犯罪秉持了一贯从严的态度,对它的打击力度与惩罚强度并未放松,在增加多个罪名之余,在刑法第 322 条增加了"为参加恐怖活动组织、接受恐怖活动培训或者实施恐怖活动"从重处罚等规定。与此对应的是,在从重之余,刑罚配置还考虑到轻缓化立法的必要性,比如,刑法第 300 条的组织、利用会道门、邪教组织、利用迷信破坏法律实施罪中增设一档更轻的法定刑,

① 陈伟:《刑事立法的政策导向与技术制衡》,《中国法学》2013 年第 3 期,第 121 页。
② 敦宁:《自由刑改革的中国路径》,人民出版社 2014 年版,第 134 页。

即"情节较轻的,处三年以下有期徒刑、拘役、管制或者剥夺政治权利,并处或者单处罚金。"这些立法修订也直观地反映出,为了贯彻刑罚立法的科学性,为了更好适应不同犯罪的危害情形、不同犯罪人的主观恶性与人身危险性,立法需要积极灵活地调整,并在刑罚层面做到宽严有度。

(三) 刑罚层面的权衡考量导致了原有罪名的消亡

在本次修正案(九)中,除了直接性的刑罚调整与修改之外,还出现了由于刑罚层面的原因而导致原有罪名被废除的立法情形。就此来说,最为典型的立法体现系刑法第 360 条嫖宿幼女罪的废除。在原有的刑法修正案中,立法基本一致的趋势都是在不断增加刑法分则中的罪名,而未曾见到某一罪名被修正案废除之情形。因而,刑法修正案(九)突破先例地把嫖宿幼女罪从刑法罪名中予以废除,就此来说,无疑是刑事立法的一大积极进步,不仅改变了传统刑法修正案单一性的仅仅只是扩张罪名的立法模式,而且还让刑法修正案真正走上了"有进有出"的立法修订轨道,这对后期不断推进的"立改废"的刑法修订来说意义重大。[①]

本次刑法修正案(九)废除嫖宿幼女罪,内在原因除了嫖宿幼女罪与强奸罪在犯罪构成方面的解释适用有明显冲突之外,最为直接性的原因仍然在于嫖宿幼女罪的刑罚与强奸罪的刑罚明显有罪刑失衡之感。尽管理论学者在此方面进行了一定程度的深入剖析,为辨析这两个罪名投入了不少精力与学术思考,但是实践层面的回应仍然平平淡淡。为了保证嫖宿幼女行为的社会危害性与犯罪人应得的刑罚相匹配,同时也是为了保证司法适用的统一性与一致性、防范"类案不类判"现象的发生,在此情形下,立法者基于多方因素的权衡,最终废除了刑法第 360 条第二款的嫖宿幼女罪。由此可见,这一罪名的废除与法定刑方面的关系重大,由于罪责刑相一致的原则同样会反作用于立法之中,因而可以说,正是基于刑罚不均衡和罪名性质的适用混乱最终导致了嫖宿幼女罪走向消亡。

---

① 当然也要看到,嫖宿幼女罪的废除并不代表嫖宿幼女行为的合法化,在该罪名被废除之后,原有的嫖宿幼女行为要纳入到强奸罪之中予以处罚。因而,在此层面上,刑法修正案(九)在废除现有罪名方面的积极意义也是相对有限的。

（四）贪贿犯罪的刑罚处罚重新设置且宽中有严

刑事立法的修订总是与其所处的时代息息相关,刑事立法者也必然深受社会时代背景的影响而难以超脱。自从十八大以来,"打虎"、"拍蝇"、"猎狐"的组合拳出击得以有效运用,对腐败采取了"无禁区、全覆盖、零容忍"的强硬态度,由此带来的一系列反腐举动,让世人所瞩目、让国人所称颂、让民众所乐道。重典治吏不仅仅只是严厉打击犯罪人,作为已然化的犯罪,刑罚惩治只是兑现了刑事责任问题,如何建立制度化的防线、拥有持之以恒的长效机制,才是真正的治吏之本和防腐之道。从整体上来说,1997 刑法对贪污罪与受贿罪的立法已经与当下的社会发展不相合拍,数十年前的陈旧规范还在当下继续适用,已经在实践运行中暴露出诸多问题。尤其是在同属于财产性犯罪的盗窃罪与诈骗罪等犯罪数额进行了数次提升的情形下,对贪污罪与受贿罪的法定刑如何调整成为各界热议的焦点,也亟待立法修订的积极回应,以保持二者间的协调一致。正如学者所指出的,"立法机关制定刑法的过程,本身也就是塑刑法之适用性的过程。刑法越是能够反映社会的秩序需求和人们的利益保护需要,就说明刑法越具有适应性,反之亦然。"[①]就刑法修正案(九)对贪污贿赂罪的修改来看,对刑罚的修改与完善仍然是其主要内容,具体体现在如下方面:

第一,在量刑层面废除了传统的单一数额量刑,设置了数额加情节的法定刑综合量刑模式。"综合量刑模式"除了考虑贪贿类犯罪的数额之外,还要结合案件发生前后的多种情节予以定罪量刑,既积极考量了报应刑的刑罚必要,也兼顾了预防刑的功利主义需求。从整体上来说,数额加情节的综合考虑,为贪贿类犯罪的入罪拓展了更多考虑因素,而不仅仅以原先的数额作为唯一的评判根据,具有优越于单一数额刑的更全面性。采用综合量刑模式的背后原因比较清晰,因为贪贿类犯罪是国家工作人员利用职权进行的以权谋私行为,除了直接获得的不法财产数额这一外显表现之外,行为危害性的大小判断还应当通过其他多样情节予以反映,

---

① 周少华:《刑法之适应性——刑事法治的实践逻辑》,法律出版社 2012 年版,第 216 页。

基于评价的完整性与全面性,因而把多元性的情节纳入其中。

第二,法定刑幅度作了相应调整,比刑法修正案之前的刑罚更为轻缓。众所周知的是,贪污罪与受贿罪按照数额与情节的轻重程度,分别配置了三年以下有期徒刑或者拘役、三年以上十年以下有期徒刑、十年以上有期徒刑或无期徒刑、无期徒刑或者死刑。撇开数额与情节的具体内容不谈,单就修正案对贪污罪、受贿罪的法定刑修改来看,与修正案之前的二年以下有期徒刑或者拘役、一年以上七年以下有期徒刑、七年以上十年以下有期徒刑、五年以上有期徒刑、无期徒刑、十年以上有期徒刑或者无期徒刑、死刑相比,修订之后的法定刑的层次感更加清晰。而且,法定刑的具体内容也得以轻缓呈现,比如在一二档的法定刑之中,均有三年有期徒刑适用的空间与可能。由于三年有期徒刑是轻罪与重罪的重要界分点,而且三年以下有期徒刑是缓刑适用与否的重要前提条件,在现有立法对贪污罪与受贿罪的法定刑调整之后,适用三年以下(包括三年)有期徒刑的可能性增加。因而,从法定条件来看,刑罚下调的幅度已经显现得较为明显,而且非监禁刑的适用也有了规范层面的更大空间。

第三,酌定情节法定化,明确对贪污罪与受贿罪的事后悔罪情节从宽处罚。具体来说,如果是贪贿犯罪数额较大或情节较重的,犯罪嫌疑人在提起公诉前有坦白情节、真诚悔罪、积极退赃,避免、减少损害结果的发生,可以从轻、减轻或者免除处罚;除此之外的符合第二档与第三档法定刑的案件,具有上述同样的案后情节的,可以从轻处罚。就实践中发生的贪污罪与受贿罪来看,在犯罪之后的悔改动机往往较强,退赃或减免损害结果的行为表现较突出,如果只是作为一种酌定量刑的情节,不仅司法实践的处理不一,而且也不能从正面积极引导以后的犯罪行为人。所以,通过刑罚积极评价犯罪之后的事后表现,并对贪污罪与受贿罪予以法定从轻、减轻或者免除处罚,必将积极调动这两类犯罪人的主观能动性,消减其主观恶性与人身危险性。另外,在认罪认罚从宽制度的价值得以倡导的背景之下,对上述案外情节从宽处罚予以法律规定,实则也是对认罪认罚制度在实体刑法层面的认可与肯定,有助于良好的法律效果、社会效果和政治效果的获得。

第四,限制贪贿类犯罪的死刑适用。在刑法分则的贪污贿赂罪这一章,死刑在法定刑中已经并不多见。就现有的立法规定来看,只有贪污罪与受贿罪数额特别巨大并使国家和人民利益遭受特别重大损失的,"处无期徒刑或者死刑,并处没收财产",即只有这两种犯罪还在立法中存在死刑。即使如此,贪污罪与受贿罪的死刑适用已经受到了极大程度的限制。从现有的立法规定来看,贪污罪与受贿罪除了"数额特别巨大"之外,还必须同时符合"使国家和人民利益遭受特别重大损失"这一条件,由此可见,单纯的数额或者单一性情节已经无法匹配死刑,受之于双重条件的同时满足,死刑适用的现实可能受到极大程度的限制。

第五,对贪污罪与受贿罪设置了终身监禁的刑罚制度。为了回应反腐不断向前推进的社会形势,防范国家公权力主体利用自己原有的权力关系与社会影响更早地重返社会,防范减刑与假释的不当适用,突显出对严重的腐败行为的严厉惩治,因而规定了对被判处死刑缓期执行的犯罪人,在其死刑缓期执行二年期满且被依法减为无期徒刑后,应当终身监禁,且后期不得再适用减刑与假释。终身监禁制度是刑法规范中从未有过的全新制度,尽管这一制度落入刑法之中,对终身监禁的性质界定、刑罚目的的正当性、与原有制度的衔接、如何实践运行等方面都带来了现实问题,但是,就终身监禁制度出台的初衷来看,从严治腐的这一立场仍然非常明晰,该严则严的政策方向并未松动,在此情形下,公职人员必将为其严重的腐败行为付出更多的刑罚成本,"不敢腐"的意蕴仍然相当明显。

贪污罪与受贿罪的原有构成要件未作任何变动,本次刑法修正案(九)对此方面的最为亮点之处就在于刑罚层面的调整。由此也可以看出,刑罚之于刑法修正案(九)的重要意义所在。就贪污罪与受贿罪的刑罚调整来看,刑罚总体层面往轻缓化的方向发展仍然较为明显,这是刑罚现代化前进的侧面反映,也是刑罚日益趋于理性的立法反馈。但是,受制于宽严相济刑事政策的影响与制约,为了防止刑罚过于单一化轻缓而带来的宽纵腐败现象的发生,因而对严重犯罪的事后悔罪、如实供述、退赃等行为并没有等而视之地一律从宽,而是在区别性的前提下进行差异对待,终身监禁制度也因此得以出台,以应对犯罪危害性较大而刑罚不匹配的现象发生。可以说,对贪污罪与受贿罪的刑罚处罚,整体上仍然贯彻了"宽严有别"的原则内涵,并在刑罚处罚上协调性地做到了"宽中有严"。

（五）多罪名增设财产刑以增加惩罚性与预防性

刑罚作为犯罪人实施犯罪之后的责任后果,其属于危害行为实施之后"有罪必有罚"的体现,也是犯罪与刑罚的特定关系所决定的。刑法作为事后法是一种常态性存在,刑罚作为违反刑法之后的责任后果,其又决定了刑法必须要有目的性价值,否则刑法的合理性根基就会受到质疑。进一步言之,由于刑罚具有报应与预防的双重价值追求,如果刑罚过于静态与被动,刑罚本身所肩负的预防犯罪的目的就必然要受到限制,刑罚制度的合理性就要遭受诘问。尤其是在风险多元化的社会背景下,如何让刑罚能更好地、更有效率地发挥积极功能,让刑罚在预防犯罪层面作出应有贡献,仍然是刑罚在实践运用中需要考虑的重要事项。

刑法修正案(九)对多个罪名的法定刑进行了修改与调整,其中最典型性的表现则属财产刑部分。比如第 120 条"组织、领导、参加恐怖组织罪"、第 120 条之一"资助恐怖活动罪"、120 条之二"协助恐怖活动罪"、第 120 条之三"宣扬恐怖主义、极端主义罪;煽动实施恐怖活动罪"、第 120 条之四"利用极端主义破坏法律实施罪"、第 120 条之五"强迫他人穿着、佩戴恐怖主义、极端主义服饰、标志罪"、第 120 条之六"非法持有宣扬恐怖主义、极端主义物品罪",增设了没收财产与罚金刑;第 164 条第一款对非国家工作人员行贿罪的基础档法定刑部分增设了罚金刑;第 170 条伪造货币罪的两档法定刑部分,均去掉了 5 万以上 50 万以下罚金的限制;第 280 条"伪造、变造、买卖国家机关公文、证件、印章罪"、"伪造公司、企业、事业单位、人民团体印章罪"增设了罚金刑;第 300 条"组织、利用会道门、邪教组织、利用迷信破坏法律实施罪"增设罚金刑;贪污贿赂类犯罪中的第 383 条贪污罪、第 390 条行贿罪、第 391 条对单位行贿罪、第 392 条介绍贿赂罪、第 393 条单位行贿罪等均增设了罚金刑。

与市场经济社会发展的背景相一致,诸多犯罪都是以贪利性犯罪为主观目的的,因而在犯罪类型上有其特殊性。需要辨明的是,有些犯罪是直接贪利性犯罪,比如贪污贿赂类犯罪,立法之初原本就应该设置罚金刑,却基于原有的立法原因而被搁置,所以本次刑法修正案予以了及时弥补。再如,伪造货币罪是直接贪利性犯罪,所以原先在立法修订时就已经设置了罚金刑与没收财产刑,但是,由于原有的数额限制与案件的危害行为不相适应,因为无论伪造货币数额多少,都是5万以上50万以下,这明显不符合罪刑均衡的原则性要求。因此,本次刑法修订时考虑到伪造货币的具体司法情形,以及更好遵守罪责刑相适应的基本原则,对该数额限制予以删除。除此之外,有些是间接贪利性犯罪,即有些犯罪的危害行为并不直接就带来利益,但是该行为背后具有非法获得财产利益的目的性,此时刑事立法为了与该主观目的相对应,同样进行了罚金刑的设置。比如,伪造证件类犯罪最为直接性的危害本身是妨害社会秩序管理,但是犯罪主体的主观目的仍然与贪利具有关联性,因此,设置财产刑仍然具有必要性和对应性。

另外,本次刑法修正还对我们传统认为不是贪利性犯罪的罪名设置了罚金刑。比如,恐怖主义、极端主义犯罪的"大举入刑",不仅在犯罪圈扩张层面可谓新增罪名中的"最大赢家",而且在罚金刑设置上也超越了传统性认识。除此之外,组织、利用会道门、邪教组织、利用迷信破坏法律实施罪也与此类似,在本次修正案中设置了罚金刑。其原因在于,虽然恐怖主义与邪教组织犯罪的直接性意图并不在于获得经济利益,但是由于这些有组织犯罪实施的背后仍然需要经济利益予以支持,比如恐怖活动的培训、武器装备的购买、组织团队的发展、具体危害活动的实施等都与财产利益相关。因此,为了从根本上预防此类犯罪的发生和蔓延,并有针对性地惩治此类犯罪,更好消除此类犯罪发生的机理,在本次刑法修正案中也相应地增设了罚金刑,以从经济基础上铲除其滋生繁衍的可能。

罚金刑之所以受到刑事立法者的青睐,确实值得我们进一步的反省。罚金刑作为现有的四种附加刑之一,在相当程度上,其与主刑的功能性意义具有暗合之处。但是,客观而论,在司法实践中我们过多关心主刑如何予以科学判罚,而对附加刑的适用未能真正予以重视。在财产性犯罪的刑罚配置上,罚金刑的立法完善及其适用仍然具有现实意义,应当在刑罚现代化的变革中得以更大程度的彰显。除此之外,在其他犯罪需要依赖财产为危害行为的延续提供经济支撑的情形下,为了更好地铲除犯罪滋生蔓延的土壤,从源头上予以有效应对,因而同样需要配置财产刑以作有效性的事前预防。正是基于此,刑法修正案(九)在多种犯罪中设置罚金刑,不仅体现出刑事立法重视罚金刑适用的立法特点,而且也从现有立法修订中折射出主刑与附加刑搭配适用的刑罚立法趋势。

(六) 加强特殊群体的权益保障,通过差异化立法彰显刑罚关怀

刑法既是事后法,也是权益保障法,如何更好体现刑法适用中的法益保障性,就是通过对社会上的特殊主体与弱势群体的刑罚适用予以体现的。在刑法修正案(九)中,确有多处体现了刑罚对这些特殊主体的细致关照,其主要体现在:第260条之一,把传统的虐待罪所规制的家庭成员扩大到对"未成年人、老年人、患病的人、残疾人等"负有看护与监护职责的主体;刑法第360条第二款嫖宿幼女罪彻底退出历史舞台,实施该危害的行为将以更为严厉的刑法第236条强奸罪从重处罚;第246条的侮辱罪与诽谤罪中增设了以信息网络实施该犯罪方式的公安协助提供证据制度;刑法第277条暴力袭警的从重处罚制度,以加强对公安干警的人身权益的更好保障;刑法第240条收买被拐卖的妇女、儿童罪,在本次刑法修正案中去掉了不追究刑事责任的规定,取而代之的是,对收买儿童没有虐待、不阻碍对其进行解救的,可以从轻处罚,相比较于妇女对象来说,没有减轻处罚的规定,从中可以看出,加强对儿童权益保障的用意十分明显;刑法第358条组织卖淫罪与强迫卖淫罪中新增了针对未成年人加害行为的从重处罚规定,同样是基于对未成年人这一特殊对象的权益保护使然。

不难看出,在上述刑法修正案(九)的刑罚调整内容中,对特殊群体的保护显现得较为集中,即通过具体的规范制度,对未成年人、老年人、患病的人、残疾人、幼女、警察、儿童等均有所涉及。就一般性理解,除了警察作为公权力主体之外,其他主体均属于社会的弱势群体,受犯罪侵害的几率较高,需要刑法保护的理由较强,值得刑法特别关照的现实性较紧迫。尤其需要指出的是,本次刑法修正案把暴力袭警作为法定从重事由,也是考虑到警察参与诸多社会治理、暴恐事件应对、严重犯罪的查处、突出性事件处理等社会情势,警察作为特殊群体的人身权同样值得刑法予以重点保护。由此可见,刑法修正案在刑罚调整时除了对普通情形之下的弱势群体的合法权益加强保障之外,同时也对那些特殊群体的合法权益予以了格外关照,以彰显刑法修订与刑罚适用中的人性关怀。

三、刑法修正案(九)展现了刑罚前置化的立法特征

结合刑法修正案(九)对刑罚内容的修改,上述多个层面的特征归纳是就本次修正案内容多元方向的总结。这一分析尽管可以帮助我们分析刑事立法在刑罚层面的基本特征与发展趋势,但是,过于散性化的特征分析仍然有过于零散而欠缺集中性的感觉。基于此考虑,笔者认为,如果对现有刑法修正案(九)的刑罚特点予以综合性的审理,我们可以看出,除了上述刑罚的显性特征之外,刑罚在本次刑法修正案(九)中揭示出的更大特点在于其前置化特征。笔者认为,相对上述的显性特征来说,刑罚前置化是潜伏在本次刑法修正案(九)之内的特征,是刑罚立法调整需要加以揭示的隐性化存在。

(一) 刑罚前置化在刑法修正案(九)中的立法呈现

之所以说本次刑法修正案(九)的刑罚具有前置化的特点,仍然是基于修正案的多处立法修订体现出来的。比如,刑法第37条之一的"有期限的从业禁止制度",在本次刑法修正案中确立下来的原因就是为了预防犯罪的需要而添设的;刑法第50条的死缓因新罪情节非恶劣而不变更死刑立即执行,但是为了防止犯罪人在缓刑考验期内不遵纪守法,因而对其在缓刑考验期内已经经过的期限重新计算;刑法分则中的新罪增设也体现了刑罚前置化的特点,比如诸多恐怖主义犯罪的设置,把日常一般违法的行为纳入到了刑罚处罚之中,刑罚前置化的特点显现得较为突出。再则,关于部分非贪利性犯罪设置罚金刑或者没收财产刑,其意图已经不在于从事后的惩罚性层面来让犯罪人无法获利,而在于从源头上进行经济制裁并挫消其犯罪基础,以更好地达到预防此类犯罪发生之目的。

刑罚在个罪上的制度性创设,同样体现了刑罚前置化的特点。比如,关于贪污贿赂罪的终身监禁制度,尽管是在严格控制贪污贿赂罪的死刑立即执行前提下的一个创新性制度,其部分的意图在于对贪污贿赂罪已经相当程度从宽之后的从严对待。但是,就终身监禁制度本身来说,不得减刑或者假释的严厉性行刑立场,同样反映的是刑事立法基于前瞻性考

虑而作出的预防举措,即为了防范这部分特殊主体因为前期身份职位的影响而获得更优的行刑待遇,通过刑罚制度而作出有效预防。尽管这一制度的设置在笔者看来具有诸多缺陷,但是,当这一制度已经尘埃落定并进入刑事立法框架之后,我们在司法适用中就要更多靠近这一制度的立法初衷并贴近其立法本意地谨慎适用。

(二) 刑罚前置化发源于刑罚功能层面的整体性反思与推进

刑罚的功能如何进行合理性的安排,自从刑罚进入责任体系和现实生活之中,理论学者就一直未曾停止过对它的现实拷问。当社会行进到今天,刑罚在整体性的法律体系中已经不可或缺并占据着重要地位的时下,刑罚功能层面的意义已经不单纯是一个理论性的问题,还必须牵涉到实践运转中的具体操作与效果评估问题。实际上,刑罚理论层面的反思都是基于刑罚实践而展开的,刑罚实践层面的具体现实如何,也不可能脱离其现实功能而孤零零地存在。立法与司法的双项关系总是紧密性地存在,没有良好的刑事立法就不可能有运转顺畅的刑事司法,立法层面没有为刑罚适用和功能良好发挥提供现实的空间,刑事司法中的刑罚必然受缚于此而难以有所作为。

在传统的刑事立法之下,仍然受着刑法作为事后法的传统观念的影响,在把刑法作为单一性报应的思想统辖之下,刑罚的介入往往不会过于主动。作为最后一道防线的刑法,其责任后果的刑罚也自然而然地具有滞后性。加之受之于刑罚的谦抑性或不得已性这一既有观念的影响,传统刑法理念往往要求刑罚的介入不能过于积极与随意,而是要求在保持一种克制的前提下谨慎行使,以防范刑罚过于置前而在实践运作过程中存在权益侵害之不良倾向。由此也就可想而知,在刑法修正案(九)之前的刑事立法中,刑罚仍然过多强调的是对犯罪行为的事后惩罚,而没有如本次刑法修正案一样,在刑罚适用中更多予以前置化的立法体现。

需要指出的是,刑罚的部分前置化与劳教制度的废除同样存在些许关系。原因在于,在劳教制度已经彻底废除的情形下,原先受劳教制度规制的违法行为仍然客观存在着。劳教制度因为多元原因的存在,已经不合时宜且已经退出历史舞台,但是,如何针对这些违法行为而更好地进行责任后果追究或者取得良好的预防效果,并不因劳教制度的废除而对这些违法事项置之不理。有学者主张:"我国应在保持既有刑法体系基本结构没有实质性变化的基础上,借鉴吸纳西方国家保安处分制度的合理性内核,逐步构建并完善中国特色的保安处分制度。"[①]笔者以为,刑罚前置化中纳入部分保安处分性措施,即是刑罚更好注重预防性功能的立法跟进。将当下部分违法行为纳入到刑事法律体系之下,致使刑罚前置化的特点予以外化呈现,是刑事立法者在关照劳教废除这一现实背景下的一种积极跟进,是刑罚社会化变革的外在驱动力使然。

(三) 刑罚前置化的目的仍然在于通过积极介入而预防犯罪

刑罚是对犯罪人的危害行为而配置的责任后果,刑罚是单纯性地等待严重危害结果的发生,还是在行为背后已经展现出现实危险时就可介入? 在被动性刑罚与主动性刑罚之间,刑罚总是面临着这样一个较为困难的二难抉择。可以理解的是,如果刑罚过于被动,刑罚作为责任后果的特性就愈发明显,刑罚内在功能的现实意义就严重被遮蔽。问题在于,如果刑罚本身并不具有功能性的目的追求,刑罚何以能够进入法律体系并站稳脚根,就必然面临着生存性危机与难以自圆其说的尴尬境地。但是,不可忽视的是,刑罚前置化的立法现实已经让我们看到刑罚主动性的一面,即通过刑罚较早地主动介入并惩罚犯罪人来发挥刑罚功能。在笔者看来,这一立法思想的转变并通过立法规范的转化,已经不仅是刑法扩大犯罪圈如此简单之事,而是在传统的刑罚思想观念转变之后的综合性一体化刑罚思想的吸纳与接收。

刑罚被动性地介入确实有其现实优点,即可以防止刑罚过于主动而导致侵犯人权之虞,可以把刑罚控制在已经发生的严重危害结果而极力限缩犯罪圈,同时也可以相当程度地减少刑罚量。但是,其弊端同样是毋庸置疑的,即因为过于被动而只能"见招拆招",对法益保护的滞后往往难以满足社会需求。由于犯罪总是伴随社会行进而未曾停歇性地演化与动态发展,依赖刑罚被动性的处罚已经无法从根本上解决这一现实问题。

---

① 廖斌:《废除劳教制度后违法行为矫治体系研究》,中国政法大学出版社 2014 年版,第 70 页。

反向性的思考,基于刑罚一定的主动性而突破传统模式的前置化就进入了视野之中,并在刑事立法修订中得以现实化体现。

不可否定的是,刑罚前置化具有深层次的背后目的,即通过刑罚提前介入到原先的非刑事违法行为中而起到更好的预防性作用,以达到刑罚在社会生活中调节行为规范与事前防范犯罪的预期目的。纵观刑法修正案(九)对刑罚前置化的现实运用,如前所述,已经较为浓烈地体现了预防此类犯罪发生的明显痕迹。众所周知,刑法作为成文性的法律,本身在立法层面就具有一般预防的现实功能,加之刑罚又是刑法立法和修订的重要内容,在刑法修正案中通过刑罚的适度前置并把部分违法行为纳入进来,以立法昭示其内在的功能性预期,就是本次刑法修正案(九)在刑罚前置化背后的目的性蕴涵。

第二节　刑法立法的过度前置化及其根源

一、刑法立法前置趋向的过度化

"权力具有天然的膨胀性和向恶性"。[1] 从逻辑推理的角度而言,刑法前置化作为刑罚权力扩张运行的实体化、现实化,需要在前置化发展中释放刑罚的扩张本能,但其扩张本能的释放却使刑法前置存在过度化的危险。也有论者鲜明地提出,"在刑事立法中,既要防止无效的处罚早期化,也要防止过度的处罚早期化,特别是对于轻微侵害、威胁法益的行为,没有必要实行刑罚处罚的早期化。"[2]需要正视的是,尽管刑法前置化具有一定的积极价值,但是过度前置化的危险同样值得担忧。审视刑法修正案(八)和刑法修正案(九),即可发现其中隐含的过度前置化现象。

比如,刑法修正案(八)中的持有伪造的发票罪,即是刑法过度前置化

---

[1] 张永贵:《反腐败的新指向——执政新风积聚正能量之二》,《浙江日报》2013 年 2 月 4 日,第 5 版。

[2] 张明楷:《刑事立法的发展方向》,《中国法学》2006 年第 4 期,第 24 页。

的立法适例。增设本罪的立法理由在于,"如果对这类行为不追究刑事责任,对于打击和遏制猖獗的假发票犯罪势头毫无益处。"①但是,详加审视即可发现,对持有伪造发票行为追究刑事责任是明显不合理的,属于刑法的过度前置化。首先,从行为的法益侵害程度而言,将持有伪造发票行为犯罪化是刑法过度前置化的表现。本罪法益在于税收管理秩序,但持有伪造发票行为本身与该法益侵害的距离尚远,还需要介入使用或出售行为,才能使伪造的发票进入市场进而侵害或威胁税收管理秩序。在行为侵害法益的推进路径中,刑法对下一阶段的使用、出售伪造发票行为予以处罚就足以实现预防效果。而且,如有的学者所言,"在行为的性质和危险性程度方面,虚开、非法持有普遍'假发票'无论如何也不能与非法持有'枪支'、'弹药'以及伪造、变造、非法持有'货币'这类特定对象相提并论。动用刑法规制,在处罚正当性上难以认为是充足的。"②其次,从刑法与前置法的相互协调而言,将持有伪造发票行为犯罪化也是刑法过度前置化的表现。如果说刑法对前置法已经规制的行为进行处罚是刑法前置化的典型表现,那么刑法对前置法尚未规制的行为进行处罚则是刑法过度前置化的表现。"从自然犯与法定犯的区别中,我们可以看出税收犯罪属于法定犯";③刑法对属于税收犯罪的持有伪造发票罪的规制,应受行政法前置原则的制约,刑法处罚不应超出前置法的规制范围。但是,"在现行的《税收征管法》及其实施细则中并无与刑法修正案(八)中持有伪造的发票罪相对应的法律责任条款。"④而且,即使主张"在替代性措施能否有效进行风险防控尚在两可的情况下,对相应行为进行犯罪化处理并不违反刑法谦抑性。"⑤可以得知,直接越过替代性措施而予以犯罪化的做法,属于违反刑法谦抑性而带来的过度前置化现象。

---

① 全国人大常委会法制工作委员会刑法室编:《〈中华人民共和国刑法修正案(八)〉条文说明、立法理由及相关规定》,北京大学出版社 2011 年版,第 129 页。
② 何荣功:《社会治理"过度刑法化"的法哲学批判》,《中外法学》2015 年第 2 期,第 531 页。
③ 何恒攀:《论税收犯罪的界定》,《山东警察学院学报》2015 年第 3 期,第 69 页。
④ 谢玉曦、李文意、何佳:《对持有伪造发票违法行为的查处刍议》,《税务研究》2017 年第 1 期,第 121 页。
⑤ 陈家林、刘洋:《论我国刑事立法过度犯罪化的倾向及预防》,李少平、朱孝清、卢建平主编:《法治中国与刑法发展(上卷)》,中国人民公安大学出版社 2015 年版,第 181 页。

再如,刑法修正案(九)中的非法生产、销售窃听、窃照专用器材罪。毫无疑问,非法生产、销售窃听、窃照专用器材行为会升高法益侵害危险,并且这种危险在刑法的规制范围之内。因此,依据风险防范理论,刑法对此类行为予以前置化预防并无不妥。但是,刑法修正案(九)对此类行为的前置化预防方式,却使本罪成为刑法过度前置化的典型。第一,从刑法谦抑性来看,以刑法直接规制一般行政违法行为的做法,决定了本罪是刑法过度前置化的立法体现。从本罪中非法生产、销售的含义①,以及其构成要件对非法的限定来看,本罪实行行为的成立以违反有关行政部门的禁止性规定为前提,故本罪应属于行政犯的范畴。而在行政犯立法中,就行政违法与行政犯罪的区分和衔接而言,"情节不严重的行政违法行为,其危害性就没有达到应当承担刑事责任的程度,应以行政违法论处。"②换言之,只有情节严重的行政违法行为才应归入行政犯罪,情节不严重的则应归入行政违法行列。而且,诸如"非法生产、买卖警用装备罪"、"非法经营罪"等行政犯罪中,"情节严重"要件或相似要件的存在,也说明了这一点。但是,本罪却没有要求行政违法行为达到情节严重程度的要件。从固守刑法谦抑性而言,当非法生产、销售窃听、窃照专用器材的行政违法行为尚未达到情节严重时即用刑法直接规制,这种做法明显是以刑法代行行政法之责,是违反谦抑性原则的过度前置化表现。第二,就刑法目的而言,本罪以刑法维护行政规范而非保护法益的态度,应属于刑法过度前置化。刑法的法益保护目的,决定着刑法前置化处罚仍应围绕法益保护目的而非规范本身。但是,刑法将非法生产、销售窃听、窃照专用器材罪规定为行为犯,而不以造成法益侵害危险为条件的处罚方式,则明显表现出规范维护的立法态度。换言之,只要实施违反行政法规范的非法生产、销售窃听、窃照专用器材行为,刑法就会予以处罚,以保障行政法规范

---

① 《刑法修正案(九)最新问答》中指出,"这里规定的'非法生产、销售',是指未经有关主管部门批准、许可,擅自生产、销售窃听、窃照专用器材,或者虽经有关主管部门批准、许可生产、销售,但在实际生产、销售过程中违反有关主管部门关于数量、规格、范围等的要求,非法生产、销售"。全国人大常委会法制工作委员会刑法室编:《刑法修正案(九)最新问答》,法律出版社 2015 年版,第 78 页。

② 杨解君、周佑勇:《行政违法与行政犯罪的相异和衔接关系分析》,《中国法学》1999 年第 1 期,第 38 页。

的有效性。但是,刑法以维护规范为核心的前置化立法,则容易偏离法益保护目的而出现过度化。

二、刑事立法过度前置化的根源

固然,刑事立法活动会受到社会环境、科学技术等外部因素的影响,呈现出契合外部状态的面向,但在根本上刑事立法活动仍根植于刑法的内部土壤。刑事立法中过度前置化现象的形成也是如此,虽然其受外部因素的影响,但刑法体系的内部因素才是其形成的主要根源。从刑法体系的内部视角来看,刑事立法之所以会出现过度前置化现象,主要在于对刑罚预防功能的执念,对宽严相济刑事政策的错误执行,以及对公众安全焦虑的过度回应。

(一)观念根源:刑罚预防功能的执着追求

为有效防范新型法益侵害,刑法对社会转型期中的特定危害行为予以前置化处罚的做法,本无可厚非。因为,刑法前置化预防法益侵害既是发挥刑法社会保护机能的内在要求,又是对传统报应刑滞后性的有益补充。但必须清醒地认识到,"刑法处罚并不是解决一切社会问题的灵丹妙药,甚至可能导致更大的社会问题。"[1]因此,刑法前置化应当有其限度,立法者对刑罚预防功能的诉求也应当有所克制。与之相反,立法者对刑罚预防法益侵害功能的执念,却会使之脱离对刑法前置化合理限度的遵循,从而导致刑法过度前置化。

第一,立法者对刑罚预防功能的执念,容易使其忽略对特定危害行为侵害概率的考察,从而导致刑法过度前置化。不仅"对于极为罕见的行为,即使法益侵害较为严重,也没有必要规定为犯罪";[2]而且对经常发生但侵害法益概率较低的行为,也没有必要规定为犯罪。因为,"如果刑法处罚范围过宽,将没有必要作为犯罪处罚的行为规定为犯罪,则会在很大

---

[1] 黎宏:《结果本位刑法观的展开》,法律出版社2015年版,第71页。
[2] 张明楷:《刑法学》(第五版),法律出版社2016年版,第66页。

程度上限制公民的自由,……从而使刑法在'社会保护'的旗帜下异化为侵害社会的'怪物'。"①因此,为防范法益侵害而以刑法前置处罚特定危害行为时,不仅要考察所防范法益的重大性,更应当考察行为导致法益侵害的概率。只有法益侵害概率较高的危害行为才值得刑法前置化处罚,而法益侵害概率较低的危害行为仅予以行政或民事处罚就够了。但立法者对刑罚预防功能的执念,会使其忽略特定危害行为导致法益侵害结果的概率。这种忽视会将本应予以非刑罚处置的低概率危害行为纳入刑法视野,进而以刑法予以前置化处罚,最终导致刑法过度前置化。

第二,立法者对刑罚预防功能的执念,容易使其忽视刑法与非刑事法的协调,导致刑法过度前置化。刑法的谦抑性和最后手段性特征,为刑法的作用范围划定了合理边界,使刑法止步于非刑事法的有效规制范围。因此,立法者以刑法前置化处罚特定危害行为时,应当考察非刑事法对该行为的规制效果,不能逾越刑法谦抑性划定的处罚边界。即使具有特定法益侵害危险的行为时常发生,但若行政法、民法等非刑事法能够有效规制的,刑法就不应当予以前置化处罚。否则,将造成刑法与非刑事法的不协调,不仅带来司法资源的浪费,而且会使整体法秩序陷入混乱。然而,由于立法者对刑罚预防的执念,往往使其偏重于刑法预防的直接效果,怠于保持与非刑事法的协调。对刑法与非刑事法协调的忽视,则会不当扩张刑法前置化的范围,使其因违背刑法谦抑性而异化为刑法的过度前置化。

(二) 政策根源:宽严相济政策的不当执行

最近几次的刑法修正都附带着宽严相济刑事政策的印记,诸多修正内容均是宽严相济刑事政策指导下的产物。"但在实践中,对刑事政策出现误解、在刑事政策执行中顾此失彼、为了追求某一目的而忽略手段合法性和正当性等现象,屡见不鲜。"②刑法过度前置化现象的出现,也与宽严相济政策的误读不无关系。因此,刑法过度前置化的政策根源,不在于对宽严相济刑事政策的过度回应,而在于对宽严相济刑事政策形式化、片面

---

① 逄锦温:《刑法机能研究》,法律出版社 2014 年版,第 99 页。
② 卢建平:《刑事政策与刑法》,中国人民公安大学出版社 2004 年版,第 140 页。

化的不当践行。

第一,刑法对宽严相济刑事政策的形式化践行,容易使其忽略刑事政策的实质价值取向,导致刑法过度前置化。正如刑法既有形式的文本表述又有实质的价值追求一样,宽严相济刑事政策也兼具表面的文本含义与实质的价值取向。"既然它(刑事政策)有价值性追求与目标设定,那么它必然通过动态性方式把这些内容(价值、目标)映射到具体的立法制定与司法践行中去。"①因此,"就宽严相济政策而言,那种玩文字游戏式的'当宽则宽、当严则严'的形式化解读并不适当,甚至可能在根本方面背离了宽严相济刑事政策的真实要旨。"②同样,刑法对宽严相济政策的形式化践行也不适当。刑法对宽严相济刑事政策的形式化践行,容易忽略对其人权保障等价值取向的追求,③及对犯罪防控价值与人权保障价值之平衡的考量。在社会保护与人权保障的张力中,这种忽略会模糊刑法前置的应然界限,不免使其过度化。

第二,刑法对宽严相济刑事政策的片面化践行,容易使其忽略刑事政策与刑法谦抑原则的结合,导致刑法过度前置化。"从刑事立法的角度看,刑法谦抑原则是现代刑事立法的一个基本原则。"④无论在什么背景下,刑事立法在受宽严相济刑事政策的外部指引时,仍应恪守刑法谦抑原则的内部制约。也恰如有的学者所言,"采用谦抑原则符合宽严相济刑事政策"。⑤ 因此,刑法立法贯彻宽严相济刑事政策时不能局于片面,应当坚持刑事政策与刑法谦抑原则的有机结合。刑法立法也只有以宽严相济刑事政策为指引,以刑法谦抑原则为限度时,才具有合理性与正当性。否则,刑法前置化会因打破社会保护与人权保障之间的平衡而滋生危害。遗憾的是,刑法前置化实践已经展现出了这种危害。刑法对某些危害行为的前置化规制,因片面化执行宽严相济刑事政策,而忽略了对刑法谦抑

---

① 陈伟:《刑事立法的政策导向与技术制衡》,《中国法学》2013 年第 3 期,第 124 页。
② 魏东:《刑事政策原理》,中国社会科学出版社 2015 年版,第 179—180 页。
③ 有论者将我国现代刑事政策的基本价值取向概括为"三大一小"理念,即最大限度地保障人权、最大限度地促进社会发展、最大限度地体现相对公正、最小限度地维持秩序。参见魏东:《刑事立法政策论纲》,《山东警察学院学报》2013 年第 2 期,第 7 页。
④ 柳忠卫:《刑事政策与刑法关系论》,法律出版社 2015 年版,第 110 页。
⑤ 马克昌:《宽严相济刑事政策研究》,清华大学出版社 2012 年版,第 99 页。

原则的考虑,使刑法前置化没能保持在谦抑原则设定的合理限度之内,最终超越界限异变为刑法的过度前置化。

(三) 社会根源:公众安全焦虑的过度回应

在刑事立法修改完善的过程中,社会公众安全焦虑的影响无处不在,尤其是在民意立法理念与社会热点事件的推动下,公众安全焦虑问题对刑事立法的影响更为显著。刑事立法也应当对社会公众的安全诉求作出回应,以保障刑事立法的外部正当性和合法性。但是,刑事立法如果不区分公众安全焦虑的真伪,不考虑对公众安全焦虑回应的必要性,就会因过度回应公众安全焦虑而导致刑法的过度前置化。

第一,刑法对公众人身、财产安全焦虑的积极回应,会导致刑法过度前置化。在公众安全焦虑中,居于突出位置的不只是人身安全焦虑,也包括财产安全焦虑,尤其是在电信网络诈骗、网络勒索等犯罪猖獗的社会背景下。公众对人身、财产安全的焦虑心理形成于自身的风险感知,而"风险感知属于心理学范畴,指个体对存在于外界各种客观风险的感受和认识,并强调个体由直观判断和主观感受获得的经验对认知的影响。"[①]风险感知这种强烈的主观性特征,使公众的人身、财产安全焦虑存在虚假性或者被放大的风险,尤其是获得性启发、概率性忽视的存在,更会加剧社会公众对人身、财产安全焦虑的形成。因此,刑法回应公众有关人身、财产安全的焦虑时应区分真伪,不能被公众的主观引导或者呼吁而随意裹挟。否则,不作具体性分析判断而对公众焦虑所关注的内容进行积极回应,必然会导致刑法的过度前置化。

第二,刑法对公众道德安全焦虑的过度回应,会使刑法过度前置化。如有的学者所言,"值得刑法保护的伦理道德,只能是统治者认为对于维系社会的正常发展,从而维护统治的稳定所必须的这部分。"[②]在刑法保护最低限度道德的意义上,仅需回应其中危及社会稳定的道德焦虑。但

---

① 孟博等:《风险感知理论模型及影响因子分析》,《中国安全科学学报》2010 年第 10 期,第 60 页。

② 肖怡:《"轻轻重重"刑事立法政策——规制无被害人犯罪的理性选择》,《环球法律评论》2008 年第 4 期,第 71 页。

是,何为危及社会稳定的道德,其标准并不清晰,而回应对象的不明确性则为刑法的过度回应预留了空间。在自由保障与道德维护的微妙平衡中,回应非稳定必需之道德的焦虑容易使刑法过度维护道德,虽然不至走入法律道德主义的误区,但导致刑法过度前置化则是不可避免的。事实上,刑法已经对非危及社会稳定之道德焦虑进行了回应。例如,代替考试罪的增设,即是刑法回应公众的诚信焦虑而带来的过度前置化事例。因为,"违反诚实信用原则的法律行为之反社会性弱,在肯定法律行为效率的基础上,限制当事人某种权利行使或义务履行方式,即可平衡当事人之间的利益。"①

第三节　刑法立法过度前置化的风险

"刑法向危险领域的扩张并不总是令人不必担心的,尤其是因为这种扩展经常通过使用不明确的保护利益。"②刑法前置化固然存在诸多根据,但如果刑法前置化的推进速度与社会现实的历史变速不一致,也会因刑罚的强权性质而带来风险。对刑事立法中过度前置化现象的认知,在明晰刑事立法过度前置化根据的基础上,还应进一步深入、拓展到其附随风险问题,应分析、考察特定行为犯罪化之后的关联效应。而"将一些行为归入刑事犯罪,而其他行为归入行政违法或民事行为的真正根据,只有在相应民族历史进程的知识土壤中才有可能找得到。"③因此,考察刑事立法前置化处罚特定行为是否适当时,也应置身于相应的民族历史进程中,即应以客观的、历史的视角考察刑事立法前置化现象。然而,从历史的视角切入,刑事立法中的过度前置化现象却会给立法活动、司法活动带来一定的风险。

---

① 于飞:《论诚实信用原则与公序良俗原则的区别适用》,《法商研究》2005 年第 2 期,第 127 页。
② [德]克劳斯·罗克辛:《德国刑法学总论》,王世洲译,法律出版社 2005 年版,第 19 页。
③ [阿塞拜疆]H. M. 拉基莫夫:《犯罪与刑罚哲学》,王志华、丛凤玲译,中国政法大学出版社 2016 年版,第 19 页。

一、刑法立法过度前置化的立法风险

刑法立法是刑法过度前置化现象的形成基地，也是其风险现实化的直接场域。从十个刑法修正案中的典型立法事例来看，在立法层面上，刑法过度前置化的附随风险，主要表现为立法精英与普通民众的社会割裂，以及刑事立法对社会公众安全的过度偏重。

（一）刑法过度前置化将引起立法精英与普通民众的割裂

早期行为经济学的动物实验和认知心理学认为，人的选择行为是理性和非理性的同构。[①] 这种同构也存在于人们建构的立法制度中，立法者和社会公众在选择刑法前置化时，也会使刑法前置化吸入非理性的因素。非理性因素不仅来自人们对公众安全焦虑问题的认识局限，也来自人们追求利益最大化的动机。面对危及自身人身、财产的危险，社会公众在产生焦虑之时，也会依据直觉、知觉等非理性因素作出防御反应。而且，从选择行为的过程来看，行为人通常是先按照自己的理性偏好对事件进行编辑处理，以理性计算的方式展望事件的前景，但当社会中复杂的信息和环境足以使行为人怀疑或否定自己对事件前景的预期时，行为人就会作出非理性选择，即理性选择会向非理性选择转化。[②] 因此，在刑法不断前置化发展的过程中，前置化内容出现非理性的选择也在所难免。而刑法前置化中包含的非理性要素，则存在使社会现实发生割裂的风险。因为，在立法精英与普通民众的动态关系中，理性的制度建构能使精英与民众的割裂保持相对稳定，而非理性的制度建构则会加剧精英与民众的割裂。

刑法过度前置化这一非理性要素会通过以下方式，加剧立法精英与普通民众的割裂。第一，非理性的刑法过度前置化，因违背立法精英的意

[①] 参见何大安：《理性选择向非理性选择转化的行为分析》，《经济研究》2005年第8期，第73—76页。
[②] 参见何大安：《理性选择向非理性选择转化的行为分析》，《经济研究》2005年第8期，第78页。

愿,会遭到立法精英的反对。"通常而言,政治精英、法律精英和社会民众构成立法的三方主体结构。"①我国社会安全焦虑显现化问题突出,民众希望刑事立法能按照自己的意愿,来消除这种焦虑所带来的心理负担。但是,民众非理性的过度前置化意愿最大的缺陷在于冲击了立法精英保持刑法理性的立场,危及法律的内在价值追求。而立法精英为保证刑法前置化的适当发展,会对民众非理性的过度前置化意愿采取防备与抵制态度。例如,立法者对民众普遍要求性贿赂入罪的否定、见危不救入罪的否定,均是立法理性与民众非理性之间不一致的体现。从立法精英一方而言,对民众具体立法意愿的反对,容易加剧其与普通民众之间的割裂。

第二,否定非理性的刑法过度前置化,会使民众诉求得不到满足,加剧其与立法精英之间的冲突。客观而言,民众关于刑法过度前置化内容的期待中包涵了非理性要素,但基于认识的局限性和价值立场的差异性,民众并不会自主认识到这种非理性的存在。即使外部存在立法精英的引导,但是基于传统思维定势或者惯性思维的影响,民众依然会坚定自己立场的正确性,要求在立法层面尽可能予以满足。如果民众所期待的前置化效果无法实现,心理层面的不安感会一直存在,而且会逐步打破与立法精英之间的均衡局面,在此情形下,认识差异及其理解分歧将会进一步延续。另一方面,如果民众无法实现自我预期,其幸福感、安全感也会降低,进而对刑法前置化的实际效果产生负面评价。这种负面评价会与理性的刑法前置化相冲突,而与非理性的刑法过度前置化形成合力。

(二)刑法过度前置化将导致刑事立法过于偏重公众安全

尽管刑法前置化立足于犯罪预防,以增强刑法预防能力为基本诉求,其对合理预防的追求不仅能够缓解传统刑法的固化危机,增强刑法处置社会风险的有效性,而且符合刑法现代化的时代精神。但值得深思的是,正如有的论者所担忧的,"预防刑论是从社会角度来论证刑罚的正当化根据的,有利于保护社会利益,却不注重对个人权利的保障。"②而过度的刑

---

① 李怀胜:《域外刑罚民粹主义的模式、危害和启示》,《国家检察官学院学报》2015年第4期,第162页。

② 张明楷:《责任刑与预防刑》,北京大学出版社2015年版,第83页。

法前置化,必将带来对公众安全的过度偏重,进而影响权利保障价值的实现。

刑法过度前置化会在以下方面导致刑事立法对公众安全的过度偏重。第一,刑法过度前置化对预防的积极诉求,会弱化对刑罚报应价值的追求,不当降低报应对刑事立法追求公众安全目标的约束。众所周知,刑罚的预防目的与报应特征存在背反关系。刑法过度前置化对预防功能的偏重,会弱化刑事立法对报应的诉求,形成偏重预防而轻报应的局面,而这种局面必然会使刑事立法过于偏重公众安全。因为,保障人权和保护社会是刑法的机能性目的,二者作为刑法的目的分别与刑罚的报应和预防目的相对应。在刑罚根据与刑法机能性目的的对应关系中,刑罚报应属性制约着刑法对社会保护目的的追求,报应与预防的相互协调关乎着刑法保障机能与保护机能的动态平衡。如果放弃刑罚报应性的制约,完全建立在预防基础上的刑法,必将最大化地追求社会保护目的,极端的社会防卫论即是其体现之一。而如果弱化刑罚报应性的制约,偏向预防根基的刑法也会偏重于追求社会保护目的,导致刑事立法过于偏重公众安全。

第二,刑法过度前置化对预防的积极诉求,会使刑法的规制防线前移,出现刑事立法过于偏重公众安全的情形。"在市场经济体制下,个人的权利日益受到重视与保护,因此刑法机能应当从社会保护机能向人权保障机能倾斜。"[1]那么,在我国社会主义市场经济繁荣发展的背景下,刑事立法对个人权利的保障应重于对社会公众安全的保护。但是,刑法过度前置化过程中对二者关系的处理却恰恰相反。刑法过度前置化通过增设新罪名或修改犯罪构成要件的方式,不断推动着刑法规制范围的前移,相对而言,社会公众的自由范围由此得以收缩。因此,对于刑法前置化现象本身而言,在独立个人与社会公众的均衡关系中,刑法的过度前置会使刑事立法过于偏重公众安全。此外,就刑法过度前置化的实践效果而言,刑事立法过于偏重公众安全的风险也清晰可见,危险驾驶罪、代替考试罪等罪名的增设与修改,已经呈现出刑事立法对公众安全过度偏重的局面。

---

[1] 陈兴良:《走向哲学的刑法学》(第 2 版),法律出版社 2008 年版,第 117 页。

二、刑法立法过度前置化的司法风险

刑事司法是刑事立法的紧随环节和自然延伸,刑法过度前置化的危害也会进一步从刑事立法阶段延伸至刑事司法阶段。从刑事立法过度前置化风险的现实形态看,刑事司法阶段既是由抽象风险到具体危害的转化场,也是由影响社会公众到危及普通个体的转换环节。在刑事司法层面,刑事立法过度前置化的风险主要表现为司法公信力和刑罚效益的降低,以及刑法与其他部门法衔接的阻碍。

(一) 刑法过度前置化会降低司法公信力

在刑事司法阶段,刑法过度前置化造成的诸多危害中,司法公信力的降低无疑最为显著,影响也最为深远,因为"司法是否具有公信力是衡量一个社会法治化程度的试金石。"[1]尤其是在司法公信力有待提升的当代背景下,刑法过度前置化导致司法公信力降低的危害,尤为值得关注。那么,刑法过度前置化是如何导致司法公信力降低的呢? 详言之,其作用过程主要表现在以下两个方面。

第一,刑法过度前置化容易导致司法裁判不公,从而降低司法公信力。司法的公正状态不仅是司法公信力生成的源头,也是司法公信力得以生成的根基。[2] 司法公正之于司法公信力的重要性,既说明维护司法裁判的公正性是巩固与提升司法公信力的重要途径,也警示着司法裁判不公是降低司法公信力的最直接方式。因而,要维护、提升司法公信力,必须维护司法裁判的公正性,杜绝不公正的司法裁判。然而,在刑事立法过度前置化的影响下,司法裁判的不公正却极易出现。正如有的学者所言,"当被告因为根本不应该引起刑事责任的行为而被判刑时,换言之,当刑罚的施加不符合最好的犯罪化理论时,产生的非正义是最为明显

---

① 李树民:《当代中国司法公信力建构的政治蕴含》,《当代法学》2013 年第 6 期,第 104 页。
② 参见马兆婧:《论司法公信力的生成——兼论司法公开的推动作用》,中共中央党校 2015 年学位论文,第 55 页。

的。"①但刑法过度前置化导致司法不公的作用过程却恰是如此。由于刑法过度前置化是将不值得刑罚处罚的行为予以刑罚处罚,所以前置化罪名的司法适用极易得出不公正的司法裁判。而不公正的司法裁判则会破坏司法的公正状态,对司法公信力的生成源头造成污染,对司法公信力的生成基础造成损害,进而导致司法公信力的降低。

第二,刑法过度前置化会降低公众对刑事司法的信任,从而降低司法公信力。从自然正义的角度观之,刑法过度前置化罪名中隐含的非正当性因素会导致不公正的司法裁判。面对司法裁判难以兼顾"理"与"法"的尴尬局面,法官不会无动于衷,如何发挥司法能动性来弥补、消减不当立法带来的实质不公,无疑会是法官裁量案件时不得不考虑的问题。鉴于罪刑法定原则的约束,法官以司法能动措施弥补不当立法的方式,无非是对触及过度前置化罪名的犯罪人从轻判刑、适用缓刑或定罪免刑。然而,值得注意的是,刑法过度前置化罪名的法定刑普遍较轻,法定刑多为三年以下有期徒刑的轻刑配置。在刑法过度前置化罪名大多配以轻刑的事实前提下,据此进行从轻论处或者免除处罚,往往会给社会公众留下犯罪人处罚极度轻缓的印象。"如果人们相信量刑太过宽和,或歧视特殊人群,或收受贿赂,那么,不管这些情况是否真实,信任都将会受损。"②而社会公众对刑事司法信任的降低会造成司法公信力降低的恶果,因为"现代司法的公信力,实际上也就是以公众对法律的信任和信赖为基础,司法权通过自己的司法行为来赢得公众对司法的信任和信赖的能力"。③ 因此,刑法过度前置化带来的社会公众对刑事司法信任度的降低,将导致司法公信力下降。

(二)刑法过度前置化会降低刑罚效益

效益作为刑罚的价值之一,促使立法者在决定是否动用刑罚时应对其有所考虑。"刑罚效益的目标就是投入最小最佳的刑罚成本资源获取

---

① [美]道格拉斯·胡萨克:《过罪化及刑法的限制》,姜敏译,中国法制出版社2015年版,第18页。
② [英]朱利安·罗伯茨、麦克·豪夫:《解读社会公众对刑事司法的态度》,李明琪等译,中国人民公安大学出版社2009年版,第37页。
③ 郑成良、张英霞:《论司法公信力》,《上海交通大学学报》2005年第5期,第6页。

最大最优的刑罚收益。"①从刑罚效益的反向视角分析,不必要的刑罚成本投入或者不当的刑罚收益减损,则必然会降低刑罚效益,阻碍刑罚效益最大化目标的实现。但是,对比刑法过度前置化的投入成本与获得收益发现,刑法过度前置化无疑会降低刑罚效益,对刑事立法造成损害。这也是刑法过度前置化对刑事立法造成的主要损害。

第一,刑法过度前置化会不当增加刑罚成本,从而降低刑罚效益。"从国家或社会角度来说,国家要获得一定的刑罚效益,则必须支付一定的刑罚成本。"②可以说,一定刑罚效益的实现建立在一定刑罚成本投入的基础之上。但必须认识到,"刑罚投入不足或投入过量,均难以产生良好的刑罚效益。"③正是在刑罚投入过量意义上,刑法过度前置化并不会产生良好的刑罚效益,反而会降低刑罚效益,对刑事立法造成危害。因为,根据功利主义原理,"在下列情况下惩罚无必要:(1)用较小的代价便可以有效地达到防止犯罪行径的目的,……。"④据此,在刑罚惩罚必要性上,刑法过度前置化在代价较小的非刑罚措施能够有效治理某类危害行为时,仍然予以刑罚处罚的作法,是无必要"过量之刑"的使用。因此,在刑罚成本与刑罚收益的计算关系中,刑法过度前置化导致的刑罚投入过量,会不当增加刑罚成本,从而降低刑罚效益。

第二,刑法过度前置化会不当减弱刑罚收益,从而降低刑罚效益。众所周知,刑法运行在产生"预防犯罪"、"维护秩序"等正效应之时,也会因刑罚的道德谴责功能而带来"标签化"、"犯罪亚文化"等负效应。立法者在计算刑法可能产生的收益时,就不得不考虑作为刑罚可能带来的负效应。因为,"刑罚的负面效应会在一定程度上抵消刑罚收益或阻碍刑罚收益的取得"。⑤那么,在刑罚收益与刑罚负效应之间的反比例关系中,负效应的不当增加或者可减少而不减少,都会降低刑罚收益。也正是在可减少而不减少负效应的意义上,因刑法过度前置化带来的本可减少

① 姜忠:《论刑罚效益的实现途径》,《法学论坛》2008 年第 2 期,第 127 页。
② 陈正云:《刑罚效益成本资源有效配置论》,《现代法学》1998 年第 4 期,第 4 页。
③ 刘大元:《论刑罚资源的有效配置》,《学术界》2011 年第 7 期,第 98 页。
④ [英]边沁:《道德与立法原理导论》,时殷弘译,商务印书馆 2000 年版,第 224 页。
⑤ 茅仲华:《刑罚代价论》,法律出版社 2013 年版,第 97 页。

的负效应,而不当抵消或者阻碍了刑罚的收益取得。刑法过度前置化对刑罚收益的不当降低,必然带来刑罚效益降低的恶果,进而损害刑事立法。以刑法对替考行为的前置化处罚为例,从刑罚收益来看,本罪的增设对社会诚信的保障效果并非显而易见,但其造成的社会负效应却有迹可循。

(三) 刑法过度前置化容易导致部门法衔接不畅

法治建设要求法应当具有形式合理性,而法的形式合理性的实现则要求法的各部门之间要和谐一致,不能彼此重复或相互矛盾。[①] 具体到刑法与其他部门法的关系中,法治建设要求刑法应与其他部门法协调统一、有效衔接。但是,刑法过度前置化却会造成刑法与其他部门法规制范围的重叠与断层,导致刑法与其他部门法衔接不畅。

第一,刑法过度前置化会造成刑法与其他部门法的规制范围重叠,导致二者衔接不畅。实现部门法之间顺畅衔接的目标,应以部门法之间相互独立、界限分明为前提,但刑法过度前置化却会打破刑法与其他部门法的有效衔接这一前提。一方面,就立法衔接而言,行为犯的前置化方式会使刑法与其他部门法的立法衔接不畅。审视过度前置化罪名的构成要件即可发现,刑法过度前置化罪名主要被规定为行为犯。而在前置法已经对特定危害行为予以规制的情况下,刑法以行为犯方式对其予以前置化处罚的作法,必然造成二者立法范围的重叠,导致二者的立法衔接不畅。

另一方面,就司法衔接而言,行为犯的司法裁量也会导致二者衔接不畅。在行为犯的司法裁量中,表面上刑法与其他部门法的重叠性规定意味着二者均可作为规制依据,但刑罚保护法益效果的显著性、强制性,会使刑法侵蚀其他部门法的规制范围。而这种侵蚀,不仅会危及其他部门法的独立性,而且会模糊刑法与其他部门法的实际界限,进而导致刑法与部门法的司法衔接不畅。以非法生产、销售窃听、窃照专用器材罪为例,

---

① 参见叶传星:《转型社会中的法律治理——当代中国法治进程的理论检讨》,法律出版社 2012 年版,第 90—91 页。

在非法生产、销售窃听、窃照专用器材行为已经被犯罪化的情况下,基于法益保护目的的考虑,司法机关治理此类危害行为时,大多会优先选用刑法,而非交予非刑事法的执法机关处置。

　　第二,刑法过度前置化会造成刑法与其他部门法的规制断层,引起二者衔接不畅。实现部门法之间关系的良好衔接,还要求部门法的规制范围之间能够延伸连接。而在部门法之间延伸连接意义上,刑法过度前置化会导致刑法与其他部门法的衔接不畅。因为在新型社会风险不断涌现的转型期中,刑法过度前置化并不会使刑法介入范围限缩于非刑事法的既有范围,还会使刑法超越前置法而对非刑事法尚未规制的新型危害行为予以规制。然而,就特定危害行为而言,其在刑法中有规定而在非刑事法中无规定时,必然会造成刑法与其他部门法的衔接不畅。尤其当这种断层性规制出现在行政法与刑法之间时,其造成的衔接不畅现象更为显著。以持有伪造的发票罪为例,在税收征管法尚未规制持有伪造发票行为时,刑法即予以前置化处罚的做法,必然违背行政犯"先行后刑"的逻辑顺序,使行政法与刑法出现衔接不畅的现象。

第四节　刑法立法前置化的合理归位

　　虽然刑法立法前置化中的过度前置化现象,会给刑法立法和刑事司法带来诸多风险,但是,我们并不能一概否定刑事立法的前置化趋势。在当前转型的社会背景下,刑法立法的前置化在反恐、食品安全等特定领域仍具有积极意义,绝对的否定态度不仅会湮灭刑法前置对重要领域的保护功能,也会加剧刑法解决社会问题的滞后性。而且,单纯的否定性措施并不以刑法的实践场域为直接作用对象,对刑法前置化风险的防范与控制仅具有象征意义。因此,如何保障刑法立法前置化的妥当性? 如何完善刑法立法以防范刑事立法的过度前置? 回应这些才是接下来应当讨论的现实问题,也是研究刑事立法方法不可回避的现实着眼点。

一、刑法立法前置化的立法规诫

由于刑事立法前置化发端于立法阶段,那么,对刑法前置化的控制也应当从其本源入手,首先应在刑事立法方法的顶层设计中探索解决措施。在刑事立法层面,为防止刑事立法的过度前置化,刑事立法活动应当坚持均衡性原则、必要性原则和协调性原则,使刑法的前置范围与社会现实的变速保持在合理限度内。

(一)刑法前置应贯彻均衡性原则

"传统上,均衡性原则用来衡量手段所欲达成的目的和采取该手段所引发的对公民权利的限制,两者之间是否保持一种比例关系。"①关于均衡性原则对刑事立法的积极作用,我国刑法学者已有所论,如有学者认为,"在刑事立法过程中,合比例性原则……也可以理解为前置法与刑法合理分配的坐标,可以成为评判刑事立法合理性的论证渊源,还可以为刑法中立法法益的存在提供一个基础性的法律效力事实。"②不仅如此,以均衡性原则防范刑法前置化的附随风险,除上述功能性原因外,还存在以下两个体系性渊源。其一,均衡性原则是构建罪刑阶梯的内在要求;其二,均衡性原则也是罪刑法定原则中禁止不均衡刑罚的派生原则。因此,在刑事立法层面,以均衡性的预防手段来实现法益侵害预防应当是刑法前置的合理归宿。

因均衡性原则起源于行政法领域,以行政制裁手段与行政目的的均衡为比较内容,故运用于刑事立法领域时应进行必要的话语转换。这种话语转换的主要目的在于,明确刑法前置化过程中的均衡性内容。从前置化措施的作用对象与实现目的而言,刑法前置化对均衡性原则的贯彻,应着重把握以下两个方面:

第一,刑法前置应坚持受限权益与保护法益的位阶均衡。刑法具有

---

① 蒋红珍:《论比例原则——政府规制工具选择的司法评价》,法律出版社 2010 年版,第 41 页。
② 孙万怀:《违法相对性理论的崩溃——对刑法前置化立法倾向的一种批评》,《政治与法律》2016 年第 3 期,第 20 页。

社会保护与人权保障的双重机能,刑法前置以预防法益侵害时应同时发挥人权保障机能,不能忽略人权保障机能而过度前置化。合理的刑法前置,应当维持社会保护机能与人权保障机能之间的动态平衡,均衡推进双重价值的实现。而且,从刑法前置的反向制约而言,保持所预防法益与被限制权益的位阶均衡,能够反向弱化刑法前置对预防目的的追求力度。刑法前置保护的法益与被限制的权益处于刑法前置化措施的两端,对任何一端的过度保护都会导致刑法前置失当,只有在二者平衡基础上的考量,才能使刑法前置适度化。然而,评价标准的难以把握,可能是坚持二者位阶均衡所面临的最大质疑。对此,笔者认为,应以社会主流价值观念为标准,评价二者是否均衡。首先,社会主流价值观念具有客观性,将其作为评价前置化措施所预防保护的法益与所限制的权益是否均衡的标准,能够克服立法者的认知局限,使刑法前置结果更加客观公正。其次,社会主流价值观念具有共识性,将其作为均衡性的评价标准,能够使刑法前置获得外部正当性,使刑法更易被公众认同。最后,社会主流价值观念具有动态性,将其作为均衡性的评价标准,符合刑法前置化发展的动态过程,能够使刑法前置的结果符合时代需求。因此,根据社会主流价值观念,刑法前置预防的法益应当与前置措施限制的权益相均衡。

第二,刑法前置应坚持限制概率与侵害概率的均衡。在均衡性原则的贯彻中,仅保持法益位阶之间的均衡,并不能普遍防止刑法前置化。"因为一个具有较高位阶的公民权利,可能只是在权利领域的边缘被触及,而一个具有较低位阶的公民权利很可能在核心地带受到严重侵害。"[1]而且,"如果预防措施引发较大概率的重大风险,它们应当为预防的思想所禁止。"[2]因此,刑法前置贯彻均衡性原则时,除坚持法益、权益的位阶均衡外,还应保持前置预防法益的被侵害概率与前置措施对权益的限制概率相均衡。换言之,刑法前置化应当维持侵害概率与预防几率之间的均衡。如果刑法前置预防的法益受到侵害的概率较低,则刑法应通过规定缓和性构成要件要素,或者设定限制处罚条件等方式,保持对公

---

[1] 许玉镇:《比例原则的法理研究》,中国社会科学出版社 2009 年版,第 71 页。

[2] [美]凯斯·R.桑斯坦:《恐惧的规则——超越预防原则》,王爱民译,北京大学出版社 2011 年版,第 109 页。

民权益较低的概率限制,防止因立法技术失当而造成隐性前置化的现象。欲实现二者发生概率的均衡,可以先采用主观概率法以确定二者概率,之后进行数值比较。"主观概率判断是人们对不确定性事件可能性大小的判断,它是人类推理和决策的基础。"[①]而且,"一般在专家预测时,对于专家最佳推测的实现可能性,应用主观概率加以评定。"[②]因此,以主观概率法确定二者的发生概率,不仅具有可操作性,而且符合统计预测常识。需要明确的是,确定前置措施限制权益的主观概率与前置预防法益受侵害的主观概率时,一方面,判断者应当保持价值中立的立场,确定二者的主观概率值;另一方面,应尽量扩大判断者的职业范围与地域范围,降低主观概率的估计误差。"因为存在着不同个人的主观概率和无法核对主观概率的准确程度,就有必要寻求合理的或最佳的估计概率。"[③]这不仅是谨慎追求安全与自由的均衡要求,也是科学运用实证方法的内在要求。

(二) 刑法前置应贯彻必要性原则

为防范刑法过度前置化,刑法对法益侵害的前置化预防不仅要贯彻均衡性原则,还应坚持必要性原则。一方面,刑法前置坚持必要性原则是科学满足刑法谦抑性和宽严相济刑事政策的内在要求。就预防特定法益侵害而言,如果有可替代性的预防措施,则无需刑法前置化预防。另一方面,刑法前置坚持必要性原则也是保持刑法与前置法协调的必然要求。因为,"在其他手段能够实现调控社会的目的时,刑法没有必要也不能动用;而当其他手段对于法益之保护或社会秩序之混乱无能为力时,刑法有必要也必须发挥作用。"[④]此外,就降低刑罚投入意义而言,刑法前置坚持必要性原则,还是防止不必要的刑罚投入以提高刑罚效益的实践需要。

但是,自 1931 年颁布的《普鲁士警察行政法》提出最小损害原则之后,必要性原则就等同于最小损害原则。[⑤] 因此,以最小损害作为判断必

① 向玲、王宝玺、张庆林:《主观概率判断中次可加性的三因素实验研究》,《心理科学》2007 年第 1 期,第 253 页。

② 徐国祥主编:《统计预测和决策》(第二版),上海财经大学出版社 2005 年版,第 13—14 页。

③ 徐国祥主编:《统计预测和决策》(第二版),上海财经大学出版社 2005 年版,第 14 页。

④ 刘媛媛:《刑法谦抑性及其边界》,《理论探索》2011 年第 5 期,第 134 页。

⑤ 参见刘权:《论必要性原则的客观化》,《中国法学》2016 年第 5 期,第 182—183 页。

要性的标准,既是必要性原则的旨趣所在,也符合实践操作的客观需求。问题是,如何以最小损害标准判断刑法前置化是否必要? 或者说,如何依据最小损害标准作出具体判断? 尤其是在各种措施既存在相同效果也存在不同效果的情况下。这是刑法前置化贯彻必要性原则时,必须深入思考的问题,也是困扰比例原则本身的重要问题。对此,有论者提出,"具体应用(必要性原则)时应当考虑手段达成目的程度的相同有效和异同有效两种情况,来分别处理。"①受此启发,笔者认为,我们可以依据分类处理的方式,在刑法前置中应坚持以下路径来贯彻必要性原则。

第一,在相同有效性下,刑法前置应以"成本—收益"分析方法贯彻必要性原则。虽然从理论层面而言,更具强制性的刑罚措施对公民权益造成的损害,总会大于非刑事法措施,似乎没有必要再寻求特定方法实现必要性原则,但从实际影响来看,结论却并非总是如此。实践中,某些非刑事法措施给公民权益造成的实际损害,大于刑法措施的情况并不鲜见。最明显的例子即是对嫖娼行为的处罚,刑法没有对此类行为予以规制,而行政法却对该行为规定了限制人身自由的处罚措施。② 因此,在相同有效性下,刑法前置贯彻必要性原则,以特定分析方法判断最小损害仍是必要的。而普遍应用于法学领域的"成本—收益"分析方法,则为这种判断分析提供了重要选择。同时,"成本—收益"方法也被诸多行政法学者运用于相同有效性下最小损害的行政手段的选择中。因此,在刑法前置预防手段与前置法手段具有相同有效性的情况下,就特定法益侵害的预防而言,如果依据"成本—收益"分析得出刑法预防手段不具备最小损害,则刑法不应前置。需要明确的是,相同有效性下,刑法前置以"成本—收益"方法贯彻必要性原则时,应注意以下内容:一是,应将前科纳入刑法前置预防手段的成本。基于一般违法与刑事犯罪的差异性,刑法前置预防手段的成本评估,自然不能忽略其给犯罪人造成的前科影响。二是,应将刑法的象征效果纳入刑法前置手段的收益。虽然象征性立法遭到诸多批判,但象征性刑法规定所具有的价值宣示、法治宣传等积极效果仍然是不

---

① 姜昕:《比例原则研究——一个宪政的视角》,法律出版社 2008 年版,第 195 页。
② 《中华人民共和国治安管理处罚法》第 66 条第一款规定:"卖淫、嫖娼的,处十日以上十五日以下拘留,可以并处五千元以下罚款;情节较轻的,处五日以下拘留或者五百元以下罚款。"

容否定的。

第二,在异同有效性下,刑法前置应转以公众评价方法贯彻必要性原则。针对异同有效性下最小损害的判断问题,有论者认为,"通过借鉴美国行政法上的成本收益分析方法,科学准确地确定异同有效性手段的损害值与收益值的大小,再借助手段的相对损害计算公式,就可以相对客观准确地挑选出一个最小损害的手段。"①但是,在异同有效性下,并不能以"成本—收益"方法判断最小损害。因为,相对损害值征表的最小损害与绝对损害值征表的最小损害并不完全一致。当刑法前置预防手段与非刑事法手段都能起到法益侵害的预防效果,且都被社会公众接受时,如果选取相对损害值最小的手段,则可能恰恰选取了绝对损害值最大的手段。

但是,在异同有效性下,刑法前置应以公众评价方法贯彻必要性原则。理由在于:其一,公众评价方法符合必要性原则的本质目的。必要性原则的目的在于使公权力对公民权益的限制保持在最小限度内,从反面而言,其目的即在于最大限度地保障公民权益。而对公民权益的保障是否最大化,不应仅仅从国家权力的层面作出判断,还应当从公民角度予以考察。因此,就某项限制公民权益的措施而言,在无法通过"成本—收益"分析获取形式理性的情况下,应转以公众评价获取实质理性。其二,公众评价方法拥有实证研究方法论的支撑,具有可操作性。公众评价并非是抽象的、不可捉摸的,依据社会学的调查方法与统计分析方法,能够较为准确地确定公众对刑法前置化的评价结论。其三,公众评价方法以社会主流价值观念为基础,能够推动司法公平正义的实现。"一个健全的立法者不仅不应当制定人们不可能实现之事的法律,也不应当制定司法机关不可能实现之事的法律。"②具体说来,则要求刑法前置应当符合社会主流价值观念,不能将前置化罪名的司法裁判置于社会主流价值观念的对立面。而以立法推动司法公平正义的实现,则应将公众评价方法引入立法中。因此,在刑法前置预防手段与前置法手段具有异同有效性时,就特定法益侵害的预防而言,如果公众评价认为刑法预防手段具备最小

---

① 刘权:《论必要性原则的客观化》,《中国法学》2016 年第 5 期,第 194 页。
② 何荣功:《社会治理"过度刑法化"的法哲学批判》,《中外法学》2015 年第 2 期,第 545 页。

损害,则刑法前置就符合必要性原则。

(三) 刑法前置应坚持协调性原则

协调性原则是刑法修改的一项重要原则。[①] 刑法前置化作为刑法修改的重要内容,为实现恰当、合理的刑法修正,为防范立法修订带来的风险,还应当贯彻协调性原则。从某种程度而言,刑法过度前置化也是刑法与刑事政策、非刑事法之间关系失调的另一种表现。因此,在前置化过程中应当坚持协调性原则,从而有效防止刑法过度前置化风险的生成。而在刑法前置化过程中坚持协调性原则,应包括以下内容:

第一,应坚持刑事政策与刑法谦抑原则的协调。坚持刑事政策与刑法谦抑原则的协调,能够避免刑法前置化对刑事政策的片面化贯彻,而且,二者的协调贯彻能够通过谦抑价值的考察唤起对宽严相济刑事政策实质价值的诉求,避免对刑事政策的形式化践行,从而防止刑法前置化风险的发生。从二者协调的具体要求来看,刑法决定是否前置化处罚特定危害行为时,要兼顾刑事政策和刑法谦抑性的要求。如果"根据宽严相济刑事政策和刑法的谦抑性原则,在立法时有些行为不需要规定为犯罪,尽量不要作为犯罪来规定。"[②]只有根据刑事政策和刑法谦抑性原则,均需要前置化处罚特定危害行为时,刑法前置化才具有合理性。

第二,应坚持刑法与前置法的协调。坚持刑法与前置法的协调,不仅是刑法谦抑性和刑罚经济性的内在要求,而且能够避免立法者因过于偏重刑罚预防而忽略前置法及行为侵害概率的考量,能够为刑法前置化推进设定刚性边界,防止刑法前置的过度化。刑法与前置法的协调性还要求,刑法前置化应止步于前置法能够有效治理的边界。换言之,如果前置法能够有效治理特定危害行为,则刑法不应予以前置化处罚;只有当前置法不能治理或者治理效果不明显时,刑法才能前置化处罚。但是,有必要明确的是,对于应归于法定犯或者行政犯的危害行为而言,如果前置法没有规制,则刑法也不应予以前置化处罚,而应优先以行政法律法规予以规制。因为

---

① 参见黄明儒:《论刑法的修改及其原则》,《山东警察学院学报》2009 年第 5 期,第 32 页。
② 马克昌:《宽严相济刑事政策研究》,清华大学出版社 2012 年版,第 99 页。

此时,前置法并非不能治理或治理效果不明,而是没有体系化安排。

第三,应坚持刑法内部条文的协调。"从总体上看,中国现行刑法体系的形式相对统一,内容相对完备,结构相对科学,是一个相对合理、完善的体系。"①而刑法前置作为对刑法的部分修改,必然是在现行刑法体系内的前置,因此,应坚持刑法内部条文的协调,以服从现行刑法的体系性。具体到刑法前置化的防范中,坚持刑法内部条文的协调,要求以刑法体系的逻辑自洽限缩前置化的范围,防止因过度回应社会公众的安全焦虑而导致的刑法前置化。从刑法内部条文协调的要求来看,只有在保障罪与罪之间的条文、规制范围相协调的前提下,刑法才能对特定危害行为予以前置化处罚。

二、刑法立法前置化的司法控制

从实践角度而言,除了明确刑法前置化在立法阶段应当坚持的原则之外,还应当将风险问题置于司法实践中考察。采取针对性的司法措施,以防范刑法过度前置化的风险,应是消除刑法过度前置化不当影响的重要方式,也是实现刑法立法目的、促进司法公正运行的重要环节。而在刑事司法层面,为防范刑事立法过度前置化的风险现实化,以及防范刑法在司法实践中被再次前置,司法机关在裁量前置化罪名时,应当坚持宽容原则和效益原则。

(一)司法机关应遵循宽容性原则

"宽严相济的时代意义在于'以宽济严'。"② 尤其"社会转型时期下'宽严相济'的刑事政策,应当是以'宽'为基本理念,体现人道主义思想的基本政策。"③所以,宽严相济对刑法前置化的指引,主要的还是在"以宽济严"方面。"以宽济严"要求司法机关裁判前置化罪名时,应坚持宽容性

① 赵秉志:《当代中国刑法体系的形成与完善》,《河南大学学报》2010年第6期,第8页。
② 刘仁文:《宽严相济刑事政策研究》,《当代法学》2008年第1期,第25—26页。
③ 孙万怀、邱灵、侯婉颖:《论公共安全刑事政策的合法性》,《政治与法律》2011年第9期,第105—106页。

原则,能用其他手段就不应动用刑法,能用轻刑就不应动用重刑。同时,"在现代对犯罪的宽容往往被理解为公正,对犯罪的不宽容则往往被视为不公正。"[①]因此,司法机关在裁量前置化罪名时遵循宽容性原则,为民法、行政法的实施让出相应的空间,消除过度前置化带来的不当风险,防范前置化带来的不利后果。

面对刑法立法中已经出现的过度前置化事实,司法机关如何遵循宽容性原则? 笔者认为,司法机关遵循宽容性原则,应当依据以下层次递进展开。第一,认定危害行为是否符合前置化罪名的构成要件时,应考察民法、行政法的治理效果。"刑法辅助性原则"要求"不是在不用刑事措施就不足以有效地处罚和预防某种行为时,就不允许对该行为规定刑事制裁。"[②]而该原则在司法中的贯彻,即要求司法机关在处理前置化罪名时,若用民法、行政法手段能够对犯罪起到治理效果的,就不应动用刑法。因此,当民法、行政法对危害行为的治理能收到成效时,司法机关应优先往出罪方向解释构成要件,以使该行为免予刑罚处罚。而且,优先考虑出罪解释既是基于以司法能动性合理限缩犯罪圈的考虑,也是基于以实践理性消除立法前置化风险的重要方法。当民法、行政法能够达到治理效果时,司法机关就应作出不符合构成要件的解释;当民法、行政法不能达到治理效果时,司法机关则应作出符合构成要件的解释。

问题在于,我们如何判断民法、行政法是否达到了治理效果呢? 笔者认为,在前置化处罚的危害行为造成了客观实害时,如果民法、行政法能够较好恢复客观损害的状态,则可以认为非刑事法律可以达到治理效果。在前置化处罚的危害行为造成了社会秩序、公共安全等非客观实害时,实际侵害的是社会公众对行为的容忍度,如果民法、行政法能够恢复公众受到的情感伤害,则可以认为非刑事法律达到了治理效果。例如,针对代替考试的行为,如果给予替考者禁考等行政处罚就能得到公众认同,可以弥补公众因诚信缺失、考试不公而受到的非公正感,此时就不应将其解释为

---

① 邢馨宇、邱兴隆:《刑法的修改:轨迹、应然与实然——兼及对刑法修正案(八)的评价》,《法学研究》2011 年第 2 期,第 27 页。
② [意]杜里奥·帕多瓦尼:《意大利刑法学原理(注评版)》,陈忠林译评,中国人民大学出版社2004 年版,第 5 页。

符合代替考试罪的构成要件。

第二,裁量前置化罪名的刑罚时,司法机关应优先适用轻刑。经过上述评价后,必然会有一部分前置化危害行为构成犯罪,但就这部分越轨行为而言,司法机关判处刑罚时仍要遵循宽容性原则。宽容性原则的意义在于,能对犯罪人做宽恕处理时就做宽恕处理,能适用轻刑时就不应适用重刑。所以,对构成犯罪的前置化罪名,司法工作人员应当优先选择处以轻刑。而且,与犯罪行为相对应的法定刑只是立法者的拟定预设,是否符合刑罚正义和社会现实,需要经过司法效果的评估才能揭晓。而在评估之前,宽容性原则必然要求司法机关优先配以轻刑,然后再根据实践结果决定是否加重。如果对前置化罪名预先配以重刑,实践却又否定了重刑的合理性时,刑法就再一次被扩大化。

而司法机关优先适用轻刑应做到以下两点:其一,优先适用有期徒刑以下刑罚。在十个刑法修正案中,前置化罪名的法定刑大多是三年以下有期徒刑、拘役或者管制。由此可见,虽然立法者对此类危害行为予以犯罪化,但是仍留有余地。因此,为了贯彻宽容性原则,在实现罪刑均衡原则的基础上,司法机关应当坚持从罚金到有期徒刑的顺次考量的思维顺序,优先适用有期徒刑以下的刑罚。其二,当不适用有期徒刑就不能实现罪刑均衡时,仍应适用有期徒刑但应考虑缓刑。由于危害行为存在危害程度的差别,不可能全部适用有期徒刑以下刑罚,必然对社会危害性较重的行为适用有期徒刑,此时应当考察是否符合缓刑的适用条件。为了贯彻宽容性原则,司法机关对于符合缓刑条件的应当从宽把握,能适用缓刑的尽量适用缓刑,以回归立法预留宽宥之刑的本意。

(二) 司法机关应遵循效益原则

随着经济学和法学的现代化发展以及二者之间联系的紧密化,效益原则也会成为重要的司法原则。那么,何为司法效益原则呢?有论者认为,"司法效益包含了司法经济效益原则、司法政治效益原则、司法社会效益和伦理效益。"[1]也有论者认为,司法效益就是指司法成本与司法收益

---

[1] 李艳华、潘爱仙:《论司法效益》,《法商研究》1997年第3期,第25页。

之间的关系。① 笔者认为,无论怎么限定司法效益的范围,司法效益的内核均在于司法成本与司法收益的关系。但笔者不赞同以量化分析的方式考察这种关系,因为量化分析法难以科学地评价司法效益。首先,司法效益包含的要素众多,运用量化分析的方式评价司法效益是片面的。司法效益的评价,不仅包括对司法成本、实际效果、社会目的、法治观念、犯罪控制等要素的考察,更涉及司法、执法的多个领域。对整体的评价是以对部分的评价为基础的,运用量化分析的方式评价司法效益,应穷尽全部或者至少把握主要的基本要素。如果不能对司法效益的全部或者主要要素予以量化,那么对司法效益整体的量化分析只能是片面的。

其次,司法效益包含价值评价的要素,运用量化分析的方式评价司法效益是机械的。司法效益不仅包括感性的可量化要素,也包括法律价值、法律带给人民的精神价值、司法的公平正义等非感性要素。与之不同的是,"抽象的非感性事物,人们只能通过精神对它们的理解以实现它们的价值。"②而且,司法实践也会遇到自由与秩序的优先选择问题,这种价值优位的选择也是不能被量化说明的。因此,笔者认为,司法效益只能通过对实施结果与立法目的的抽象比较来把握。换言之,如果司法结果符合立法目的,则司法遵循了效益原则;如果司法结果不符合立法目的,则司法违背了效益原则。

面对刑法立法中的过度前置化事实,司法机关可以从以下方面遵循效益原则:第一,审理前置化罪名时,司法机关应理性回应民意,防止司法资源的过度消耗。"在我国,无论是刑事立法、司法、还是学术研究,都具有明显的'应时''应势'特征,存在着对刑法功能的过度期待。"③这些"应时"与"应势"特征表明,我国刑事司法在回应民意时,并不像我们期待的那样理性。如果刑法不能理性地回应民意,就会消弱司法权的独立行使,也会助长民意泛滥化地在刑事司法领域的抬头。何况,民意也不总是保持着理性与正义的,其中既有理性的内容也有非理性的内容,甚至掺杂

---

① 参见凌霄:《论我国司法效益实现状况及其对策》,《南京航空航天大学学报》2001 年第 2 期,第 59 页。
② 何柏生:《论法律价值的数量化》,《法律科学》2011 年第 6 期,第 7 页。
③ 何荣功:《要慎重对待"民生刑法观"》,《中国检察官》2014 年第 2 期,第 46 页。

着情绪化因素。诸多非理性因素的注入，有时也会使本应作为立法考量因素的民意，丧失其应有的立法供给功能。

另外，司法机关应当理性回应的民意并不是抽象行为意义上的民意，而应当是公众对具体个案的意见和态度，即个案中的民意。民意对司法个案产生影响是不可避免的，也是毋庸讳言的。因为司法者不是生活在真空，而是实实在在的社会之中，作为社会一员不受社会舆论的影响是不现实也是不应当的。但是，社会舆论所表达的民意是具体化的，那些影响司法者并需要司法者回应的只能是个案中的民意，即对特定行为人之特定行为的民意。例如，醉酒驾驶机动车行为，司法机关在判断某一行为人的酒驾行为是否构成危险驾驶罪时，不应过多地考虑公众对抽象意义的酒驾行为的态度，而应综合个案事实和个案民意判断是否构成危险驾驶罪。如果根据公众对酒驾行为的抽象容忍度来裁判具体案件，无疑会造成一般正义对个案正义的吞噬。因此，面对刑法的过度前置化事实，司法机关应理性对待民意，防止前置化罪名的裁判结果偏离立法目的。

第二，审理前置化罪名时，司法机关应科处与人身危险性相当的刑罚，防止无效益之刑。从行刑目的而言，无论是监狱行刑还是社区矫正，都以教育矫正犯罪人为目的，以消除再犯危险并使其重新融入社会为目标。从刑罚根据而言，从现行刑法对原刑法的修改之处可知，我国现行刑法实际上采取了并合主义的立场，[①]要求在报应限度内考虑预防必要性。因此，司法机关对行为人判处刑罚时，不仅要考虑行为的社会危害性也要考察行为人的人身危险性。只有与社会危害性和人身危险性综合相当的刑罚才是均衡的刑罚，也才符合司法效益原则。

在适用前置化罪名时，司法机关欲贯彻效益原则就应当在确定报应刑量之后，衡量何种量的刑罚与行为人的人身危险性相当，超过了这个量的刑罚就是无必要之刑，否则也是违背效益原则之刑罚。于是，准确评估行为人的人身危险性，就成为如何具体贯彻效益原则的关键之处。此处有必要明确的是，司法机关裁量刑罚时的人身危险性评估属于行刑前阶段的评估，不应混淆于行刑中、行刑后阶段的评估。而行刑前阶段的评

① 参见张明楷：《责任刑与预防刑》，北京大学出版社 2015 年版，第 77 页。

估,必须把行为人犯罪前、犯罪中与犯罪后的因素考虑在内。具体而言,犯罪前的评估包括个人情况、生活记录、环境情况,犯罪中的评估包括犯罪目的、动机、手段、对象等,犯罪后的评估包括有无自首立功坦白、有无补救行为、有无赔偿被害人等。[①] 通过对上述参数的评估所得的人身危险性程度,即是司法机关确定报应刑量之后的宣告刑的参照,司法机关对行为人科处与其人身危险性程度相当的刑罚,方能较好实现效益原则。

第五节 本章小结

刑法前置化作为刑法修订中的立法现象已经客观存在,是否符合刑事立法科学化的基本要求、是否代表着刑法现代化的发展趋势,理当引起学者们的关注,并通过现有立法例进行进一步的理性反思。审视刑法前置化伴随社会发展而不断出现,自然有其现实存在的生存土壤,有促动其最终出现的立法动因。承认并揭示这一立法现象,是我们描述立法修正案中立法轨迹和归纳这些突出特征的正确态度,是我们从零散性立法例走向系统化、科学化的必要路径。刑法前置化基于多元原因而存在,其中有积极价值以及合理根基。但是,刑法前置化不能无限度的泛化扩张,更不能无视刑法基本原则和法治底线地前置运行。毕竟,刑法前置化的扩张必然会带来犯罪圈的扩大,会把刑罚置于前端而干涉权利自由行使的界限。因而,刑法前置化应当在一定范围内予以有序化行使,前置化的推进断然不能逾越刑事责任所应担负的责任范畴,并在法律规范的衔接划分中为非刑事法律提供相应的空间与可能。

刑法前置化的规范行使需要在立法与司法两个层面进行良好保障。一方面需要在立法中兼顾犯罪预防价值与权利保障之间的协调平衡,不能为了回应民意需要而过度进行刑法前置化,也不能为了社会治理而把刑法作为必不可少的重要手段而首推刑法前置化。我们在立法过程中应

---

① 参见陈伟:《论人身危险性评估的体系构建》,《中国人民公安大学学报》2011 年第 1 期,第 134 页。

当保证刑法前置化运行在合理范围之内,而不是通过刑法修正案予以泛滥化的适用。与此同时,基于刑法立法与刑事司法的沟通维度,即使刑法前置化已经客观存在,但作为第二道防线的刑事司法仍然需要行使自己的良好职责,不能因为立法层面的前置化而肆意惯性化地延续刑事司法前置化。在此过程中,刑事司法应遵守宽容原则与效益原则,并在具体案件的适用中予以体现,通过理性原则的贯彻而引导刑法前置化规则的规范适用,防范随意扩张适用刑法前置化规范而带来不利后果。

第六章
影响性事件对刑法立法的影响及其归正

　　"立善法于天下,则天下治;立善法于一国,则一国治。"[①]如何实现"善法",既是我们在立法时孜孜以求的事情,也是进行公正司法的前提。近些年来,不少社会事件在舆论的导向下演变成社会关注的焦点,这一事件已经远远超越单一的案件本身,不仅间接影响到案件的审理,乃至案件信息反馈到立法者那里,最终也对刑事立法的修订产生了直接推动力。社会影响性事件折射出当下的社会问题,通过公众关注而得以放大,从而反作用于刑事立法以及规范完善。在这一系列的关系链条中,值得我们对此深思并辨析其中的利弊关系。基于此,笔者拟对社会影响性事件与刑事立法之间的关系进行一番单独的审视,寄望可以对我们刑法立法方法及其立法路径的完善有借鉴意义。

第一节　影响性事件的内涵与特征界定

　　迄今为止,学界尚未对"影响性事件"进行直接的概念探讨与界定,与其相类似的概念是"影响性诉讼"。比如有学者提出:"影响性诉讼……比

[①] 王安石:《周公》。习近平总书记于2014年10月23日《在中共十八届四中全会第二次全体会议上的讲话》引用了这句话。

普通诉讼更具社会影响力和关注度。"①"由于影响性诉讼本身所具有的超越个案的独特的司法价值,很多影响性诉讼是诉讼案件中的'疑难杂症',属于法律领域中的新问题,能够引起公众的普遍关注和广泛议论,容易产生社会轰动效应,成为舆论与传播的焦点,比普通诉讼更具有社会影响力和关注度。"②"'影响性诉讼'的价值就在于影响,在于超越个案自身的特殊影响力。"③透过上述的论述,基本上一致性地指明了"影响性诉讼"的内涵实质,即影响性诉讼的核心在于"影响性"。因而,"影响性诉讼必须是进入公知领域的个案,在形式上具有被公众普遍关注和广泛议论的特征。"④

另外,"事件"在现代汉语词典的解释为比较重大、对一定的人群会产生一定影响的事情。诉讼作为事件中的子概念,两者在范围上有所不同。简单地说,事件可能进入到诉讼之中,也可能并不进入诉讼程序,因而影响性事件包括了能够进入刑事诉讼程序的影响性诉讼案件,但是其中尚未进入诉讼程序的事件,基于其在社会层面产生的重大现实影响,也在笔者所述的"影响性事件"之中。一般来说,刑事立法和刑事司法均会受到影响性事件的影响,从而借此作为自己对这一社会公众关注焦点问题的现实态度与立场表达。刑事诉讼作为刑事司法的重要组成部分,能够对刑事立法产生直接或者间接影响,这当然源于诉讼案件自身所在的现实场域。然而,除此之外,很多没有涉入司法诉讼程序的影响性事件,也直接或者间接影响着刑法立法,比如广东佛山的小悦悦事件⑤、浙江温岭幼师虐童事件⑥等。

---

① 黄金桥:《影响性诉讼:社会转型与构建和谐社会的法治精灵》,《理论研究》2007 年第 4 期,第 8 页。

② 王阁:《影响性诉讼中传媒与司法关系探讨》,《理论探索》2011 年第 2 期,第 127 页。

③ 刘武俊:《影响性诉讼:法治进步的司法引擎》,《人大研究》2006 年第 3 期,第 13 页。

④ 王阁:《影响性诉讼中传媒与司法关系探讨》,《理论探索》2011 年第 2 期,第 126 页。

⑤ 2011 年 10 月 13 日,2 岁的小悦悦(本名王悦)在广东省佛山市南海黄岐广佛五金城门口相继被两车碾压,7 分钟内,18 名路人路过但都视而不见,漠然而去,最后一名拾荒阿姨陈贤妹上前施以援手,引发网友广泛热议。2011 年 10 月 21 日,小悦悦经医院全力抢救无效而离世。

⑥ 2012 年 10 月,颜艳红虐待幼儿照片被曝光。照片显示,其在幼儿园活动室里强行揪住一名幼童双耳向上提起,幼儿表情痛苦。随后,该事件因网友声讨,并"人肉"出该幼教。温岭市教育局很快介入调查并给出处理决定,责成城西街道蓝孔雀幼儿园作出深刻检查,及时整改并立即辞退相关教师。检察院审查后认为该案需补充侦查,未对颜艳红作出逮捕或不逮捕的决定。

从典型个案对司法变革的影响也能辅助我们对"影响性事件"的界定。有学者指出,这些案件呈现的特点主要有三点:"首先,这些案件得到了媒体的广泛报道;其次,案件本身就是一个很好的故事,因而公众对这些案件有很大的兴趣;最后,人们认为相关部门欺骗了他们。"[①]也有学者对此从四个角度概括出典型个案的特征:形式上,表现为新颖性、疑难性或者典型性;内容上,所涉的法律事件往往成为社会公共事件,其判决结果对社会有广泛的影响力;影响上,往往能够引起社会广泛的关注;价值上,超越案件当事人和案件本身。[②]从中可见,这些典型个案均是案内案外综合性因素的产物,除了案件自身的特殊性之外,案外因素同样发挥了重要作用。

笔者结合前述论述,但是又不局限于现有认识,对"影响性事件"进行合理的概念界定。从整体上来说,影响性事件散布于日常生活之中,表现形态方式各异,为了对其内涵作一科学界定,笔者在此把影响性事件的外延进行一定程度的限缩,即笔者此处所指的影响性事件仅指法律层面的影响性事件,是对我们当前的法律活动、法律认识、法律运行等能够产生现实影响的事件。笔者认为,法律层面的影响性事件的特征主要包括如下方面:

一、事件本身具有区别于普通事件的典型特征

影响性事件之所以能够产生广泛的社会影响,必然是与事件自身的特征具有紧密关联度。从根本上来说,每个影响性事件都有与其类似事件所不具有的"专属因子",正因为"专属因子"的存在使得类比处理只能具有参考价值。"专属因子"的专属性愈突出,就愈发使得该事件具有区别于其他事件的差异性,从而更易被公众所识别与传播。如佘祥林案、赵作海案中的"专属因子"是"亡者归来"导致了冤假错案的发生,这一区别于其他案件的特质,使得该事件迅速得以扩散开来。因而,类似性的这些案件判决之后,

---

① Peter J van Koppen:《刑事个案引发的司法变革》,柴煜峰译,《法治日报》2010 年 10 月 13 日,第 12 版。

② 邓路遥:《论影响性诉讼个案的法律价值》,《西部法学评论》2010 年第 5 期,第 98 页。

其差异化的"专属因子"让社会公众受到心理冲击,从而把本案区别于普通案件并加以差异化的标识,致使案件迅速上升为影响性事件;除此之外,许霆案①与"惠阳许霆案"②的"专属因子"是利用 ATM 机实施财产犯罪,这类案件发生之后,公众会立即觉察到此类事件与普通案件的清晰差别,因而类似案件能够成为影响性案件也具有一定程度的必然性。

二、事件波及范围广泛并有足够的社会关注度

影响性事件之所以能够渗透进社会的各层级,这与案件的波及范围以及辐射出的影响力不无关系。横向上,影响性事件所涉猎的范围非常广泛,并不局限于某一方面,可能牵涉到刑事领域、民商事领域、经济法领域、行政法领域及国际法领域等。纵向上,影响性事件囊括了已经进入司法程序的案件,也包括了未进入司法程序的案件。比如,从 2007 年的南京"彭宇案"③到小悦悦事件的讨论,前者是经过了诉讼审判的案件,而后者却没有进入司法程序。但是,二者均引发了刑法理论界对见危不救行为是否入罪的积极探讨。再如,2016 年 11 月 3 日在日本发生的江歌事件④,该案是进入到司法程序之中的案件,其产生的影响性是多方面的,

---

① 2006 年 4 月 21 日,广州青年许霆与朋友郭安山利用 ATM 机故障漏洞取款,许取出 17.5 万元,郭取出 1.8 万元。事发后,郭主动自首被判处有期徒刑 1 年,而许霆潜逃一年落网。2007 年 12 月一审,许霆被广州中院判处无期徒刑。2008 年 2 月 22 日,案件发回广州中院重审改判 5 年有期徒刑。

② 2013 年 9 月,湖北人于德水去银行柜员机上准备存钱,但发现取款机故障,钱存不进去,账户余额却有增加。因此,他把钱往有故障的 ATM 机存了十多次。这样在自己的账户里额外多出 9 万多元。2014 年 10 月 17 日,惠阳"许霆案"经过三次开庭审理后,惠阳法院对此案进行了公开判决,被告于德水被判犯盗窃罪。

③ 2006 年 11 月 20 日早晨,引起极大争议的民事诉讼案。老人徐寿兰在南京市水西门广场一公交站台被撞倒摔成了骨折,徐寿兰指认撞人者是刚下车的小伙彭宇,彭宇则予以否认。最后双方当事人在二审期间达成了和解协议,案件以和解撤诉结案。和解撤诉之后,彭宇也表示,在 2006 年 11 月发生的意外中,徐寿兰确实与其发生了碰撞。

④ 2016 年 11 月 3 日凌晨,中国留学生江歌在日本中野家中的遇害事件。接着日本警方对外通报称,以杀人罪对其闺蜜刘鑫前男友留学生陈世峰发布逮捕令,指控其杀害了中国女留学生江歌。由于江歌闺蜜刘鑫在江歌死后的一系列做法令江歌母亲很不满意,2017 年 5 月 21 日,江歌母亲在网上曝光了刘鑫全家人的家庭住址、工作单位、车牌号等信息。2017 年 6 月 1 日,最高人民法院和最高人民检察院"关于侵犯公民个人信息刑事案件适用法律若干问题的解释"开始正式施行,进一步强调情节严重要入刑。

因为在探讨该案的定罪量刑之余,江歌母亲是否侵犯刘鑫的个人信息法益等也广受公众的热议。[①]

三、媒介传播手段的便捷高效起到了促进作用

一个单纯的事件之所以能够在短时间内产生足够的社会影响,这与传播媒介在此过程中发挥的作用须臾不可分离。信息技术高速发展的当今社会,网络化正在逐步实现以往不敢想象的景况,"不出一步门,尽知天下事,"[②]这已经不再是什么奢望。从影响性事件的扩散情形来看,事件的传播速度远比想象的更快。"在新媒体的冲击下,人们接收新闻的渠道发生了较大的变化,新媒体赋予新闻传播互动性、及时性和便捷性等特点,让互联网成了舆论的主战场。"[③]在此过程中,由于被公众议论的事件可能并不是完整的客观实情,媒介在传播过程中为了加大宣传效果,有时会从原本的事件中抽取出部分情节,从而使得某一事件更具有戏剧色彩。随着信息社会与自媒体时代的到来,在某些事件被网络信息技术"推波助澜"之后,由此所带来的积极或者消极影响都会成倍被扩大化。因而,可以说,如果没有当下如此高效便捷的传播媒介,则影响性事件的影响性就很难达到今天的如此程度。

四、事件与社会民生存在紧密关切度

某一事件能够聚集社会公众的关注点,在相当程度上还是源于该事件与公众自身的利益休戚相关。简言之,影响性事件往往是与社会民生密切相关的事件,其包含的要素中有能够触及到公众的"痛点"。"民生是

[①] 李萌:《微博平台的隐私权问题——以江歌案为例》,《视听》2018 年第 2 期,第 94 页;黄河、康宁:《移动互联网环境下群体极化的特征和生发机制》,《国际新闻界》2019 年第 2 期,第 38 页。

[②] 公丕祥:《挑战与回应:有效满足人民群众司法新需求的时代思考》,《法律适用》2009 年第 1 期,第 5 页。

[③] 米军:《探析如何整合传统媒体宣传资源正确引领舆论方向》,《新闻研究导刊》2016 年第 18 期,第 274 页。

指人民群众最关心最直接最现实的利益问题。"[1] 由于民生与公众的利益攸关,因而容易聚合而发生扩散效应。"扩散效应将激发媒体、网友之间发生'同体共鸣',因为事件聚集到一起的网友分享情绪与感受,进而将事件延展到对相关话题的思考,将事件的发展推向更高的层次。"[2] 而且,民生范围伴随着社会发展而不断地进行动态调整,它经历了"从最初的个体性到群体性以及社会整体性的转变"。[3] 可以说,无论是关系到社会民生的"衣食住行",还是教育、健康、医疗等任一方面,都是极可能"引爆"公众热议的燃点。从近年来看,关乎"衣"的有"洋垃圾"事件;关乎"食"的有前几年的"三鹿毒奶粉"、毒豆芽、苏丹红、地沟油以及"瘦肉精"猪肉事件;关乎"住"的有"钉子户"、"非法拆迁"侵害公民人身权利的事件;关乎"行"的有 2010 年 10 月 16 日在河北大学发生的李启铭"醉驾"事件等;关于教育的有重庆巴南幼儿园门口砍人、北京红黄蓝幼儿园针扎事件等;关于健康的有长生问题疫苗案事件等;关于医疗的有湖南沅江的陆勇销售假药案事件等。

五、事件背后隐藏的价值与深刻启示

影响性事件通过社会舆论的关注与热议,使得这一事件远远超出了它本身的价值意义。例如,山东聊城于欢案[4]、江苏昆山龙哥案[5]、河北涞

---

① 童星:《新时代民生概念辨析》,《内蒙古社会科学》2019 年第 1 期,第 23 页。

② 于慧颖:《网络舆情热点事件的"叠加—聚焦—扩散"效应研究》,《新闻界》2018 年第 7 期,第 54 页。

③ 高和荣:《民生国家的出场:中国保障和改善民生的实践与逻辑》,《江海学刊》2019 年第 3 期,第 96 页。

④ 2016 年 4 月 13 日,吴学占在苏银霞已抵押的房子里,指使手下拉屎,将苏银霞按进马桶里,要求其还钱。当日下午,苏银霞四次拨打 110 和市长热线,但并没有得到帮助。2016 年 4 月 14 日,由社会闲散人员组成的 10 多人催债队伍多次骚扰女企业家苏银霞的工厂,辱骂、殴打苏银霞。苏银霞的儿子于欢目睹其母受辱,从工厂接待室的桌子上摸到一把水果刀乱捅,致使杜志浩等四名催债人员被捅伤。其中,杜志浩因未及时就医导致失血性休克死亡,另外两人重伤,一人轻伤。

⑤ 2018 年 8 月 27 日 21 时 30 分许,刘海龙驾驶宝马轿车在昆山市震川路西行至顺帆路路口,与同向骑自行车的于海明发生争执。刘海龙从车中取出一把砍刀连续击打于海明后被于海明反抢砍刀并捅刺、砍击数刀,刘海龙身受重伤,经抢救无效死亡。

源王磊反杀案①、福建福州赵宇案②等,这些案件在正式尘埃落定之前均受到社会公众关注,其根本原因在于,这些案件的最终定性关乎着公民个人防卫权如何行使的问题,与日常生活中每个人的行为选择方式都利益攸关,因而上述这些案件隐藏着深刻的价值意蕴,已经不限于单个事件的叙事范畴。由此可见,影响性事件的价值已经不囿于案件中对涉案人的具体判罚,这些事件之所以能够从芸芸众生的事件中被"择选"出来并产生广泛影响,最根本的还在于事件背后的价值以及带来的深刻启示。如果真正缺少了这些实质性的内涵,单一事件必将仍是零散化的故事情节,必将难以透过个案而深远地影响到社会生活中的诸多个体,也难以反作用于法律层面并作出相应的改革与调整。

基于对影响性事件的内在特征分析,笔者认为,法律层面的影响性事件是指,因事件本身的典型性而引起公众广泛关注,事件背后衍生出来的价值及带来的启示超越于案件本身之外,能够对立法规范、司法完善以及公众法律意识提升等方面产生直接促进作用的事件。

第二节　影响性事件推动刑法立法之实例检视

相较司法来说,立法不公对社会公平正义所造成的危害更为深远,"一次不公的判断比多次不平的举动为祸犹烈。因为这些不平的举动不过弄脏了水流,而不公的判断则把水源败坏了。"③事件在社会公众中产

① 年轻小伙王磊因追求女大学生小菲(化名)被拒,追到其学校、家中多次骚扰、纠缠。2017 年 7 月 11 日晚,王磊又带着水果刀和电棍到小菲家,扬言要杀其全家,小菲及其父母合力与之搏斗,王磊死于混乱之中。
② 2018 年 12 月 26 日晚,赵宇在出租屋内听到楼下有人呼救,前去了解情况。看到一女子被一男子掐住脖子,便上前拉开。双方进行一番拉扯,赵宇踹到男子腹部。后经鉴定,该男子内脏伤残达到二级。2018 年 12 月 29 日,在医院陪护临产妻子的赵宇被警方以涉嫌故意伤害罪为由刑事拘留。
③ 出自于培根的散文随笔集《论司法》。其大意为:不公的判断是源,人们依据已有的判断来行事,如果有了第一次不公的判断,人们就会觉得做错是没关系的,所以会继续做错事,这样就会有无限的错事;即使后来不再有不公的判断,但是做错事的人还会以过去的不公判断为论据为自己的错误辩护,不平的举动虽然是错的,但是可以通过判断来纠正,这样就能不断地减少不平的举动。

生广泛热议、受到普通大众的关注,这仅仅属于影响性事件的表象化存在而已。既然法律层面的影响性事件对立法、司法、公众法律意识等均要产生影响,那么影响性事件更为深层的作用在于对立法的趋势、公众的预期,甚至社会的发展起到了导向作用。

自从中国裁判文书网对已决案件进行正式发布以来,我们已经能够查看大量的鲜活案例,而且不同类别的案件还在源源不断地增加。基于笔者所探讨的主题是影响性事件对刑法立法的推动,故在此仅选取被公众熟知且经过热议的事件。从刑事立法的实践情形来看,社会影响性事件对刑事立法的影响同样客观存在。比如,刑法修正案(九)颁布前后,影响性事件影响刑法立法的有王菲"人肉搜索"案①,此案作为全国首例人肉搜索案,引发了立法机关对公民个人信息保护的关注与思考。而且,刑法修正案(九)对非法获取公民个人信息罪进行了调整,不再把"情节严重"为入罪要件,对本罪的犯罪主体也进行了范围的扩大,不再局限于国家机关或者金融、电信、交通、教育、医疗等单位的工作人员。浙江温岭幼师虐童事件、携程亲子园强喂芥末虐童事件,以及红黄蓝幼儿园扎针、喂不明白色药片案等,都是推动刑法增设新罪的主要影响性事件。基于社会的普遍关注,刑法修正案(九)扩大了虐待罪的主体,另设了"虐待被监护、被看护人罪",将具有监护、看护职责的人员纳入到新罪之中,以更好地对未成年人、老年人、患病的人、残疾人等进行刑法保护。

社会影响性事件往往也揭示出原有刑事立法的不足,致使后期的立法修订更有针对性与源动力。比如,2014年1月2日,四川省邛崃市的杨某庆、杨某忠俩杨姓男子和一名13岁的初中女生发生性关系,对于该案的行为定性引起了激烈讨论,其行为究竟是强奸罪还是嫖宿幼女罪再次激起了公众热议。最终,此案成为全国首例嫖宿幼女行为按照强奸罪进行处罚的案件,从而为嫖宿幼女罪的废除提供了实践基础。基于嫖宿幼女罪与强奸罪之间"剪不断、理还乱"的关系,为了遵循立法科学化与司法公正化的价值目标,嫖宿幼女罪最终在刑法修正案(九)中被删除,嫖宿

---

① 31岁的女白领姜岩在其博客中纪录了自杀的心路,讲述了绝望的婚姻与婚姻的插足者,之后两个月便自杀了,她的丈夫王菲因此成了网络全方位搜索、攻击的对象。

幼女的行为被纳入到强奸罪中予以论处。

再如，李某某轮奸案的辩护律师泄露案件信息，同样带来了刑事立法的重大调整。李某某等人的代理及辩护律师周某将案件的判决书（隐去了当事人的基本信息）公布在微博上，由于这一行为涉嫌泄露当事人隐私、不当披露案件信息而受到社会关注。对此，为了弥补刑事立法的空缺，刑法修正案（九）增加了"泄露不应公开的案件信息罪"，从而对泄漏案件信息的司法工作人员、辩护人、诉讼代理人或者其他诉讼参与人进行刑法上的规制，防止行为人出于个人目的而随意公开不应公开的案件信息。除此之外，山东的高考生徐玉玉遭受电信诈骗案，引发了全国关注，①该案件于 2018 年 2 月 1 日入选为"2017 年推动法治进程十大案件"。在此事件之后，最高人民法院和最高人民检察院于 2017 年 6 月 1 日颁布了《关于侵犯公民个人信息刑事案件适用法律若干问题的解释》，并于同日正式得以施行，在上述解释中进一步强调了公民个人信息的内容，以及情节严重的入刑标准。众所周知的是，这一解释内容的颁布就是徐玉玉案所直接推动的结果。

可以清晰看到的是，不仅是已经进入司法程序的事件能够影响刑事立法，更多没有进入司法诉讼程序的事件也同样影响着刑法立法的修订。另外，某些影响性事件虽未能使刑法立法立刻作出相应的修改，但是其对刑法立法产生的间接影响也是推动刑事法治完善的重要组成部分。例如，在重庆万州公交车沉江事件②之后，有人就建议刑法中增设"妨碍安全驾驶罪"。③ 面临社会生活中不断发生的影响性事件，社会公众建议刑

---

① 2016 年 8 月 21 日，因高考生徐玉玉被诈骗电话骗走上大学的费用 9900 元，伤心欲绝，郁结于心，最终导致心脏骤停，虽经医院全力抢救，但仍不幸离世。

② 2018 年 10 月 28 日，当公交车行至南滨公园站时，驾驶员冉某提醒到壹号家居馆的乘客在此站下车，刘某未下车。当车继续行驶途中，乘客刘某发现车辆已过自己的目的地站，要求下车，但该处无公交车站，驾驶员冉某未停车。刘某从座位起身走到正在驾驶的冉某右后侧，靠在冉某旁边的扶手立柱上指责冉某，冉某多次转头与刘某解释、争吵，双方争执逐步升级，并相互有攻击性语言。当车行驶至万州长江二桥距南桥头 348 米处时，刘某右手持手机击向冉某头部右侧，冉某右手放开方向盘还击，侧身挥拳击中刘某颈部。随后，刘某再次用手机击打冉某肩部，冉某右手格挡并抓住刘某右上臂。冉某收回右手并用右手往左侧急打方向（车辆时速为 51 公里），导致车辆失控向左偏离越过中心实线，与对向正常行驶的红色小轿车（车辆时速为 58 公里）相撞后，冲上路沿、撞断护栏坠入江中，车上的 15 名司乘人员全部死亡。

③ 曲征：《增设"妨害安全驾驶罪"正当其时》，《人民公安报》2018 年 11 月 15 日，第 3 版。

事立法增设新罪名,这无疑是影响性事件影响立法的典型体现。

比如,"山西黑砖窑"事件曝光之后,引发了对强迫他人劳动行为是否入刑的思考,中华全国律师协会除了对黑砖窑童工进行救助以外,还向全国人大常委会提出增设"奴役罪"的建议,以弥补刑法条款中存在的漏洞;另外,在"河南农民偷逃天价收费案"①发生之后,有全国人大代表提出增设"偷逃收费公路通行费罪"的立法建议;针对广东佛山发生的"小悦悦事件",32 名全国人大代表联合建议增设"见危不救罪和见死不救罪"两项新罪名;针对刘强胜等人器官买卖案②,全国人大代表周晓光建议增设"人体器官买卖罪";针对近年来频频发生的伪造公司法定代表人签名事件,2015 年 11 月 23 日,由律师陈勇牵头,广西欣和律师事务所律师黄继伟、广东华商律师事务所律师李库库、北京市京师律师事务所律师王琼玮参与,联名向全国人大常委会法工委提交了"关于修改《刑法》第 280 条增加伪造公司法定代表人签名罪的立法建议书"。③

刑事立法作为极其复杂的过程,某一条款之所以会被选中而成为刑法修订的对象,这里既包括了程序性的动因提起,又包括了实体性的内容筛选问题。由于刑法调整的社会关系最为宽泛,涉及的法律关系也极为复杂,如果没有外在的直接促动因素,这些被立法修订选中的内容,表象上似乎只是"如此幸运"而已。但是,单纯以"幸运"来解释立法修订的条文,从客观层面揭示的立法理由并不充分,而且也会把立法修订置于感性随意的标签之上。刑事立法基于法律规范的理性表达,它必然要回应社会普通公众关注的这些影响性事件,其回应的方式当然就是通过条文规范的"立、改、废"。因而,透过上述部分列举的事例可以看出,刑事立法在相当程度上仍然是因前期发生的诸多影响性事件而被推动的,即立法修

---

① 为了逃掉高速通行费、多挣钱,河南禹州市一农民购买两辆大货车后,拿着两套假军车牌照进行营运,8 个月的时间里,免费通行高速公路 2361 次,偷逃路费 368 万余元。

② 2009 年 4 月至 5 月间,被告人刘强胜伙同杨世海、刘平、刘强等人,在北京、河南等地招募出卖人体器官的供体。2009 年 5 月 13 日,在海淀区某医院,刘强胜等人居间介绍供体杨刚与患者谢先生进行肝脏移植手术,收取谢先生人民币 15 万元。海淀法院以非法经营罪判处四名被告二至四年有期徒刑。

③ "律师上书全国人大建议修改《刑法》增加新罪名",北大法律信息网 http://chinalawinfo.com/news/NewsFullText.aspx? Nwesld = 78651,浏览日期: 2019 年 3 月 21 日。

订条款的出台背后仍然有着最为直接的促动因素,刑事立法与社会影响性案件之间存在着极为紧密的内在关系。

第三节　影响性事件促动刑法立法调整的积极价值

　　刑法作为保障性的法律,担负的法治责任是不言而喻的。刑法立法作为法治完善以及法益保护的逻辑前提,理当受到我们的重视与认真对待。关注社会生活中发生的影响性事件,探究其法律价值,无论对国家法治、政府行政还是公民维权都有非同寻常的意义。[1] 笔者认为,对于影响性事件推动立法的原因需要认真总结,从而不仅有助于我们认清这些事件与刑法立法的关系,而且也可以更好辅助我们增设或者修订出兼具科学性要求的现实条款。基于此,笔者主要从影响性事件揭示了刑事立法的盲点、公众对民生权利的自我关切、刑事政策对影响性事件的回应、需要影响性事件作为契机来完善刑事立法这四个层面来进行一番具体考察。

一、引导刑法立法对现有规范盲点的正视

　　影响性事件对社会的影响是多方面的,既可以对司法工作人员和行政执法人员产生影响,也可以对法律规范的立法完善产生影响,还可以对公众法治素养产生影响,更可以对社会制度的变迁产生积极影响。立法是一个伴随社会而不断演进的过程,这一过程包含影响性事件对社会影响的量的积累和质的突变。具体来说,影响性事件对立法的影响可以区分为两类,即渐变式影响和突变式影响。渐变式影响是指影响性事件以累积的方式对刑事立法做出反馈,往往需要两个或两个以上的事件的累积来达到综合效应;突变式影响是指影响性事件发生之后以迅速的规范

---

[1] 邓路遥:《论影响性诉讼个案的法律价值》,《西部法学评论》2010 年第 1 期,第 98 页。

调整来应对这一社会问题,化解原有规范面临的瓶颈制约。就整体性的刑事立法修订来看,影响性事件对刑法的影响主要是渐变式影响。比如,在司法实践中对于嫖宿幼女罪所引起的争议并不是"扼紧脖颈"的问题,交由时间沉淀来对嫖宿幼女罪做出合适的立法调整,最终在刑法修正案(九)中将嫖宿幼女罪删除。再如,拒不支付劳动报酬罪的设立是为了解决长期存在的恶意欠薪的社会问题,这一新增罪名当然也是多个社会事件累积之后予以的立法补充。

"法律是从经验中总结出来的道理。"[①]施瓦茨对法律与经验两者之间的关系进行了精准的概括,尤为重要的是,他指出了法律与社会生活经验之间的密切关系,告诉我们法律是面向实践生活经验的。"实践是法律的基础,法律要随着实践发展而发展。"[②]法律离不开生活实践,法律是社会实践的产物,法律源于生活,最终又要回归生活,并去解决实践中发生的症结性问题。从社会实践中脱胎而出具有鲜活性与引导力的影响性事件,积极促进立法者去检视法律规范中存在的盲点,反思法律规范的意义表达与民众意愿之间产生裂痕的原因,因而对刑事立法的不断完善具有积极而重大的现实意义。

二、促进刑法立法对民生权利的主动关切

民生是公民基本生存和生活状态的现实表达,其中包含诸多关于民众权利维护、发展进步的机会等内涵。"民本主义"是以民为本思想的概括,同时民本也是中国传统政治文化的精髓。早在先秦时期,民本思想就已经盛行。"民惟邦本,本固邦宁。"[③]其意在于,人民是国家之本,民众安居乐业则国家安宁。在上文提及的多起影响性事件中,大多都与民生问题息息相关,例如"山西的黑砖窑事件"、"浙江温岭幼师虐童事件"、"天价过路费事件"等都与普通民众的日常生活息息相关,与社会民众的权利保障关系密切。

---

① 〔美〕伯纳德·施瓦茨:《美国法律史》,王军等译,中国政法大学出版社 1990 年版,第 50 页。
② 王宗礼:《全面推进依法治国》,人民出版社 2017 年版,第 116 页。
③ 《尚书·五子之歌》。

比如，"小摊贩崔英杰刺死城管案"、"小摊贩夏俊峰刺死城管案"等事件，均与下层民众的生存状态不可分离，进入诉讼程序后这些案件的走向，无不关系着此类群体的权利维系与生活方式的选择。换言之，在这些影响性事件中，其具体展现出来的并不是过于"高大上"的内容，而是与社会大众的日常生活紧密相关的"零星事件"，但是这些事件发生的背后映射出来的内容，无不与民众的基本生存权与发展权直接相关，体现的是与民生问题紧密相关的实体指向。基于民众的集中性关注，刑事立法对此不能无动于衷。从本源意义上，刑法本身就是出于权益保障而被制订出来的，在影响性事件揭示出某些民生权利未能得到法律的有力保护之时，通过刑事立法尽其所能地予以更大程度的保障就是顺理成章之事。

三、促动刑法立法对刑事政策的积极回应

刑事政策作为观念性的存在，是模糊抽象和宏观性的意向表达，公民个人很难涉入到刑事政策的具体内容之中。[①] 刑事政策先于刑事立法，刑事政策直接指导并促进刑事立法相关条文的出台。刑事政策作为宏观性的政策指引，本身并不能直接调控社会关系并达致社会治理的目标，因而刑事政策需要借助于刑事立法与司法的共同作用，其中刑事立法是刑事政策发挥现实作用的重要场域。

影响性事件推动了刑事政策制订者对此类事件的关注，某一具体刑事政策的出台又进而影响了刑事立法的修订完善。影响性事件发生之后，经过媒体的传播、舆论的关注，从而引发了社会的广泛议论。与此同时，这一事件不可能不引起政策制定者的关注，其关注的回应效应就是，根据影响性事件再结合社会形势、法治的基本要求等因素来制定某一具体刑事政策的内容。刑事政策的政策性是刑事立法完善的直接动力，政策的权力因素直接促进观念形态的立法转化为实然形态的立法规范。因而，从立法与政策之间的关系来说，刑事立法是刑事政策的具体实现方

---

① 陈伟：《刑事立法的政策导向与技术制衡》，《中国法学》2013 年第 6 期，第 123 页。

式,刑事立法传达的是刑事政策的基本诉求。

例如,李乔明"躲猫猫案"①、王亚辉"喝开水死亡案"②都是司法工作人员的违规行为侵犯犯罪嫌疑人基本权利的典型案件。在此之后为了更好规范司法工作人员的行为,在从严性刑事政策的不断呼吁下,于是出台了更为严格的规则,以此减少刑讯逼供、暴力取证和虐待被监管人的行为发生。再如,为了更好扼制拐卖妇女、儿童行为的高涨态势,基于"拐卖——收买"这一双项对称性的考虑,遵循刑事政策从严惩治的要求,加大了对收买被拐卖妇女、儿童罪的打击力度,最终在刑法修正案(九)中直接删掉了对收买方不追究刑事责任的特殊规定。③ 透过影响性事件、刑事政策、刑法立法三者的关系,可以清晰地看到,刑事政策对刑事立法发挥的积极作用仍然脱离不了影响性事件的直接推动。

四、以影响性事件为契机来完善刑法规范

成文法易被人诟病的一个重要原因就是,法典的滞后性会导致旧法适用时难以对应的现实窘境。但是从历史的角度解读就会发现,我国必然不能抛弃成文法的基本传统,这与传统法治文化、民众法治观念、罪刑法定原则等均有直接关系。值得强调的一点是,尽管当下最高法与最高检都在不断推动"指导性案例",并有形成制度化与规范化的实践趋势,但是,不能据此就得出我们要放弃成文法传统的结论。判例法与成文法作为英美法系和大陆法系的代表,两者都有自身制度上的优劣,无论进行何

---

① 2009 年 1 月 29 日,云南省 24 岁的青年李乔明因盗伐林木被刑拘并关押;11 天后,李乔明因重伤入院;2 月 13 日,医院称李重度颅脑损伤身亡;同日,警方称其因为在玩躲猫猫游戏时被狱友踢打,不小心撞墙而死;其家属表示怀疑;之后,云南省委开始征集网友参与"躲猫猫"事件真相的调查。相关人员因玩忽职守罪、虐待被监管人罪等被判处相应刑罚。

② 2010 年 2 月 18 日,河南省鲁山县一名叫王亚辉的男青年被公共安全专家机关带走,3 天后其亲属被告知,王亚辉已在看守所内死亡,亲属查看尸体后发现,他身上有多处伤痕。对此,当地警方解释,犯罪嫌疑人是在提审时喝开水突然发病死亡的。

③ 修改前的刑法第 241 条第 6 款规定:"收买被拐卖的妇女、儿童,按照被买妇女的意愿,不阻碍其返回原居住地的,对被买儿童没有虐待行为,不阻碍对其进行解救的,可以不追究刑事责任。"该条款经刑法修正案(九)修改之后变为:"收买被拐卖的妇女、儿童,对被买儿童没有虐待行为,不阻碍对其进行解救的,可以从轻处罚;按照被买妇女的意愿,不阻碍其返回原居住地的,可以从轻或者减轻处罚。"

种程度的改革,都会存在这些天生性的缺陷。因而,从近些年法律发展的轨迹可以看出,英美法系与大陆法系并不是互相排斥、直接对立的,而是在共同增进交流的基础上采用了相互吸纳、互相补充的方式。判例法与成文法作为两大法系的代表,两者都在变化、发展和变革之中。但我国的立法模式与司法制度决定了法院审判时不能将指导性案例作为直接的法律渊源。基于这一原因,最高人民法院与最高人民检察院采用了指导性案例,以示与英美判例法的区别,这不仅符合中国长期适用法典化的实际,而且也更能便利指导性案例的实践运用。① 在当下不断深入推进司法体制改革的背景下,指导性案例既能一定程度上起到英美法系判例的指导性作用,通过以案说法的方式予以案件分析和教义阐明,同时也能较好维护中国特色的法制传统。

然而,在维系成文法传统的前提下,立法的滞后性与机械性难以避免。由于受之于文字表达的局限,成文规范在对应纷繁复杂的多样化案件时,必然存在着难以一一对应的现实窘境。加之刑事法治对罪刑法定原则的积极倡导,在法无明文规定的前提下,遵照现有的法律规定只能对该行为不作为犯罪处理。与此同时,也可能出现与之相反的情形,即为了积极遵照现有的法律规定,据此得出的司法结论却明显有欠合理。此时,由于社会影响性事件的存在,必然会放大现有成文法规范隐藏的诸多问题,并把这些问题直接呈现于社会公众的目光之下,影响立法机构对此作出相应的回应。

此时,如果原有刑法没有把相关的严重危害行为作为犯罪予以确立,则由于此类新型案件作为影响性事件发生而难以保护相关群体的利益,因而必然促进立法在此方面予以漏洞填充;如果原有刑法已经存在相应规定,但是处理得出的结论却显失公平,司法判决难以获得公众的认同,此时同样会"倒逼"刑事立法在后期修订时积极作出相应调整。这就是影响性事件所天生具备的"新"来变革立法自身存在的"旧"的典型表现。从中可见,影响性事件在揭露出刑事立法存在的短板之余,也为刑事立法的更新与完善提供了直接参照,正是因为影响性事件的客观存在与现实影

---

① 王利明:《我国案例指导制度若干问题研究》,《法学》2012 年第 1 期,第 71 页。

响,才为刑事立法的社会适应性提供了良好契机,保证刑事立法不断趋向于"科学立法"的正轨之中。

第四节　影响性事件影响刑法立法的隐忧

一、降低刑法立法规范的严肃性与权威性

尽管如前所述,影响性事件可以促进刑事立法的积极调整,但是,这一优点同样也会成为其弊端所在。毫无例外的是,任何事物都有两面性,正负和合才能平衡整个系统的有序运作。如果影响性事件对于案件的影响超出了理性范畴,极易导致事件背后的负效应波及到立法领域,致使立法中的独立性与审慎性难以坚持。"随着新媒体技术的不断发展,特别是自媒体的高度活跃,社会热点事件的网络舆论层出不穷,在舆论形成与传播中极大地影响着舆论走向。"①如果刑事立法仅仅只是影响性事件促进的结果,则势必会给公众呈现出一种刑事法律可以随意变动的主观印象,而且还会把刑事立法的变动与民众的情绪与舆论导向建立起正相关的关系。这样一来,影响性事件对刑事立法的弊端也由此得以呈现,即刑事立法的根基处于一种极不稳固的基石之上,立法的严肃性与谨慎性必然因此而会受到折损,刑事立法会在频繁化的调整中欠缺权威性。

二、刑法立法频繁化忽视刑法外治理功能

刑事立法过度"频繁化"的修订已经成为常态,前期出台的多个修正案已经呈现了这一立法轨迹。正如学者所言,在旺盛的社会需求的直接驱动下,我国刑事立法明显呈现出单向犯罪化的特点。② 近年来,刑法修

---

① 乔春霖:《热点事件的网络舆论传播研究》,《今媒体》2019 年第 3 期,第 31 页。
② 何荣功:《社会治理"过度刑法化"的法哲学批判》,《中外法学》2015 年第 2 期,第 524—525 页。

订的数量激增、刑法修正案不断扩大犯罪圈,已经用立法事实无声地呈现了这一立法态势。中国转型的社会背景决定了未来的刑法立法必须具有社会适应性,即刑法要与社会的步伐紧紧相随,对社会发展变革中衍生出来的新型严重危害行为要保持必要的灵敏度,并把此类行为纳入到刑法之中,因而增设新罪必将是刑法立法的重要内容。针对刑法中不断新增的罪名,应该解读为刑法必要的、积极的干预,而非过度干预。[①] 但是也要防止立法万能论的理念,一部又一部的刑法修正案势必会造成人们对刑法新罪名的"审美疲劳"。[②] 影响性事件作为刑事立法现实化的积极动力,关注这些事件本身并不直接等同于所有问题已经化解。一味增设新罪名只会使得刑法典变得越来越"厚",而不能达到立法者立法时所设想的社会治理目标的立即实现。因而,在刑事立法完善之余,刑事司法的积极功能仍然不能忽视,综合性社会治理的措施同样不可偏废。笔者担心的是,如果过于注重影响性事件之于刑事立法的关系,则会偏离这一基本认识。

三、致使刑法立法往往呈现被动化的迹象

"审判不能独立于政府权力以及司法腐败的现实,导致人们必然诉诸舆论监督,尤其是弱势群体特别需要获取舆论的支持以实现某种程度的力量均衡,以图申冤。"[③]如果影响性事件被褪去公众舆论的色彩,其在绝大多数场合属于个人对个人的侵害,但通过公众的关注则演变为一个群体对一个人或另一群体的侵害。此时,随着事件的影响范围被扩大化并超出相当的广度,立法者于是姗姗来迟地进行立法变动,在此过程中,通过立法回应社会事件的被动性得以呈现。需要指出的是,此处的"被动化"与上文所述的"频繁化"两者并不是一回事,"频繁化"说明的是刑事立法的过程呈现出来的特征,"被动化"叙述的是立法往往要依赖于影响性事件的客观事实。如果刑法立法均要以影响性事件作为背后的"推手",

---

① 周光权:《转型时期刑法立法的思路与方法》,《中国社会科学》2016 年第 3 期,第 131 页。

② 刘艳红:《我国应该停止犯罪化的刑事立法》,《法学》2011 年第 11 期,第 115 页。

③ 季卫东:《大变局下的中国法治》,北京大学出版社 2013 年版,第 137 页。

则此时的刑事立法必然被动地依附于影响性事件。如此一来,我们无法通过立法技术的提升而进行立法层面的良好预防,刑法规范所具有的积极预防功能也难以充分发挥出来。

四、刑法立法过度碎片化致使体系性欠缺

刑法典的体系化是刑法法条以及内在的逻辑自洽性得以保障的关键所在,这是刑法典自身的最大优势,也是刑法典自我完善的逻辑前提。但是,影响性事件具有较大的随机性,没有任何人能够提前预见哪一个影响性事件会发生,也没有任何人能够预见下一个影响性事件的具体内容是什么。然而,正是影响性事件的此种无序化与偶发性,却将决定我们体系化刑法典的完善,影响到刑法典之中具体规范的制订以及出台。如果刑法规范中的修订条文都以影响性事件为前提,则一方面会使刑法的制订成为极其偶然之事,另一方面也会使修订出来的刑法条文呈现出松散化的构造,最终导致偏离刑法规范体系化的最初本色。在一般意义上,刑法典构造出来的是一个编排有序的刑事立法规范体,但碎片化的刑事立法却偏离了刑法的系统性要求,其背后的根本原因仍然在于,以影响性事件为立法的动因所在,硬生生地将某些新罪名、新规定嵌入到刑法典之中。如此一来,不仅会导致刑法立法"频繁化之余的更加频繁",而且也会造成刑法"碎片化之余的更加碎片",在此之下的刑法典的体系性必将大大冲淡,刑法体系化的客观实在必将不断地被撕裂而难以弥合。

五、刑法立法过度随意化而欠缺理性可循

就前期的刑事立法来看,我们的立法缺乏科学规划,因事立法、一事一立的立法占据主导地位,因而呈现出"头痛医头,脚痛医脚"的被动立法现象。① 笔者认为,"因事立法"、"一事一立"中的"事"就是影响性事件,影响性事件的突发性、偶发性、随机性,导致我们的刑事立法也呈现出随

---

① 李世军:《我国跨境就业立法研究》,中国科学技术大学出版社 2012 年版,第 102 页。

意性特征。刑事立法"随意化"必然会让事件影响超出合理范围,使得单一事件影响立法的现象并不鲜见。比如关于贪贿罪设置终身监禁刑,表面上是为了应对当下从严惩治腐败的社会现实,但是,这一立法设置并没有考虑到立法的体系化安排,致使贪污罪与贿赂罪作为经济性犯罪而被率先适用了极其严厉的终身监禁刑,而对恐怖活动犯罪与严重侵犯人身权利的犯罪却没有如此的刑罚配置,从而在整体的刑法立法之中显得极不协调。① 如此随意化的立法不仅不当限制了公民的应有权利,致使刑法理性与逻辑自洽难以贯彻到底,同时也会降低刑事法律规范在公民心中的崇高威望,贬损立法实施之后的客观效果。

第五节 影响性事件引导刑法 立法方法的完善

一个法律制度,如果跟不上时代的需要或要求,而且死死抱住上个时代的只具有短暂意义的观念不放,那么显然是不可取的。② 立法是要面临社会现实问题的,因而对于立法来说应该不断进行革新来适应社会的发展。刑法立法方法直接关乎刑法立法的质量与司法的运行效果,所以应该保证刑法立法方法的科学化。从根本上来说,影响性事件仍然不可或缺地会在生活中不断出现,刑事立法之于影响性事件之间的密切关系在短时间内也不可能消亡。基于此,需要我们慎重对待的就是在刑法立法完善的过程中,如何利用现有的影响性事件来有效完善刑事立法方法,通过多元方式的谨慎行使而助推刑法立法的科学性与规范化。

一、"审慎性"代替"频繁化"

刑法立法的频繁化已经人所共知,这一频繁化与社会转型的时代背

---

① 陈伟:《终身监禁刑的制度困境及其路径抉择》,《学术界》2019 年第 2 期,第 129 页。
② 郝艳兵:《影响性诉讼的司法应对——基于对刑事影响性个案的分析》,《西安电子科技大学学报》2013 年第 7 期,第 67 页。

景当然是直接相关的,与社会矛盾突出和大量涌现的影响性事件也是存在内在联系的。影响性事件影响到刑法立法的制订,无论是直接的或者间接的,这都已经难以逆转或者根本改变。问题在于,我们如何在频繁的刑法修订之余,注意刑法规范的内在逻辑性与体系性,保证修法的严谨性与科学性,这是影响性事件给我们留下的重要启示。影响性事件呈现或者扩大了社会中的问题,立法对此予以解决本身也无可厚非,但是并非每一个影响性事件都需要由刑事立法予以解决。进一步言之,如果此时能够用非刑事法律规范予以调整的,则根本不需要刑法规范予以回应;能够通过完善司法改革的措施予以解决的,则也不需要刑事立法的插手与涉足。

"合理回应社会生活需要的犯罪圈扩张无可厚非,但是,如果犯罪圈扩张建立在'无根据的任意性'之上,则会导致假想式立法,此为刑事立法不能承受之重。"①过于频繁地调整与修改刑法,或者过多地干预社会和经济生活,容易使社会成员的行为过于拘谨,不利于最大限度地调动他们的积极性和发挥他们的创造力,影响社会活力。② 刑事立法需要审慎性,这是刑法自身的内敛性要求,是刑法作为"最后保障性法律"对刑事立法的自我督促。毕竟刑法作为后位法,不该擅自逾越民法、行政法而作为解决社会矛盾的唯一手段。因而,刑法不是以外张性的扩大犯罪圈与增加刑罚量为其核心使命的,刑法也不能过于频繁而无视审慎性的边界要求。"必须避免盲目扩张,不能将刑法作为解决社会冲突、引导民间纠纷的常态化手段。"③影响性事件暴露出来的问题是否需要上升到立法中加以解决,尤其是否需要上升到刑事立法中予以规制,仍然需要进一步的检视与审查,不能单纯为了回应公众关切与秩序治理的要求而急匆匆地进行刑事立法。因此,在影响性事件不断出现的前提下,我们更应该秉持审慎的理念,不能以频繁的立法方式来直接回应影响性事件,不能以立法步伐的

---

① 姜涛:《立法事实论:为刑事立法科学化探索未来》,《法制与社会发展》2018 年第 1 期,第 114 页。

② 郎胜:《在构建和谐社会的语境下谈我国刑法立法的积极与谨慎》,《法学家》2007 年第 5 期,第 62 页。

③ 于冲:《完善刑事立法应保持积极与谨慎》,《检察日报》2017 年 3 月 23 日,第 3 版。

加快来代替实质问题的解决。

二、"系统性"消解"碎片化"

影响性事件自身的零散化以及不断发生,致使刑事立法往往较活跃。"刑事立法越是活跃,其暴露出来的立法问题也就越多。"[①]如果刑事立法紧紧相随而作出相应立法调整,则立法的碎片化痕迹必然客观存在。碎片化的立法较为简便迅捷,但是突出的问题则是体系性欠缺,仅仅是将新修订的内容强硬地嵌入到刑法规定中,而不考虑新增内容与非刑事法律之间是否会有不协调之处。"刑法在关系中运行,刑法在动态中运行,它与相关法的界限、融合和相互协作,是必须面临和解决的问题。"[②]除此之外,刑法的体系性还要求审查新增内容与原有条文规范之间融洽与否,不能为了增加而无视原有条文的存在。总体上来说,碎片化的刑事立法较为短视,此种捉襟见肘式的立法在相当程度上必然会破坏刑法立法的体系化要求。为了克服这一缺陷,最好的方法是在立法的时候兼顾到刑法与关联性法律规范、刑法条文间的逻辑性,注重刑事法律与非刑事法律、刑法总则与分则的协调性,注意关联性条文之间的内在关系,并在具体的立法过程中予以认真审查与反复考量。

具体说来,在增加罪名的时候,需要考虑到新增罪名与其他罪名是否存在法条竞合和想象竞合的罪数关系;在删除罪名的时候,要考虑罪名去掉之后如何规制此种行为,是彻底的无罪化还是适用其他条文或者以其他法律规定进行规制;在修改法典中原有部分内容的时候,应该考虑总则与分则之间的协调性问题,是否需要单独就此另作规定、是原则性的一般规定还是特殊性的规定、是把该内容放置于总则部分还是分则部分、是注意性条款还是拟制性条款、如何进行规范表达更能阐明法条内涵等等。"提高立法质量,增强刑法修订体系化,是让司法权与立法权各归其位的根本路径,是刑法教义学对立法者提出的根本要求。"[③]刑法立法本身就

---

① 张明楷:《刑法理论与刑事立法》,《法学论坛》2017年第6期,第16页。
② 刘仁文:《立体刑法学:回顾与展望》,《北京工业大学学报》2017年第5期,第60页。
③ 李翔:《论刑法修订的体系化》,《学术月刊》2016年第2期,第101页。

是一个精细活,需要综合考虑到方方面面的内容,这必然脱离不了体系性思维与综合性考量,而不是单纯进行现有条文的修订而"就事论事"。

三、"谦抑性"取代"随意性"

刑法立法应该遵循刑法的基本原则已经毋庸置疑,因为刑法的基本原则既要指导刑事立法,也要指导刑事司法。"要使刑法更明确,主要还是要靠立法者,而不是司法机关。"①刑法立法是理性化判断的产物,不能脱离规范价值的引导与法治目的的牵引。在刑法理性化原则的指导下,如果用其他法律手段可以有效抑制某种违法行为或足以有效地保护合法权益时,则不应该动用刑法手段,刑事立法也就欠缺必要性;用较轻的刑罚处罚可以有效抑制某种违法行为或足以有效地保护合法权益时,则不应该动用较重的制裁方式。陈兴良教授认为:"刑法谦抑性指立法者应当力求以最小的支出——少用甚至不用刑罚,进而用其他刑罚替代措施,以便获取最大的社会效益——有效地预防和控制犯罪。"②张明楷教授指出:"刑法谦抑性指刑法应根据一定的规则控制处罚范围与处罚程度。"③笔者认为,谦抑性原则的关键内涵在于,我们在运用法律手段解决社会矛盾的时候,如果可以采用其他的法律规范进行规制就务必放弃刑法这一最后手段。刑法本身只是社会治理手段的方式之一,是一种"不得已的恶","在审慎研究刑罚规制机能之余,探寻非刑罚社会治理方法的可能性。"④尽管民众往往在影响性事件发生之余会有刑法规制或者重刑惩治的冲动,但是回归到刑事法治的立场上来,必须用理性之光去驱散这些心理阴霾,用法治理性来引导和平息公众情绪化的愤怒与不满。

全面依法治国的步伐已经迈开,刑事法治需要融入到大的时代背景之中,既要积极倡导法治的理性化,也要勇于承认自身的局限性。社会层

---

① 姜涛:《当代刑事立法应当坚持明确性原则》,《国家检察官学院学报》2018 年第 2 期,第 79 页。
② 陈兴良:《刑法的价值构造》,中国政法大学出版社 1998 年版,第 353 页。
③ 张明楷:《刑法格言的展开》,法律出版社 1999 年版,第 289 页。
④ 邵博文:《晚近我国刑事立法趋向评析》,《法制与社会发展》2016 年第 5 期,第 131 页。

面的症结性问题，仍然主要依赖于社会政策的根本解决。正所谓"最好的社会政策才是最好的刑事政策"，没有良好的社会综合治理以及良好的社会政策的辅佐，单纯的刑事立法并不能轻而易举地化解这些棘手性问题。刑法本身就是一把双刃剑，我们必须要让它"用之得其当"，而不是在随意性的挥舞中"伤人伤己"。刑法是用来打击犯罪的，但是其核心立足点仍然在于权利保障。"象征性立法因过多地服务于安全目的而损害了刑法的法益保护功能，因谦抑不足而损害了刑法的人权保障功能。"[①]另外，就现有刑法修订的部分内容来看，难以排除刑法受影响性事件的影响而存在的"情绪化立法"现象。"科学的刑事立法必须力戒情绪，既要遵循刑法发展的内在规律，又要对舆论或民意的反应有所为且有所不为，如此才能将我国刑事立法水平推向一个新的高度，充分实现良法善治。"[②]从根本上来说，公众通过影响性事件必然会传导自己的情绪性表达与主观性诉求，但是，这些意见反馈到立法者那里，则必须慎思慎行，必须经过理性的反思予以筛选与过滤。

四、"被动性"迈向"互动性"

从影响性事件作用于刑事立法的逻辑顺序来看，刑事立法往往因影响性事件而发生调整，因而就这一单向性的因果互动来说，此为明显的单向被动式立法。"单向被动式"的刑事立法过程表明，仅仅当影响性事件的影响上升到一定程度之后，立法者才被动地依据影响性事件及其影响效果对现有立法进行调整，从中可见，这一过程的刑事立法明显具有滞后性与被动性。单向被动式立法的最大问题在于，立法步伐往往要慢于现实半拍，永远跟不上社会发展与变革的现实节奏。而且，影响性事件往往是多点式的偶发性出现，如果单纯以影响性事件来调动立法资源的配置，就必然致使立法呈现扑火式的事后救济，刑法规范的积极预防功能难以施展开来。呈现于影响性事件之后的立法规制往往强调的是报应性惩罚

① 刘艳红：《象征性立法对刑法功能的损害》，《政治与法律》2017年第3期，第35页。
② 刘宪权：《刑事立法应力戒情绪》，《法学评论》2016年第1期，第86页。

的色彩,而在权益保障意义上的行为引导功能未能较好体现。

因此,需要对现有的单向被动式刑法立法予以转变,即根据前期影响性事件对刑事立法的促进作用与借鉴意义,从单向被动方式转变为双向互动方式的刑事立法。双向互动式的刑事立法是指,立法者采用主动与被动两种方式进行刑事立法的规范构建。详言之,一方面,立法者要根据前期的社会动态与发展趋势,主动探求需要刑事立法涉入的规范内涵与刑事立法的关系,通过立法确立刑事处罚的边界所在;另一方面,在部分影响性事件的引导下,立法者事后认真审查该事件是否需要刑法予以补救,根据影响性事件反映出的现实问题进行集中性的思量,透过事件表象而查探其内在的核心实质,从而在被动之余能够主动性地审查出更多问题,并在最终刑事立法的调整中一并性解决。坚持"主动式—被动式"两者并驾齐驱的立法方法,才能既发挥刑事立法的积极规范价值,找准自身的位置与立场所在,不因为社会影响性事件的出现而轻易进行立法的左右摇摆,同时又要承认刑事立法可能存在的不足及漏洞,在基于前期认识局限性的基础上,因影响性事件的出现而充分利用好这一契机,最终制订出更加规范完善的刑事立法。唯有这样,我们才能克服单向被动式立法的滞后性障碍,建立起互动关联的良性影响性链条,发挥影响性事件对于刑事立法的积极效应。

第六节 本章小结

在社会环境中生存的社会公众必然有自己关注的诸多点与面,在部分事件发生之后,由于这些事件或多或少地会映射出自己的利益关切,因而这些事件受到社会群体的关注成为实践常态。从根本上来说,社会生活中从来都不缺乏影响性事件,与之相对应的是,影响性事件作用于刑法立法也根本无法否定或者被人为地强行屏蔽。影响性事件本身是中性化的存在,无所谓好坏之分,但是受之于影响性事件而传导于刑事立法的规范完善层面,则在影响性事件的偶发性与感性化较为突出的前提下,受此影响的刑事立法不能刻意与此相一致而放弃理性化的追求。刑法立法行进到今天,诸多的立法痕迹仍然难逃影响性事件的直接促动,这从侧面说明了社会快速行进过程中的某些矛盾需要刑法的涉足予以解决,也体现了刑法在化解社会问题中的功能价值所在。但是,如果过多依附于影响性事件进行刑事立法的规范确立,则又必然带来刑法立法的被动性有余而主动性不足,同时也会使刑法规范建基于极不稳定的社会事件内容及其频率之上,致使刑法处于变动不居的状态之中。因而,影响性事件之于刑法立法的关系,已经不仅仅是引起与被引起规范变动的表象性存在,而是需要在辨清彼此以及互动关系的基础上,全方位地把握影响性事件与刑法立法的实质,从而为影响性事件推动刑法立法的科学完善保持一份谨慎。

在刑事实体规范的完善过程中,影响性事件在其中发挥着重要影响,这已经是前期刑法修订折射出来的现实情形。需要肯定的是,影响性事件辐射出来的外在作用力仍具有多元性,既对民众法律意识与司法裁判带来波及效应,同时也促进了刑法立法的相应修订。但是,影响性事件带来的影响往往是双面的,除了积极性效应之外还有潜在的隐忧,在此情形下,我们要理性审视并客观对待影响性事件之于立法的意义。影响性事件的影响力渗透到刑事立法之中,除了有助于产生修法动力并保证立法紧随时代步伐之外,也会带来刑法立法频繁化、碎片化、随意化、被动化的弊端。因而,应在影响性事件与刑法立法的利弊关系中予以权衡和抉择,通过审慎性、系统性、谦抑性、互动性引导影响性事件之于刑法立法方法的完善,从而让刑法规范不断趋近"科学立法"之目标。

第七章

刑法立法与刑事司法的沟通维度考察

刑法立法的任务在于制定出一部科学的刑事法律规范，从而能够为惩罚犯罪、保护人民提供良法保障。但是，刑事立法的预设目标并不仅限于此，刑事立法的生命在于运用，因而现有立法层面的明文规定如何在司法实践的实施中焕发出生命力，同样是刑事立法需要关注的重要内容。众所周知，立法总是存在一定的滞后性，经立法制定出的法律从诞生的那一刻起，就注定与现实存在一定的距离。然而，法律的稳定性与权威性同样不容置疑，在不能频繁废除、修改立法规范的情况下，如何让立法与司法有效对接，如何实现法律效果与社会效果之间的协调统一，值得我们思考并予以合理解决。

第一节　刑法立法与刑事司法沟通的必要性

一、增进立法目的与司法目的的必然要求

立法与司法作为两个独立的阶段，彼此之间却存在着承上启下的密切关系。立法为司法裁判活动创设法律适用的依据，而司法则在遵循法律规范的指引下妥当地解决纠纷。然而，源于立法目的与司法目的的差异性，要想在法律适用阶段实现法律效果与社会效果之间的科学统一，绝

非易事。故而,有必要通过刑法立法与司法的沟通,尽可能地去除目的的非一致性,为实现法律效果与社会效果之间的科学统一,提供宏观上的指引。

(一) 刑法立法与司法目的内容不尽相同

立法作为一种创制、修改和废止法律的专门活动,具有特定的目的性。"相比任何其他人类活动,法律可能更具有目的性;它不仅从过去,而且从未来获得方向。在某些事上,它可能偏离靶心或达到目标,但在其核心本质上,它是面向未来的,也是一种有意识的工作。"[1]离开特定意识的指导,法律的制定只会陷入迷茫。

我国刑法第 1 条对立法目的进行了说明,即刑法的制定是为了"惩罚犯罪,保护人民",结合刑法第 2 条关于刑法任务的规定,可以将上述刑法目的细化为"用刑罚同犯罪作斗争,保障社会主义建设事业的顺利进行"。但是,即便如此,这一立法目的依旧十分宽泛而抽象,主要是因为:一方面,刑事诉讼法第 1 条同样将"惩罚犯罪,保护人民,维护社会主义社会秩序"写入立法目的,由此,刑法的立法目的与刑诉法的立法目的并无实质区别,难以说刑法的立法目的有显著特色;另一方面,"惩罚犯罪、保护人民"不仅仅是刑事立法的立法目的,同样也是刑事司法的目的,而法律制定阶段与法律适用阶段的任务显然存在区别,由此可见,这一目的反映的是包含刑事实体法与程序法在内的刑事法律立法与司法的宏观理念。鉴于此,有必要透过宏观目的对刑法立法目的进行深入分析,这也是研究刑法立法方法必不可少的内容。

笔者以为,"惩罚犯罪,保护人民"这一宏观目的是对不同价值追求进行提炼后的精华,其初始的价值内容包括两个方面,一是法律效果,二是社会效果。其中,"法律效果"一般是指,在司法审判中,法官应当严格遵守制定法的程序性和实体性规范,尊重法律规范的权威,遵循并体现"法律至上"的法治主义原则。而"社会效果"主要是指运用法律、道德或者其

---

① [英]保罗·维诺格拉多夫:《历史法学导论》,徐震宇译,中国政法大学出版社 2012 年版,第150 页。

他管理办法来治理社会,以求达到社会多元力量的有序性,譬如实现国家安全、政治稳定、社会和谐等等。法律效果与社会效果并非完全割裂,而是存在相互联系又各有侧重的关系。法律效果的实现以制定法律为前提,强调依法而治的同时也兼顾矛盾的化解,但是化解冲突的方式需要严格且正确地适用制定法。相比之下,社会效果的实现则不完全依靠法律适用,或者即使在司法诉讼的场合,也不一定强调拘泥于成文的法律,可以在不违背法律原则的情况下灵活处理。简单说,前者以法律得到正确适用为侧重点,后者以问题的解决为核心。对法律效果与社会效果进行细致分析的过程亦是对宏观目的进行深入解读的过程。不难发现,刑法立法结合刑事司法的综合目的为:制定刑法并据此来认定犯罪、惩罚犯罪,从而实现社会秩序、人民利益的有效保护。那么,这一细化后的目的中,多大部分是属于刑法立法目的的范畴呢?又有哪些部分是属于刑事司法目的的范畴呢?

在笔者看来,刑法立法目的与刑事司法目的是存在重合部分的,由此,对于前面的问题可以解答为:综合目的的内容既能为立法目的所容纳,同样也能被司法目的所涵盖。毕竟,"立法的目的是立法者设定于法律文本之中、实现于法律实施过程中的理想社会状态。"①换言之,立法目的与司法目的是没有绝对界限的,立法目的必然要通过司法目的来实现。但是,共性之下依旧存在着个性,二者目的内容涵盖的重点却不尽相同。立法活动经历了一系列复杂的程序,最终顺利地将成文法制定出来。可以说,此时便意味着立法阶段的主要任务已经完成,至于法律的实施以及将来可能取得的实效则更多的是司法阶段所需要面对的问题,立法阶段无法过多地涉力其中。这主要是因为,首先,立法活动的内容是制定纸面的法律规范,至于如何规范并运用,立法最多依靠设立一定的原则予以指导却无法对之进行细致规定;其次,立法的目的是立法者蕴含在制定法中的美好设想,但是法律的实施者却未必同样具有此等设想,于是乎,理念上的偏差注定导致立法与司法存在隔阂;最后,囿于立法技术的局限性以及现实状态的多变性,立法永远只能追赶司法的步伐而无法超越。故而

---

① 刘风景:《立法目的条款之法理基础及表述技术》,《法商研究》2013 年第 3 期,第 53 页。

言之,以立法为中心的立法阶段,其主要目的也只可能是与立法相容,由此便不难得出法律效果才是立法所着重追求的价值预设。

制定刑法并依法治理犯罪、维护秩序是刑法立法阶段最为主要的目的,与之不同的是,刑事司法的主要目的则是运用刑法在内的多种手段实现社会关系的有序化。刑事司法之所以侧重于社会效果是有深刻原因的,这是司法自身的内在特质所决定的,与司法公正的价值目标息息相关。司法是综合多元因素的复合体,它必不可少地囊括了司法人员的法治素养与法治意识、社会民众的情理道德意识、决策阶层的社会管理意识等因素,司法现实中法律、情理、政治等的相互交织注定法律效果难以百分百地实现。尽管刑法立法阶段融入了各种价值因素的追求,但是立法也不可能不考虑法理、情理、政策等方面的因素,因而已然经历过立法出台过程审视的成文规范,又将受到再一次的实践"检视"及其"修正",立法获得的短暂而微妙的平衡很可能不复存在。以司法解释为例,其颁行的原因是原本能够有效规制危害行为的刑法,因案件适用的"不明确性"而打破了立法时所预设的一般情形,即立法层面的预期无法与纷繁芜杂的实践适用继续保持——对应的状态,于是需要通过解释的方式来重新构建平衡。在刑法的法律效果无法与社会效果齐肩并进时,司法自然会专注于自己的目的而部分调整立法的目的,通过司法功能的充分发挥而弥补立法规范的现实短板。有鉴于此,刑事司法所追求的价值内容侧重于社会效果,这同样是能够从大量的刑事实践中得以说明的。

(二)目的非一致性引发的弊端及化解之策

刑法立法侧重于追求法律效果,而刑事司法则以社会效果的实现为主要目的,作为引领人们从事某种活动的内在动力,偏差的存在必然会导致运行结果的相异,于此便为法秩序的统一带来了障碍。法秩序的统一不仅仅是法律与法律之间的协调无隙,同样也强调立法与司法的和谐共进。理想的法秩序统一图景便是,立法完成良法的制定工作,司法在立法打下的良好法制基础之上依法而治,实现社会的长治久安。然而,现有状况却是,由于源于各自目的追求上的非一致性,导致立法无法为司法提供完美的治理社会的规范基础。"在形式上,实定法无法满足司法对其所要求的周延性和指示性。面对现实纠纷,实定法不可避免地存在漏洞、矛盾之处,会产生适用法条困难。"①同样的,出于实实在在的现实社会的治理需要,司法也无法时时严格依照制定法来裁判纠纷,于是乎,法秩序的统一便在实践运行层面上具有了现实障碍。

妨碍法秩序统一的因素无法独自归结于刑法立法或刑事司法,而是两者共同所致。刑法立法以犯罪及刑罚为视点,力求刑法规范的全面性,而对于刑法规制以外的法律规则、方法或者非刑事责任的规范往往不会着墨过多。由此,刑法的内在精神被塑造为"根据刑法来惩治犯罪、保护人民"而不是"不依据刑法来治理社会",这便与刑事司法的理念无法完全相融。以实现社会有序化为主要目的的司法,以适用刑法打击犯罪只是表面的现象,司法的本质应当是定纷止争,那么,如何有效地化解纠纷呢?从根本上来说,单纯依据刑法是无法求得答案的。所以说,刑法立法并不能为刑事司法提供完美无缺的前提性基础,相对的,刑事司法也难以严格遵循刑法立法的内在要求。"具体案件中的法律适用,其目标一般指向两个方向:规范维护或者规范目的(法的目的)的实现。当法律适用以规范维护为目标时,规则的稳定性或者权威性是司法者首先要考虑的因素。当法律适用以规范目的(法的目的)的实现为目标时,特定时期的社会利益、国家利益或者社会公众利益等,常常就转义成法的目的而成为司法者优先考虑的因素。"②笔者以为,规范维护无疑属于法律效果的范畴,至于法的目的实现归属于社会效果的范围更为合适,是因为法的目的只有借助于司法实践中法律的适用才能实现,故而在法律效果与社会效果陷入两难时,司法才会"不拘泥于法律"而竭力获取优越的利益——社会治理和谐价值的实现。但是,此种做法仍然面临着法治风险,因为以社会效果为主要目的追寻,有时会逾越法律设定的边界,在脱离法律规范支撑的前提下,其正当性以及法治有效性必将受到质疑。这样一来,便陷入两难的境地,维护刑法的权威而适用刑法却无助于社会关系的改善;但是不严格按照刑法规范虽能取得较好的社会效果,却会被贴上违背法治的标签。

---

① 方宏伟、张忆白:《司法目标与司法再解读》,《西部法学评论》2015 年第 3 期,第 24 页。
② 刘治斌:《立法目的、法院职能与法律适用的方法问题》,《法律科学》2010 年第 2 期,第 21 页。

如此看来,法律效果与社会效果的统一仍然存在一定的困难,而化解困境的良策便是在立法与司法之间构建沟通机制。沟通的意义不言自明,有利于双方相互了解,进而相互弥补缺陷。从刑法立法与司法目的这一宏观层面而言,首先,有助于刑法立法更多地了解司法需求,进而对于立法的目的进行适当修善,在侧重于法律效果时,给予社会效果更多的关注。由此制定出来的法律规范便更具有司法适用性。其次,有助于司法实践更加深入地领会立法精神,在处理案件时,能够贯彻法治思维,尽可能地避免出现逾法擅断的情况。简言之,在沟通思维的视域下,刑法立法与司法都能作出相应的调整,促进法秩序的统一及法律效果与社会效果的共同实现。

二、协调静态立法与动态司法的有效路径

立法的完成意味着规范暂时无法更改,但是,司法实践所面临的现实却无时无刻不在发生变化。伴随社会的不断往前发展,立法规范的滞后性必将得以显现,立法设定的规范与司法实践的需求之间无法一一得以满足。不同于前面关于目的层面的宏观论述,在此笔者将以立法技术和司法现实为视角,揭示刑法立法与司法之间存在的不协调之处,进而对沟通必要性进行考察。

(一)静态立法与动态司法的非协同性

立法之于纸面,司法之于现实,或许是对立法与司法的特性最为精炼的概括。纷繁复杂的立法程序在法律规范被制定出来的那一刻便走向了终点,此刻亦是法律最具有生命力的时刻。然而,对于司法而言却永无终点,随着时代发展,案件不断地翻新花样,挑战着现有法律规范的适用能力。于是乎,立法之于司法更显静态,因为纸面上的规定并不会随着实践的状况而进行自我更新。

静态的立法与动态的司法之间注定存在着非协同性,"社会的需要和社会的意见常常是或多或少地走在'法律'的前面的。我们可能非常接近地达到它们之间的缺口的接合处,但永远存在的趋向是要把这缺口重新

打开来。"①只不过此种非协同性并不具有瞬时性,而是需要在时间的流转与现实的迁移中才会显露,彼时法律应有的功能会因其所处的人、事、环境等的变迁而有所差异或失效,其调整功能自然也就无法如预期的那样被实现。②

稳定性和适应性是法律永恒的话题,也是立法与司法非协同性的内在反映。原因在于,两者都可归结为法律的内在属性,却存在着并非完全一致的关系,往往呈现出"此消彼长"的态势。相对的稳定性与绝对的适应性相互交缠,导致了立法与司法之间的非协同性,而非协同性之下却隐藏着法律适用的危机。稳定性注重保持法律的权威性,在此要求下,修改的间期越长、频率越低,便愈能突显出法律的严谨。不同的是,适应性,亦即变动性,则强调法律需"因时而变"。稳定性与适应性争端的极致后果便是形成"法治机械化"或者"无法而治"的局面,对于法治进程而言都是有弊无益的。

这是因为,过于追求法律的稳定性,就会刻意冷淡地回应现实的需求以维持法律的权威性,长此以往,规范的生命力流失,此时再利用僵化的法律规范来治理社会,势必会适得其反。相反,若是一味地强调立法规范的与时俱进,动辄修改或者废除法律,则会超越民众的认知程度,司法人员也会因为过度频繁地更换裁判依据而无所适从,这实际上造成了"无法而治"的局面。

(二)原因揭示与消除沟通障碍的方法

静态立法与动态司法的非协调性会将法律与现实割裂开来,不利于法律规范价值的实现,而造成非协调性的原因除了立法与司法阶段存在的目的差异因素外,还有立法技术的局限性以及社会现实的变化这两个重要的因素。

1. 立法技术的局限性导致立法的前瞻性不足

立法是一项精细的技术性工作,有着精细的程序设置,在此过程中,

---

① [英]梅因:《古代法》,沈景一译,商务印书馆1959年版,第15页。
② 付子堂主编:《法理学进阶》(第四版),法律出版社2013年第4版,第229页。

大量的专业人员注入海量的时间及精力于其中,为立法规范的出台进行深入的调研与反复的研讨。但即便如此,立法也并非是完美无缺的,主要表现为:

首先,立法程序层面存在的问题。一般认为,立法程序包括提出法律案、审议法律案、讨论修改法律案、表决通过并公布法律案四个步骤。在立法法修改之前,十八届四中全会就曾明确指出立法程序存在的不足:"有的法律法规未能全面反映客观规律和人民意愿,针对性、可操作性不强,立法工作中部门化倾向、争权诿责现象较为突出。"[①]为了加强立法工作的民主性、科学性、程序性,修改后的立法法新增了"立法公开"、"分歧较大的重要条款单独表决"、"立法后评估"等规定,同时对"听取立法意见"及"向社会征求意见"等也都进行了相应完善。但美中不足的是,这些修改内容更多的是规则性的说明,未有明确的细则可供参照,在实践中必然存在着操作层面的现实短板。例如,"听取法律意见"多以专家论证的形式进行,较少采用基层代表参加听证的方式进行,因此,立法者无法准确地获知社会多阶层的法律需求。再如,立法评估程序的评估时限、地域范围、参与主体都存在或多或少的问题,很难取得全方位实质有效的反馈结果。立法程序存在瑕疵,就会对成文法的制定产生不可忽视的负面影响,在严重的情况下,有可能直接导致法律规范与社会现实需要之间的脱节现象。

其次,立法语言模糊导致规范的适用性存在障碍。"法律必定是模糊的。"[②]模糊的语言会将立法规范的内涵变得朦胧不可见,使得法律与现实之间难以一一对应,并且对具体的法律适用者而言,往往显得无所适从。然而,立法语言的模糊特性有着内在的深刻原因,这也是法律自身适应性的体现。法律的调整对象包括社会中的自然人、法人以及非法人组织,与此同时,由于适用对象的不同法律需求,法律必须尽可能地予以全面的照应,从而决定了制定出来的法律规范的内容具有全面性。但是,范

---

① 《中共中央关于全面推进依法治国若干重大问题的决定》,《人民日报》2014 年 10 月 29 日,第 1 版。

② [英]蒂莫西·A. O. 恩迪科特:《法律中的模糊性》,程朝阳译,北京大学出版社 2010 年版,第 240 页。

围的全面并不代表规定的详细,一方面,越是精细的立法表述越会削弱规范内涵的射程半径,相反,抽象的文字则有助于扩大法律的适用范围;另一方面,精细化的规定需要以科学的评估为前提,以经济犯罪为例,若是将某种具体危害行为、具体数额作为入罪标准,那么在确定其作为入罪条件之前,应当完成大量的检测评估工作,这对于人力、物力等方面的消耗往往无法估量。于是乎,法律用语的模糊性就成了立法的内在属性。

贝卡利亚在《论犯罪与刑罚》这一名著中写道:"如果说对法律进行解释是一个弊端的话,显然,使人不得不进行解释的法律含混性本身是另一个弊端。"①可是,"法律的含混性"并非完全因为立法用语所致,在罪与非罪、此罪与彼罪之间本身的界限需要规范评价的前提下,再精确的文字同样无法遮蔽内涵之下的含混性。这般看来,文字的模糊性也并不是毫无益处,至少有利于最大程度地顺应社会现实的发展需求,为司法人员在具体适用法律时留有解释的余地,为立法规范的社会适应性提供了空间与可能。需要注意的是,笔者的上述分析,并不是对立法用语模糊性特征予以美化,更不是对立法规范的模糊性表述进行大力宣扬与倡导,而仅仅只是一种客观性评析。毕竟,只有经过辩证理性的分析才能最大程度地全面把握问题,并为寻求问题的解决之道提供基础。

最后,立法者前瞻性有限,无法全面预见社会发展的进程。立法工作往往需要总结过去的法治经验,严肃面对现代社会进程中显现的症结,并且适当地预见未来,赋予规范更好的生命力。然而,这对于立法者而言要求甚高,阅古观今可知,立法者仅仅能够制定出一部适宜当下环境的法律,但却无法为将来的社会秩序提供法律指引,难以制定出一部"万世之法"。秩序一般是"用来指在自然进程和社会进程中都存在着某种程度的一致性、连续性和确定性。"②法律与秩序的关系,存在着维系、断裂的可能性,"维系"意味着法律能够与现实保持一定程度的一致性、连续性,实现有序性,"断裂"则意味着无序。"'无序'表明存在着断裂(非连续性)和无规则性的现象,亦即缺乏智识所及的模式——这表现为从一个事态到

---

① [意]切萨雷·贝卡利亚:《论犯罪与刑罚》,黄风译,北京大学出版社 2008 年版,第 15 页。
② [美]博登海默:《法理学——法律哲学与法律方法》,邓正来译,中国政法大学出版社 1999 年版,第 219—220 页。

另一个事态的不可预测的突变情形"。① 精明的立法者总是想方设法地保持规范以适应社会秩序前进的脚步,"我们从秩序整体中的某个空间部分或某个时间部分作出正确的预期,或者至少是学会作出颇有希望被证明为正确的预期。"②反映在立法之中,便是力求制定出来的规范具有一定的前瞻性。从规范的科学层面来说,需要对未来的社会发展进行一定的准确预测,唯有此,才能使得规范具有延续不断的时空适用性,避免短时间内被现实淘汰。然而,人的智力有限,没有人能够对未来进行准确无误的规划,所以制定出来的法律更多的是"当下的法律"。由此,缺乏前瞻性的法律终有一天会与现实"分道扬镳",法律的空位现象总是难以避免,社会秩序发生规范之外的无序紊乱总是或多或少地要出现。

2. 社会现实的变动不居导致法律规范的适应性不足

一方面,社会关系、民众需求、管理手段的更迭都会导致法律活力的下降,突出表现为"社会经济的不断发展,社会分工的不断细化,使得社会关系日趋复杂,社会利益更加多元,这就直接导致了社会中出现了无法被当时刑法制定者所预见到的行为。"③其结果便是,"当社会生产方式的进步要求某种法律形式时,现实生活中尚未存在的法律形式就会被创造出来;甚至原来的概念、范畴都会发生新的变化以适应法律的成长和发展要求。"④另一方面,随着网络时代与科技社会的不断进步,传统的安全观受到挑战,刑法也被迫转型。"在风险社会中,政治层面对安全问题的高度关注,导致预防成为整个刑法体系的首要目的;而刑法体系在目的层面向预防的转变,深刻地影响了传统的刑法体系。"⑤概而言之,现实是促使法律变革最为有力的推动者,社会多变性与立法技术的局限性使得立法与

---

① [美]博登海默:《法理学——法律哲学与法律方法》,邓正来译,中国政法大学出版社 1999 年版,第 219 页。
② [英]弗里德利希·冯·哈耶克:《法律、立法与自由》(第一卷),邓正来、张守东、李静冰译,中国大百科全书出版社 2000 年版,第 54 页。
③ 李翔:《刑法修订、立法解释与司法解释界限之厘定》,《上海大学学报》2014 年第 3 期,第 127 页。
④ 李道军:《法的应然与实然》,山东人民出版社 2001 年版,第 320 页。
⑤ 劳东燕:《风险社会中的刑法——社会转型与刑法理论的变迁》,北京大学出版社 2015 年版,第 8 页。

司法之间具有相应的距离。

原因的查清,有助于我们去化解立法与司法对立的困境。笔者以为,最为有效的方法便是协调两者的关系,在其中建构沟通的"桥梁",这与解决立法目的和司法目的差异性问题的对策如出一辙,同时也再次证明立法与司法的沟通是必要的。立法与司法的衔接关系已经毋庸置疑,但是,基于彼此有关系前提下的良好沟通却往往没有受到应有的重视。促进立法与司法的沟通是维护二者共同规范价值的必要之举,是协调彼此差异性与现实距离感的一剂良方。"所谓协调,从语义上讲,'协调'中的'协'和'调'同义,都具有和谐、统筹、均衡等富有理想色彩的哲学含义,'协调'即'配合得当',避免忽左忽右两个极端的理想状态。"①如何有效协调涉及到具体的操作方式,我们可以从刑法解释、指导案例、法官解释等多角度进行,笔者将在下文对此进行详细的论述。

第二节　刑法解释与指导性案例作为立法的补充

一、刑法解释的价值与解释原则的确立

"在中国的制度设计上,法律解释(包括刑法解释)一般说来既非附属于司法裁判权的一种活动,也非附属于立法权或法律实施权的一种活动,它在法律上被单列为一种权力,一种通过解释形成具有普遍法律效力的一般解释性规定的权力。"②法律解释对于立法与司法的协调作用甚大,作为连接两者的中间桥梁,可以说,"法律解释是法律适用必经的关键环节,没有法律解释就没有法律适用。"③法律解释发挥着协调刑法立法与司法的功用,对缩小刑法规范与司法实践之间的差距并达成刑事立法的理想目标具有极为重要的意义。因而,法律解释有必要作为刑法立法的

① 熊永明:《刑法立法协调性研究》,《河北法学》2011 年第 1 期,第 126 页。
② 张志铭:《法律解释操作分析》,中国政法大学出版社 1998 版,第 220 页。
③ 付子堂主编:《法理学进阶》(第四版),法律出版社 2013 年版,第 148 页。

外部协调方式予以细致说明。

（一）刑法解释的必要性

法律的生命诞生于立法,延续于解释,作为沟通规范与事实的"桥梁",法律解释具有其自身不可替代的作用。正如伽达默尔在《真理与方法》一书中所说:"一条法律将不能历史地被理解,而应当通过解释使自身具体化于法律的有效性中。"①虽然法律解释不是再次的立法,但是却呵护着立法规范的有效性,是法律适用不可或缺的保障,是实践适用者从"书本中的法"走向"实践中的法"的有效路径。从某种角度来说,法律解释的合理性、解释内容的优良程度甚至会产生比立法更加深远的影响,这对于刑法的适用来说亦是如此。

"刑法解释是指对刑法规定意义的说明。"②作为刑事立法的外部补充,它的产生是由刑法文本的自身特性和刑法适用的多方面需求所引起的。具体而言,主要有如下方面的具体情形:

第一,刑法用语的局限性。在成文法的视域下,任何一部法律都需要借助语言来表达,虽然语言自身也伴随着经济社会的发展而逐渐丰富,但是,面对立法规范所要调整的纷繁复杂的社会现象,法律用语难免会存在或多或少的局限。一方面,在难以寻找到恰当准确而又涵盖立法意图的词汇时,为了实现立法目的只能采取一定的宽泛性语词予以表达。比如,刑法条文中惯见的"重大过失"、"严重后果"等都是这类现象的明确体现。另一方面,立法预想与司法解决所需的社会条件并不一致,为了保证法律规范的调整力度和功能,难免出现弹性用语。③ 无论是原则规定,抑或是弹性规定,其实都是刑法立法用语的抽象性与模糊性所致,这种不确定性、模棱两可的情形在刑法概念中显现得淋漓尽致。例如我国刑法第25条规定的共同犯罪,由于"共同故意犯罪"的表述过于抽象,使得众多学者、法律实务人员在判断共同犯罪是否成立时,一旦遭遇到司法中的非典型性案件,均会产生认识上的纷争。此时,运用刑法解释对不甚明了的刑

---

① [德]伽达默尔:《真理与方法》,洪汉鼎译,上海译文出版社2004年版,第400页。
② 张明楷:《刑法学》(第五版),法律出版社2016年版,第28页。
③ 李培传:《论立法》,中国法制出版社2013年版,第485—486页。

法条文予以内涵释明,已然成为理论界与实务界必然要采取的通行方式。

第二,立法者智识与精力的局限性。法律规范的形成,是立法者对已经发生、正在发生或即将发生的行为、事实抽象概括的结果,这其中的智力耗损与精力消耗无疑是巨大的。然而,"人有力殚,智有余漏",受制于认识局限性的束缚,没有哪一个立法者能够洞悉事物及其发展的任何细节,没有哪一个立法者能够毫无偏差地预测未来的犯罪趋势,因而,在特定时空条件下形成的法律规范,必定无法涵盖现在及以后的所有情形。正是在此层面,我们说立法规范终究是存在缺陷的,立法的滞后性是与生俱来的特性。针对这一情形,为了弥补立法者认识能力与精力层面的局限性,克服立法规范不周严的缺陷,我们有必要对刑法条文进行进一步的解读。通过解释方法妥当地填补立法漏洞,赋予刑事立法以规范的生命力,使得现有的立法规范能够对当下的犯罪现象进行有效规制。

第三,社会现实变动不居的动态性。社会现实无时无刻不在发生变化,司法现实与立法理想始终无法保持一致,法的稳定性随着现实未曾停歇的变化而逐渐衰弱。美国社会学法学的创始人庞德教授认为:"法律必须稳定,但又不能静止不变。因此,所有的法律思想都力图协调稳定的必要性与变化的必要性这两种彼此冲突的要求。一般安全中的社会利益促使人们去探寻某种据以彻底规制人之行动的确定基础,进而使一种坚实而稳定的社会秩序得到保障。但是,社会生活情势的不断变化却要求法律根据其他社会利益的压力和种种危及安全的新形式不断做出新的调整。因此,法律秩序就必须既稳定又灵活。人们必须根据法律应予调整的实际生活的各种变化,不断地对法律进行检查和修正。"①法律解释就是不断地对法律进行检查和修正的表现形式之一。法律与解释是不可分割的,法律是在解释中发展的,也只有在解释中才能获得真正的理解与适用。② 当下刑事立法仍在延续以往的趋势而不断扩张,尽管惩治犯罪的法网趋于严密,但扩张的弊端同样不可忽视,对于一些情绪性立法、回应性立法等现象,我们有必要予以认真审视,尽可能地通过刑法解释对其进

① [美]罗斯科·庞德:《法律史解释》,邓正来译,中国法制出版社 2002 年版,第 2 页。
② 陈兴良:《法的解释与解释的法》,《法律科学》1997 年第 4 期,第 23 页。

行限缩,从而真正实现刑法的权利保障与社会防护功能之间的一致性。

第四,民族文化区域的特殊性。结合刑法立法用语的特性就不难发现,过于抽象的法律条文是对社会现实的一般性概括,而缺乏对特定区域、特殊文化、特别个案的细致甄别与考虑。我国是幅员辽阔的大国,五十六个民族的地理区域、文化习俗、生活方式等不尽相同,一味求同和刻意追求适用法律人人平等价值,则难免会忽视因经济、文化、传统习俗所引起的民族差异性,这不利于法律公平正义价值的个案实现,不利于刑法个别化的个案适用。尽管如此,我们又不能抛弃一般性法典的制定与规范性立法规定,因而为了解决这一现实问题,在制定一般性立法规范之后,针对民族文化区域的具体情形,有必要运用刑法解释来具体实现法律背后的正义价值,通过因地制宜的刑法适用来焕发其内在生机。

从上述对刑法解释必要性的阐述可知,刑法解释不仅仅是对已有规范文字的消极解读,更是隐含了主动性与创造性,是刑事立法之后另行"续法"的重要法律活动。当然,这也恰恰证明,刑法立法并不单单是制定刑法条文的孤立过程,其完整的阶段还应包括刑法解释,毕竟法律的生命因解释而延续,法律的价值因解释而实现。[①] 刑法解释作为沟通立法与司法的桥梁必须得到重视,它的必要性价值既是理论的需要也是实践的需要,既是司法的需要也是立法的需要。

(二) 解释原则的确立

刑法解释的制定并非是漫无目的的,完善立法、服务司法是它的使命。对刑法解释施加适当的原则设定,使其遵循基本准则,在维护社会秩序与个人权利的同时,也要防范解释权力的随意膨胀,以实现妥当解释所能达到的最佳效果。

1. 必要性原则

此即,刑法解释只有满足必需性时方能制定,以避免解释臃肿与解释依赖症。众所周知,谦抑性是刑法的原则之一,刑法解释作为刑法规范的阐明,其本身也应当是谦抑的。必要性原则在保留谦抑的内涵时,更进一

---

① 付子堂主编:《法理学进阶》(第四版),法律出版社 2013 年版,第 152 页。

步地强调限度性,这种限度涵盖刑法解释作出主体的权力、刑法解释的内容、刑法解释的效力。限度之下的谦抑,突出的是"抑制"和"必要"。刑法作为第二层次的规范性法律,刑罚对公民权利的影响不言而喻,而刑法解释作为对抽象条文的说明,往往起到的是扩张条文适用范围的作用,从而以有效地惩治犯罪。联系刑法解释如雨后春笋般涌现的事实,我们不禁为权利的堤岸能否抵御权力之潮的冲击而忧虑。

必要性原则可以从两个角度来理解。首先,刑法解释是否有必要被制定并予以适用。刑法解释,特别是有权主体制定的立法解释或司法解释只是诠释刑法规范的方式之一,然而,其效力却是显然的,即一经颁布即获得普遍的法律效力。扩张化的刑法解释带来的是犯罪圈扩大的效果,而且不同主体制定的刑法解释存在内在规范冲突的现象,由此损耗的不仅是司法的公信力,更是对刑法稳定性的无形侵蚀。因而,刑法解释的制定应当是谨慎的,如果通过发布指导性案例、座谈会纪要、最高法回复就能妥当解决刑法适用中存在的疑难问题时,刑法解释可以选择不予制定。

其次,必要性原则还体现在刑法解释的内容上。刑法解释的作出,无外乎扩张或者限缩刑法条文的适用范围。前者常见的是对某条文的字词内涵进行扩张解释,从而将原本处于模糊状态的案件事实纳入刑法的调整范围。后者则是对某些条文,特别是含有兜底规定的条文予以明确解读,划清罪与非罪、此罪与彼罪的界限,以实现精准规制的刑法目的。刑法解释对刑法条文范围的扩大解读必须谨遵必要性原则,经过充分的实证调研与思辨考量之后,现有规范确实无法应对实践中新型或者复杂的案件时,为了法律规范适用的规范性才有推出解释的现实必要。与此不同的是,限缩犯罪圈的刑法解释,只需秉持维护刑法稳定性、权威性的谦抑即可,无需达到必要性的程度,这是权利保障的应有之义。

2. 合法性原则

刑法解释是以立法规定为前提的,尽管立法规范与案件事实之间的非直接对应性决定了解释的必要性,但是,在刑法解释过程中仍然需要遵守合法性原则。首先,刑法解释的主体必须合法,在我国,只有全国人大、全国人大常委会、最高人民法院和最高人民检察院依法作出的刑法解释才是有效力的。其次,刑法解释的制定程序必须符合相关法律的规定,非经法律程序则视为无效。再次,刑法解释的内容必须遵循刑法的原理,即使引入政策性内容而作相应调整,也不可违背刑法的基本原则和超过刑法用语的可能射程范围。最后,刑法解释的效力应当严格按照刑法文本、立法解释、司法解释的位阶予以认定,当解释之间或刑法规范与解释之间发生冲突时,位阶低的解释应让位于位阶高的解释。至于两高各自发布的司法解释存在的不一致现象,则应当报请全国人大常委会进行权威的立法解释,或者通过刑事立法的方式以正视听。

3. 利益优越性原则

任何一项规范性内容的作出,背后都隐藏着价值之争,刑法解释亦是如此。刑法解释的利益衡量,不仅是权利保障与秩序维护之间的角力,也是立法稳定性与司法适用性之间的协调,而且还是科学性、有效性、合理性得以实现的必要途径。科学性,即刑法解释的制定应当依据客观的事实,而非主观臆想,其内容理应是对条文进行了全面的考量后,所作出的具体阐释,而不是立足片面的条文形成抽象的规定,解释用语应尽量明确、通俗,摒弃极度模糊、晦涩的字词。有效性,强调的是刑法解释的效力。一方面,制定主体只能是与之对应的法定机关,另一方面,解释内容是合乎逻辑且有效的,是对刑法原理的遵循。合理性,是与合法性相对应的概念,既合法又合理是刑法解释的双重目标,合理性的判断除去法律符合性之外,还包含对社会伦理、民众认同、文化习俗等的兼顾。从科学性到有效性再至合理性,均是经过利益衡量的结果。

刑法解释的规范折射出惩治犯罪的范围,单个主体或联合主体发布的刑法解释,反映了司法职责的分工与职权的配合,刑法解释对情与理、文化差异等的有限吸收体现了规范内在的人文性追求,这些都涵盖着多方利益权衡的因素,最后呈现的刑法解释往往是综合考量之后的产物。在无法回避多元利益兼顾这一事实的前提下,必然要将利益优越作为刑法解释的原则之一,这是对必要性与合法性的有利补充,即只有在必需制定的场合,内容合法且又合乎优越利益的刑法解释才能实现刑法的价值,这样的解释也才是值得推崇的解释。

二、案例指导制度的利弊评析及其完善

2010 年正式启动的案例指导制度,意味着我国法律规则体系的发展和完善,颁布的指导性案例,有助于化解法律规则在司法实践中的适用难题,在一定程度上弥补了立法的缺陷。从连接立法与司法的视角来看,案例指导制度有其特殊的价值,在厘清其功能地位之余,还需要重视其运行过程中存在的问题并予以完善,以期更好地服务于刑事法治的全面推进。

(一) 案例指导制度的独特价值

案例指导制度,是指由最高人民法院、最高人民检察院确定并统一发布的对全国审判、检察工作具有指导作用的指导性案例的制度。[①] 针对案例指导制度的价值功能问题,最高人民法院已经作出了相关的说明。2005 年最高人民法院发布《人民法院第二个五年改革纲要(2004—2008)》指出:"建立和完善案例指导制度,重视指导性案例在统一法律适用标准、指导下级法院审判工作、丰富和发展法学理论等方面的作用。"2019 年最高人民法院发布的《最高人民法院关于深化人民法院司法体制综合配套改革的意见——人民法院第五个五年改革纲要(2019—2023)》中明确指出:"完善指导性案例制度,健全案例报送、筛选、发布、评估和应用机制。建立高级人民法院审判指导文件和参考性案例的备案机制。"就实践情形来看,案例指导制度对法律适用的指导、公平正义的保障,发挥着毋庸置疑的作用。

1. 案例指导制度有利于法律规则体系的完善

法律规则体系不同于法律体系,它的涵盖范围除法律以外,还包含具有规范作用的其他法律形式。目前,我国的刑事法律规则体系由刑法、立法解释和司法解释构成,解释对于刑法规范具有补充说明的作用,但是从文本形式来看,其本身亦是规范性的法律规则。案例指导制度的确立,有利于使单纯的规范性规则体系向兼具规范性与适用性的方向发展。最高

---

① 陈兴良主编:《中国案例指导制度研究》,北京大学出版社 2014 年版,第 1 页。

人民法院研究室的有关负责人在答记者问时谈到："人民法院的指导性案例,从其性质上看是解释法律的一种形式,更准确地说,是解释宪法性法律以外的国家法律的一种形式。如有关刑法、刑事诉讼法、物权法方面的指导性案例,实际上起到了解释、明确、细化相关法律的作用。"①如此,实际上肯定了案例指导制度以案释法的作用,突显了指导性案例的实践面向特征。结合最高人民法院 2015 年 5 月颁布的《〈关于案例指导工作的规定〉实施细则》第 9 条的规定,②"'应当参照'的规定,使得通过筛选机制成为指导性案例,适用于指导性案例本身的裁判规范事实上可以拘束此后同类案件的司法机关和当事人,具有了法源地位。"③可以明确的是,发布的指导性案例对于类似案件而言,由于可以直接作为裁判理由予以适用,因此具有法律规范的适用效力。④ 职是之故,带有创新色彩的案例指导制度,实则成为了法律规则体系的一部分,虽然其和司法解释的功能存在着部分重叠,但是,由于其植根于具体的案例适用之中,使得指导性案例的规则体系具备了司法适用的效力价值。

2. 刑事案例指导制度有助于提升司法机关的实务技能

刑法以刑罚作为主要的惩治手段,其严厉性要求刑罚的适用必须准确无误,一旦发生冤假错案将会对法治进程产生极大的负面影响,这就对刑事案件的审判者提出了更高的要求。在我国目前的审判体制下,基层法院作为刑事案件审理的前沿阵地,刑事法官业务工作量相当繁重,但是囿于法学教育与法治素养的局限性,司法人员对于刑法规范的理解能力以及解释能力都存在着相对不足的窘境。受之于多元因素的影响,对案件背后的诸多问题挖掘得不够,对已经揭示出来的部分问题往往难以合

---

① 高领:《"指导"意在规范——构建中国案例指导制度研讨会综述》,《人民法院报》2011 年 1 月 7 日,第 5 版。

② 具体规定为:"各级人民法院正在审理的案件,在基本案情和法律适用方面,与最高人民法院发布的指导性案例相类似的,应当参照相关指导性案例的裁判要点作出裁判。"

③ 刘克毅:《法律解释抑或司法造法?——论案例指导制度的法律定位》,《法律科学》2016 年第 5 期,第 195 页。

④ 2015 年 5 月颁布的《〈关于案例指导工作的规定〉实施细则》第 10 条:"各级人民法院审理类似案件参照指导性案例的,应当将指导性案例作为裁判理由引述,但不作为裁判依据引用。"尽管不作为"裁判依据引用",但是"作为裁判理由引述"仍然间接赋予了指导性案例的规范适用效力。

乎法治逻辑地予以自主解决。此时,案例指导制度可以提供较好的交流与沟通途径,让司法人员从中获取"知识",提升自己的法治水平与解决问题的能力。因而,我们不难看出,通过发布指导性案例,可以让司法人员通过参照前期已经审结的个案样本,辅助他们梳理相关案件的审判要点,从中汲取适用相关法律规范的有益经验,提升实践操作技能,并大大提升案件审理的效率与质量。

3. 刑事案例指导制度能够弥补法律解释的内在缺陷

法律解释虽然能够对法律规范的含义进行阐释,但其解释的方式限于条文规范的说明,与立法机关制定的成文法律一般,同样存在着一般性与抽象性的弊端。但刑事指导性案例则不同,它能将纸面的规则予以具体化、实践化、可操作化,"指导案例所提供的裁判规则具有较司法解释和政策更为具体的表现形式,对于司法活动来说,具有更为直观的可参照性。"①不仅如此,案例指导制度在理论上还能起到对司法解释进行补充的作用。我国司法解释体系庞大、错综复杂,难以避免出现法律遗漏,加之司法解释主体承担的职责存在着一定差异性,由此,对于各自或者联合制定的司法解释,无法保证解释与解释之间不会出现冲突的情况。此时,案例指导制度的价值得以凸显,司法人员在学习贯彻指导性案例的精神时,必然会关注其中涉及法律规则的说明及适用,这有助于明辨司法解释的合理性。指导性案例中作为裁判依据的司法解释,其效力能够得到较好巩固,而那些与裁判依据存在明显冲突的司法解释,其效力会削弱,甚至变相地被否定。由此,案例指导制度虽然不能在规范层面对司法解释的内容及效力作出改变,但其所产生的指向作用,却能在一定程度上对司法解释形成限制或者强化的作用。

4. 刑事案例指导制度有助于法治运行过程的可视化

由于法律语言及其适用的特性,法律规范乃至法律解释都呈现出抽象化、规范化的特点,使得普通民众难以直接获得其背后的内涵和追求的价值。即使社会公众能够通过多元途径而查阅到相应的规范文本,同样

---

① 陈兴良:《死刑适用的司法控制——以首批刑事指导案例为视角》,《法学》2013 年第 2 期,第 57 页。

会因为解释技巧及实务经验的匮乏,无法通过自身掌握的有限知识而对具体案件进行合理的论证,难以全面地进行价值权衡而掌握法律真正的要义。如此,也易造成民众对规范预期的落空,对案件的审判结果产生非理性的现实纷争。从中可见,案例指导制度较之于抽象而复杂的规范更显具体性、通俗性,直观化地通过现实个案而输出的"法律产品",并对输出过程予以清晰化的呈现。因而,指导性案例的发布实际上将事实与规范往返的过程进行了简化明了的展现,给民众呈现适用法律的过程,方便他们在相似案件中比照裁判结果,无需借助专业的知识背景及解释技巧便能对判决进行合理与否的评价。由此,法治运行在公开之余变得更加可视化,民众通过指导性案例也可以对类似案件的审理形成公众监督,同样有助于司法人员案件审理质量的提高。

(二)案例指导制度的困境与完善

案例指导制度对于刑法立法与司法的连接具有独特的价值,无论是对专业的司法人员还是对社会公众来说,其积极意义都应当是显而易见的。但是,囿于客观存在的诸多局限性,案例指导制度的功能价值受到了相应的限制。①

1. 指导性案例筛选的行政化色彩及其解决

根据最高人民法院 2010 年 11 月颁布的《关于案例指导工作的规定》、2015 年 5 月颁布的《〈关于案例指导工作的规定〉实施细则》来看,为了拓宽指导性案例可选性的来源,指导性案例的推荐主体并没有被限定为某一特定主体,即包括了最高人民法院各业务庭、地方高级人民法院以及社会相关群体等。但是,从实践情形来看,指导性案例的来源仍然具有相对集中性,正如学者所言,"从已有的指导性案例来源来看,地方高级人民法院的推荐占据了绝大多数,即使是最高人民法院审结的案例,一般也

---

① 由于本书的主旨为刑法立法方法研究,故而对于指导性案例的选择侧重于刑事实体法,即以最高人民法院发布的刑事指导性案例为研究样本,对于最高检颁布的指导性案例虽然会有所涉及,但考虑到其更多涉及到程序方面的内容,因而本书不作为考察的重点对象,仅仅只做出整体性的评价。

都经过了地方高级人民法院的审理。"①由此可见,尽管在推荐主体中包括了"社会相关群体",但是限于社会公众的知晓度和参与的便利性,法院尤其是地方高级人民法院往往才是真正行使指导案例推荐权的主体。此外,凡是推荐至高级人民法院的案例,还需要经审判委员会讨论决定或者经审判委员会过半数委员审核同意,由此,多元化主体的推荐机制实际上并未发挥出所预想的积极作用。

就遴选主体而言,最高人民法院设立案例指导办公室,专门负责指导性案例的遴选工作。在需要进一步研究备选案例时,案例指导办公室可以向相关国家机关、部门、社会组织以及案例指导工作专家委员会委员、专家学者征求意见,这一做法虽然有助于遴选的民主化、专业化,但是却未彻底改变行政化的操作方式。"我国遴选指导性案例的多元化模式,虽然将各级人民法院纳入了推荐案例的主体范围,但却完全脱离了审级制度的基本构建,遴选案例的主体并不参与案件的直接审判,指导性案例的遴选和裁判互相脱离,是这种行政化操作方式的典型特征。"②一言以蔽之,遴选的决定主体与实际参与案件审理的主体相分离,缺乏具体参与的经历而只通过书面评判的方式来确定指导性案例,这一极具行政化色彩的推出与确立过程,也为指导性案例本身的典型性、权威性埋下隐患。

案例指导制度作为自上而下推行"统一法律适用"的一项措施,行政化的色彩显然是难以彻底去除的。在现行框架下,笔者认为可以从扩宽推荐渠道以及强化内向激励这两个方面,对案例指导制度的运行机制进行相应的完善。

"扩大社会推荐模式的应用,可以减少单纯依靠地方高级人民法院推荐指导性案例的情况,不仅能够快速提升指导性案例的数量,还能够降低强制报送备选案例中的行政化色彩。"③具体而言,一方面加强裁判文书的公开程度,扩大社会的知情范围,为更多主体参与指导性案例的推荐工作提供良好的基础。另一方面,重视公诉人、律师或公众在审判后的评价

---

① 孙光宁:《案例指导的激励方式:从推荐到适用》,《东方法学》2016 年第 3 期,第 19 页。
② 陈兴良主编:《中国案例指导制度研究》,北京大学出版社 2014 年版,第 69 页。
③ 孙光宁:《案例指导的激励方式:从推荐到适用》,《东方法学》2016 年第 3 期,第 26 页。

意见,若是评价整体较高且社会效果较好的,应当将该案例作为备选的指导性案例进行推荐。若是多方主体评价存在褒贬对立的情况,可以让其他法律专业人士进行充分研讨,并反复斟酌之后予以审慎决定,避免案件选择不当带来的负面效果。关于内向激励措施,笔者主张应在"质量为主、数量为辅"的观念下进行,不应过多追求数量,而是应当按照一定的标准,筛选出具有类型性的典型案件,确保能够为后期的刑事司法起到良好的指导作用。与此同时,在日常工作中,还应当定期进行指导性案例的学习交流活动,让法官知晓并洞悉指导性案例的典型特征与核心要素,既方便日后自主发现类似指导性案件,也可以增强法官的理论素养与业务技能,从而促进备选指导性案例数量及质量的双项提升。

2. 指导性案例裁判说理不充分及其解决

从 2012 年 1 月至 2019 年 5 月,最高人民法院共发布了 21 批指导性案例,共计 112 例,其中涉及刑事犯罪的 21 例。[①] 基于现有的样本,我们可以对指导性案例存在的问题进行相应的考察与梳理,并对解决办法提出相应的理论指引。

(1) 指导性案例的释法说理不透彻。就现有的指导性案例来看,裁判者过多注重案件的事实审查,导致真正的推理分析过程未能突显。事实审不同于法律审,法官将更多精力投注于案件事实认定、证据证明的方面,对于法律问题的论证及法律规则的阐释重视不足,如此一来,就与案例指导制度的内在精神背道而驰。例如,在第 27 号指导性案例"臧进泉等盗窃、诈骗案"中,裁判要点在于盗窃罪、诈骗罪的区分。裁判理由写道:"对既采取秘密窃取手段又采取欺骗手段非法占有财物行为的定性,应从行为人采取主要手段和被害人有无处分财物意识方面区分盗窃与诈骗。"在此前提下,就以事实分析为主,向预设的结论靠近。但是,裁判理由并未解决以下疑问:凭借主要手段及处分意识来区分盗窃罪与诈骗罪的规范依据为何? 正如有学者指出的:"本指导性案例的裁判理由将行为

---

① 这 21 例刑事指导性案例的序号分别为:(指导性案例)3 号、4 号、11 号、12 号、13 号、14 号、27 号、28 号、32 号、61 号、62 号、70 号、71 号、87 号、93 号、97 号、102 号、103 号、104 号、105 号、106 号。数据源自中华人民共和国最高法院网:http://www.court.gov.cn/fabu-gengduo-77.html,2019 年 5 月 28 日访问。

人采取的主要手段作为定罪的依据具有不妥当性,并且没有从规范意义上认真分析盗窃罪与诈骗罪的不同。"[1]笔者以为,更为合理的论证思路应当先从盗窃罪及诈骗罪的规范解读开始,以具体案件事实为依据,最终得出合理充分的结论。轻视或者忽视规范说明与释法说理过程的指导性案例,只对相同而非类似的案件起到了指导性作用,但是难以经受得住理性的不断拷问。

(2)发布的指导性案例的指导性不够突出。指导性案例作为指导全国法官审理类似案件的模范案例,对它的挑选应当注重法律适用性、法律解释上的疑难性、结论得出上的争议性等方面的考察,切实发挥指导性案例的指导作用。然而,最高人民法院发布的指导性案例中却存在部分案例指导性不突出的情形,反映出案件选择上的局限性。例如,在第 71 号指导性案例"毛建文拒不执行判决、裁定案"[2]中,案件的争议点非常清晰,即如何认定拒不执行判决、裁定罪中规定的"有能力执行而拒不执行"的行为起算时间,即究竟是从民事判决发生法律效力时开始计算,还是从执行立案时或者其他时间开始计算。笔者以为,针对此"争议焦点"并无必要专门以发布指导性案例的形式予以阐述。正如此案的裁判理由所言,"《最高人民法院关于适用〈中华人民共和国民事诉讼法〉的解释》第一百八十八条规定:民事诉讼法第一百一十一条第一款第六项规定的拒不履行人民法院已经发生法律效力的判决、裁定的行为,包括在法律文书发生法律效力后隐藏、转移、变卖、毁损财产或者无偿转让财产、以明显不合理的价格交易财产、放弃到期债权、无偿为他人提供担保等,致使人民法院无法执行的。由此可见,法律明确将拒不执行行为限定在法律文书发

---

① 李森:《刑事案例指导制度的中国问题与德国经验———以"癖马案"为视角》,《湖南社会科学》2016 年第 3 期,第 83 页。

② 最高人民法院指导案例 71 号"毛建文拒不执行判决、裁定案"基本案情:浙江省平阳县人民法院于 2012 年 12 月 11 日作出(2012)温平鳌商初字第 595 号民事判决,判令被告人毛建文于判决生效之日起 15 日内返还陈先银挂靠在其名下的温州宏源包装制品有限公司投资款200000 元及利息。该判决于 2013 年 1 月 6 日生效。因毛建文未自觉履行生效法律文书确定的义务,陈先银于 2013 年 2 月 16 日向平阳县人民法院申请强制执行。立案后,平阳县人民法院在执行中查明,毛建文于 2013 年 1 月 17 日将其名下的浙 CVU661 小型普通客车以150000 元的价格转卖,并将所得款项用于个人开销,拒不执行生效判决。毛建文于 2013 年11 月 30 日被抓获归案后如实供述了上述事实。

生法律效力后,并未将拒不执行的主体仅限定为进入强制执行程序后的被执行人或者协助执行义务人等,更未将拒不执行判决、裁定罪的调整范围仅限于生效法律文书进入强制执行程序后发生的行为。"实际上,该指导性案例所起到的作用仅限于提示法官注意司法解释规定的内容,并不涉及具体法律规则的解读及适用指导。由此,该案例的指导力度并不显著,在指导案例本身相对有限的情形下,这样的案例反而有浪费司法资源的现实问题。

　　笔者以为,完善的途径首先在于加强案例的裁判说理力度,法官在作出判决的那一刻起就应当树立规范说理的意识,直面问题、敢于说理、善于说理、说理充分。其次,最高人民法院应当树立严格的筛选机制,对于指导性案例的确立需要从其指导效力的显著性、代表性、长远性层面来考虑,而不应当挑选那些裁判说理单薄、"平淡无奇"的案件作为指导性案例。最后,还需要完善指导性案例的"退出"机制,对那些个案背后的理论陈旧过时、效果不彰的指导性案例,应当定期予以清查并选择性地退出。

　　3. 指导性案例的援引保障机制的欠缺及其解决

　　依据最高人民法院《〈关于案例指导工作的规定〉实施细则》,指导性案例的效力被定位为"应当参照",而"应当就是必须。当法官在审理类似案件时,应当参照指导性案例而未参照的,必须有能够令人信服的理由;否则,既不参照指导性案例又不说明理由,导致裁判与指导性案例大相径庭,显失司法公正的,就可能是一个不公正的判决,当事人有权提出上诉、申诉。"[1]有疑问的是,关于能否以审判过程中未参照指导性案例作为理由提请上诉或者再审这一问题,[2]《〈关于案例指导工作的规定〉实施细则》并未作出规定,只在第 11 条中提到,公诉机关、案件当事人以及辩护人、诉讼代理人引述指导性案例作为控(诉)辩理由的,案件承办人员应当在裁判理由中回应是否参照了该指导性案例并说明理由。由此,虽然指

---

① 胡云腾:《人民法院案例指导制度的构建》,《法制资讯》2011 年第 1 期,第 78 页。

② 虽然依据《中华人民共和国刑事诉讼法》第 227 条的规定,上诉的提起不需要阐述上诉理由,但是最高人民法院颁布的《关于适用〈中华人民共和国刑事诉讼法〉的解释》第 300 条的规定,人民法院受理的上诉案件应当有上诉状,上诉状的内容包括上诉的请求和理由。由此可见,上诉理由的妥当与否,将会对上诉案件的审理结果产生直接影响。

导性案例的援引具有一定的刚性规定,"各级人民法院在审理案件过程,遇有同类案件时应当参照指导性案例,做到同案同判。但对于不参照者应如何处理并未作出明确规定。"①

案例指导制度的现实存在,即是通过以案释法的方式实现对法律规范内涵的进一步明确与细化,与判例制度明显不同的是,后者终究只具有"事实上的约束力"而不具有"法律规范力"。故而,笔者以为,现阶段切实可行的完善措施,应当以加强事实拘束力为重心来改造我们的指导性案例制度。具体而言,首先,对于最高人民法院发布的指导性案例,下级法院在审理同类案件时,应当毫无例外地参照相关的指导性案例,如果不适用指导性案例,应当在裁判文书中予以说明并提供充分的理由。其次,如果法院的审理确有背离指导性案例的法律适用规则的情形,当事人以此作为上诉或者申诉理由的,相应法院应当在受理之后予以认真审查,依法进行改判或发回重审。如因重大过错违背指导性案例而导致错案的发生的,还应当追究相关裁判人员的司法责任。最后,指导性案例效力的实现需要法律职业共同体的推进,无论是公诉方、辩护方抑或裁判者,均应当对指导性案例中的合理价值及其内涵予以认同,并在公正化司法目标的动态运行中守护这一制度及其价值的实现。

第三节　刑法立法解释维度下沟通方式的考察

一、刑法立法解释的解释范围及其界限

刑法立法解释,是由全国人大常委会依据法定程序作出的有效力的专门性规范解释,内容包含对法律规范具体含义的阐明,以及因法律制定后出现的新情况而进一步明确法律适用依据的解释类型。立法解释作为解释之一,一定程度上克服了司法实践中出现的症结现状,有效缓解了现

---

① 李相森:《当前案例指导制度存在的若干问题及其完善——以民国判例制度为参照》,《东方法学》2016 年第 1 期,第 130 页。

有规定与司法适用不对应而带来的困境。立足司法裁判个案的现实需要,作为补充刑法立法的一种有效措施,刑法立法解释有着定争止纷之效,其内在积极价值应当得到认可。然而,由于立法解释与立法之间的关系未能厘清,在具体立法解释颁行出台的背后,往往有侵入立法领域之嫌,致使立法解释与立法规定的界限变得模糊。因而,厘清并且划定刑法立法解释的内容范围,亦能窥见解释在补充刑法立法时应当维持的界限范围,随之对刑法立法解释必要性的论证有一清晰认识,防止以解释之名而随意跨越立法规范之实,扰乱立法与解释之间的正常关系。

(一) 刑法立法解释范围的划清

对刑法立法解释的内容范围进行规定的法律依据主要有两个,一是1981年第五届全国人民代表大会常务委员会第19次会议通过的《全国人民代表大会常务委员会关于加强法律解释工作的决议》,该决议的第1条规定:"凡关于法律、法令条文本身需要进一步明确界限或作补充规定的,由全国人民代表大会常务委员会进行解释或用法律加以规定。"第2条规定:"……最高人民法院和最高人民检察院的解释如果有原则性分歧,报请全国人民代表大会解释或规定。"二是立法法(2000年生效,2015年十二届全国人大三次会议上表决通过了修改后的立法法),新修改后的立法法第45条规定:"法律解释权属于全国人民代表大会常务委员会。法律有以下情况之一的,由全国人民代表大会常务委员会解释:(一)法律的规定需要进一步明确具体含义的;(二)法律制定后出现新的情况,需要明确适用法律依据的。"基于上述两个法律文件,可以得知刑法立法解释的作出是为了进一步明确法律规定的含义,或者是为了明确新情况下法律适用的依据,以及对两高作出的存在原则性分歧的刑法解释予以问题化解。

通过梳理1997年刑法施行至今所颁布的13部立法解释可以发现,全国人大常委会制定的刑法立法解释大多是为了对刑法规定进行进一步明确。针对刑法条文的某项概念进行整体性立法解释的共有三部,分别是全国人大常委会于2001年通过的《关于〈中华人民共和国刑法〉第二百二十八条、第三百四十二条、第四百一十条的解释》和2002年通过的《关于〈中华人民共和国刑法〉第三百一十三条的解释》以及 2004 年通过的《关于〈中华人民共和国刑法〉有关信用卡规定的解释》。《关于〈中华人民共和国刑法〉第二百二十八条、第三百四十二条、第四百一十条的解释》首先将"违反土地管理法规"明确为违反土地管理法、森林法、草原法等法律以及有关行政法规中关于土地管理的规定。其次将刑法第四百一十条规定的"非法批准、占用土地"明确为非法批准征用、占用耕地、林地等农用地以及其他土地。《关于〈中华人民共和国刑法〉第三百一十三条的解释》规定:"刑法第三百一十三条规定的'人民法院的判决、裁定',是指人民法院依法做出的具有执行内容并已经发生法律效力的判决、裁定。人民法院为依法执行支付令、生效的调解书、仲裁裁决、公证债权文书等所作的裁定属于该条规定的裁定。"该立法解释将"判决、裁定"限制解释为"有执行内容并已经生效"的判决、裁定,扩大了"判决、裁定"的范围,即将立法解释中的四项裁定(支付令、生效的调解书、仲裁裁决、公证债权文书)也纳入到"裁定"之中。而在 2004 年 12 月 29 日通过的《关于〈中华人民共和国刑法〉有关信用卡规定的解释》中,该立法解释明显采取了扩张解释的解释方法,将刑法中"信用卡"的概念界定为一切电子支付卡,而不局限于仅具有透支功能的信用卡。[①] 除此之外,还有一些立法解释针对刑法规定的某个部分而非整体性概念进行解释,例如在《关于〈中华人民共和国刑法〉有关出口退税、抵扣税款的其他发票规定的解释》中,专门针对"其他发票"进行了解释,将其明确为除增值税专用发票以外的,具有出口退税、抵扣税款功能的收付款凭证或者完税凭证。

对于刑法立法解释内容范围的第二部分,即"法律制定后出现新的情况,需要明确适用法律依据的",典型如全国人大常委会 2014 年通过的《关于〈中华人民共和国刑法〉第一百五十八条、一百五十九条的解释》。该立法解释为了应对 2013 年公司法对公司资本登记相关制度作出的修改后出现的新情况,故而规定刑法第 158 条、第 159 条只适用于依法实行

[①] 该解释的内容为:"刑法规定的'信用卡',是指由商业银行或者其他金融机构发行的具有消费支付、信用贷款、转账结算、存取现金等全部功能或者部分功能的电子支付卡。"

注册资本实缴登记制的公司。① 除了明文划定刑法的适用范围外,还存在对刑法的模糊性规定进行部分列举,从而解决按照通常情形的内涵阐明而不周延的情形。例如,2000 年通过的《关于〈中华人民共和国刑法〉第九十三条第二款的解释》中,就通过列举的方式,将"其他依照法律从事公务的人员"的适用范围具体化,吸纳了村民委员会等村基层组织中协助人民政府从事特定七类行政管理工作的人员到"国家工作人员"的范畴之中。② 再如全国人大常委会对司法实践中遇到的情况,对走私、盗窃、损毁、倒卖或者非法转让具有科学价值的古脊椎动物化石、古人类化石行为适用法律的问题进行了讨论,于 2005 年颁行的《关于〈中华人民共和国刑法〉有关文物的规定适用于具有科学价值的古脊椎动物化石、古人类化石的解释》中,明确将上述两类化石纳入到刑法包含的文物范围之中,克服了新情况出现带来的"适法困难",解决了立法语词的普通内涵难以一一对应复杂个案的司法适用难题。

已如上述,化解在法律适用过程中两高制定的司法解释存在的分歧,也是刑法立法解释的一项重要内容。以《关于〈中华人民共和国刑法〉第二百九十四条第一款的解释》的颁布过程为例,先是由最高人民法院于2000 年出台的《关于审理黑社会性质组织犯罪的案件具体应用法律若干问题的解释》,该解释对黑社会性质的组织所具有的特征进行了规定,列举了组织性、经济性、非法保护性、非法控制性四项基本特征。然而,最高人民检察院却认为,最高人民法院制定的该部司法解释超出了刑法第294 条之规定,对认定黑社会性质组织附加了"保护伞"条件,影响了司法实践的"打黑",不利于从严惩治黑社会的政策需要与司法适用。故而,最

---

① 2013 年《公司法》对公司资本登记相关制度作出修改,以认缴登记制作为公司法定资本制。《公司法》第 26 条规定:有限责任公司的注册资本为在公司登记机关登记的全体股东认缴的出资额。法律、行政法规以及国务院决定对有限责任公司注册资本实缴、注册资本最低限额另有规定的,从其规定。在实缴登记制下方能成罪的虚报注册资本罪和抽逃出资罪的构成要件就需要作出修改。

② 这七类特定行政管理工作分别为:(1)救灾、抢险、防汛、优抚、移民、救济款物的管理;(2)社会捐助公益事业款物的管理;(3)国有土地的经营和管理;(4)土地征用补偿费用的管理;(5)代征、代缴税款;(6)有关计划生育、户籍、征兵工作;(7)协助人民政府从事的其他行政管理工作。

高检于 2001 年 11 月向全国人大常委会递交报告表达异议。为解决两高就该问题的争议,全国人大常委会于 2002 年通过《关于〈中华人民共和国刑法〉第二百九十四条第一款的解释》,否定了最高人民法院制定的司法解释中对"非法保护"要件的要求,明确了黑社会性质组织的构成要件。[①]从中可见,立法解释虽然也是刑法解释之一,但是其具有平息司法解释纷争的现实功效,可以化解由于司法解释内容不一致而带来的尴尬情形。

(二)刑法立法解释的必要性探讨

1. 刑法立法解释的现状

刑法立法解释作为刑法解释体系中重要的组成部分,承担着再度明确细化法律规定之含义、释明新情况出现之后的法律适用依据,以及对两高作出的存在原则性分歧的司法解释予以纠偏的重任。然而,自 1997 年刑法施行至今,刑法立法解释仅仅出台了 13 部。[②]从整体上来说,立法解释的数量稀少,使其存在感较低,加之刑法立法解释究竟针对哪些具体内容方能制定,仍然存在较多的不明确性,因此对立法解释的性质认定以及存废与否往往备受争议。

刑法立法解释的制定主体是我国立法机关——全国人大常委会,制定程序依据立法法的规定,包括提请解释议案、拟定刑法立法解释草案、审议草案、表决和通过草案、公布解释文件五个步骤。或许是受限于制定主体的人员配置以及制定程序的苛严,刑法立法解释的数量比起纷繁累积的司法解释而言,可谓小巫见大巫。通过对比就不难发现,当下"司法解释膨胀"和"立法解释萎缩"已经成为显性化现象。虽然单纯的解释数量无法完全说明问题,但是立法解释数量相对较少的事实,至少部分表明了立法解释的虚置和旁落现象仍然客观存在,这也往往成为了立法解释否定论者作为证成自己观点的重要理由。

刑法立法解释之尴尬处境的原因不单单是因其繁琐的程序所造成的,内容范围上的争议同样是形成当下局面的重要原因之一。有关立法

---

① 参见李翔:《刑法解释的利益平衡问题研究》,北京大学出版社 2015 年版,第 62 页。
② 详细的立法解释名录及内容,可以参见李立众编:《刑法一本通》(第十四版),法律出版社 2019 年版,第 796—797 页。

解释内容范围的争议具体为：首先，"具体明确刑法规定的含义"与"对新出现的情况明确法律适用依据"存在范围的交叉。新情况的出现，往往会形成规范与事实难以直接对应的局面，而释法的首要手段便是对刑法的规定进行解读，这必然会涉及到对条文含义的具体阐释。由此，刑法立法解释的前两项内容范围确实是难以分清彼此的。其次，"具体明确刑法规定的含义"虽然隐含着要严格遵循刑法立法原意的要求，但是在实际操作中，由于立法解释需要对刑法立法的规范用语从抽象到具体的"化粗为细"，其语义内涵的射程范围难以衡量，因而形成了立法解释具有突破刑法现有条文的质疑，也因其"二次立法"而产生了诸多争议。最后，"对两高存在原则性分歧的解释予以裁定"意味着在此情况下，立法解释只能是被动启动，如果缺乏两高的解释存在原则性分歧这一条件时，立法解释不能主动去释明相关规范的内涵。然而，司法实践中较少出现两高就某项解释而争论不休的情况，作为最高检察机关与最高审判机关的司法机关，在重大原则性问题上的分歧必然不会常态化地存在。由此一来，立法解释的内容范围并不如想象中的那么宽泛。

2. 刑法立法解释的必要性之争

否定刑法立法解释必要性的理由主要有如下几点：

（1）刑法立法解释的制定主体、制定程序、法律效力与刑法立法的主体、程序、效力不具有实质性的区别，实际上，立法解释是属于立法范畴的，既然如此，就没有必要单独将立法解释划定出来。[①]

（2）从刑法立法解释的内容来说，其不仅是对刑法立法条文的确认，而且在确认的基础上还存在扩张、创设性的解读，故虽名为立法解释，实则为立法。[②]

（3）立法解释与司法解释共同承担明确法律适用的职能，结合刑法解释格局的现状不难发现，司法解释制定频繁，关注的都是司法实践中的法律疑难问题，具有较强的现实指导性。但是，制定程序繁琐的立法解释耗费精力、时间较多，制定主体的法律适用经验也并非完全优于司法解释

① 参见刘丁炳：《刑法立法解释问题探析》，《国家检察官学院学报》2008 年第 2 期，第 62 页。
② 参见刘艳红：《刑法立法解释若干问题新析》，《华东政法大学学报》2007 年第 1 期，第 38 页。

的制定主体,既然如此,毫无优势可言的立法解释为何不能让位于司法解释呢? 与其等待立法解释的缓慢出台,不如将立法解释的那部分职能转换至司法解释职能之下,从而保障司法解释更为及时、有效的运作。[①]

由上可见,否定论者主要是就立法解释的繁琐程序不具有效率性、立法解释实际上具有立法功能、立法解释不具有司法解释的便利性等方面来论证自己的立场的。然而,针对否定论者的相关理由,肯定论者进行了反驳:

(1)依据立法法的规定,刑法立法解释的主体与刑法立法的主体并非完全一致。《立法法》第 7 条规定,全国人民代表大会常务委员会在全国人民代表大会闭会期间,对全国人民代表大会制定的法律进行部分补充和修改,但是不得同该法律的基本原则相抵触。刑法作为国家的基本法律,只有在全国人民代表大会闭会期间,全国人大常委会才有权进行部分补充和修改,即是说,全国人大常委会是享有部分刑法立法权的。然而,依据《立法法》第 45 条的规定可知,刑法立法解释权专属于全国人大常委会。由此可见,刑法立法解释与刑法立法的主体是存在清晰区别的。[②]

(2)就各自的程序适用来看,二者也并不完全一样。对比《立法法》对立法程序的规定与对法律解释程序的规定仍然不难发现,立法程序与法律解释程序的提请主体、制定步骤、细化程序规定等方面都存在着差异,即立法程序较之法律解释程序更为精细复杂。由此,否定论者认为刑法立法程序与刑法立法解释程序趋同的观点是片面且不可采信的。[③]

(3)就刑法立法解释的内容而言,严格遵循法律原意作出解释,只是确定了解释的范围,设置了行使解释权的最大权限,即要求解释应当在此限度内,否则就会侵入立法领域。换言之,在不突破法律规范内涵所划定上限的前提下,刑法立法解释可以进行"自由发挥",无论是限缩解释或是

---

① 参见李森:《刑事指导性案例同司法解释的关系——补充说的证成》,《齐鲁学刊》2017 年第 3 期,第 115 页。

② 参见邓毅丞:《刑法修正模式的合宪性反思》,《杭州师范大学学报(社会科学版)》2015 年第 6 期,第 127 页。

③ 参见刘丁炳:《刑法立法解释问题探析》,《国家检察官学院学报》2008 年第 2 期,第 62 页。

扩张解释都是可以的,并非是对立法的僭越。①

　　除了上述的肯定性理由之外,笔者以为,作为论证刑法立法解释存在必要性的理由还有以下几点:

　　(1)依据部分与整体的系统观,"部分相同"并非等同于"整体重合"。刑法立法解释的制定主体为享有部分立法权的全国人民代表大会常务委员会,虽然立法与立法解释的主体确有重合,但这仅仅是基于部分的视角来评价整体,不具有全面性和客观性。除了制定主体这一因素,二者在制定程序、规范内容、效力等级等层面都存在着现实差异,由此,刑法立法与刑法立法解释从整体评价来说是截然不同的,不能把刑法的立法解释与刑法立法等而视之。

　　(2)刑法立法解释并不是完全替代刑法立法的造法功能。立法解释的功能定位为对立法规范进行进一步的释义阐明,使其能够面临现实问题而更具适用性。由此可见,立法解释的内容仍然是侧重描述性而非创设性,未曾存在如否定者所说的突破立法的情形。况且,从解释的角度来说,立法解释主要适用于模糊性表述的规范,那么,要想化抽象为具体,必定会对规范的立法语义进行适当的扩张或限缩,不可能在用语上"照搬一致",因此,只要此种解释方法不违背立法规范的旨趣便是可以接受的,这本身也是立法解释的职责所在。

　　(3)我国目前的刑法规则体系呈现出二元化特点,系立法规范与解释规范共同综合而成的规则体系。刑法作为最高效力的规范,统领着立法解释及司法解释,在此体系之中的立法解释处于中间层次,有着"承上启下"的作用。一方面,刑法立法解释能够对刑法起到补充说明的作用,这是立法解释之所以能够存在的根本原因;另一方面,刑法立法解释对司法解释有着一定的制约与指导作用,这点从"两高"颁布的解释"如有原则性分歧则需报请全国人大常委会进行立法解释"的规定中可见一斑。

　　概言之,刑法立法解释作为填补立法缺陷的极为重要的一种形式,具有缩短规范与现实之间距离而维持法律规范与社会平衡的重要作用,其

---

① 参见蔡军:《论我国刑法解释的目标和原则》,《河南大学学报(社会科学版)》2004年第1期,第101页。

存在的必要性是确定无疑的。但是,出于必要性而制定立法解释时,同样也要谨慎而为地进行。最为根本之处在于,立法解释仍然属于解释的范畴,因而应当确保立法解释的内容范围不得越过刑法立法规范已然划定的界限。尤其需要注意的是,在出现现有刑法难以适用的新情况时,不可冒昧地为单纯追求社会治理效果的实现,而罔顾立法规范的既定规制范围,不能以"解释为名"而代行"立法之实"。所以,以现有刑法规范为基础,适度地考虑现实需要,理性地制定立法解释,这既是立法解释补充立法的正确做法,也是立法解释发挥自己职能的恰当定位。

二、刑法立法解释反馈机制的合理创制

一般认为,立法解释对于立法的补充作用是单向的,呈现出"立法——立法解释"的单线模式。事实上,立法解释作为补充立法的重要途径,对于刑法立法同样具有积极的反馈作用。下面笔者将围绕立法解释与立法的关系予以探讨,论及刑法立法解释对立法方法的作用机理,也对立法解释的反馈机制进行相应的考察。

1. 刑法立法为立法解释提供前提并设定限度

立法与立法解释存在由前至后的逻辑关系,立法解释不可能超越立法而单独存在。立法解释以立法制定出的法律规范为阐释对象,在对规范的内容予以明细之余,立法解释实际上还受到立法规范的诸多限制。

第一,刑法立法解释应以必要性为原则。刑法立法解释通过对刑法规范语义的再诠释,使得刑法在司法实践过程中更具适用性、权威性。然而,这必然会对原本的规范效力范围产生些许偏差,也会对公众的指引、评价作用产生现实影响。基于立法解释具有立法的实质特性,出于既定法律对社会秩序维护的稳定性考虑,立法解释的作出不能过于随意化而应以必要性为原则。必要性意味着刑法立法解释的作出应有极其重要的现实原因,即立法规范存在必须进行补充说明的紧要性。判断必要性的标准可以为,基于立法规范的语义缺陷或者新情况的出现,致使原本的规范无法为司法实践中定罪量刑的审判活动提供合法合理的支持依据。至于对"合法合理"的理解,应当立足于"一般人标准",即一个正常的、受过

法律职业培训的人,以一种平和心态对刑法规范的适用效力进行的理解。例如,在《关于〈中华人民共和国刑法〉第二百二十八条、第三百四十二条、第四百一十条的解释》中专门针对"违反土地管理法规"进行解释,其中指出"土地管理法规"包括土地管理法、森林法、草原法等法律以及有关行政法规中关于土地管理的规定。这一解释虽然对刑法规定的含义进行了明确,但是,其必要性是存在疑问的。正如有学者指出的:"《关于刑法第二百二十八条、第三百四十二条、第四百一十条的解释》中所谓'违反土地管理法规是指违反土地管理法、森林法、草原法等法律以及有关行政法规中关于土地管理的规定',法律委员会也认为相应规范的解释当然包含这一内容,因而可以进行明确。问题在于,这一当然解释从技术上完全没有必要由全国人大常委会通过立法解释加以解决。"①简言之,刑法规范中的"土地管理法规"并不具有缺陷,适用中的争议本身也不存在,因为"法规"二字已经足以说明此类规范的范围应当包括行政法规在内。此时,利用立法解释对之进行再次说明,仅具有语义重释的强调意义,需要立法解释派上用场并发挥功能的现实意义并不突出。

第二,解释不得超出刑法条文的界限。在满足必要性的前提条件之后,刑法立法解释的制定并非就是随心所欲的,从制定内容来看,立法解释必须要在刑法条文规定的界限内予以展开。因为,立法解释终究不是立法,其只能对规范作出解释而不能创设新的规范,这反映在立法解释的内容层面上,要求立法解释的语言应当尽可能是描述性的而不是规定性的。描述性的语言忠于解释的对象,是在语义射程范围内进行的规范释明,化抽象为具体、化模糊为明确、化繁琐为简明。规定性的语言具有另行造法之意,因而往往有可能突破文本,将新设的内容加入其中,从而借助解释之名而另行立法之实。例如,《关于〈中华人民共和国刑法〉有关信用卡规定的解释》规定:"刑法规定的'信用卡',是指由商业银行或者其他金融机构发行的具有消费支付、信用贷款、转账结算、存取现金等全部功能或者部分功能的电子支付卡。"该解释对"信用卡"的含义进行了阐明,解决了司法实践中认定的难题,然而,解释的内容却大大突破了我们一般

---

① 林维:《论刑法立法解释权与立法权和司法权的纠葛》,《当代法学》2006 年第 5 期,第 68 页。

意义上所知晓的"信用卡"的范畴。根据《银行卡业务管理办法》的规定，纯正意义的信用卡仅指我国发行的贷记卡，突出强调银行卡的信用和透支功能，而这两个功能并非是所有的电子支付卡都具备的。立法解释将信用卡扩大至一切"电子支付卡"，使得刑法中"信用卡"的范围超越了金融领域中"信用卡"的范围，在相当程度上，该立法解释已经具有了立法之实。

第三，刑法立法解释的效力是相对的。依据修改后的《立法法》第 50 条之规定，刑法立法解释的法律效力与刑法的法律效力是等同的，这似乎也意味着立法机关将立法解释上升为法律从而赋予其法律地位。其实不然，首先，立法解释的制定一般是基于具体实践的需要，并不能主动地、恣意地进行解释，何况其程序设定上与法律的制定程序也多有不同。其次，刑法的制定主体是全国人民代表大会，刑法修正案与刑法立法解释的制定主体皆为全国人民代表大会常务委员会，从权力属性来说，全国人民代表大会的地位要高于全国人民代表大会常务委员会。正如学者所指出的："依据现行《宪法》第 57 条，全国人大常委会是全国人大的常设机关，由此决定两者的权力地位是从属而非并列关系。"[1]而且，"从职权看，全国人大常委会并不享有全国人大的职权，常委会要向人大负责，不能独立于全国人大。全国人大相对于常委会的最高地位是自 1954 年宪法以来的基本宪法体制，也是人民代表大会制度的基本特点。"[2]所以，刑法立法解释的效力与法律规定的效力等同性具有条件限制，即解释的内容不得违背规范的内在价值预设，若有违背即视为无效。因而，笔者以为立法解释与法律效力等同并非是绝对成立的，立法法的规定更多的是起到提示作用，旨在强调司法实践中应当对立法解释的内容予以重视，提醒我们要善于利用立法解释来对法律条文进行深入的理解。

2. 刑法立法解释的反馈有助于促进立法的完善

我们通常认为，刑法立法解释与刑法的关系是单向完善关系，即刑法立法为立法解释提供了解释的对象，立法解释对已有的刑法条文予以内

---

① 秦前红：《全国人大常委会授权与全国人大授权之关系探讨——以国家监察委员会为研究对象》，《中国法律评论》2017 年第 2 期，第 29 页。
② 韩大元：《论国家监察体制改革中的若干宪法问题》，《法学评论》2017 年第 3 期，第 14 页。

涵明晰,从而缩短立法与现实的差距,有助于法律的精确适用,具体表现为立法——立法解释——司法的关系。笔者以为,立法与立法解释之间存在着双向互动关系,即立法解释在承接第一次立法并对之予以完善的同时,还能够对再次立法起到能动的反馈作用。具体阐述如下:

首先,经历实践检验的立法解释能够成为再次立法的内容来源。立法解释的作出将直接对司法实践产生影响,其中,指导效果突出的立法解释有可能为立法所吸收,从而成为再次立法的规范条文。例如,《关于〈中华人民共和国刑法〉第二百九十四条第一款的解释》便是典型适例。1997年,为适应打击黑社会性质刑事犯罪的需要,我国刑法在修订时新设了三个与"涉黑"有关的罪名,对"黑社会性质组织"的界定,关乎打击黑社会性质组织犯罪的广度和精准度。2000年,"打黑除恶"的专项斗争在全国范围内展开,为提供更有力的法律武器,最高人民法院于2000年12月4日专门颁布了《关于审理黑社会性质组织犯罪的案件具体应用法律若干问题的解释》,明确指出认定"黑社会性质组织"需要符合的四个基本特征。然而,检察机关在司法实践中与审判机关就第三个基本特征,即"保护伞"特征的认识上产生了分歧,由此造成了检察机关与审判机关在对黑社会性质组织犯罪案件的定性判断上出现了不一致的情形。于是,最高人民检察院提请全国人大常委会进行解释,立法解释在参酌最高人民法院制定的司法解释的基础上指出:"(1)明确规定'有保护伞'是黑社会性质组织的选择性特征;(2)进一步明确了黑社会性质组织的组织特征;(3)新增了黑社会性质组织的行为特征——控制性或影响性。"①新增的刑法立法解释修正了司法解释的原有缺陷,解决了"保护伞"特征所带来的司法纷争问题,从而适应了依法从严惩处黑社会性质组织犯罪的大环境,为社会秩序的维护与司法适用的统一起到了积极的促进作用。鉴于该项立法解释实现了法律效果及社会效果的统一,刑法修正案(八)一字不差地将该解释的内容吸纳到修正案之中,以刑法条文的形式确定下来。由此可见,刑法立法解释对于刑法立法有着能动的反馈作用,并促进了部分立法解释转化为有效的立法规定,并非在立法解释制定之后就与立法完全相脱

---

① 彭文华:《黑社会性质组织犯罪若干问题研究》,《法商研究》2010年第4期,第136页。

离。因而,立法解释作为沟通刑法立法与司法的重要方式,打通了双向的交流对话及其转化渠道,其重要性无需赘言。

其次,未取得客观实效的立法解释成为刑法立法修改的材料来源。立法解释对司法实践的指导并不总是收获良效,一些刑法立法解释囿于制定内容的缺陷抑或是现实的突变性,使得其适用过程中所产生的效果不及预想的那般显著。这也意味着该项立法解释具有内在的现实缺陷,自然无法被下次立法所吸收而成为立法规范的一部分。但是,基于此便得出立法解释失去了价值的观点,仍然是片面的。实际上,立法解释作为对立法的补充,本身便具有立法前置性试验的性质,收效显著并得到普遍认可的立法解释可以上升为立法;收效一般或者效果不佳的立法解释则有可能成为再次立法的材料来源,同样可以发挥其应有的价值。

例如,《关于〈中华人民共和国刑法〉第三百一十三条的解释》便是这样的典型。该立法解释对拒不执行判决、裁定罪中的"判决、裁定"及犯罪对象的含义都进行了相对的明确化,除此以外,还对"有能力执行而拒不执行"的情况进行了列举说明。然而,该立法解释未曾对拒不执行判决、裁定罪的主体进行完善,未能克服刑法条文的缺陷,自然也导致其指导司法实践的效果大受影响。不过,从立法解释的制定条件来看,即使立法解释寄望对拒不执行判决、裁定罪的主体进行补充,也往往难以具体实现。因为这关乎立法解释的具体范畴这一核心问题,如果立法解释强行予以扩张,必然使得立法解释有再次立法的实质嫌疑。从中可见,无论如何,该立法解释未能解决立法固有的瑕疵,立法解释也未能逾越解释应有的边界。立法者或许正是因为感知到了立法解释未能解决立法存在的弊端,故而在刑法修正案(九)中,特意将拒不执行判决、裁定罪的主体扩大至自然人和单位。从这一角度来看,立法解释实则充当了前置性材料的角色,即在对第一次的规范内容进行完善的同时,立法解释也承担着为再次立法输送实践材料、呈现问题的职责,从而有助于再次立法时能够准确地应对司法适用中的疑难问题,并通过立法调整的方式针对性地进行规范完善。

3. 刑法立法解释通过限制司法解释以更好地指导实践

立法解释不仅和立法存在双向的互动关系,而且和司法实践也存在着指导与反馈的相互关系。鉴于前文关于立法解释对司法的指导作用多有阐述,故此处不再赘述,只对司法实践与立法解释的反馈机制进行论述。

司法对立法解释的反向能动作用不同于立法与立法解释之间的反馈机制,其需要借助司法解释予以达成,即先由司法解释对司法活动进行指导,在指导过程中,由于现实的变化而出现司法解释无法解决的问题时,再由司法解释将因为现实变化而新产生的法律需求反馈给立法解释,并最终由立法解释进行再次的规范完善。就此过程来看,我们可以表述为"现实需求——司法解释——现实变化——立法解释"的线性关系。其中,立法解释回应现实的需求多是以制约司法解释的方式来实现的。例如,《关于〈中华人民共和国刑法〉第三百八十四条第一款的解释》的颁行实施便是经历了上述过程。挪用公款罪中"归个人使用"的认定标准一直是理论争议的焦点,为化解司法认定中的难题,最高人民法院曾专门颁布了《关于如何认定挪用公款归个人使用有关问题的解释》。针对挪用公款归个人使用的情形,该司法解释进行了明确规定:即包括以个人名义将公款借给其他自然人或者不具有法人资格的私营独资企业、私营合伙企业等使用,以及为谋取个人利益而以个人名义将公款借给其他单位使用的情形。然而,这一司法解释出台之后,即遭到了理论界的批评,主要原因在于该解释将私营企业等同于个人,属于越权解释。① 随后,全国人大常委会针对该司法解释的弊端颁布了立法解释予以克服,为司法实践提供了良好的法律适用依据。

立法解释除了对司法解释的制约作用,同样具有裁判指引或者司法纠偏的实践功能,这从立法解释的内容范围可以清晰得知。具体来说,我们可以从"两院解释如有原则分歧,报请全国人大常委会解释或决定"的规定清晰看出。总之,刑法立法解释作为承接完善立法以及指导司法适

---

① 《中华人民共和国宪法》(2018 年修订)第 11 条明确规定:"在法律规定范围内的个体经济、私营经济等非公有制经济,是社会主义市场经济的重要组成部分。国家保护个体经济、私营经济等非公有制经济的合法的权利和利益。国家鼓励、支持和引导非公有制经济的发展,并对非公有制经济依法实行监督和管理。"由此可见,实际上是将私营企业视为"企业"而非"自然人"。此外,刑法第 30 条关于单位犯罪的规定中也未将私营企业排除于"企业"之外。由此,该司法解释实则超出了法律规则的范畴,属于越权解释。

用的中间环节,其对于立法与司法的衔接有着不可替代的重要作用。以立法解释为基点构建沟通机制时,需要重点厘清立法、司法解释和立法解释之间的关系,尤其要格外重视立法与立法解释的双向互动性质,在不突破法律规范限度的前提下,能动发挥立法解释的积极功能,并保障再次立法的有效进行。除此之外,立法解释对司法解释的制约作用同样不可忽视,一方面需要进一步发挥司法解释的现实价值,更好化解司法实践中的现实困惑;另一方面,需要承认司法解释多样化之下的非一致性问题,善于利用立法解释来平衡司法解释之间的不协调性,保障司法适用中对现有规范的一体遵循和贯彻实施。

第四节　司法解释维度下刑法立法方法的省思与完善

一、司法解释的内容范畴及其立法化趋势

刑法司法解释是指由最高人民法院、最高人民检察院依法就审判、检察工作中应用刑法问题所进行的规则内涵阐明。在当前的法律规则体系下,司法解释对立法与司法的衔接所起到的促进作用比立法解释、案例指导制度更为明显,这与司法解释本身简便可行、方式灵活、数量庞大、内容可行等方面的特点关系重大,因而在相当程度上也更为司法工作人员所青睐。然而,在承认司法解释作为法律解释最为主要的形式时,也不得不对它的缺陷予以指出,即其填补漏洞的解释内容一旦进入了立法领域,缺乏制约的制定程序造成了体系杂乱、内容莫衷一是的弊端,而这些问题的产生一部分要归咎于司法解释的定位偏差,另外部分则与刑法立法的不足息息相关,换言之,司法解释存在的问题从侧面也间接反映出立法方法的不足。透过对司法解释在实践中应用现状的分析,力求实现司法与立法的良性对接,映射到立法方法上,则希求能对美中不足的立法方法予以更好的完善。

（一）刑法司法解释的内容

刑法司法解释相较于刑法立法解释，其内容范围实际上并不明确。依据《中华人民共和国人民法院组织法》和1981年全国人大常委会颁布的《关于加强法律解释工作的决议》，司法解释的内容被抽象规定为涉及审判、检察工作中应用法律、法令的问题。模糊化的规定使得司法解释的内容范围宽泛有余而制约不足，极易造成解释与立法的混乱。由此，明确司法解释的内容范围，并在此基础上较为清晰地划定解释与立法的范围界限是有现实必要的。细致考察可以发现，司法解释所涉及的内容较为丰富，笔者将对其进行分类和说明。

1. 对刑法条文进行补充说明

法律解释通过对法律规范的进一步阐释，能够弥补现有规范存在的不足。在我国现行的司法解释中，对刑法条文进行补充性解读的解释占了整体数量的大部分比例。细致分析以后，又可以将补充性的解释划分为多个类型。

（1）对刑法条文中涉及的某一个概念、术语进行语词的解释。囿于立法语言的抽象性，法律适用过程中存在一定的规范术语理解障碍，此时基于实践的考虑，需要司法解释立足于法律具体应用的立场，对于刑法条文中颇具不确定性的概念、词语进行明确化的解读。例如，2004年最高人民法院和最高人民检察院联合发布的《关于办理侵犯知识产权刑事案件具体应用法律若干问题的解释》中，对于刑法第214条规定的"相同的商标"及"使用"的概念进行了解释。此种解释方式属于直接性的概念阐明，通过对概念术语作出内涵解释，有利于司法适用中的统一运行，但是仍然不利于具体把握与实践操作，而且还可能因为解释方法（如扩张或限缩语义范围）而导致解释内容与立法规范内涵的偏差。

（2）针对刑法条文的关键术语或概念的认定提供具体标准。除了语词解释之外，还有一种解读方式，即针对某一概念进行间接性、列举性的归纳叙述。例如，最高人民法院于2000年作出的《关于审理黑社会性质组织犯罪的案件具体应用法律若干问题的解释》中，对于"黑社会性质组织"并未给出明确的字面概念，而是通过列举其典型特征的方式为概念的认定提供标准。相对于直接性的概念规定,列举归纳式的解释虽然有利于实践操作和相互对照,但是遇到超出列举范围的情形则往往难以有效应对,由于无法保证列举归纳的全面性,因而同样有利有弊。

(3) 援引性的解释方式。有别于直接进行解释的方式,有些司法解释对于刑法条文中的非刑法特有的概念,常常通过援引其他法律规范的形式进行提示性的规定。例如,2015 年最高人民法院、最高人民检察院颁布的《关于办理妨害文物管理等刑事案件适用法律若干问题的解释》中,第 1 条就以援引的方式对刑法第 151 条规定的"国家禁止出口的文物"范围进行了划定。①

2. 为刑法的规范适用提供参照依据

司法解释得以制定出来的原因在于刑法的具体应用存在或多或少的困境,除却对条文概念进行进一步的文理解读,在原有刑法规范的基础上进行司法适用的指导,亦是属于司法解释的内容范畴。不同于单纯的解读条文,为司法实践中的法律适用提供纸面的操作规范或指引,并不能完全归纳为对刑法的补充,其在补充立法规范之余更具有司法实践的适用个性,从严格意义上来说,存在对既定立法进行适当修正的成分。此类解释涵盖刑法总论与分论,解释内容涉及定罪量刑、犯罪形态、共犯、罪数等多个领域,最常见的表述形式为"具有下列情形之一的,可以(应当)认定为……"。据此,通过对司法审判经验的梳理,最终以解释的形式确立下来,从而为司法人员理解并适用刑法提供规范性的指导。然而,我国司法机关在具体的职能上存在些许差别,"两高"发布的司法解释的内在精神未必能完全一致,一旦出现此种情形,便存在选择性适用的困难。除此以外,过多的解释性文件在造成体系混乱的同时,也难免夹杂着僭越立法的越权解释。

3. 对刑法漏洞进行一定程度的弥补

由于立法前瞻性不足或者社会变化而导致已有的法律无法涵盖现有的司法状况时,即需要法律解释发挥相应的创设功能,以满足司法实践的

---

① 该解释第 1 条第 1 款规定,刑法第一百五十一条规定的"国家禁止出口的文物",依照《中华人民共和国文物保护法》规定的"国家禁止出境的文物"的范围认定。

迫切需要。例如,2013 年最高人民法院、最高人民检察院作出的《关于办理利用信息网络实施诽谤等刑事案件适用法律若干问题的解释》的第 5 条第 2 款规定:"编造虚假信息,或者明知是编造的虚假信息,在信息网络上散布,或者组织、指使人员在信息网络上散布,起哄闹事,造成公共秩序严重混乱的,依照刑法第二百九十三条第一款第(四)项的规定,以寻衅滋事罪定罪处罚。"该条解释将信息网络空间纳入寻衅滋事罪的评价范围,因势而为地为网络谣言的治理提供了刑法规制路径,但是却引发了是否违背罪刑法定原则的争议。[①]　如有学者直言不讳地批评道:"网络造谣司法解释对侮辱、诽谤等罪名的规定只是入罪标准的细化,而以寻衅滋事罪处理网络谣言则是一个突破,寻衅滋事罪所具有的口袋罪特征使其能对网络谣言无所不包地一网打尽,导致刑法的规范性、协调性进一步丧失,致使公民的言论表达权已经受到实质的损害,也导致司法实践处理程序和处理结果的飘忽不定。"[②]除了此例,又如我国司法机关关于非法经营罪出台的一系列司法解释,从这些主要针对现行刑法第 225 条第 4 项"其他严重扰乱市场秩序的非法经营行为"进行的解释中,可以窥见司法解释"立法化"以填补刑法漏洞的现象并不鲜见。这些解释貌似是对刑法条文的内容进行再次解读,实则是借助解释之名而行立法之实,逐渐扩张的司法解释俨然将非法经营罪变成了一个"黑洞"罪名。可见,刑法司法解释虽然具有漏洞补充的功能,但是,仍然要以遵循立法规定为前提,否则,就有越权解释之嫌。[③]

(二) 司法解释立法化的概念及其成因

已如前述,"司法解释立法化"的现象已经不是个别情形,在弄清楚此种现象的成因及寻找到理性的对策之前,有必要先对司法解释"立法化"的含义进行说明。首先需要明确的是,司法解释"立法化"不完全等同于越权解释,两者存在重合却又有所区别。越权解释的"权"不仅仅指代"解

---

① 参见张明楷:《言论自由与刑事犯罪》,《清华法学》2016 年第 1 期,第 67—68 页。

② 孙万怀、卢恒飞:《刑法应当理性应对网络谣言——对网络造谣司法解释的实证评估》,《法学》2013 年第 11 期,第 3 页。

③ 参见利子平:《刑事司法解释瑕疵研究》,法律出版社 2014 年版,第 53 页。

释权限",亦可指代解释机关所具有的"主体权限"、"职能权限"或者"程序权限",我们可以将超越解释规则的司法解释称为狭义的越权解释,而将超越其他三种权限的司法解释称为广义的越权解释。概言之,越权的刑法司法解释包括有解释权的机关作出的违背解释规则的解释和无解释权的其他机关作出的解释。[①] 司法解释立法化从本质上而言,是指"司法解释主体在适用或者解释法律时运用某种技术手段所进行的规范确立和规范创造的活动趋向。"[②]规范的确立及创设意味着突破了解释的权限,"当我们用'立法化'、'泛立法化'或类似的词语描述司法解释运作的实际状况时,这就意味着司法机关在行使这种由审判权派生的'适用、解释法律的权力',进而对法律文本进行阐释、说明甚至上升到创立法律未曾明确的事实范畴和行为规则时,已经超越了司法权本身,具备了立法活动的实质内容和立法活动的外观结构,而演变为一种实实在在的立法行为或'准立法'行为,其权力基础也不再是司法权,而是立法权。"[③]从这一角度而言,刑法司法解释立法化与狭义的越权解释是等同的,至于无权机关制定的解释或者有权机关违背法定程序或者超出职权范围所做出的司法解释,都无法被归入司法解释立法化的区间范围。

刑法司法解释立法化的弊端是显而易见的,即入侵了立法领域,造成立法与解释不分,使得司法权与立法权的界限不明,破坏了法律的明确性与可预测性,致使法律的权威性受到严重贬损。需要深思的是,既然立法与司法的权限划分是相对明确的,立法规定与司法解释的界限是相对清晰且容易界分的,那么司法解释逾越既定的解释界限就并非是毫无缘故的。

就具体的原因来看,有学者将其总结为立法抽象性与司法具体性存在的矛盾、立法稳定性与社会现实多变性存在的非一致性、司法解释制度本身缺少相应有效的制约等因素上。[④] 还有学者在此基础上,进一步认为立法机关未能完全发挥自身的作用及刑法司法解释地位的提升亦是成

---

① 参见赵秉志主编:《刑法解释研究》,北京大学出版社 2007 年版,第 305—306 页。
② 齐文远、周详:《刑事司法解释立法化问题研究》,中国人民公安大学出版社 2010 年版,第 23 页。
③ 袁明圣:《司法解释"立法化"现象探微》,《法商研究》2003 年第 2 期,第 4 页。
④ 参见赵秉志主编:《刑法解释研究》,北京大学出版社 2007 年版,第 312—315 页。

因。[①] 从造成司法解释立法化的源头因素来说,司法解释正当化理念的欠缺导致刑法司法解释的主体泛化,而且司法机关与行政机关往往联合发布解释,由此,解释的内容难以避免地存在有欠妥当之处。[②] 笔者以为,刑法司法解释立法化的成因可以分为技术性的因素以及深层性的价值因素。首先,刑法立法的滞后性注定在法律适用阶段需要通过法律解释或者其他形式对既定的规范进行调整,否则难以适应易变的社会现实。在司法实践受到规范阙如或者立法抽象性的影响而操作困难时,法律解释如同润滑剂一般地就出现了,并保障着立法与司法这两个至关重要的齿轮的有序转动。关于立法解释的"懈怠"导致司法解释失衡的问题,笔者以为,这并不是造成司法解释立法化的重要原因。法律解释的必要性是显然的,即无论是立法解释还是司法解释,在面临实践问题时均需要其中之一"该出手时就出手",质言之,此时要么是立法解释要么是司法解释出面来"身肩重任",从而对司法适用中遭遇的现实困境予以化解。基于此,在需要解决实践问题的压力和紧迫性情形之下,司法解释的立法化最终成为不可避免的现象。其次,前述因素更多地倾向于技术层面,笔者认为,造成司法解释立法化的深层次因素应该归咎于立法与司法目的价值的非一致性。立法侧重于法律效果的实现,司法则更多地关注社会效果的实现,而法律效果与社会效果并非都能完美融合或者高度一致,此时如果出现不协调的情形,便需要借助技术手段使两者尽量处于平衡。但是,在法律效果与社会效果之间距离过大时,单纯通过立法来修补现有规定往往难以及时奏效,因而,通常会把此重任委之于司法解释身上,这样一来,司法解释立法化的现象也就不乏其例地出现了。

二、司法解释维度下刑法立法方法的省思

前文对司法解释的内容范围及出现的立法化现象进行了说明,隐约涉及了对刑法立法缺陷的评述。概而论之,司法解释大行其道的主要原

---

① 参见陈刚:《刑事司法解释问题研究》,中国政法大学出版社 2014 年版,第 271—279 页。
② 参见利子平:《刑事司法解释瑕疵研究》,法律出版社 2014 年版,第 430—435 页。

因在于立法与司法的脱节,而造成脱节的成因则与落后的刑法立法方法不无关系。笔者以为,现有的刑法立法方法仍然具有相当程度的提升空间,其存在的问题主要有如下方面:

首先,刑法立法的谨慎性不足,未能确立科学的刑法立法观。综观近年的刑法修正案,不难发现其内容的特点,即犯罪圈渐趋严密、刑法前置突显、非刑罚或保安处分的手段增多、死刑罪名趋于不断减少。严密的犯罪圈加之有所轻缓的刑罚渐为立法的常态,对此,有不同的评论观点。赞同者认为刑法与时俱进将新型犯罪纳入法网有利于社会保护目的的实现,同时配置轻缓的刑罚能够减少重刑所引发的现实弊端。[1] 批判者则认为,严密的犯罪圈是以牺牲刑法的基本原理为代价的,特别是刑事违法性的前置,有违刑法最后手段的原则。[2] 于现实而言,刑法调整范围的扩大存在必然之需,严密的刑法观具有与社会适用性相一致的特性,因而应当理性认识这一立法现象。问题在于,严密却不精细,增加的刑法条文往往过于粗疏,规范的严谨性不足,这理当引起我们的重视。以网络犯罪为例,刑法修正案(九)在《关于办理利用信息网络实施诽谤等刑事案件适用法律若干问题的解释》既有的前提下,增设了编造、故意传播虚假信息罪,因势而为地对社会关注度较高的网络谣言犯罪进行了刑法规制。可是,该新增的罪名明显存在规范上的缺陷:一方面,将可入罪的虚假信息限定为四类,从而与规制对象为全部虚假信息的上述司法解释形成了冲突;另一方面,入罪标准过于抽象,仅仅将"严重扰乱社会秩序"作为入罪的可罚性条件未免过于宽泛,在治安管理处罚法已然将"扰乱公共秩序"作为行政可罚条件的情况下,行政违法与刑事犯罪的界限模糊不清,极易造成司法裁量的越轨。

其次,立法事前程序准备不足,事后保障机制不健全。虽然我们时常强调调查先行,立法为后,无实践不理论,无理由不立法。但是,现有的立法前置化准备措施难以达到所期待的目标。一则,幅员辽阔、地域差异造

---

[1] 参见赵秉志、金翼翔:《论刑罚轻缓化的世界背景与中国实践》,《法律适用》2012年第6期,第8—9页。

[2] 参见何荣功:《社会治理"过度刑法化"的法哲学批判》,《中外法学》2015年第2期,第541—542页。

成立法前调研工作未能充分展开,实践信息的获得量相对有限;二则,法律意见的信息反馈者多为司法部门的工作人员,民众参与度不足,公众认同与否关照不足,由此造成立法理由可能有欠充分的弊端。除去事前程序,立法事后保障机制同样存在值得改进之处。立法后的评估及风险防控机制是确保立法后续稳定施行的重要措施,但是目前未能建立科学有效的评估系统,立法之后的风险防控机制更是毫无踪迹,使得刑法难以应对可能出现的规范性不足的现实问题。

最后,立法手段以"人力资源"为主要依靠力量,未能切合现代化科学技术的发展趋势。信息技术日新月异却未能为刑法立法注入充足的科技能量,立法准备及制定工作依旧以传统的人力运作为主要形式。刑法的制定过程确实需要经验丰富的立法人员予以把关,但是,立法的前期准备工作实际上完全可以大力借助科技辅助手段。大数据、云计算等多种高效而便捷的途径可供选择,在人工智能时代社会背景下,我们应当积极采用且善于利用这些技术手段,充分调动这些技术力量"为我所用",并在立法活动中发挥重要效能。如此一来,在省时省力的同时,还能够为我们提供客观、全面的数据,准确反映社会事实的变化,增添刑法立法的科技含量,增强刑法立法的时代性与科学性。立法者亦能透过这些数据,对未来的社会现实进行一定的预测,从而提升刑法立法的前瞻性、严密性、社会性。

三、司法解释维度下刑法立法方法的完善

刑法司法解释作为司法补充立法的主要形式,不仅在一定程度上具有补充、续造立法的功能,同时,对于司法适用亦有着重要的指导作用。但是,司法解释存在着一体两面,因其解释立法化的弊端同样不容忽视。因此,有必要对司法解释采取理性审慎的态度,确保司法在补充立法时不至于放纵僭越。理性解释观反映的是司法对立法的适度修缮,在具体构建立法与司法能动对接的同时,亦是在对刑法立法方法省思之后的完善之举。

（一）内外双向约束机制的具体构想

要想去除刑法司法解释立法化的弊端，需要通过两个方面予以完善：一方面，需要严格把控司法解释的制定过程，防范司法解释立项启动以及内容制定的随意性。另一方面，需要持续审查司法解释的适用效力，及时清理与刑法立法规范不一致的司法解释。现将关于内外双向约束机制的构想，具体阐述如下：

1. 内部约束机制

所谓内部约束，即从刑法司法解释生成的"内在化"过程进行完善，涉及制定程序、解释内容及事中审查等多个会对司法解释"规范化"的形成产生重要影响的方面。

（1）完善司法解释立项制度。立项工作是司法解释制定流程的首要环节，依据 2007 年最高人民法院发布的《最高人民法院关于司法解释工作的规定》，可以发现，现有的关于司法解释立项的规定存在不足之处，有必要重新审视并加以完善。首先，立项的申请主体，更多的是局限于最高人民法院、高级人民法院的内部人员，社会主体参与性不足。考虑到司法解释的专业性，申请主体范围的限缩化具有一定的道理。但是，联系到决定立项的主体来看，单纯由最高人民法院研究室作出决定，尤其是在"最高人民法院审判委员会要求制定司法解释的，由研究室直接立项"①的情形下，立项工作仍然呈现出封闭性的特征。其次，进入立项计划的实施阶段，即在司法解释的起草过程中，关系到群众切身利益或者疑难复杂的司法解释，需要事前得到相关人员的批准同意，然后"可以"而不是"应当"向社会征求意见。② 由此，实际上无论是立项工作的开始还是施行之中，都存在公开性不足的弊端，缺乏独立于法院之外的第三方力量介入，很难保障司法解释制定程序的严肃性与内容的全面性。对此，有学者曾建议建

---

① 参见最高人民法院 2007 年 3 月 23 日颁布的《最高人民法院关于司法解释工作的规定》第 11 条。
② 《最高人民法院关于司法解释工作的规定》第 17 条第 2 款的具体规定为，涉及人民群众切身利益或者重大疑难问题的司法解释，经分管院领导审批后报常务副院长或者院长决定，可以向社会公开征求意见。

立调研制、课题制、公开制的三项制度来提高解释的社会化程度。① 笔者以为，为了保证解释内容的科学性，在兼顾效率性要求的同时，利用课题调研或者适度地征求社会的意见有助于促进司法解释制定的科学化、公开化，能够一定程度上对司法解释的完善带来积极的指导性作用。

（2）确保解释内容的规范性。司法解释一直饱受争议，其中一个极为重要的原因便是其内容的非规范性，存在"越俎代庖"的逾越解释界限的问题。要想确保刑法司法解释制定内容的规范性，首先要确保制定主体的法定性。最高人民法院和最高人民检察院作为司法解释的法定制定主体，却时常与其他行政部门联合发布司法解释。主体的"多元化"极易造成诸多利益诉求融于司法解释之中，致使解释制定过程偏离应有的性质定位，司法权混杂着行政权的局面，由此形成的解释内容往往具有行政政策的缩影。而且，多主体不利于制定程序的监管，更无法凸显解释应有的中立性价值，部分解释条款蜕变为部门之间妥协的结果。对此，大致有两条改善途径可供选择，一是，坚持"两高"系司法解释制定的纯正主体，有其余主体参与制定的解释只能作为一般规范性文件而不得以司法解释的形式发布，法律效力自然也应当低于司法解释。二是，在解释制定程序的启动和内容确立过程中，重点突出"两高"的解释权地位，赋予其最终的决策权与审查权，确保司法解释内容的合法合理，保障司法解释制定的权威性与中立性。当然，制定主体仅是影响解释内容规范性与否的因素之一，最为关键的还是有赖于解释的制定应当遵循一定的规则。具体的解释规则包括必要性、法定性、利益优越性规则，鉴于前文已有论述，故此处不再赘言。

（3）强化创制过程的监督。依据《最高人民法院关于司法解释工作的规定》，司法解释的创制过程主要分为立项、审议、通过这三个环节，虽然其中存在内部的审查及向外部征求意见的规则设定，但是总体而言，解释创制过程的事中审查力度仍然不足。首先，司法解释的制定自始至终都由内部进行控制，立法机关以及其他社会组织、专家几乎难以参与其

---

① 贾济东：《论刑法立法解释与司法解释的协调》，《国家检察官学院学报》2004年第4期，第23页。

中,"自我监管"的模式难免会导致解释权运行过程的松散性,最终导致越权解释的现象出现。其次,目前并无专门的立法对司法解释的制定予以规定,主要以司法机关内部的规定为依据。关于司法解释审查工作的具体操作,《最高人民法院关于司法解释工作的规定》未能予以明确。关于审查的后果,尽管规定了"审判委员会讨论认为制定司法解释的条件尚不成熟的,可以决定进一步论证、暂缓讨论或撤销立项",①但是,何为"条件不成熟"则语焉不详。由此,《最高人民法院关于司法解释工作的规定》设定的审查机制的约束力,实质上是十分薄弱的。笔者以为,应当对解释制定过程中的监督加以重视,可以考虑从如下方面予以完善:一是,司法解释的立项及初次审议应当向立法机关及制定主体之外的最高司法机关征询意见,严格落实外部意见征集制度;二是,建立制定司法解释的法律规范,完善解释内容的审查及监督制定过程的规定,逐渐改变最高司法机关制定解释的单一性局面;三是,加强制定过程的沟通,涉及公众利益及有可能引起重大社会影响的司法解释,应当在立项及审议阶段各自进行有针对性的调研工作,以弥补可能存在的疏漏之处。而且,在解释内容形成之后且尚未正式颁布之前,必要时可以举行公众听证,听取制定者之外的社会人员的意见,借由社会力量的参与来保证司法解释制定工作及其内容的科学合理性。

2. 外部制约措施

相对于内部自制来说,来自外部力量的制约似乎更能发挥匡正司法解释的作用。就具体的措施而言,笔者以为可以包括两个方面,一是强调立法方法的科学性,即提升立法阶段的"预设性"与规范适用的张力,通过细密性立法以缩短与司法现实的距离,从而间接制约司法解释立法化的大量产生;二是重视司法解释适用过程中的审查及监督,及时对有瑕疵的解释进行后期修正。

(1)坚持立法的前瞻性和类型化思维。审视刑法司法解释立法化形成的原因就不难发现,立法阶段的前瞻性不足或者抽象性过度,极易引发

---

① 参见最高人民法院 2007 年 3 月 23 日颁布的《最高人民法院关于司法解释工作的规定》第 24 条。

刑法立法与司法现实之间的矛盾。故而,在确保法律不会对社会产生不当侵扰的前提下,在立法阶段扩大立法的预设范围并且提升法律调整的射程范围,不失为"未雨绸缪"的良策。至于践行的细致方法,笔者认为,首先需要深入调研,通过大量的事实调查及数据分析来洞见彼时的法律空漏,并适当地对将来的社会走向进行预见。诚然,没有人能够准确无误地预测未来,但是掌握科学的立法方法对于立法的前瞻性大有裨益,如果能够进行良好的评估,那么在一定范围内窥见法律发展的态势仍是有可能的。其次,在立法起草过程中力求类型化立法,保持立法规范的现实张力,在具体规范适用时也不会脱逸罪刑法定原则。类型化立法并非是扩张化立法,需要在保持刑法谦抑性的基础上同样为实现权利保障与秩序维护的目标而进行,不能逾越刑法的内在原则与价值标准。

(2) 发挥事后审查制度的制约作用。事后审查有别于事中审查,其实施主体独立于刑法司法解释的制定主体,主要由立法机关进行审查和监督。《中华人民共和国各级人民代表大会常务委员会监督法》对司法解释的相关监督措施进行了规定,包括备案、提起审查要求、提起修改或废止议案等方面。全国人大常委会对司法解释的审查监督具有积极意义,而且突出表现为以下两点:第一,在参与主体的设定上,将社会力量纳入其中,显现出主体的广泛性、审查的公开性、操作的透明性;第二,监督程序的设计注重了体系性要求,从备案至提出审查要求再至议案的提起都进行了具体的规定,保证了司法解释审查工作的有序进行。然而,略有缺憾的是,全国人大常委会事后审查的刚性不足,在面对"两高"不予修改或者废止相关司法解释的情形时,全国人大常委会也只能提出要求最高司法机关进行修改或废止的议案,或者提出由其解释法律的议案,而无法直接对存在问题的司法解释予以处理。由此,审查的效果是大打折扣的,难以对越位的司法解释形成有效的遏制。有鉴于此,笔者认为,应当赋予全国人大常委会对司法解释的否定权,允许其对那些与刑法条文存在冲突或者内容有欠妥当的司法解释径行进行修改或者废止的权力。如此一来,可以加强全国人大常委会对司法解释制定之后审查监督的处置效力,保障司法解释有序推进过程中的健康发展。

（二）司法解释反馈机制的能动建构

刑法司法解释与刑法立法解释同为法律解释，对于立法与司法都具有不可忽视的积极作用，但两者的作用机制却又存在细微的区别。立法解释的制定主体为全国人大常委会，其作出的立法解释多为对刑法条文具体含义的进一步明确，同时亦对"两高"存在的司法解释分歧予以修正，"以正视听"，故而，刑法立法解释承担着"补充立法"与"督导司法"的双重职能。与之不同的是，刑法司法解释以解决司法实践的具体问题为职责，侧重于指导司法活动中法律的具体适用，即使客观上对立法起到了补充的作用，其实际效力也是"不稳定"的，需要经受立法机关的再检验。由此，在刑法规则体系中，立法解释处在刑法立法与司法解释的中间位置，在以立法解释为基点，构建立法与司法的沟通机制时，可以直接通过立法解释实现立法与司法的对接，不受规则体系的阻碍。但是，刑法司法解释则不同，其在规则体系中处于立法解释的下端，在探讨如何以此为支点维系立法与司法的良好关系时，绕不开立法解释的制约，加之考虑到司法解释扩张化的弊端，对司法解释的约束就更是必不可少的。所以，对待刑法司法解释的总体态度应当是"理性约束"且"稳中求进"，并以此作为架构立法与司法之间良好沟通的具体规则。

一方面，对于刑法司法解释需要明辨其正负效应，善于利用立法解释进行的监督功能，通过理性约束而保留司法解释的积极内容，从而实现指导司法与反馈立法的双项效能。刑法立法解释作为立法机关制定的法律解释，其效力要高于最高司法机关所作出的司法解释，结合 1981 年《关于加强法律解释工作的决议》第 2 条的规定，不难发现，立法解释天然地对司法解释具有制约作用。此种制约是处在刑法规则体系之内的约束，而不是规则体系之外的程序性审查与监督。细化来说，立法解释对于司法解释具有"纠偏"功能，即针对解释不合理或者立法化的非规范性的司法解释，通过立法解释的方式予以重新确认。除此之外，立法解释还可以对司法解释的合理内容予以"确认"，即针对那些取得良好效果的司法解释，可以通过立法解释来提升其表现形态，进一步补强司法解释的效力。"纠偏"意味着筛选与淘汰，通过立法解释的形式对某一项或多项司法解释的内容予以重新规定,实际上便间接地对存在问题的司法解释进行了修正。此种修正模式有别于通过制定新司法解释来废除旧司法解释的方式,既能够从有效路径上防止司法解释的逾越立法,同时又不会因司法解释废除之后导致法律适用缺位的弊端,相反却可以提供更加权威的立法解释而支撑司法实践工作的有序运转。需要注意的是,立法解释终究属于"稀缺"的法律解释,在适当颁行立法解释的同时,不能借此而取代司法解释。笔者认为,能够进入立法解释以调控视野的,应当是那些存在严重瑕疵的司法解释,严重与否与司法解释的负面效应成正比,凡是严重扰乱刑法规范秩序,导致审判实践中定罪量刑存在较大偏差、社会认同度较低、法律效果与社会效果不佳的解释,均属于亟需立法解释予以修正的范畴。

　　另外,立法解释对于司法解释的约束具有辩证的两面性,不仅仅是对司法解释的负面否定,即在上述所言的"纠偏"之余,还存在着积极吸纳司法解释的合理内核的"取萃"之举。以黑社会性质组织犯罪的规范完善历程为例,自从1997年刑法规定了黑社会性质组织犯罪以后,又经历了司法解释及立法解释的两次补充说明,直至刑法修正案(八)以立法规范的形式将前期解释的合理内容保留下来。其间,2000年最高人民法院发布的司法解释受到最高人民检察院的质疑,因此最高人民检察院报请全国人大常委会进行解释,最终以颁布立法解释的方式解决了"两高"的分歧。从内容上来看,立法解释对司法解释作了一定程度的修缮,在剔除司法解释不合理内容之余,同样参酌并吸收了其合理性规定。由此,司法解释可以通过立法解释的"确认"得以能动的反馈,并对蕴涵其中的合理性内容予以体现与升华。这也正如笔者前面所述,司法解释对司法的反馈可以是独自而直接的,但是却难以绕开立法解释而直接作用于立法。笔者以为,恰是如此,愈能保障再次立法的严谨性,而单纯地将司法解释的内容纳入新的立法规范中,会形成司法解释立法化根本算不上是什么弊端的印象。其次,缺少立法解释的缓冲,难免造成立法与司法的对接过于生硬的弊端,会把司法适用的便利性作为立法规定的直接动因,造成立法规范的制订过程不周全或者不审慎的错觉。由此,司法解释对于立法的反馈,可以通过立法解释间接得以实现。如果存在必需进行立法的情形,那么可以将立法解释的内容纳入到立法规范之中,如此操作能够最大限度地对司法解释形成制约,从而让司法解释全面发挥出正面的积极效益。

另一方面,提高"法官释法"的能力,通过指导性案例来强化司法解释的实践指导功能,推动司法实践的法治化进程。司法解释属于纸面的规范,对于司法与立法的反馈不能仅依靠规则的运作来实现,还需要法官及相关配套制度来确保最佳效果的产生。作为刑事案件的裁判者,法官需要往返于规范与事实之间,良好的法律条文的理解能力与解释能力对于规范内涵与案件事实的把握显得极为重要,恰当的解释往往能够迎来公正的审判结果,反之,则有可能引发错案,危及司法的公信力。除去法律适用者的角色,"法官乃是自生自发秩序中的一种制度"。[①] 司法工作人员在适用法律的过程中亦能"发现规则"和"揭示教义",尽管我国目前的解释格局中并未将"法官解释"纳入其中,然而,基于训练有素的司法者的法治素养及对司法现实的洞见,在适用法律规则的过程中自然可以进行规则的部分调整,从而拉近规范与现实的距离,在发现司法解释存在瑕疵或者各解释之间发生冲突的情况下,及时地作出反应并在规范体系下寻求最佳的解释,如此便实现了规范结合个案的自主解释活动,实现了自由裁量权的真正价值。

在重视提升法官的法律解释能力的同时,还应当注重配套制度的并行与完善,于此之中,案例指导制度所具有的独特价值不容忽视。通过发布指导性案例,在展示特定案件的裁判论证思路时,对运用法律规定、司法解释、社会情理等综合裁判的优秀范例进行宣传和推广,为同类案件的审判提供可以依循的样式。潜移默化的不断影响,会对司法工作人员形成积极的导向,促进他们深入理解与合理适用规范,尤其有助于在纷繁复杂的解释文件中辨明优劣,提升案件的裁判质量。但是,考虑到当下案例指导制度存在的弊端及司法解释如"雨后春笋"般涌现的现实,依赖指导性案例促进司法案件妥善解决的方式仍然有相当长的路程要走。由此,在不断完善案例指导制度的同时,更为重要的是改善整体的司法运行环

---

① 〔英〕弗里德利希·冯·哈耶克:《法律、立法与自由》(第一卷),邓正来、张守东、李静冰译,中国大百科全书出版社 2000 年版,第 153 页。

境,比如,健全司法人员法律素养培训机制、完善司法改革中的考核评价与司法责任制、提升司法者释法说明的能力等等外部措施,从而有助于立法与司法之间的协调并行。

第五节 本章小结

刑法立法与刑事司法并不是绝然分裂或者对立性的存在,尽管二者各自具有并不完全一致的目的,但是,把立法规范运用于司法适用之中并输出公平正义之法律产品,是二者协同努力之下的共同方向,就此也呈现了立法与司法之间不可偏废的客观存在。刑法立法方法的优劣,与立法之外的刑法立法解释、刑法司法解释、刑事指导性案例存在紧密性关联,单纯的立法规范并不足以支撑整体性的刑事司法运行。在当下立法规范稳定性、体系性与规范性特征得以不断强调的同时,由于司法实践运行所具有的灵活性、零散性与动态性特征,决定了立法规范之外的立法解释、司法解释、指导性案例具有不可或缺的重要价值。基于此认识,我们也应该从这三个维度予以审视和思考其与刑法立法方法之间的关系,并通过对它们的细致梳理,看到彼此密切关联的沟通维度。

尽管立法解释的数量相对有限,但是其对司法解释的纠偏功能应当得以肯定,而且对新情况出现之后的"规则短缺"现象,应当通过立法解释予以弥补。指导性案例通过以案说法的形式呈现了裁判的过程与理由,让我们生动地以"看得见的方式"知晓了正义是如何诞生的。司法解释相较于立法解释来说,由于司法解释源于实践性问题而更靠近司法第一线,因而其所面向的解释内容更显庞杂,解释所涉及的问题也具有类型多样性。因而,以刑法司法解释为维度构建立法与司法的沟通路径时,需要从内部刑法规则体系与外部现实运行实践这两个方向进行。在规则体系内,司法解释对立法和司法的反馈有必要经受立法解释的理性制约以确保"去弊存利";在外部实践中,提升法官的能动性和完善配套的制度对于司法解释反馈效果的实现尤为重要。刑法立法、立法解释、司法解释、指导性案例这四元一体的客观存在,共同守护和追寻着刑法价值与刑事法治目标。在刑法立法与刑事司法的彼此之间不断往返进行的映照、沟通和调整的过程中,呈现了刑法立法方法既要从刑法法典之中寻求规范完善,同时又需要从立法规范之外探寻规则内容的多元构建,这无疑是立法与司法的沟通维度提供给我们的重要启示。

第八章

刑法立法的效果评估与初步构建

　　短短二十余载,刑法更新换代之频繁,是其他任何部门法均难以企及的。刑法规范在惩治犯罪、维护社会秩序的正面效应下,在个案适用中也附带引发了部分值得反思的情形,因而确立刑法立法的科学评估具有重要的现实意义。而我国现有的刑法立法评估体系尚未成型,未能对立法的变动进行有效检测和评估,对于刑法立法的负面效应也未能建立良好的预防机制。一套成熟的刑法立法效果评估体系并非只具有观赏价值,而是集评估原则、评估标准、评估程序于一体的综合性产物,是理论与实践、原则与具体、实体与程序等的结合体。通过对刑法立法效果的评估,以期达到刑法立法资源的优化配置以及立法效益最大化的渐进实现,确保刑法规范的科学设置。

第一节　刑法立法效果评估的内涵界定

一、刑法立法效果评估的内涵解读

　　评估一词,从语义学的角度进行解读,其意是指"评议估价、评价"[1];

---

[1] 中国社会科学院语言研究所词典编辑室:《现代汉语词典》,商务印书馆 2005 年版,第 1054 页。

"评估也称为评价,通常是根据一定的标准去判断某一特定系统整体,或系统内部诸要素和环节的结构与功能的状态,以及判断系统产出的数量和质量水平及与预定目标的差距等基本情况,从而得出特定信息的过程。"①"评估"与"评价"并不存在实质意义层面的差异,在"刑法立法效果评估"的适用中也是如此。"效果"通常意义是指"由某种力量、做法或因素产生的结果(多指好的)"。② 在本章中,笔者所用的"效果"是一个中性词,"效果评估"倾向于阐释由某种行为、因素等所带来的结果评价,既包括了正面效应,也包括了负面效应。

从本质上分析,刑法立法效果评估是刑法立法活动的延续,理应作为立法活动不可或缺的重要组成部分。在刑法立法效果评估中,评估的对象是刑法立法的具体条款,评估内容是具体罪刑条款的实施效果以及社会反响,重在判断刑法立法规范体系及其实践运行所带来的现实成效如何。从评估的阶段来看,可以包括立法前评估和立法后评估,立法前评估重在对某种行为进行法律规制的必要性、可行性的事先预断,立法后评估则侧重于对已施行一段时间之后的法律的实际效果的评估,一方面让良法善治得以传承和发扬,另一方面针对已有的立法瑕疵和缺陷及时矫正与修缮。"关于立法评估,从现有的文献与评估案例分析,论证的是立法后评估。"③基于评估所针对的是立法确立之后的成文规范,因而如无特别说明,笔者在下文中所指的评估主要是就立法后评估而言的。

综上,笔者所指的刑法立法效果评估,是指专业人员对已颁行生效的刑法立法规范进行的理性分析与科学评价活动。

二、刑法立法效果评估的现实必要

(一)刑法立法效果评估是提高立法质量的重要途径

刑法立法效果评估的有序开展能够及时发现现有法律规范的不足之

---

① 杨诚虎:《公共政策评估:理论与方法》,中国社会科学出版社 2006 年版,第 21 页。
② 张清源主编:《现代汉语词典》,四川人民出版社 2001 年版,第 433 页。
③ 席涛:《立法评估:评估什么和如何评估(上)——以中国立法评估为例》,《政法论坛》2012 年第 5 期,第 60 页。

处,其已成为提高刑法立法质量的重要方式。刑法立法的质量与其最终的实施效果密不可分,毕竟,"法律的生命在于它的适用和生效。"[①]刑事法律在实施一段时间之后,其周遭的社会环境已经与立法之时产生了较大程度的差异,此时成文法律或许难以对新情势下的社会关系进行良好调整,需要评估并适时作出立法跟进。在经济、社会、科技等多方面的影响因素发生变迁的情形下,不可避免地会出现刑法立法不足或刑法立法过剩的情形,无论是哪一种情形,都是法律规范不应出现的现象,都会带来不良效应。此时就需要在刑法立法效果评估的辅助下,对成文法律的现实效果做出评判,依据评估结果对刑法立法进行因时因地的补充与修正,尽量克服刑法立法层面发生的投入与产出不成比例的效益不彰之局面。

从立法层面来说,刑法立法评估的推行是对立法法要求提高立法质量这一核心宗旨的积极响应。2015 年修正的《立法法》第 1 条强调该部法律的宗旨为"提高立法质量","发挥立法的引领和推动作用",第 39 条中创设"立法前评估"的方向指引,第 63 条建立"立法后评估"的价值机制。[②]《立法法》规范立法权限和立法审议制度,对其他法律的制定起着引领和推动的作用,刑法立法理应在《立法法》的引领之下予以修订和完善。刑法立法也要按照《立法法》的具体要求进行,甚至可以说,刑法立法效果评估是对《立法法》内在精神与原则的及时回应与恰切遵循,是对《立法法》所倡导的"提高立法质量"的贯彻落实。

(二) 刑法立法效果评估可以提高刑法立法的公信力

在二十余年的时间里,刑事立法已历经数次修正,其更新换代速度令

---

① [美]罗科斯·庞德:《法理学》,余履雪译,法律出版社 2007 年版,第 287 页。
② 前者体现在立法法第 39 条中,即"拟提请常务委员会会议审议通过的法律案,在法律委员会提出审议结果报告前,常务委员会工作机构可以对法律草案中主要制度规范的可行性、法律出台时机、法律实施的社会效果和可能出现的问题等进行评估。评估情况由法律委员会在审议结果报告中予以说明。"
　　后者则在第 63 条予以规定,即"全国人民代表大会有关的专门委员会、常务委员会工作机构可以组织对有关法律或者法律中有关规定进行立法后评估。评估情况应当向常务委员会报告。"

其他部门法望尘莫及。然而,不仅传统罪名的发案率及其社会危害后果并未大幅降低,反而在科学技术的驱动下,形形色色的新型犯罪的发案率长期居高不下,恶性暴力事件所带来的社会危害结果往往触目惊心,社会民众内心的不安全感和焦虑感在增加的同时诱发对刑法立法有效性的现实诘问。刑事法律频繁修订的积极意义何在,不得不使人质疑与反思。简言之,刑法立法是否能够真正实现打击犯罪、维护社会秩序的良善预期,通过刑事惩戒手段寄予的一般预防和特殊预防功效是否真正发挥作用,这些问题在频频的刑事立法之余仍然发人深思。

刑法修正案已经成为刑法修订的主要模式,是中国特色社会主义刑法体系的重要组成部分。近年来,刑法立法以修正案的形式动辄修订数十条罪名设置,在刑法修正案(八)、刑法修正案(九)中即可见一斑。批量地增加新罪名,一方面借助于刑事法律手段能够对相应行为加以有效制裁;但另一方面,可能造成社会治理过度刑法化,与刑法自身的谦抑性理念产生现实冲突。刑法规制范畴的不断扩张,往往带来“背离刑法的性质,导致刑法扩张、其他部门法不扬;背离刑法的机能,强化社会保护而忽视人权保障;背离刑法的功能,导致社会管理手段的弱化;注重刑法实用主义,导致刑法庸俗化”[①]等种种质疑,致使刑法根基的正当性遭受多方面的诘问。有鉴于此,对刑法立法效果予以及时评估,用刑法治理社会的实践效果予以回应,在客观检验刑法的社会治理功效的同时,又能提高刑法立法的公信力。

(三) 刑法立法效果评估是对“科学立法”的积极回应

一方面,刑法立法效果评估的推行与当下大政方针相契合。中国共产党第十八次全国代表大会提出“科学立法、严格执法、公正司法、全民守法”的法治方略,成为法治中国建设的新方针。中共十九大报告明确提出:“推进科学立法、民主立法、依法立法,以良法促进发展、保障善治。”、“开展立法质量评估,实行‘回头看’,使立法者可以清楚地看到立法预期与立法实施效果之间的差距以及立法技术等方面的欠缺,进而吸取经验

---

① 王强军:《社会治理过度刑法化的隐忧》,《当代法学》2019 年第 2 期,第 3 页。

教训,不断提高立法预测能力和立法技术,制定出更高质量的法规。"①

科学立法需要避免立法者的局限性,通过"评估"这一科学方法保证立法产品的科学性。刑法立法后效果评估能够及时挽救立法者的理性不足,弥补因立法者主观认识局限性而造成的规范剩余或者立法短缺现象。"康德认为,之所以导致经验论走向不可知论和怀疑论,是因为人的理性只能认识经验世界的事物,即人的理性是有限的,当人的理性试图认识超验的或先验的存在时,必然产生怀疑论和不可知论。"②不能排除刑法立法颁行之时就已经存在立法者尚未考虑到的现实情形,或者立法修订之时未出现而法律颁行之后方才露面的新型问题。立法者的理性使其尽力使刑法规范与社会的整体价值判断协调一致,以期构筑完备且完美的秩序规则,然而,成文法律一旦颁行之后就具有滞后性,立法者的良善愿景亦受"有限理性"的约束。对刑法立法效果进行客观评估,发现刑法立法中存在的现实问题,有效弥合因立法主体的"有限理性"所带来的立法偏差。

第二节　刑法立法效果评估的基本原则

"法的宗旨反映着法律创制和实施的价值追求,构成了该部法律所追求的社会理想和社会目的,是保证一部法律系统性、统一性和科学性的前提条件。"③刑法立法效果评估原则贯穿于刑法立法评估的始末,是刑法立法评估工作的指导性纲领和内在原理。原则应当得到遵循,并不是因为它将促进或者保证被认为合乎需要的经济、政治或者社会形势,而是因为它是公平、正义的要求,或者是其他道德层面的要求。④ 只有遵循正确的刑法立法评估原则,刑法立法评估才能做到科学合理、不偏不倚。笔者认为,刑法立法效果评估应当恪守如下几方面的原则:

---

① 王成宇:《地方立法质量研究》,武汉出版社 2007 年版,第 128 页。
② 李容华:《有限理性及其法律适用》,知识产权出版社 2007 年版,第 21 页。
③ 朱景文:《法社会学》,中国人民大学出版社 2009 年版,第 223 页。
④ [美]德沃金:《认真对待权利》,中国大百科全书出版社 1998 年版,第 41 页。

一、客观公正原则

客观公正原则是指在刑法立法效益评估时,应当始终秉承中立、客观、公正的立场,不持个人好恶,摒弃小团体利益和部门利益,不偏不倚地对刑事立法的改进和完善提出合理性意见。在笔者看来,该项原则是刑法立法评估工作的根本性原则,能够发挥前提性指引功能,对最终评估结论的科学性予以核心保障。

(一)刑法立法效果评估应当坚持定性与定量相结合

"在立法后评估过程中,信息的采集、整理与加工以及评估的技术与方法,都离不开定性评估与定量评估,正确的评估方法应当是将两者有机地结合。"[1]刑法立法效果的定性评估是指评估主体结合专业知识、工作经验、人生阅历,综合运用逻辑思维能力,对非量化的刑法立法总体实施效果加以评判;刑法立法效果的定量评估则主要适用于需要进行量化考评的犯罪数据,如具体罪名的案发率、犯罪所造成的经济损失等,需要通过大量的调查研究,并运用统计学、数学、计量经济学等学科的研究方法,进行大数据的实证统计和研判结论的分析得出。不管是定性评估还是定量评估,均应当坚持实事求是,全面收集与效果评估相关的材料,坚持客观公正的态度和方法,对立法效果进行全方位、综合性考量,面对纷繁复杂的各类危害行为,客观评判具体的刑事立法条款是否能够发挥现实作用、解决实际问题。

(二)刑法立法效果评估应当以历史的眼光审时度势

对于刑法立法的评估要做到因时因地,对立法的整体效果要放到当时的社会大环境中去,将历史资料和现实资料结合起来进行比对分析。因为刑法立法效果不仅受立法指导思想、刑事政策、立法技术、立法程序等因素的影响,而且受社会发展水平、思想观念、政治体制、法

---

[1] 汪全胜:《立法后评估研究》,人民出版社 2012 年版,第 43 页。

治模式等非立法因素的制约,应当对这些因素进行全方位的考虑,结合刑法立法时的社会背景对立法前后的效果进行纵横比较分析,从而较为全面地评判某一项法律条文的实施成效,进而判断在现有社会发展情势下原有刑法立法的规定是否有继续存在或者修订调整的现实必要。

二、全面协调原则

对刑法立法效益的评价,不应当局限于单一法律条文本身,而是应当纵观全局,查看刑法立法的体系性和功能完备性是否得到贯彻遵循。如刑法立法的合宪性、刑法内容的协调性、刑法立法方式的多样性、刑法立法界限的适正性等,并妥善处理彼此之间的关系。

(一) 刑法立法整体的合宪性

宪法是我国的根本大法,刑事立法必然不能与宪法相背离。从实质层面来讲,宪法对立法的制约集中体现为人权保障的宪法控制。[1] 另外,刑法是否以宪法为纲领,不能只从表面文字进行解读,而应当查看法条背后的精神实质,审查贯穿刑法立法始终的合宪性观念是否得以遵守。随着人权入宪,刑法立法对于人权的保护更应该落到实处,如果没有或者不能很好地运用法律武器尤其是刑法武器来同侵犯公民民主权利的违法犯罪行为作斗争,那么公民依法享有的民主权利就会在某种程度上沦为一纸空文。[2] 在保护法益的同时,刑法的规制边界必须合理正当,在刑事立法层面必须坚持"罪的谦抑"和"刑的谦抑",如果过多地限制公民的行动自由,就有违背宪法所倡导的人权保障精神之虞。

(二) 刑法立法内容的协调性

刑事立法应当使刑法条文内部的关系保持协调,实现罪与罪之间的

① 蔡道通:《刑事法治的基本立场》,北京大学出版社 2008 年版,第 107 页。
② 王俊平:《〈公民权利和政治权利国际公约〉与中国刑法立法:域外的经验和启示》,知识产权出版社 2013 年版,第 19 页。

平衡,另外还要审查刑法总则与刑法分则之间的关系处理是否妥当。比如在刑法分则中,同样属于"编造、传播"类犯罪,编造、故意传播虚假信息罪的打击力度明显大于编造并传播虚假的证券、期货交易的虚假信息罪;贪污受贿此类利用公权力实施侵财性犯罪的刑罚处罚,明显低于盗窃、诈骗等直接侵财性犯罪的刑罚处遇。刑法总则确立了罪责刑相一致的原则,在具体的刑法分则条款设立时就要遵循这一基本原则,并通过具体条款设置予以体现,而不是彼此之间产生不协调乃至矛盾。有鉴于此,在进行刑法条文的修改时,应当坚持体系协调性原则,尽量避免刑罚不均衡的现象出现。

(三) 刑法立法方式的多样性

将刑法修正案作为刑法立法的单一模式,而过度追求刑法的法典化有失偏颇,不论是放弃单行刑法还是附属刑法,相应的优势都将无从体现,因此应当妥善处理刑法典、单行刑法、附属刑法之间的关系。从单行刑法的角度而言,"单行刑法作为特别法,可以针对某一时期、某一类犯罪或者某一类人的犯罪作出特别规定,进行刑法典之外的例外调整,表现出较强的针对性。"[1]随着风险社会抽象危险犯种类的增多,单行刑法可以发挥其及时性、灵活性的优势,对社会中的不法行为进行矫正。另外,附属刑法的立法程序较为简单,具有更强的灵活性和适应性,在不违背社会发展规律和刑法总则规定的前提下,可以对于刑法条文发挥调节作用。虽然我国现在已形成以刑法典为核心,以单行刑法、刑法修正案为两翼,以立法解释和司法解释为补充的完整刑事实体法律制度[2],但是制度的有效落实尚需要其他相应机制如刑法立法评估的良性促动。

(四) 刑法立法界限的适正性

从刑法立法规制内容的界限进行评析,理应妥善处理好刑法立法与民事立法、行政法之间的关系。国家肆意伸展刑法的触角,不但要额外支

---

[1] 赫兴旺:《我国单行刑法的若干基本理论问题研析》,《法学家》1994年第4期,第44页。

[2] 谢望原、陈琴:《改革开放30年的刑事法制——以刑法立法为视角》,《法学论坛》2008年第6期,第10页。

出过多的成本,而且从根本上讲也不可能预防和打压社会上的所有触法行为,刑法并非维护社会秩序的唯一手段,也本无必要时时刻刻冲在部队的最前列,在有必要对某一危害社会的行为进行规制时,应当先考虑运用行政处罚措施、民事救济手段是否可以达到这一目的,只有在行政、民事等手段不足以惩治的情况下才能采用刑事手段,而不能使用刑罚手段将社会上的违法行为全然入罪。如果"细微之事"即动用刑法力量进行规制,而置行政处罚、民事制裁于不顾,不仅耗费有限的司法资源,而且必将难以发挥刑法"后置法"的功能。

三、民主公开原则

刑法立法的民主性和公开性之间应当相得益彰,二者之间应当相互依存,如果立法的公开性缺失,那么立法的民主性便如同沙漠之塔;如果立法没有民主性,所谓的公开性也毫无意义可言。刑事法律必须从戒备森严的"庙堂"走出,接受普罗大众的检视,从而实现由"教条理念"向"内心信仰"的升华。刑法立法效果评估的民主公正原则理当包括两个方面的内容,其一,刑法立法效果评估参与主体的多样化,以综合多元利益相关者的现实诉求;其二,立法评估的程序阶段和最终的结果都应当向社会民众公开,以增强评估结论的信服力。

(一) 立法评估主体应综合多元利益相关者展开考量

我国现行法律法规对立法后评估制度尚未做出明确规定,从刑法立法效果评估主体所处的位阶进行分类,可以分为内部评估主体和外部评估主体,因其存在不同的利益角逐和价值取向,均难以单独担当评估工作的重任。刑法立法效果的内部评估主体包括具有立法权的全国人大及其常委会,以及具有司法权和执行权的公、检、法、监狱、司法局等。由享有公权力的国家权力机关及其内部组成机构担任评估主体可以发挥其专业优势,一方面,内部评估主体因对法律实施情况更为悉知,且因其职业便利能够轻易获取刑法立法实施和执行效果的原始资料,能够保障评估结论的真实性。然而,刑法立法效果评估结论会直接影响到内部评估主体的切身利益,希冀公权力机关对其自身履职行为做出客观公正的论断不切实际。外部评估主体则由公权力之外的专家学者、民间组织、社会公众所组成,这部分主体身份的中立性决定了评估结论的客观性较强,具有一定专业技术的人员能够弥补公权力机关在特定领域的短板。但是,因其处于刑法立法制定与实施的外围空间,不仅缺乏刑法动态运行的切身体验,而且采集与获取立法评估资料也相对较难,在此情形下,作为外部评估主体的他们,存在难以独自完成立法评估工作的现实缺陷。

刑法立法是多种不同利益妥协共融的最终结果,因此刑法立法评估活动也应当综合考量多元主体的利益诉求。"法律的功能在于调节、调和与调解各种错综复杂和冲突的利益。法律或法律秩序的任务或作用,在于承认、确定、实现和保障利益。"①引入利益相关主体参与刑法立法评估活动,能够克服仅凭单一评估主体所带来的认识主观性、判断片面性等局限。刑法立法主体、刑法立法的实施与执行人员因与立法后评估结果具有直接的、全面的联系,因此成为刑法立法效果评估过程中的重要利益相关者。

除此之外,刑事立法的立、改、废又与刑事诉讼当事人的利益存在直接关联,如罪与非罪的界分直接关联到犯罪嫌疑人、被告人是否会陷入漫长的刑事诉讼程序,刑罚的轻重、悔罪情节的认定直接决定服刑期限的长短。因此,法律修订尤其是一项新罪名设立时的潜在刑事诉讼当事人又是直接的、关键的利益相关者。如刑法修正案(九)中增设的第 286 条之一、第 287 条之二的规定直接关系到网络服务提供者的切身利益,而部分新兴网络平台尚处于起步阶段,可能会由于技术的缺失对潜在危险的感知力较弱,因此应当将此类利益相关方纳入刑法立法效果的评估主体,以保证最终评估结论的科学性与全面性。

(二)刑法立法效果评估应以公开性为基本遵循

刑法立法是社会利益格局制度化的表现形式,对刑法立法实施效果予以评估会直接或间接地促动现有格局发生部分调整,因此,无论是利益

---

① 沈宗灵:《现代西方法理学》,北京大学出版社 1992 年版,第 291 页。

相关主体还是社会公众,均对刑法立法效果的评估十分关注。首先,除法律、行政法规规定不应当公开的信息外,刑法立法效果评估的基础信息应当公之于众,如某种罪名入刑之后数年间的发案率、司法机关审理此类案件数量在总案件数量中的权重等。其次,刑法立法效果评估的程序应当向社会公开,评估程序公正透明,可以吸引较多公民参与到刑法立法效益评估的活动中。让公众在了解立法评估的同时,理性表达自己的观点,并在评估与公众认同之间形成一种良性互动,营造公民有序参与刑法立法活动的良好氛围。再次,刑法立法效果评估的过程应当向社会公开,如刑法立法效果评估的参与主体、评估标准、评估方法等。评估工作在阳光下运行,使评估主体不能懈怠自己的职责,体现评估的主体意识与评估活动的慎重性。评估过程的透明化不仅有利于促使评估主体按规则履职,而且有益于最终评估结果的公正性和信服力。最后,刑法立法评估的最终效果及对结果的答责都应当对社会公众有所交待。将刑法立法效果及其回应公诸于世,可以在无形中筑就一种监督力量,使当下的刑法立法评估不致流于形式,并在客观上能够促进刑法立法评估成果的运用,并对后续刑法条文的修改、补充或废止起到促进作用。

四、科学发展原则

刑法立法关注社会问题,并对此做出积极性调整。比如,在刑法修正案(九)中,将暴力袭警行为立法化,将"医闹"行为入刑等,都是立法回应社会现实的体现。但是,刑法立法对于重大社会问题的关切应当恪守适度原则,如学者所言"立法者的任务不是建立某种特定的秩序,而只是创造一些条件,在这些条件下,一个有序的安排得以自生自发地建构起来,并得以不断重构。"[①]科学的刑事立法应当跟随社会发展步伐,即刑法能够自给自足从而调整合理有序的社会生活。因而,在现实的刑法立法效果评估中,遵循科学发展原则就成为现实必要。

① [德]弗里德里希·冯·哈耶克:《自由秩序原理》,邓正来译,生活·读书·新知三联书店1997年版,第201页。

（一）刑法立法效果评估应以科学的眼光审时度势

首先,刑法立法评估应当以现有科学技术为依据,切忌主观臆断,始终应当本着实事求是的态度,运用科学的手段,以收集的原始资料为依据,对评估对象进行客观评判,不能在资料不齐全、准备不充分、研究不深入的情形下进行匆忙武断的评估。随着社会发展的日新月异,人们日常生活方式早已今非昔比,犯罪手段与类型也在持续更新,传统犯罪在网络时代以新的面孔不断呈现,另外也滋生了大量以新事物为媒介的犯罪行为。与此相对应,一系列规制此类违法犯罪行为的刑法规范应运而生,如刑法第133条之一中的危险驾驶罪,其中的"醉酒驾驶机动车"、"严重超过规定时速行驶",对于"醉酒驾车"、"超速行驶"只有建立在科学技术可以检测的情况下才具有制度规范的意义,在科技层面的可评估性不容小觑。

其次,刑法立法效果评估过程中应当科学地辨识舆论呼声和民意诉求。"上法圆天以顺三光,下法方地以顺四时,中和民意以安四乡。"[①]自古以来,我国立法就有尊重民意的传统,体现社会大众意志的立法才能够得到长久的适用,并助力于建造良好的社会秩序。随着自媒体时代的到来,尤其是在当今社会,微信、微博、知乎等平台如火如荼地发展,每个民众都是发音的主角,每个民众都会有自己的见解与主张。因而,极小的社会事件也可能产生蝴蝶效应,轻信性、控制性、一致性的心理特征往往会被居心叵测者利用。在此过程中,立法机关一旦被舆论不当操纵,情绪性效果评估结果可能因此诞生,迁就或妥协于民意的效果评估根本无法发挥其应有的价值。

最后,在刑法立法效果评估之时,不能过多强调刑事政策的调节功能,而应该保持自身的独立品格。"国家把某些行为定位为犯罪的行为原本就具有政治色彩。"[②]刑事政策作为刑事一体化层面的遵循,不仅在刑事立法时需要贯彻,而且在立法效果评估时也应时时遵循。刑法权力首

---

① 《庄子·说剑》。
② ﹝日﹞大塚仁:《犯罪论的基本问题》,冯军译,中国政法大学出版社1993年版,第5页。

先是一种国家权力,一种公权力,但是同时也带有普适的社会性和文化性。[1] 刑法立法受刑事政策的影响难免沾染应世性色彩,导致刑法规范的灵活性有余而稳定性不足。惩罚并非唯一的正义,刑罚的惩罚并不是第一位的,如何通过惩罚保障公民权利才是最根本的任务所在。在刑法评估科学化的道路上,要避免刑法评估对刑事政策的过于依附,不能以灵动性的政策作为自己评估的方向指针。

(二) 刑法立法效果评估理应秉持前瞻性和安定性

刑法立法效果评估应当坚持前瞻性,为社会的全面发展预留足够空间,使刑法立法严谨周密,避免法规实施过程中守法成本高于违法成本。刑法立法不仅应当回首过去,更应当展望未来,惟有与时俱进,刑法立法才能为社会的进步与发展提供科学有力的法律保障。在社会主义市场经济高速运行的当下,应当保证市场经济的活跃性得以充分发挥,将某些违法行为进行实质的非罪化处理。比如,公司法规定:"有限责任公司的注册资本为在公司登记机关登记的全体股东认缴的出资额。法律、行政法规以及国务院决定对有限责任公司注册资本实缴、注册资本最低限额另有规定的,从其规定。"由此可见,公司法中已经不再要求一般性的有限责任公司需要实缴注册资本。在此情形下,刑法立法应当顺势而为,将涉及到注册资本的犯罪保留在有限追究的范围,将关联性法律调整之后并无实质危害性的行为进行非罪化处理。[2]

刑法立法的基本属性在于它总是通过现有规范来调整未来的行为,因此,刑法立法应当妥善处理前瞻性与保守性之间的关系,达致二者间的协调统一。"法官判决实践可以理解为一种取向于过去的行动,它把注意力集中于已经固定为现行法律的政治立法者的过去的决定;而立法者做

---

[1] 苏惠渔、孙万仁:《论国家权力》,北京大学出版社 2006 年版,第 2 页。

[2] 全国人民代表大会常务委员会关于《中华人民共和国刑法》第一百五十八条、第一百五十九条的解释(2014 年 4 月 24 日第十二届全国人民代表大会常务委员会第八次会议通过):全国人民代表大会常务委员会讨论了公司法修改后刑法第一百五十八条、第一百五十九条对实行注册资本实缴登记制、认缴登记制的公司的适用范围问题,解释如下:刑法第一百五十八条、第一百五十九条的规定,只适用于依法实行注册资本实缴登记制的公司。

出倾向于对未来行动者有约束力的决定,行政部门处理现在出现的事实。"①立法者在制订相应的刑法规范时,既要考虑到现有的刑事立法,又要对未来社会的发展动向有一种较为明晰的预期,前瞻性的刑事立法要求对社会生活的变迁具有一定的预见性,并在立法中反映出来。但是,此种前瞻性总是有限的,所以一定程度的刑法修订是正常现象,也无可厚非。然而,如若频繁地修改刑事法律,规范的行为指引功能将使社会公众极不适应,刑法立法的权威性必将受到影响。因此,为了解决前瞻性与安定性之间的矛盾,需要科学的刑法立法效果评估帮助立法者具备更好的预见力,使后期的刑事立法在一定时间范畴内保持其与社会变动之间的适应协调性,不致过度频繁地修订刑法。

第三节 刑法立法效果评估的标准体系

刑法立法评估是为了客观检视已经颁布实施的刑法立法规范的效果,为了克服评估主体的主观臆断和标准混乱,此时就需要系统性、全面性的评价体系,即刑法立法效果评估的科学标准体系。刑法立法效果评估的标准体系是指,为了让刑法立法规范的评估工作有章可循,从而建立的一套用以衡量刑法立法实施效果的客观标准。刑法立法效果评估标准直接决定了评估方案和评估结论的科学性与合理性,是刑法立法效果评估的理论构想走向实践运行的现实桥梁,对整个刑法立法评估工作具有重要的现实意义。

一、刑法立法效果评估标准构建的现实困境

刑法立法后效果评估标准体系的构筑是实现立法效果评估工作有章可循进而提高刑法立法质量的必由之路,在科学立法理念的促动下,刑法

---

① ［德］哈贝马斯:《在事实与规范之间——关于法律和民主法治国的商谈理论》,童世骏译,生活·读书·新知三联书店 2003 年版,第 304 页。

立法效果评估标准体系的构建仍然存在着无法遮蔽的现实困境。在对科学立法与民主立法、风险社会与罪刑法定观念等多元价值理念的遵循中,具有难以化解的现实阻隔。笔者认为,应从多元视角对刑法立法效果评估标准的客观阻滞予以全面检视,从而助益于效果评估标准设立的反省与检视。

(一)评估主体的多样性致使评估标准难以达成一致意见

刑法立法效果评估结论直接或间接地影响着多方主体的切身利益,因此在评估过程中应当纳入多元主体,然而评估主体的多样性又给评估标准的统一性带来现实阻碍。一方面,为了保障评估标准结论得出的周全性,需要汇聚多方力量作为评估主体。"立法所需要的知识、经验和信息散布于各种社会主体之手,必须通过各种渠道获取和利用这些社会主体所掌握的知识、经验和信息,以克服自身的知识、经验和信息不足问题。"[1]

另一方面,不同评估主体关注的重点、价值导向和专业化程度存在差异,因价值观念、生活经历、人生阅历的不同使评估个体的评价标准迥然相异,致使评估结果的客观性因评估个体的原因产生偏差。如果评估标准的设立过多地考虑社会公众的心理诉求,并以普通民众的价值观念作为判断法律是否合理的依凭,则难以避免民众因法律常识的匮乏而产生的视野管窥效应和评价标准的非理性和盲从性。在我国尚未建立针对立法实施效果专门评估主体的当下,综合多元主体的意见成为利弊权衡的应然之策。此时,如何对不同主体的意见予以"兼收并蓄",得出集科学性和全面性于一体的评估标准,是对评估工作的现实挑战。

(二)刑法立法的抽象性给评估标准的建立带来现实困难

1. 刑法立法自身具有难以避免的抽象性

刑法立法调整对象的复杂性和多样性决定了法律文本的适度抽象至关重要,"合理的抽象性对于立法而言极为重要,它能保障法律对生活事

---

[1] 黄文艺:《信息不充分条件下的立法策略——从信息约束角度对全国人大常委会立法政策的解读》,《中国法学》2009年第3期,第152页。

实具有高度概括性，进而得以稳定实施。"①内涵与外延之间的关系决定了，如若刑法立法中大量使用明确性的法律概念，将会造成刑法规制范畴的不当限缩，不仅不能适应变动不居的社会情势，而且对新型犯罪行为鞭长莫及。刑法立法不可避免的抽象性决定了条文规范对于任何一种犯罪行为只能进行概括式规定。将所有相关行为详尽无遗地表述，并不能实现立法意图，毕竟越详尽的列举式规定，越存在着立法遗漏的现实风险。

"一个抽象事物是不可能自己对自己进行清晰界定的，一个抽象物也不能直接对另一个抽象物加以客观说明而澄清自我。"②刑法立法因其自身的特性具有不可回避的抽象性，而刑法立法效果评估标准又是具有高度概括性的评价体系，在评估标准设立的过程中，如何实现一种抽象性的衡量标准与另一种抽象性的法律规范之间的无缝衔接，成为必须直面的客观问题。

2. 刑法立法事实抽象且难以确定化

首先，刑法立法效果评估需要超越刑法立法本身探究潜藏于深源的立法事实，然而刑法立法事实具有极强的不稳定性和易变性。刑法立法事实作为刑法立法的前提条件，即刑事立法的事实基础，在具备这些事实之后，刑法立法才具有必要性。然而"重要的事实往往被不确定性所笼罩。"③作为刑法立法根据的立法事实不同于裁判事实，而是集抽象性和具体性于一体的事实。从学理层面进行分析，"立法事实"包含两层涵义，即"事实论断"和"预测决定"，前者即"立法者对于某种既存事实状态的认知"，后者即"立法者对于事物未来状况的预断"。④ 即使立法者运用大量的实地调研、数据分析等方法，来对事物的现有局面尽可能地整体感知，囿于不确定性因素的广泛存在，未然性的关联因素和客观影响仍然难以排除，因而要想制定绝对精确的立法仍然不切实际。

---

① 毋国平：《法律规范需保持合理抽象性》，《光明日报》2016 年 12 月 3 日，第 7 版。
② 陈伟：《认真对待人身危险性评估》，《比较法研究》2014 年第 5 期，第 63 页。
③ 〔英〕巴鲁克·费斯科霍夫等：《人类可接受风险》，王红漫译，北京大学出版社 2009 年版，第 20 页。
④ 蒋红珍：《论适当性原则——引入立法事实的类型化审查强度理论》，《中国法学》2010 年第 3 期，第 67 页。

其次,大众传媒的视听干扰为立法事实的确定增加阻力。囿于信息获取技术的有限性和信息掌握水平的不周全性,立法者往往将大众传媒视为评判立法事实的重要渠道。然而,"媒体话语是新闻框架、叙事策略、议程设置等合力之下的产物,需要服从、服务于媒体的传播目标和传播规律,并不必定是一个充分可靠的信息参数,隐藏在'煽情主义'之下的不完备很可能非但无从减少立法决策中的不确定性,反而有可能增加决策过程的'信息噪音',干扰立法者的视听和判断。"①刑法立法机关工作人员如何避免大众传媒的过度渗透和视听干扰,并从中有效甄选出相关的立法事实要素,成为始终需要正面面对的现实挑战。

最后,作为刑法立法效果评估重要参考依据的刑法立法事实,具有极强的抽象性和不确定性,而科学技术的迅速发展又使此种风险的概率数倍翻升。风险社会、科技社会的到来,客观上要求立法决策之前对某些潜在危险事先进行预见,并在立法中予以反映。尽管某些事件的发生概率较低,但是一旦发生将产生难以估量的现实危害,因而需要提前做出预见与防范。对发生概率极低的风险事件的刑法立法供给问题,如人工智能犯罪、网络平台犯罪等等,都是传统刑法未曾遭遇的事情。可想而知,立法事实的抽象性和非稳定性不仅为刑法立法前的预测带来困境,而且也为立法后效果评估增添诸多现实困难。

(三) 民族文化的多样性与成文法评估单一性之间的非对应性

我国传统习俗的背后是厚重的文化底蕴,少数民族的文化习俗有其生存土壤,受非主流文化特殊性的影响,地域性的行为方式体现出一定的差异性。刑法立法的人民性要求其充分考虑我国的风土人情,"法律只要不是以民情为基础的,就总是处于不稳定的状态,民情是一个民族唯一的、坚强而耐久的力量。"②少数民族地区相对封闭的社会环境、群体的行为意识以及民族习惯法力量的惯性作用,极有可能出现行为人对违法性认识欠缺的情形。即在刑法立法中明文规定为犯罪的行为,在我国部分

---

① 吴元元:《信息能力与压力型立法》,《中国社会科学》2010年第1期,第153页。
② [美]托克维尔:《论美国的民主》,董果良译,商务印书馆1991年版,第315页。

地区则视之为理所当然,如果评估主体对于我国传统民俗不加以差异化对待,最终评估结论的得出必将也是有欠合理的。

刑法立法层面浓重的主流文化色彩以及对少数民族民俗习惯的考虑不周,在某种程度上造成了刑事立法应对文化冲突时的尴尬情形,传统民俗文化与罪刑法定观存在部分冲突使评估标准难以周延。司法工作人员对因文化冲突引发的刑事案件存在不同理解,极易出现难以获得公众认同的案件结局。传统文化的多样性以及权力机关对于非遗文化的迥异态度,使成文法律面临同一事实出现不同的裁判结果,结果的非一致性给刑法立法的有效性和科学性带来质疑之声,直接或间接地导致刑法立法效果评估标准的建立存在障碍。

二、刑法立法效果评估标准体系的路径抉择

刑法立法评估标准的构筑本质上是一场利益衡量、取舍和价值判断的过程。一方面,需要在整体上反映刑法立法实施的客观效果,体现出法律在运行过程中与经济、政治、文化发展之间的互动关联;另一方面,又需要不断适应我国社会结构和利益格局的发展变迁,在与社会发展相一致的背景下作出合理的价值评判。刑法立法的科学性与效率性存在相辅相成的关系,因此,笔者提倡的刑法立法效果的评估标准是在兼顾刑法立法效果评估的一般性标准与特殊性标准的基础上综合权衡后的结果。

"立法者应该把自己看作一个自然科学家。他不是在制造法律,不是在发明法律,而仅仅是在表述法律,他把精神关系的内在规律表现在有意识的现行法律之中。如果一个立法者用自己的臆想来代替事物的本质,那么我们就应该责备他的极端任性。"①上述言语尽管是对立法者的要求,同时我们也应当把它看成是对立法评估的要求,因为对立法者的禁止性要求,自然也要体现在立法评估活动当中。由此可以得知的是,刑法立法评估的科学性与否的最低要求在于,评估者不能用内心的主观臆想替代事物的本来面目。因而在此前提下,笔者认为,在刑法立法效果评估的

---

① 《马克思恩格斯全集》(第1卷),人民出版社1995年版,第183页。

过程中,我们不仅需要与立法评估的一般性标准相契合,而且应当与刑法评估的特色性标准相适应。

(一) 刑法立法效果评估的一般性标准构建

刑法立法效果的评估标准是评价和衡量刑法立法文本质量和实施成效优劣的圭臬。刑法立法效果评估是法律法规立法评估的一种,因此,首先应当与立法评估的一般性评估标准相契合。

1. 刑法立法效果评估的法理标准

"法理标准是指根据法的基础原理、功能、特征来评估地方性法规规章的法理依据。"①具体到刑法立法后效果评估层面,可以分为合法性标准、合理性标准两个分支。首先,合法性是指法律、行政法规、规章本身是否符合上位法的规定,与其他法律制度相冲突的视角来考察法律、行政法规、规章确立的制度是否合法。② 一方面,"宪法规范国家权力之组织和运行的最终目的又在于保障公民之权利,立法权作为国家权力之一,自当成为宪法的主要规范对象。"③勿庸置疑的是,刑法立法权是国家权力的表现之一,刑事立法的方方面面均应当在国家根本大法的引领下进行。鉴于刑法立法效果评估是在刑法已颁布实施之后进行的,此时合宪性考察理当重在衡量刑法条文中的内容是否与宪法的基本原则存在冲突与背离。另一方面,刑法立法作为调整社会关系规范体系的一种,其中的授权性规定、命令性规定、禁止性规定都应当与其他法律规范尤其是上位法保持协调统一,如果关联性法律已经做出修改,那么刑法中的部分规定就可能存在缺失违法必要性的现实可能。

其次,刑法立法效果评估的合理性标准重在评价刑法立法内容的合规律性与合利益性。一方面,刑法立法的内容应当符合人们行为的规律和公权力行使的规律。"一个健康的法律制度将根据这样的一种计划来分配权力、权利和责任,这种计划既考虑了个人的能力和需要,同时也考

---

① 黄维:《地方立法后评估标准问题研究》,《南都学刊》2019 年第 2 期,第 83 页。
② 袁曙宏:《立法后评估工作指南》,中国法制出版社 2013 年版,第 50 页。
③ 易有禄:《立法权的宪法维度》,知识产权出版社 2010 年版,第 8 页。

虑了整个社会的利益所在。"①刑法立法不能将轻微的违法行为大量纳入刑事制裁的范围,在新兴科学技术领域,则应当在鼓励科技创新与保护法益之间达到协调与均衡。刑法立法所规定的内容应当具有实际可行性,符合刑事司法与刑法执行的自身规律,如在刑法修正案(八)第9条中删去刑法第68条第2款的规定,即是考虑到我国刑事立法中关于"自首"的认定标准宽泛,如若因实施严重暴力犯罪的被告人本应遭受严厉的刑罚苛责,但在其同时符合自首和重大立功的条件下,即必须在法定刑以下判处刑罚甚至免除刑罚,则有可能导致罪刑失衡,不合刑事规范的公正性要求。

另一方面,强调刑法立法效果评估标准的合利益性,重在考察刑法立法是否对不同社会主体利益给予平等关注,是否通过正当的方式对不同主体的现实利益予以关照。刑法立法机关作为不同利益主体的法益保护者,通过一系列的制度设计和规则调适在跟随社会变迁的同时,应当尽可能地反映不同主体间的现实需求,并在立法中予以平等性体现。与此相对应,在我们进行刑法立法效果评估时,就要按照这一利益平等性标准考量现有的立法,评判其是否真正做到了合利益性要求,并对此作出客观公正的评估结论。

2. 刑法立法效果评估的实践标准

"实践是检验真理的唯一标准",刑法立法效果评估的实践标准就是要用规范运行的实践效果来评估立法得失,即考察刑法立法之时的预期目标在立法颁行之后是否取得了一致性效果。"既然真理是一种正确的认识,而正确的认识是指与它所反映的客观对象相符合的认识,那么判断一个认识是否正确,即判断一个认识是不是真理,就要看它与所反映的客观对象即社会实践是否相符合、相一致。离开实践,主观认识就无法达到客观世界,认识的检验也就无法实现。"②用刑法立法的实践运行对具体法律条款的实效予以评判即贯彻了实践检验认识的真理标准。自刑法修正案(八)将醉酒驾驶机动车的行为入罪以来,危险驾驶罪的发案率在诸

---

① 〔美〕博登海默:《法理学——法哲学及其方法》,邓正来等译,华夏出版社1987年版,第379页。
② 巨乃岐:《也谈真理标准与实践标准》,《齐鲁学刊》2001年第5期,第85页。

多基层人民法院中经常"名列前茅",笔者因此以危险驾驶罪中的"醉酒驾驶"这一特定行为为视角,从实践适用层面对其立法效果予以简要评述。

法律的生命在于实施,而刑事立法的最终目的乃是在司法实践中使法律得到妥当运用,在法律的规范运行中顺利实现其内在价值。危险驾驶罪的设立使对醉酒驾驶行为的刑事追责由实害犯标准转化成为抽象危险犯标准,彰显出风险社会下刑法立法对于潜在风险的防范态度。基于此,"禁止醉酒驾驶"不仅以白纸黑字的形式明文书写于刑法条文之中,而且通过刑事责任的追究来进一步确立"喝酒不开车、开车不喝酒"的基本观念。

从"醉驾"入刑实施效果定性的视角进行考量,可以从法律效果、社会效果、经济效果三方面来进行审视。首先,从法律效果的角度进行评析,将醉酒驾驶行为纳入刑事立法的范围内进行规制,在相当程度上弥补了单纯依靠行政手段制裁"马路杀手"时力不能及的情形。行政处罚手段存在处罚力度不够的现实弊端,使违法者心存侥幸心理,多次触碰法律底线且屡教不改。其次,从社会效果的角度进行分析,醉驾入刑使"开车不喝酒,喝酒不开车"的观念深入人心,对社会文明风尚的萌生发挥催化作用,从昔日宴会中"觥筹交错"的场景到如今"以茶代酒"的转变是最好的诠释。最后,从经济效果的角度进行分析,"醉驾"入刑之后不仅有效减少了因"醉驾"所带来的一般违法情形的发生,而且也有效降低了因为"醉驾"所造成的恶性危害结果的发生。将醉驾行为纳入最具严厉性的刑事制裁范畴,也使社会公众大大减少了对于交通安全的焦虑感与不安感,回应了当下公众对社会发展的内心需求。

从"醉驾"入刑实施效果定量的视角予以反思,醉酒驾驶入刑之后,每年查处的"醉驾"数量呈下降趋势,因"醉驾"所造成的交通事故也有所回落。从"醉驾"入刑前后的案件数量对比来看,截至 2012 年 4 月 30 日,全国公安机关查处酒后驾驶数量同比下降 41.4%,醉酒驾驶同比下降 44.5%。[1] 据公安部统计数据显示,"醉驾入刑"3 年来(2011 年 5 月 1 日

---

[1] 焦轩:《醉驾入刑一年,法律的震慑和教育效果明显,全国酒驾醉驾降幅超四成》,《人民公安报·交通安全周刊》2012 年 5 月 3 日,第 1 版。

至 2014 年 4 月 30 日）累计查处酒驾 127. 4 万起,醉驾 22. 2 万起,同比分别下降 18. 7％、42. 7％。[①] 因醉酒驾驶所造成的人员伤亡数量、经济损失等均有大幅回落,运用刑法立法的手段应对汽车时代公共安全风险的预期效果得到部分实现。

醉酒驾驶行为入罪获得积极效果的同时,也引起人们对其负面影响的思量。如"醉驾"本属于行政违法行为,轻易入罪有违刑法谦抑性价值理念、动用刑事手段进行追责可能造成司法资源浪费、服刑人员拘役期间的交叉感染、刑罚适用带来的附随性不良后果,等等。另外,"醉驾"入刑的根本原因在于保障人们的公共交通安全,然而受制于执法中警力配置、城乡地域差异、部分执法不严等因素的影响,并非所有的"醉驾"行为人均能毫无遗漏地被追究刑事责任,因而"醉驾"入刑并未全部实现行为发生之后的"刑罚必要性"。除此之外,行为人"醉驾"入刑之后从内心中产生道义的谴责性较弱,此时刑罚的教育改造功能对行为人并不明显。因此,"醉驾"入刑之后的效果如何,可以从不同的视角予以审视,不同的人基于不同的视角必然会有不同的看法。此时,为了得出相对客观公正的评估意见,仍然需要结合实践标准予以评判。

3. 刑法立法效果评估的技术标准

"广义的立法技术是指一国立法活动中所有规则和规程,如立法机关设立和组成的规则、立法程序的规则、法的结构规则、法的系统化规则、法的语言表达规则等。狭义的立法技术是指法的制作方法和技巧,主要涉及法的内部结构和外部结构的设计、法的语言表达、法的修改与废止及法的系统化方法等方面。"[②]立法技术运用的好坏对于社会主义法治建设影响深远,其妥善运用不仅能够保障立法政策的正确贯彻与法律的有效实施,而且对于法律规范的确切表述以及社会生活所需的法律调整影响深远。一方面,刑法立法依赖于立法技术的规范表达,如果刑法立法的技术方法运用不当,涵义不明、界定不清、体系混乱的立法条款大量存在,势必妨碍立法规范的清晰表达,阻碍规范适用的顺畅实施。另一方面,刑法立

[①] 张洋:《醉驾入刑有效果　法治入心显力量》,《人民日报》2014 年 10 月 20 日,第 11 版。
[②] 曹海晶:《中外立法制度比较》,商务印书馆 2016 年版,第 387 页。

法内容结构的合理性与逻辑性与立法技术存在唇齿相依的关联,合理性与逻辑性既是刑法规范的自身要求,同时也是立法技术运用时的技术性要求。

刑法立法效果评估需要考察刑法规范的立法技术,如文本形式的规范化、前后立法及其修订的连贯性、立法文本表达的类型化等。在刑法立法中应当保障文本形式的规范化,不需要设置的就避免画蛇添足,对于不可或缺的组成部分则应当准确定位,并做到层次安排的妥当协调。刑法作为内在体系严谨的法律规范,需要注重法律文本的形式结构安排合理。"法律文本的形式结构,是指法案条文外在的表现形式,包括名称、目录、结构、目的条款、定义条款、立法根据条款、原则条款、效力条款、过渡性条款、法律适用关系等方面。"[1]从总体上来说,欠缺形式结构优化的刑事立法,在规范意义表达层面必然是紊乱无章或者矛盾对立的。

刑法立法的类型化表达是否充分,也成为衡量刑法立法技术的重要参考,过于精细的刑法立法极易与社会发展情势产生现实抵牾,"就具体的犯罪行为而言,如果并没有突破犯罪类型的框架,刑法立法就不应当为了实现社会治理而盲目地频繁修订。"[2]所以,合理的类型化既可以解决过于精细带来的外延不周的弊端,也可以保持一定张力而较好适应社会发展现实。因而,在刑事立法的技术标准中,我们应当不断提炼类型化的立法技术,从而克服刑法立法频繁修订、逻辑不周、体系庞杂、词不达意等现实窘境,注重形式与内容的相得益彰。

(二)刑法立法效果评估的特殊性标准构建

根据刑法第 2 条的规定,保护法益是我国刑法的最终目的。合理划定刑法边界以及科学分配刑罚轻重对于法益保护至关重要,因此犯罪圈划定的科学性与刑罚量配置的适宜性自然成为刑法立法效果评估的特殊性标准。风险社会的时代背景,又为上述标准注入了新的考量因素。除此之外,还不能忽略刑法立法的时效性,即需要关注社会变迁过程中的刑

---

[1] 刘克希:《当代中国的立法发展》,法律出版社 2017 年版,第 109 页。
[2] 陈伟、蔡荣:《刑法立法的类型化表述及其提倡》,《法制与社会发展》2018 年第 2 期,第 129页。

法立法与相关案件之间的互动关联。

1. 风险社会下刑法边界与刑罚配置的评估标准

"现代风险复杂而矛盾的特性,奠定了刑法风险控制的基调:刑法的目的不是要根除风险或被动地防止风险,也不是简单地考虑风险的最小化,而是设法控制不可接受的会导致不合理的类型化危险的风险。"[1]随着风险社会的到来,刑法立法呈现"活性化"的态势,积极刑法观在我国逐步确立。但是,刑法仍然需要坚守自己的底线标准与法治原则,我们在发挥刑法参与社会治理功能的同时,也应当将犯罪圈和刑罚量限定在合适的范围之内。

一方面,刑法立法的犯罪圈划定标准牵涉到罪与非罪的界限,因而立法时重在对刑法边界的妥适性掌握。刑法作为保障法,只能在其他法律治理方式无能为力之时才能挺身而出。刑法资源的供给与配置均存在有限性,刑法是内敛性而不是外扩性的,因此仅仅只需要将部分侵害法益的重大危险行为或者重大实害行为纳入到刑事法律的调控体系之中。合理划定犯罪圈是刑事立法的首要使命,为了避免刑事立法与刑事司法之间的脱节,我们既要克服因为立法过剩造成法律虚置的浪费现象,又要防范立法缺失带来的法律不足。[2] 法益保护的早期化为刑法立法提出新的期望,在犯罪设置层面必然也要跟随社会变化而发生立法变动。因而刑法不可能只关注重大实害犯罪,除此之外,刑法将未来可能发生且具有极大法益侵害风险的行为纳入刑法规制范畴,这是风险社会与刑法立法互动关系的呈现。

另一方面,刑法立法的刑罚量配置标准即具体罪行的刑罚力度强弱,重在评判刑罚供给的均衡性。"法律经济学认为,刑罚是国家规定的犯罪的对价,因此,刑罚必须要与犯罪对社会的危害对称或均衡。"[3]虽然在刑罚轻缓化潮流的促动下,犯罪者所应承担的责任后果整体趋缓是可以预见的情形,但是,在立法配刑时仍然需要个别化的考量。随着社会的不断

---

[1] 劳东燕:《风险社会中的刑法:社会转型与刑法理论的变迁》,北京大学出版社 2015 年版,第 256 页。

[2] 陈兴良:《刑法疏义》,中国人民公安大学出版社 1997 年版,第 147 页。

[3] 王利宾:《刑法的经济分析》,法律出版社 2014 年版,第 96 页。

发展,部分犯罪行为的社会危害性也在发生衍变,有的愈演愈烈,有的日渐式微。此时同样需要刑法立法做出回应,尤其是在刑罚配置层面需要予以及时跟进,既要体现社会变迁带来的刑罚回应,同时也要兼顾刑法自身的罪刑均衡原则。

2. 评估社会变迁中刑法立法的时效性标准

一方面,刑法立法是针对业已发生的事件做出的规范应对,因此具有一定的滞后性,部分罪名颁行之后因社会发展情势发生变动而不再具有适用的空间,此时就需要刑法立法对其予以废止或修订。某些罪名是在特定事件发生之后为了回应民众的不安情绪和特定的社会发展需求而产生的,社会形势不断发生变化,其中包括刑法立法中业已规定的情形已经欠缺社会基础的情况,此时部分成文法律必然会被搁置或极少被适用。比如,"投机倒把罪"是在特定时空、背景下产生的,面临当时生产力水平不足、物资匮乏的现实情境,为了与当时计划经济的时代背景相一致,因而在当时的社会背景下仍有其必要性。然而,随着市场经济体制的建立及实践运行,投机倒把罪与社会发展情势已经严重不适应,因而需要刑法立法废除并退出刑罚惩治的范畴。刑法立法的及时修订,是为了保持刑法生机与活力的现实需要,是刑法立法时效性原则的自然遵循与体现。

另一方面,在刑法立法效果评估时,不能忽视现有立法变动与已决案件之间的互动关联。虽然刑法第 12 条已规定了刑事立法的既判力,然而既判力条款是一把双刃剑,既防范国家借用公权力的威严以同一事实对当事人进行反复追责,也阻塞了已决犯对立法变化之后自身权益的救济路径。"'罪刑法定'恪守的形式法治,难以走出这样一种窘境,即明明知道司法判决背离宪政价值和正义理念,但却只能以法治的名义走向法治的反面。"①昔日的流氓罪、投机倒把罪早已随着社会的剧烈变迁退出刑法规制的范围。然而,数十年前因此类"危害行为"被重刑判罚的行为人仍在承受已经非罪化行为的责任,此等情形无论如何均值得刑事立法思量。有鉴于此,笔者认为刑法修订之时应当及时关注刑法立法变动与已

---

① 王世涛、汤喆峰:《流氓罪废止后原司法裁决效力的宪法解读》,《政法论丛》2011 年第 2 期,第 64 页。

决案件的现实影响,在过去与未来之间进行理性审视与穿梭前行,把保护法益的光芒柔和地照射到更大区域,给予身陷囹圄的已决犯相应的救济方式与法治关怀。

综上,刑法评估标准是一般性标准与特殊性标准的结合。刑法立法效果评估作为立法评估的一种,既要遵循立法评估的一般性标准,同时又要看到刑法立法规范自身的特殊性要求,并把评估时的特殊性标准贯穿进去。一般性标准与特殊性标准并不是机械性的,也不是完全对立的,而是需要在二者之间的相互关照之中予以彼此协调的。我们既要从一般性标准中找寻原理性与规律性的东西,又要结合刑法规范的特殊性标准而建立评估体系,从而共同为刑法立法效果评估的科学体系建构发挥积极作用。

第四节　刑法立法效果评估的程序设计

立法评估程序是保障立法评估活动实现评估效果的路径,有助于评估过程与评估目标的顺利实现。为了与社会通行的规范标准、价值认知相一致,笔者认为刑法立法效果评估的程序可以划分为评估前提的确立、评估方案的制定、评估结果的反馈和现实运用等不同阶段,通过立法效果评估程序的合理塑造,为评估工作的有序开展保驾护航。

一、刑法立法效果评估前提的确立阶段

(一)刑法立法效果评估目标的确定

刑法立法效果评估必须要有明确的评估目标,不同的评估目标决定着刑法立法效果不同的评估方案的设计。在笔者看来,刑法立法效果的评估目标主要是审查刑事立法条款是否具有合理性、合法性、有效性等。合理性主要是评估条款的实质内容,需要从法益内涵、逻辑价值等方面进行综合考量。合法性主要是评估条款的法律效力,需要从合宪性、刑法内

外的法律关联等层面进行考量。有效性主要是评估条款适用的现实效果,需要从法律效果、社会效果与政治效果层面予以考量。

由于评估可以就部分条款及其适用来实际进行,所以在具体评估时可以根据不同的目标设定开展相应的评估工作。首先,我们将合理性作为刑法立法效果的评估目标,就是要考察刑事立法中的法律条款与立法宗旨是否彼此"心心相印",现有条款的基本表述是否符合法治逻辑,罪刑条款的安排是否能够有效惩治或者预防相应的犯罪行为。其次,我们将合法性作为刑法立法效果的评估目标,那么,我们既要考察评估对象是否与上位法相冲突,又要考察其是否与其他关联性法律规范,比如民事法律、行政法规相一致,以防出现法律规范之间不和谐乃至矛盾的情形出现。再次,我们将有效性作为刑法立法效果的评估目标,就是要重点考察刑法立法在实际运行中的效力状态,接收来自司法适用与公众评价的信息反馈。比如,该条款在现实生活中是否产生预期效力、司法机关的整体评价如何、社会公众的认同状态情形怎样等。

(二) 刑法立法效果评估对象的选择

对于刑法立法效果的评估而言,囿于评估方式、评估目标、评估的准确性等方面的限制,面面俱到的评估操作,难度往往较大,因而应当对评估对象进行选择。在刑法立法效果评估机制确立的程序中,对于评估对象应当审慎选取,以做到有的放矢、突出评估重点。详言之,应当选取对社会具有重大影响、与广大人民群众利益密切相关、司法部门的定罪量刑适用率高、舆论反响较为强烈、呼吁修法废法声音较大的刑法条文。笔者认为,我们既可以对刑法修正案进行整体评估,也可以对刑法分则中的个别条款进行评估,而且就临时性的评估来说,部分或单一条款的评估更具有可行性。

在评估对象的确定过程中,需要综合多元因素予以全方位考量,如评估素材的搜集、专家学者的相关观点、已有案件呈现出的症结点、社会公众的关注焦点、刑事司法的潜在影响等等。因为针对刑事立法效果的评估工作尚处于探索过程之中,没有前期有效的经验可以借鉴,也没有现有的路径与答案可以参照,需要我们在评估时全面把握、循序渐进、有序推进,注意把评估工作落实到细节与细微之处,忌讳操之过急而流于形式。

在选定具体的评估对象之后,就要围绕这一对象可能牵涉的方方面面的问题进行评估工作,使有限的立法评估资源发挥较大的现实效益。

(三) 刑法立法效果评估成本的考量

刑法立法效果评估是一个需要耗费较多成本的系统工作,评估经费是必须衡量的重要事宜。评估经费的额度制约着评估工作的广度和深度,过多的经费可能会造成资源的浪费,经费不足则无法保障评估活动的有效进行。不科学的评估预算,不仅造成人力、物力的不当耗损,而且也会导致评估工作效率低下、评估价值不明显等负面情形。由于评估的类型包括了年度性评估与单一事项的评估,所以根据下一年度的评估事项,需要提前进行评估预算,以推进后期的工作开展与具体落实。具体到评估经费的内容,可能涉及到评估人员的正常支出、聘请专家费用、搜集材料费用、相关劳务费用、资料打印费用、差旅调研费用、鉴定评议费用、小型会议与评估审议费用等。

二、刑法立法效果评估方案的制定与实施

(一) 刑法立法效果评估方案的制定阶段

刑法立法效果评估方案的确定是整个评估活动有序开展的起点,并为整个评估方案的实施引领方向、奠定基础。刑法立法效果评估尚且处于探索阶段,我国的特殊国情决定了评估方案的制定应适应评估工作开展的社会环境,适度考虑社会大众的接受程度、刑法立法的自身特色,并积极吸纳地方性立法评估工作方案中富有成效的科学做法。刑法立法效果评估方案覆盖面广、内容繁杂,主要包括明确刑法立法效果评估的参与主体、划定评估内容、确立评估标准、制定评估方法、分配评估经费、评估时间安排等事宜。

对于刑法立法效果评估的方法,一般可以分为三类。第一为数量化的评估方法,引入数学与统计学的分析工具,对评估的指标进行具体量化分析,对数据信息进行处理,使得到的结论更为客观准确,从而为刑法立法

的修改完善提供科学依据;第二为参与式评估方法,注重以评估对象为主体进行调查并收集资料和信息,把不同利益群体的声音融合在一起,有强大的资源整合功能;第三为经济性评估方法,将立法的成本与收益进行权衡比较,进而判断法律法规的经济性影响与可行性,符合经济的发展趋势。①

在这个阶段,也要提前做好评估事项的时间规划。评估时间牵涉到在何时启动立法效果评估、在多长的时间范围内完成评估工作、阶段性评估如何规划与完成等。具体的时间安排根据评估对象的不同,必然会有不同的工作安排与工作重点要求,因而在每一次评估之前都应有较为细致的时间安排进度表,并就不同时间段的工作予以细化与落实。因而,有序地作出步骤设计,按照细节要求进行合理的时间规划,都是在正式评估之前需要认真落实的工作,从而为下一阶段评估工作的正式开展提供良好的基础。

(二) 刑法立法效果评估方案的实施阶段

刑法立法效果评估方案的具体落实是刑法立法评估程序的核心环节,主要目的是为了运用各种手段获得刑法立法效果评估的一手资料,并对评估信息进行整理分析、筛选归纳,经过严谨的科学分析、归纳、梳理等得出最终的评估结论。刑法立法实施效果真实的信息获取是评估活动开展的前提条件,如果缺少原始、客观、详尽的信息资料,立法效果评估的客观性、真实性将如同无源之水、无本之木。收集资料可以采用调查法,如问卷调查、个别访谈等形式;查阅法,如采用查阅法规运用记录、CNKI 数据比对等;个案法,如对典型案例的增长或缩小进行比对;以及实验法、观察法等等。② 这些方法各有所长,可以相互配合,从而确保信息收集时的准确、全面和系统。

在对刑法立法效果相关信息的进行收集的过程中,应当恪守客观性、合法性、关联性原则。首先,为了确保立法效果信息收集的客观性,评估主体应当尽量排除个人的主观好恶,站在中立的立场对信息进行择取,保

---

① 孙晓东:《立法后评估的原理与应用》,中国政法大学出版社 2016 年版,第 93 页。
② 刘雪明:《政策运行过程研究》,江西人民出版社 2005 年版,第 143 页。

障刑法立法效果评估信息来源渠道的多样性,评估信息的客观性是建立于信息资料全面性基础之上的。其次,刑法立法效果评估的手段要具有合法性,禁止使用违法的侵权手段获取相应的评估信息。评估过程中相关信息的来源尽可能都应当有明确出处,而且是通过合法途径获得的出处,以保证评估分析前提的正当性,确保评估是在有根有据的情况之下进行的。另外,由于评估结论需要公开,如果手段不具有合法性,必然也将导致最终结论公开环节中不必要的麻烦。最后,应当确保刑法立法效果评估信息资料的关联性,不能把与评估事项不相关的资料笼统地全部放进去。由于评估事项涉及的内容较多,由此牵涉的关联性信息也较多,因此在进行评估资料选择时应当以关联性为其必要。比如,对刑法条款适用的社会公众意见的反馈,其中有一些情绪性与非理性的表达,在进行筛选过程中就应当予以直接排除。

关于刑法立法效果信息的整理和分析,可谓评估方案实施阶段的基础性工作,其重要地位已经不言而喻。在这个过程中,首先要对前期搜集的所有信息进行整理分类,选取对立法评估具有客观性、合法性、关联性的信息,排除那些与之不相符合的基础资料。再则,采用合理的资料分析方法,对现有的评估资料进行再次分析加工,从而得出评估分析的结论。从整体上来说,对收集到的刑法立法效果评估信息进行分析的方式有多种,如采用统计工具进行分析、通过数据模型进行分析、通过专业的程序软件进行分析、通过制作图表进行分析等。笔者认为,无论通过哪一种分析方式进行,都脱离不了评估主体理性分析的辅佐与重复检验,因而需要在评估理念与评估原则的指导下,不断调整评估事项与前期的分析工具。

在前期的评估工作完成之后,关键性的就是关于评估报告的最终形成。刑法立法效果评估报告除了前期的资料与过程描述之外,在结论部分应当主要包括以下两方面的内容,即刑法立法的实施效果和刑法立法条款的分析与建议。刑法立法的实施效果可以分为实施效果良好、实施效果一般、实施效果较差,并对实施效果较差的指出其具体的症结点,提出下一步的改进建议。具体说来,如果刑法立法在司法实践中实现了公平正义,与立法目的与宗旨相一致,对于惩治犯罪维护社会秩序发挥了较好作用,可谓实施效果良好;如果刑法立法在实施过程中存在一定的适用阻碍,立法目的没有得到完全实现,需要进行部分修改,可谓立法效果较好;如果刑法立法在实施过程中存在着较多的问题,与刑法典中其他法律条文严重抵牾,或者与上位法发生冲突,需要进行较大的修改,即是立法效果较差。在刑法立法效果的分析与建议层面,对于实施效果较好的刑法立法,应当总结其成功经验,以在之后的立法工作中进一步推广。与之不同的是,对于评估结论较差的刑法立法条款,应当对其缺点和不足之处进行综合分析,找出问题的原因、提出修改和完善的方向,为立法机关之后的修法行为提供有益参考。

三、刑法立法效果评估意见的现实运用

只有对立法工作进行了整体的反馈,立法结论被运用或采纳,整个刑法立法效果评估过程才能彰显其存在的价值。根据刑法立法的实施效果,探寻立法问题背后的深层次原因,以期对后续刑法立法的存、改、废提供相应思路,进而使纸面上的评估意见转化为具有实际可操作性的评估指南。如此一来,不仅能使已有刑法立法中的"良法"得以继续保留,而且能够及时发现部分立法的不足之处,并通过后续立法来修订已有立法的瑕疵,为"良法善治"的不断推进创设条件。

(一) 刑法立法评估效果意见的综合审视

刑法立法效果评估意见的科学审视和有效反馈是实现刑法立法效果的必由之路,是促进刑法立法效果评估意见真正发挥价值的重要方式。一方面,刑法立法效果评估意见应当是在汇聚评估主体综合认知基础上去伪存真、去粗取精后的凝炼与升华。刑法立法效果评估尚属于一项正处于酝酿和摸索阶段的事宜,评估意见的得出必不可少地需要价值引导与观念指导,因而刑法立法效果评估因其自身的主观认知色彩,难以避免评估过程及其意见中夹杂着一定的感性因素,甚至部分意见存在一些不科学、欠理性的评价意见。此时,就亟需一套能够衡量刑法立法效果评估意见科学性的反向审视机制,以辅助我们对前期评估意见的综合审视,帮助我们剔除情绪化、短视化、非周详的评估内容,避免因评估过程中主观

因素太强而带来的明显偏差。

另一方面,评估结论反馈环节的核心使命是向立法机关提出具体刑法条款妥当与否,是否有必要进行修改或者废除的直接建议。当刑法立法效果评估的结论显示刑法立法的实施效果良好时,刑法立法评估主体应当向立法机关提出肯定性意见。当刑法立法效果评估结论显示刑法立法效果欠佳时,还应当向立法机关呈现这一结论的原因,并在此基础上提出进一步修改或者废止的路径。当新兴的社会问题缺乏必要的规制时,评估主体应当向立法机关提出补充刑法具体法律条款的建议,以填补原有立法的漏洞,增强刑法的社会适应性。另外,根据评估主体的不同,评估结论的采信也有较大差异,如果是立法机关为主导的评估,立法机关可以直接在评估结论中反馈刑法条文完善的意见,并直接提交给对应的立法部门,以落实评估意见中的合理内容;如果是由接受委托的社会组织、科研院所等进行的立法效果评估活动,则评估活动通常是间接委托进行的,因而应当先由接受委托的评估主体将评估意见反馈给立法机关,再由立法机关对具体的评估内容综合审视之后,落实到立法完善的活动中去。

(二)刑法立法效果评估结论的实践运用

尽管经过繁琐的程序得出了刑法立法效果的评估意见,但是将评估结论纳入具体的应用之中还面临着重重阻隔。虽然我国迄今为止关于地方立法评估的研究内容硕果累累,然而令人遗憾的是,具体到刑法立法效果的评估研究来看,有关刑法立法效果评估以及评估成果的具体应用的学术探究却着实鲜见。[①] "科学理论是理性实践的先导,只有在科学理论的引导下,实践才成为有意识和有意义的理性活动。"[②]刑法立法效果评估的内涵与外延、具体的评估标准与评估方案、评估方案应用阶段的激励与问责等都需要科学的理论加以引导,尤其是评估意见科学性的检视与实践运用转换的复杂性,均决定了其牵涉的理论指引必不可少。刑法立

[①] 截至 2019 年 4 月 8 日,笔者分别以"刑法立法评估"为主题、篇名、关键词在中国知网数据库中进行检索,并未发现直接关联性的相关成果;以"刑法立法评估结论"、"刑法立法评估意见"等进行如上方式的搜索,笔者亦未能查询到有效的结果。

[②] 陈嘉映:《哲学、科学、常识》,东方出版社 2007 年版,第 325 页。

法效果评估及评估意见的现实运用本是一个全新的领域,此时相关理论研究的缺失更使评估意见应用的转化存在相当程度的困难。

综观当前我国地方立法效果评估成果的现实应用,有学者指出:"目前经由立法机关审定而形成的具有拘束力的地方立法评估成果,大多仅仅停留在纸面上。"[①]如果刑法立法效果的评估意见不对接于具体的立法活动,那么具体评估活动的开展就纯属多此一举,立法评估所寄托的预期目标及其顺利实现就完全是一句空话。在此情形下,业已形成的刑法立法效果的评估报告就必然要束之高阁,前期立法效果评估的资金投入与人力消耗就必然付诸东流。因而,既然刑法立法效果的评估是要对接立法的修订完善,那么在评估意见与具体修法之间建立起桥梁是立法科学化的必由之路,是评估意见得以现实运用的重要体现。

尽管刑法立法效果评估意见的转化与应用面临诸多的潜在问题,但是正视这些问题并逐一解决仍是正确的前行方向。为了确保刑法立法评估意见对实现刑法立法科学化的促进功效,我们需要采取种种措施对上述隐忧予以合理化解。比如,加大对于刑法立法效果评估及现实应用问题的理论研究,以得出可以指引实践运行的现实方略;吸纳更好的专家团队和采用更好的辅助性工具,加强评估意见的权威性与有效性;通过前期评估意见的采纳和立法效益的获得,不断提升评估意见的可信性与认同度;建立刑法立法效果现实运用的科学评价机制,尽量减少评估成果应用过程中出现的负面影响,对在评估意见现实转化过程中的负面效应予以及时防范,等等。笔者相信,刑法立法效果评估意见运用于现实的立法实践有一个过程,在此过程中我们要不断摸索并总结经验,在获得愈来愈多共同认识的基础上,最终把评估意见的运用从理论倡导转化为立法实践。

第五节　本章小结

本章主要探讨刑法立法效果评估以及构建问题,这也是刑法立法至

---

① 陈伟斌:《地方立法评估成果应用法治化问题与对策》,《政治与法律》2016 年第 3 期,第 84 页。

关重要而刑法学界长期以来并未受到重视之处。刑法立法效果评估是刑法立法科学化目标推动下不可或缺的重要内容,在刑法立法效果评估的过程中,应当坚守客观公正原则、全面协调原则、民主公开原则、科学发展原则。以上原则在逻辑思维上并非处于同一层面,对立法效果评估的作用也各不相同。刑法立法效果评估标准的确立,能够为刑法立法效果评估工作提供现实指引,给刑法的科学立法带来实质效益。

在实践运用中,我们应当从立法效果评估的一般性标准和刑法立法效果评估的特殊性标准这两个维度出发,有序进行刑法立法效果评估标准的构建,并以具体刑法条文的实施效果对刑法立法进行有效性评估。刑法立法效果评估的良好程序设计能够为评估工作提供保障,因而完善评估各阶段的程序设置至关重要。将刑法立法效果评估意见纳入具体的立法活动之中,需要克服理论与实践层面的障碍,在厘清思路的前提下进行具体化的方案构建,只有如此,才能保证刑法效果评估活动的规范有序化行使,确保评估意见的客观性,并为科学立法提供现实保障作用。刑法立法效果评估提供了一种"回头看"的视角,在理性审视立法评估并直面刑事立法现状的前提下,有理由相信,在后期的刑法修订和司法解释出台的过程中,让评估成果真正发挥效力并不是一种奢望。

第九章

刑法立法规则与类型化刑法立法

第一节 刑法修订的现状反思——以受贿罪为例

一、我国刑法受贿罪立法修订的内容回顾

自新中国成立之后,我国先后出现过两部不同的刑法典,即 1979 年刑法典与 1997 年刑法典。受贿罪作为严重性刑事犯罪,在上述两部刑法典之中,均有相应规定。而且,随着社会的不断发展,我国在后期的刑法修订中,也对受贿罪的立法进行了相应调整。1979 年的受贿罪规定在刑法分则"第八章渎职罪"之中,①而当时的贪污罪则归置于刑法分则"第五章侵犯财产罪"之中。从中可见,当时立法者在贪贿类犯罪的分类中,对贪污罪与受贿罪的认识明显采用的是区分制模式,即认为受贿罪的主要法益是"渎职",而把贪污罪的法益侵害定位于"侵犯财产"上面。

1997 年刑法典对贿赂类的犯罪规定得更为细致,除了受贿罪、行贿

---

① 第一百八十五条 国家工作人员利用职务上的便利,收受贿赂的,处五年以下有期徒刑或者拘役。赃款、赃物没收,公款、公物追还。

犯前款罪,致使国家或者公民利益遭受严重损失的,处五年以上有期徒刑。

向国家工作人员行贿或者介绍贿赂的,处三年以下有期徒刑或者拘役。

罪有规定之外,还增加了单位受贿罪、对单位行贿罪、介绍贿赂罪、单位行贿罪等。关于受贿罪的规定,在立法中也分散于多个条文之中。此时,不仅贪污罪与受贿罪归属于同一章之中,而且,二者共用同一法定刑的立法格局得以形成。① 除此之外,受贿罪的刑罚得以较大幅度的调整,加大对贿赂犯罪惩治的痕迹已经通过立法得以部分呈现。由此可见,立法者已经明显认识到贪污罪与受贿罪在法益侵害立场上的一致性,认为二者均系渎职罪之外的特殊类型,这从贪贿类犯罪并没有归属于刑法分则第九章的"渎职罪"也可见一斑。

进入到 21 世纪,如何对受贿罪进行更好的立法规制,原有刑法规定存在的部分缺陷也由此得以呈现,因而对受贿罪的刑罚进行立法修订也被提上议事日程。在此情形下,刑法修正案(九)对刑法第 383 条进行调整,对贪污罪与受贿罪的刑罚适用进行了较大幅度的修订,以此顺应社会新形势的发展所需,这也是为了从刑罚层面更好遵循立法的科学性,保持刑法与当前的社会发展状况相适应。就当下我国对受贿罪刑法调整的主要内容来说,其主要在如下方面进行了立法修订:

(一)设置了"数额+情节"的法定刑立法模式

我国刑法修正案(九)对受贿罪刑罚适用的最大变化,就是把原有的"固定数值"改变为"抽象数额+情节"的模式。详言之,对于受贿行为的刑罚处罚而言,刑法立法除了考虑单纯的犯罪数额外,还可以根据案件情节予以定罪量刑,兼顾了数额与情节的综合考虑,为受贿行为的入罪拓宽

---

① 第 383 条 对犯贪污罪的,根据情节轻重,分别依照下列规定处罚:

（一）个人贪污数额在十万元以上的,处十年以上有期徒刑或者无期徒刑,可以并处没收财产;情节特别严重的,处死刑,并处没收财产。

（二）个人贪污数额在五万元以上不满十万元的,处五年以上有期徒刑,可以并处没收财产;情节特别严重的,处无期徒刑,并处没收财产。

（三）个人贪污数额在五千元以上不满五万元的,处一年以上七年以下有期徒刑;情节严重的,处七年以上十年以下有期徒刑。个人贪污数额在五千元以上不满一万元,犯罪后有悔改表现、积极退赃的,可以减轻处罚或者免予刑事处罚,由其所在单位或者上级主管机关给予行政处分。

（四）个人贪污数额不满五千元,情节较重的,处二年以下有期徒刑或者拘役;情节较轻的,由其所在单位或者上级主管机关酌情给予行政处分。

对多次贪污未经处理的,按照累计贪污数额处罚。

了更多考虑因素,而不仅仅以原先的数额作为唯一的评判根据。其原因在于,受贿行为是国家工作人员利用职权进行的以权谋私行为,除了直接获得的个人利益之外,其社会危害性还应当通过其他多样情节予以反映。

当然,受贿罪的这些数额与情节是通过司法解释进一步确立的。由于刑法修正案(九)之后,抽象的数额与情节无法直接在司法实践中适用,2016 年 4 月 18 日《最高人民法院、最高人民检察院关于办理贪污贿赂刑事案件适用法律若干问题的解释》(以下简称《解释》)得以颁布实施。根据该《解释》的规定来看,在无特定情节的情形下,数额较大、数额巨大、数额特别巨大分别对应的是 3 万—20 万、20 万—300 万、300 万以上;在有特定情节的前提下,数额对应无情节的单纯数额要进行减半处理,与之对应的分别是 1 万—3 万、10 万—20 万、150 万—300 万。

根据前述《解释》,受贿罪的量刑情节一共有八大类,包括如下方面:1. 曾因贪污、受贿、挪用公款受过党纪、行政处分的;2. 曾因故意犯罪受过刑事追究的;3. 赃款赃物用于非法活动的;4. 拒不交待赃款赃物去向或者拒不配合追缴工作,致使无法追缴的;5. 造成恶劣影响或者其他严重后果的;6. 多次索贿的;7. 为他人谋取不正当利益,致使公共财产、国家和人民利益遭受损失的;8. 为他人谋取职务提拔、调整的。

在受贿罪的刑罚适用中,上述八大类情节,配之于不同的数额就对应于数额较大、数额巨大、数额特别巨大。比如,针对具有多次索贿情形的行为人,如受贿数额达到 10 万元以上,则依据受贿罪的第二档法定刑,处三年以上十年以下有期徒刑;如受贿数额达到 150 万元以上,则依据受贿罪第三档法定刑,处十年以上有期徒刑或者无期徒刑。

(二) 现有的法定刑幅度比修正前的层次简明且更为轻缓

经过我国刑法修正案(九)的修订,受贿罪的刑罚变化已经相当突出,相较于 1997 年刑法典的规定,刑罚确实得到了相当程度的降低。比如按照数额与情节的轻重程度,分别配置了如下法定刑:3 年以下有期徒刑或者拘役、3 年以上 10 年以下有期徒刑、10 年以上有期徒刑或无期徒刑、无期徒刑或者死刑。撇开数额与情节究竟如何界定不谈,单就现在的修正案对贪污贿赂罪的法定刑修改来看,与修正案(九)之前的 2 年以下(受贿数额不满五千元,情节较重)、1 年以上 7 年以下(受贿数额在五千元以上不满五万元)、5 年以上(受贿数额在五万元以上不满十万元)、7 年以上10 年以下(受贿数额在五千元以上不满十万元,且情节严重的)、10 年以上有期徒刑或者无期徒刑(受贿在十万元以上的)、无期徒刑(受贿数额在五万元以上,情节特别严重的)、死刑(受贿数额十万元以上,情节特别严重的)的规定相比,法定刑的档次进行了简化调整,现有的法定刑的层次更加清晰、梯度更加分明,而且,法定刑的整体从宽性也较为明显。现在修正之后的受贿罪刑罚的第一档与第二档都有三年有期徒刑的刑罚,在此前提下,符合缓刑相应条件的,位于第一二档的受贿人原则上仍能够适用缓刑,使非监禁刑具有刑罚适用的可能性。

当然,受贿罪刑罚的轻缓对应着刑罚发展的基本趋势,这也是刑法修订的多元因素所致。因为随着经济社会的发展,1997 年刑法确立的受贿罪的立法规定已经跨越了近 20 年的时间,原有的数额规定已经难以满足刑罚的均衡性要求。加之其他的数额型犯罪的法定刑已经多次进行了调整,所以受贿罪的刑罚调整被提上议事日程并于 2015 年顺利修订通过也在情理之中。需要明确的是,受贿罪刑罚的下降并不是对此类犯罪的宽纵,因为在中共中央"十八大"以来的"打虎"、"拍蝇"、"猎狐"的政策导向下,我们对腐败采取的仍然是"无禁区、全覆盖、零容忍"的从严态度。而且,对贿赂犯罪也有从严的部分规定,并非一律性的从宽对待。

(三)增设了受贿罪判处罚金刑的规定

在 2015 年刑法修订之前,受贿罪的刑罚处罚中并没有罚金刑。就之前受贿罪欠缺罚金刑的规定来看,仍然主要存在两个方面的原因:一是由于把受贿罪定位于"渎职罪",因而对渎职罪的犯罪来说,不设置罚金刑也理所应当。因为按照一般性理解,"罚金主要适用于贪财图利以及与财产有关的犯罪。"[①]二是当时的立法并没有意识到罚金刑之于受贿罪的该当性。在 1997 年刑法典之中,罚金刑的规定仍然主要集中于刑法分则第

① 喻海松:《刑法的扩张——〈刑法修正案(九)〉及新近刑法立法解释司法适用解读》,人民法院出版社 2015 年版,第 21 页。

三章的"破坏社会主义经济秩序罪",基于此认识,无论是贪污罪还是受贿罪,罚金刑都未能作为附加刑被规定下来。

然而,在本次受贿罪的最新刑罚修订中,在受贿罪的三档法定刑中均配置了罚金刑,这无疑体现了罚金刑作为附加刑对于本罪的重要性。从根源上来说,受贿罪的刑罚结构中增加罚金刑,主要基于如下两方面的原因:其一,受贿罪具有侵害财产性犯罪的属性,因而本身具有判处罚金刑的现实基础。尽管受贿罪往往是作为公权力不可收买性的犯罪而存在,一般是从职务犯罪层面而言的,但是,受贿罪仍然是以索取或者收受他人财物为外在表现形式的,因而,受贿罪必不可少地具有财产犯罪的属性。在此前提下,财产犯罪的属性自然就有配置罚金刑的现实必要。其二,受贿罪增加罚金刑,明显有对应性的惩治与预防的双重意义。刑事责任首先是一种法律后果,[①]由于罚金刑需要受贿人用自己的合法所得予以缴纳,具有明显的惩罚性,因而这一针对行为人的贪利而惩治受贿人的价值取向非常明显。"刑法所具备之社会功能在于,设定和界定在刑法适用范围内的人们,必须去避免或必须去做某些行为举止的类型,不管他们的愿望为何都要遵守。"[②]从行为成本层面来说,受贿人接受惩罚时需要承担额外的罚金,在成本与收益的抉择中往往得不偿失,因而其中具有预防潜在犯罪者的刑法功利主义理念。

(四) 明确对受贿罪的事后悔罪情节予以法定从宽

我国刑法修正案(九)对受贿罪的案外情节进行了明确规定,对受贿行为完成之后的现实情节进行了立法明确,这是"酌定情节法定化"的积极体现,以增加司法实践的可操作性,同时也积极引导受贿行为人进入刑事程序之后主动地认罪认罚。具体来说,如果是贪贿犯罪数额较大或情节较重的,犯罪嫌疑人在提起公诉前有坦白情节、真诚悔罪、积极退赃,避免、减少损害结果的发生,可以从轻、减轻或者免除处罚;如果属于贪贿犯罪的第二三档法定刑,行为人具有上述的案外情节及表现的,可以从轻

① 冯军:《刑事责任论》,社会科学文献出版社 2017 年版,第 32 页。
② [英]H. L. A. 哈特:《法律的概念》,许家馨、李冠宜译,法律出版社 2006 年版,第 27 页。

处罚。

就实践中发生的受贿罪来看,犯罪之后的悔改动机往往较强,退赃或减免损害结果的行为表现较突出,如果只是单纯地将之作为一种酌定量刑情节,不仅司法实践的处理不一,而且也不能从规范层面引导后面的犯罪人积极配合。加之当下,我国刑事司法层面"认罪认罚"的司法体制改革正在全面推行,经过了前期二年试点期的积累之后,2018年10月26日,第十三届全国人民代表大会常务委员会第六次会议通过了修改《中华人民共和国刑事诉讼法》的决定,对"认罪认罚"进行了程序层面的细致规定。通过这一法律的修订与颁布实施,当下的认罪认罚从宽制度已经从试点状态转变为全国范围内的全面运行。因此,通过对犯罪行为人犯罪之后的表现,对贪贿类犯罪予以法定从轻、减轻或者免除处罚,以积极调动贪贿类犯罪人的主观能动性,通过犯罪之后的认罪认罚举动,提升刑事司法的运行效率,并在不偏废司法公正目标的同时,取得更好的法律效果与社会效果。

(五)受贿罪的死刑得以继续保留但受到限制

1997年刑法中的受贿罪就有了死刑规定,即"个人受贿数额在十万元以上的,情节特别严重的,处死刑,并处没收财产。"在2015年的刑法修正案(九)修订之后,受贿罪的死刑仍然得以保留,现有的规定为"数额特别巨大,并使国家和人民利益遭受特别重大损失的,处无期徒刑或者死刑,并处没收财产。"在前期刑法修正案(八)与修正案(九)已经废除了22个罪名死刑的前提下,贪污罪与受贿罪仍然得以保留死刑,这一立法现象必然成为我们后期进一步关注的重点。

需要指出的是,受贿罪的死刑仍然得以保留,有其具体而现实的社会背景因素。我国一直持续加大反腐败的惩治力度,习近平总书记在党的十九大报告中明确指出:"当前,反腐败斗争形势依然严峻复杂,巩固压倒性态势、夺取压倒性胜利的决心必须坚如磐石。要坚持无禁区、全覆盖、零容忍,坚持重遏制、强高压、长震慑,坚持受贿行贿一起查,坚决防止党内形成利益集团。……强化不敢腐败的震慑,扎牢不能腐的笼子,增强不想腐的自觉,通过不懈努力换来海晏河清、朗朗乾坤。"①2018年3月20日颁布生效实施的《中华人民共和国监察法》第6条同样明确提到:加强法治教育和道德教育,弘扬中华优秀传统文化,构建不敢腐、不能腐、不想腐的长效机制。从中不难看见,"不敢腐"仍然是当下反腐目标追求中的重要内容。"死刑在价值上具有较为优越的功利性,这也是强调保留死刑制度的关键所在。"②而且,这一"不敢腐"仍然建基于腐败犯罪所对应的严重刑事责任后果,在当下反腐举措正如火如荼进行的社会背景下,贪污罪与受贿罪仍然需要强有力的刑罚惩处,在此情形下,贪污与贿赂犯罪的死刑因此得以保留。

但是,需要指出的是,尽管受贿罪的死刑未能废除,但是,在立法层面的限制仍然清晰可见。从法条上可以看出,受贿罪只有在"数额特别巨大"与"使国家和人民利益遭受特别重大损失"这两个条件同时符合的情形下,死刑才有现实适用的可能。换言之,受贿罪将改变刑法修订之前的单纯因"数额"而被判处生命刑的现实可能,受贿罪的死刑适用必须在数额之外同时附加"特别重大损失"的危害结果。另外,从司法实践的判罚情形来看,因受贿罪而直接判罚死刑(尤其是死刑立即执行)的案例明显减少,这也说明在我国司法实践中对受贿犯罪的死刑限制适用已经成为常态性存在。③

(六)受贿罪设置了更为严厉的终身监禁刑

我国刑法第383条第四款规定,受贿人"犯第一款罪,有第三项规定

---

① 习近平:《决胜全面建成小康社会　夺取新时代我国特色社会主义伟大胜利——在我国共产党第十九次全国代表大会上的报告》,人民出版社2017年版,第67页。

② 王利宾:《刑罚的经济分析》,法律出版社2014年版,第155页。

③ 但是,受贿罪的死刑得以保留并在实践层面得以限制,并不代表这一死刑规定就是单纯的象征性立法。原则上,只要刑法中规定有死刑,在现有罪刑规制的条件已然符合的前提下,判处死刑与否仍然具有适用空间。2018年3月28日,山西省临汾市中级人民法院依法对山西省吕梁市人民政府原副市长张中生受贿、巨额财产来源不明案一审公开宣判,对被告人张中生以受贿罪判处死刑(10.4亿余元),剥夺政治权利终身,并处没收个人全部财产,以巨额财产来源不明罪,判处有期徒刑八年,决定执行死刑,剥夺政治权利终身,并处没收个人全部财产。通过这一现实个案可以看出,受贿罪的死刑立即执行仍然可以随时启动,死刑的"限制性适用"与"象征性立法"仍然不能混同。

情形被判处死刑缓期执行的,人民法院根据犯罪情节等情况可以同时决定在其死刑缓期执行二年期满依法减为无期徒刑后,终身监禁,不得减刑、假释。"这就是刑法修正案(九)新增加的终身监禁刑条款,就此,针对贪贿类犯罪而配置更为长期的监禁刑,通过立法机关的推动而在刑法中得以规范确立。

毫无疑问,终身监禁刑是对受贿罪从严性的刑罚体现,在受贿罪的量刑数额下降、配置的法定刑从轻的前提下,这一与受贿罪法定刑主要演进方向相反的"从严"规定明显是为了对应"从轻"处罚而存在的。更直白一点说,也是为了贯彻宽严相济的刑事政策,即不能在当下受贿罪未能得以根本扼制的前提下,一味地在刑罚适用上宽纵受贿人。

就现有的规定来说,终身监禁刑的适用需要注意如下方面:其一,行为人因受贿而被判处死缓,这是终身监禁刑的适用前提,如果行为人的受贿行为未到达被判处死缓的程度,绝对不得对之适用终身监禁刑。其二,人民法院在判处死缓的同时决定是否适用终身监禁刑,即终身监禁是在判决死缓之时一并在判决中作出的,而不是在死缓执行过程中另行裁决。其三,人民法院作出终身监禁刑时要根据犯罪情节等情况,综合客观危害、主观恶性与人身危险性的综合情况。其四,终身监禁刑的生效适用时间是死缓减为无期徒刑之时,即虽然判决之时即有终身监禁的内容,但是真正的生效时间需要在死缓减为无期徒刑之时。其五,被判处终身监禁刑的犯罪人,无论其在刑罚执行期间的表现多么优异、悔罪表现多么优良,均不得进行减刑或者假释。这既是终身监禁刑的较为严厉之处,也是终身监禁刑与无期徒刑的重要区别。

二、我国刑法受贿罪立法调整的理性评析

(一)立法修订中"关注刑罚"成为我国刑法修正案的理性自觉

刑法修订的过程本身是要对前期非科学性的立法进行审视,并是对"罪刑规范"整体性予以调整的结果。因而,从刑法修订的立法设计层面来说,刑法修正案并不仅仅局限于一般意义上的"漏洞填补"或者"空白填

充"。显然的是,如果仅限于此的话,必然会把刑法修正作为新罪增设的契机,从而为扩大刑罚权和扩张犯罪圈提供较多的空间场域,乃至把"刑法修正"当作"新罪增加"的同等话语。尽管从前面的七个刑法修正案来看,刑法修正案几乎全部集中于新罪填补或者罪状描述的调整上面,但是,后期刑法修正案及时进行了相应调整,刑法修正案(八)与(九)突破前面修正案的立法视域,对刑法总则的第三章"刑罚"进行率先调整即是其立法修订需要注重刑事责任后果的适例呈现。毕竟,刑法修订及其适用是一个综合性的体现,刑法的任务不仅要保障其他非刑事法律的良好运行,为关联性法律的正常运转"保驾护航",而且同时也要对自身"罪刑规范"面临的问题进行自我修正。因而,法定刑作为立法表述而客观存在的罪刑连接结构的重要组成部分,此时在刑法修正案之中对该刑罚予以及时修正就是修法活动中的自然之义。

受贿罪刑罚的上述调整,也明显反映了上述立法修订的基本动态。受贿罪作为犯罪行为确立之后,犯罪化的问题已经得以基本解决,[①]与之相关的核心性问题便是刑罚问题。刑法修正案关注受贿罪的刑罚并作相应调整,体现了立法活动过程中理性自觉的遵守。从罪刑安排上来说,不仅犯罪的构成与新罪增加有其必要性,而且在刑法适用的动态过程中,对现有犯罪的刑罚时时予以回应也有其必要。通过对受贿罪的刑罚修订,我们可以很清晰地看到,刑法的修订不能仅仅只是拓宽犯罪圈,刑法修订需要对"罪"与"刑"进行一体化的关照。刑法修正案(九)是对原有受贿罪的刑罚适用予以了重视的体现,而且是在未触动受贿罪构成要件前提下的刑罚变动。这也说明,只要实践案例反馈出来的受贿罪的刑罚配置难以适应罪刑均衡原则的需要,那么就有通过立法对刑罚进行调整的现实必要,刑法修正不能仅仅局限于犯罪构成要素这一狭小区域,刑法修订的科学性必然是"理性自觉"地映照到刑事立法领域的体现。

---

① 所谓的"基本解决",其意义在于,受贿罪的核心边界已经得以确立,受贿罪作为犯罪来处罚的绝大多数情形通过刑法来追究其刑事责任已经没有太大的问题。由于受贿罪的变相类型或者新型情形较多,现有刑法是否能够全部囊括于内,这仍然值得我们的刑事立法在罪状设计上予以进一步的关注。

（二）受贿罪的立法调整回应了反腐败决心与刑法适应性需求

刑事立法的修正总是与其所处的时代息息相关的,刑事立法者也必然与自己所处的社会脱离不了关系,社会重大事件在其背后必然要引导立法的不断前进。党的十八大以来,"打虎"、"拍蝇"、"猎狐"、"重拳治腐"等带来的一系列反腐举动,已经让世人所瞩目、让国人所称颂、让民众所乐道。重典治吏不仅仅只是严厉打击犯罪人,作为已然化的犯罪行为,"打击"只是回溯性地解决了其刑事责任问题,如何建立制度化的防线、持之以恒地在反腐道路上实施长效机制,才是治吏之本、防腐之道、法治之策。基于此考虑,刑法修正案(九)也积极回应了重典治吏、惩腐防腐的社会现实,通过加强制度化建设来更好回应惩治之外如何更好防范腐败发生的现实问题,既对贪污贿赂犯罪的法定刑进行了重新设置,保留了该类犯罪的死刑,同时又另外设置了终身监禁刑,兼顾了打击与预防的双重需要,把"惩腐"与"防腐"进行了良好结合,对短期治理与长效机制进行了有机整合。

刑法修正案(九)对受贿罪的立法调整,也有更长远考虑的立法预期。原因在于,以"数额较大、数额巨大、数额特别巨大"的模糊性立法表述,可以更好保证刑罚与社会发展之间的适应性。通过立法语言的模糊性规定,其对司法适用的最大好处就是可以保证与社会发展相一致,避免立法修订的繁复性与滞后性。随着社会继续往前行进,经济发展带来 GDP 的高速增涨,如果现有的"数额较大、数额巨大、数额特别巨大"难以适应社会发展的步伐时,则不用等待立法修订及其时机的到来,我们可以通过制定司法解释的方式予以积极调整,比如近几年我国刑法司法解释对盗窃罪、诈骗罪的数额调整就是采取的此种模式。从刑法修正案的出现频率来看,这一较快的调整步伐仍然是刑法保证其现实生命力的重要举措。尽管刑法修正案可以较为便捷地解决立法滞后性的问题,但是通过刑法修正来解决实践症结仍然"劳神费时",因而,在刑法修正过程中为司法解释保留部分空白,也是为了保证刑法具有更好的社会适应性,是立法与司法之间良性互动的体现。

（三）受贿罪的立法变动体现了"宽中有严"的政策导向

刑事立法必然与刑事政策存在直接性关联，这无论是在域外还是我国前期的刑法修订过程中都体现得极其明显。"刑事政策与刑事立法之间存在亦步亦趋的互动关联，刑事政策作为刑事立法的引导性力量，直接推动刑事立法的不断修订及其完善。"[①]相对于刑事司法而言，刑事政策与刑事立法的关系更为直接，正是基于此原因，域外较多国家直接把刑事政策与刑事立法相提并论。刑事政策之下的政策引导与价值功能要体现于内，在法治理念之下必然要借助立法规范的载体而得以呈现。刑法的现实运行要遵循罪刑法定原则理念的束缚，刑事政策的内在要求及其边界划定也需要借助明文性的规范确定下来，这已然是法治社会所要共同践行的基本准则。

受贿罪的刑罚体现了"宽中有严"的现实特点，"宽"的体现主要是受贿罪的入罪门槛的提升、量刑数额的大幅度增加，以及前述的法定刑的直接调整。但是，对一般人认为受贿罪过于轻缓的指责仍需理性审视，在笔者看来，受贿罪并不是单一性的一律从宽，在刑罚修订之后，受贿罪从严的一方面仍然客观存在。其"严"的方面主要体现在如下：1.受贿罪的入罪与法定刑升格条件中，纳入了多个情节要素，从而在考察受贿罪入刑时不再单独局限于犯罪数额；2.受贿罪增加了罚金刑，注重附加刑的刑罚适用，从而通过财产刑的方式加大了对受贿人的刑罚惩罚；3.受贿罪保留了死刑规定。在其他经济性犯罪相继废除死刑的同时，受贿罪的死刑却仍然得以保留，从而在立法层面为受贿罪判处极刑提供了可能；4.受贿罪的刑罚适用中增设了极其严厉的终身监禁刑。在目前的刑罚结构安排中，除了贪污罪与受贿罪之外，其他任何犯罪的刑罚中都没有这一刑罚制度。因此，"宽严相济"的刑事政策在受贿罪的刑罚调整中并不缺位，这一刑事政策在受贿罪的刑罚修订中体现得较为明显。

（四）受贿罪的立法修订融合了报应与预防的刑罚一体论思想

刑罚的存在总是带有一定的目的性追求，这是刑法之所以获得实践

---

① 陈伟：《刑事立法的政策导向与技术制衡》，《中国法学》2013年第3期，第121页。

根据与理论认同的基础所在,也是刑法作为"必要的恶"能够在法治社会立足的价值根据。刑罚作为犯罪之后的责任后果,其既呈现出"因为有犯罪,所以有刑罚"的直接对应性,同时也寄托着"因为有刑罚,所以期待无犯罪"的内在追求。在此过程中,"有罪则有罚"的罪刑关联是刑罚报应论的直接产物,而"刑期于无罪"则是刑罚预防论的功利观使然。"刑罚具有两个正当化目的或者具有其中之一,即对不良行为的预防以及对已被发觉的不法行为的报应。"①受贿罪的刑罚修订作为立法修订的重要内容,需要在科学立法的指引下进行合理的法定刑配置,并在刑罚适用制度的安排中体现刑罚的目的性理念。"谴责或者处罚,是为了让人不要重蹈覆辙而实施的。"②因而,无论是单纯的报应还是预防观念,都无法较好地对刑罚理论根基予以维护,刑罚一体化的理念是现代化刑罚所要选择的必要之路。

受贿罪的量刑数额下降与法定刑的减轻,并不是对受贿行为与犯罪行为人的纵容,而是在社会适应性发展中刑罚该当的报应随之变动之后的结果。报应本身不可能是停滞不前的静态概念,报应的内涵同样也与社会变迁及其时代发展息息相关,当受贿罪在整体刑法体系中的"该当报应"发生变化时,法定刑的调整也就成为必然。尽管刑罚的趋轻化调整表面上对犯罪行为人更为有利,但是,这一建基于刑罚处罚前提下的报应观点,仍然没有脱离刑事惩罚的基本框架,因而所谓的"放纵"犯罪人并不是正当性解读。除此之外,受贿罪的刑罚调整中同样浓缩着预防刑的基础观念,其集中性的体现在刑法第 383 条的第三款与第四款,前者是基于犯罪之后的行为人积极认罪悔罪的表现,因而从重处罚的预防必要性得以下降,从宽处罚随之成为现实;后者使终身监禁刑得以问世,极大程度上是出于"不敢腐"的一般预防需要而被立法者所接纳,即"终身监禁,让不敢腐、不想腐的氛围越来越浓厚"。③尽管笔者认为这一制度设计需要另行审视并在司法实践中限缩适用,但是,立法之中的预防刑痕迹仍然清晰可见。

---

① [美]哈伯特·L.帕克:《刑事制裁的界限》,冯军译,法律出版社 2008 年版,第 25 页。
② [日]平野龙一:《刑法的基础》,黎宏译,中国政法大学出版社 2016 年版,第 19 页。
③ 倪弋:《终身监禁提升法治反腐威慑力》,《人民日报》2016 年 11 月 2 日,第 18 版。

受贿罪刑罚修订中的刑罚一体论较好贯彻了刑事法治的基本观念,是朝向刑罚理性化发展的再次努力与立法呈现。从我国刑法的发展来看,刑法修正案的修订必然是要融入刑事法治理性因素的产物,在此过程中刑法理论界的声音融入到了立法之中,实务界的信息反馈也助推了立法的不断修订,这些都较好保障了我国刑法修订的日益理性化。在此过程中,学界与实务界的良好沟通,共同合力性地促进了刑事立法的向前发展,也推动了"科学立法"的渐进实现。

三、我国刑法受贿罪立法完善的未来展望

我国刑法受贿罪的刑罚已经做出了较大程度的调整,但是,"科学立法"是一个不断追求的过程。"腐败不断进化并倾向于规避或者适应现行立法。"①因而,就当下受贿罪的刑罚来说,其并不代表就已经是完美无缺的刑法修订,基于当下的立法现状,受贿罪在刑法科学化与现代化的发展中,仍有进一步完善的空间。笔者认为,未来受贿罪的刑罚较为突出的关注点和完善方向主要集中于如下几个方面:

(一)受贿罪与贪污罪共用同一法定刑的现状应有所改变

我国现有的受贿罪与贪污罪的犯罪构成当然是不一样的,但是,在刑罚规定上二者共用的都是刑法第 383 条。就此来说,在立法者的眼中,贪污罪与受贿罪的危害性完全是等量的,否则,两个罪名不可能共用同样的法定刑,立法也不可能采用这样的"共享"式立法模式。问题在于,尽管贪污罪与受贿罪都是公职人员的腐败行为,都侵害了国家廉洁制度与民众对公权力的信赖,但是,这两个犯罪的构成要件不同、行为方式不同、犯罪成本不同、犯罪对象不同、司法解释限定的情节也不完全一致。即使如此,在现有刑法规定的法定刑方面,贪污罪与受贿罪却毫无二致。这样一来,立法上的此种刑罚规定的"引证规定",是否科学化的质疑必然存在。

当然,究竟是受贿罪的处罚高于贪污罪,还是贪污罪高于受贿罪,仍

① [俄]哈布里耶娃:《腐败:性质、表现与应对》,李铁军等译,法律出版社 2015 年版,第 401 页。

然不无争议。如果从违法性与有责性层面来说，贪污罪的惩罚力度似乎要强于受贿罪，主要原因在于，贪污罪是行为人自身积极主动实施侵占国家的公共财产，而受贿罪在实践中往往有行贿人的参与，行贿人的积极介入有促使受贿最终达成的效果，因而在受贿与行贿的对向行为之中，基于二者之间的关系以及犯罪行为发生的过程考量，行贿人有分担受贿罪之罪责的可能，受贿罪的违法性与有责性由此得以降低。

但是，笔者对此并不认同。原因在于，在当下反腐已经深入人心的前提下，受贿行为人对自己行为的违法性与有责性的认识，应当相应地有所增强而不是减弱。贪污与受贿的主体均为国家工作人员，在违法性与有责性层面很难有悬殊差异。受贿人作为公权力的主体，有义务保证自己手中公权力的非交易性，不能因为行贿人的存在而作为自己违法性与有责性降低的理由。受贿罪与行贿罪作为两个独立性犯罪，各自的违法性与有责性都是独立的，绝对不能因为对向性犯罪行为存在的关联，从而形成受贿罪的违法性与有责性被行贿罪分担的不当认识。直言之，受贿罪与行贿罪作为对向性犯罪，各自的责任承担仍然需要坚持"罪责自负"的原则，彼此之间不能因为对方的刑罚惩罚而降低自身的刑事责任程度。

另外，受贿罪当下的实践案发率远远超过了贪污罪，其原因当然在于受贿罪的隐蔽性更强，以及犯罪的"实施成本"相对较低。但是，相对于贪污罪的刑罚惩治来说，受贿罪的"查处成本"却更胜一筹，需要投入更多的监察成本与司法成本，需要基于受贿与行贿双向层面的共同查处与相互印证。而且，贪污罪主要是侵占公共财产法益，而受贿罪却是通过收受贿赂而侵害公职人员的不可交易性，并在"为他人谋取利益"的行为中牵涉到滥用职权行为，以致在受贿人"为他人谋取利益"的过程中还要造成不可估量的后续危害与公共利益的严重损失。"我国刑法虽然将贪污罪与贿赂罪规定在同一章中，但不可否认贪污罪主要是对财产的犯罪，而贿赂罪则不仅是对财产的犯罪。"①可以说，受贿罪的行为危害并不仅仅受缚于受贿行为本身，而是会从受贿罪而衍生到对其他法益侵害层面。换言之，就受贿行为侵害法益的扩散性来说，受贿罪的危害性也远远超过了贪

---

① 张明楷：《贪污贿赂罪的司法与立法发展方向》，《政法论坛》2017 年第 1 期，第 14 页。

污罪。换言之,基于防范受贿罪进一步蔓延的现实必要,以及受贿罪侵害法益的多元性,受贿罪的刑罚不应当与贪污罪相同,而应当单独分离出来,体现与贪污罪的差异性,并在刑罚配置上适度性地比贪污罪更重。[①]

(二)受贿罪的犯罪构成限缩可罚性的格局应有所突破

我国现有受贿罪的立法修订,基本上是围绕刑罚均衡的原则来进行的,经过本次调整之后,一定程度上解决了刑罚与社会发展不相适应的现实问题,因而其现实意义仍然是值得肯定的。但是,受贿罪的立法修订集中于刑罚层面,而该罪构成要件的规定仍然未作任何程度的修改,就此来看,对受贿罪的刑罚调整仍然占据着立法者的主要视线,即立法者仍然主要认为受贿罪的刑罚不均衡是首要性问题,受贿罪的构成要件尚未达到修法的必要程度。

但是,需要注意的是,受贿罪的规范要件当然是与刑罚存在紧密关系的,构成要件设置的松紧程度必然影响到该罪之下刑罚的张力。受贿罪的实践形态存在纷繁多样的形态特征,通过外在合法形式掩盖受贿实质的情形不乏其例地存在着,就此来说,受贿罪的构成要件也必然存在着滞后性问题。

为了应对实践中存在的多样化的受贿情形,我国当下往往是通过司法解释的形式来弥补立法短缺现象的。尽管司法解释可以一定程度弥补立法的缺憾,但是,我们无法通过司法解释代行立法功能,尤其是在罪刑法定原则的严格束缚之下。基于此,单纯通过司法解释来解决立法空缺的路径仍然有其限度,实际上也不可能在犯罪规范构成未作任何调整的前提下全然解决受贿罪的刑事责任问题。比如,关于性贿赂、非财产性利益的贿赂等问题,由于在我国刑法受贿罪的构成要件中,仍然是以"索取或者收受他人财物"为其贿赂对象。尽管我国已经于 2005 年 10 月批准加入了《联合国反腐败公约》,但是我们不可能通过国际性公约来指导现有的国内司法,上述公约中的相应规定也不能直接纳入到我国刑事司法的

[①] 有学者指出:"另需注意的是,如对受贿罪作单独立法,则其所规定的数额标准应比贪污罪的标准低。"王刚:《我国受贿罪处罚标准立法评析》,《环球法律评论》2016 年第 1 期,第 136 页。

适用之中。这样一来,就必然存在理论上可以前后照应并合乎逻辑,但在法治规范化层面运行不畅的现状仍然客观存在。所以,受制于现有罪刑法定原则的制约,在突破法条规范的扩张解释往往存在类推之嫌时,单纯通过司法解释来解决现有立法问题的方式实际上已经相当有限。正如学者所言:"对现代法院的要求是,严格解释刑罚法令,尽量把应对新问题的任务交给立法。"[①]因而,最可取的完善路径仍然是需要通过立法予以解决的。

(三)受贿罪终身监禁刑的多元困境决定了其应限缩适用

在我国的刑法修正案(九)中,立法机关在贪污罪与受贿罪中率先设置了终身监禁刑,这确实体现了对此类犯罪从严惩治的现实需要。基于当下反腐的严峻形势,我国刑事立法中体现了对受贿罪处罚"从严"的一面,是在前期已经多项"从宽"立法规定之后的对应性体现。在前期立法已经规定的前提下,司法实践中紧锣密鼓地进行了实践适用,并且已经在白恩培、魏鹏远、于铁义、武长顺受贿案中适用了该终身监禁刑。

当然,终身监禁刑适用中的问题仍然有待进一步的厘清,比如,关于终身监禁刑的性质,其究竟是一种独立的刑罚种类,还是一种刑罚执行方法,相关的争议仍然客观存在。[②] 另外,关于终身监禁刑的适用是刑法修正案(九)明确规定下来的,是否可以溯及到该修正案之前的案件并予以适用,相关的争议在学界同样未曾停歇。[③] "社会危害性决定了刑罚因何存在",[④]终身监禁刑仅限定于贪污罪与受贿罪,是否符合宪法的合比例性与合必要性原则;终身监禁刑是否违背适用刑法人人平等的原则,是否与罪责刑相适应的原则相一致;终身监禁刑是否违背刑罚的教育改造理论;终身监禁刑如何在实践中予以良好的刑罚执行;终身监禁是否存在重复评价;终身监禁是否是附条件与附期限的判决,等等,这些问题仍然直接关系到贪贿类犯罪终身监禁刑的正当性。

---

① 〔日〕佐伯仁志:《刑法总论的思之道·乐之道》,于佳佳译,中国政法大学出版社 2017 年版,第 25 页。

② 黎宏:《终身监禁的法律性质及适用》,《法商研究》2016 年第 3 期,第 23 页。

③ 王志祥:《终身监禁制度的法律定位与溯及力》,《吉林大学社会科学学报》2018 年第 2 期,第 31 页。

④ 孙建保:《刑法中的社会危害性理论研究》,上海人民出版社 2016 年版,第 150 页。

笔者认为,终身监禁刑配置于贪贿类犯罪之中,确实有其理论上难以克服的多元性困惑,也不符合宪法所要求的合比例性与合必要性原则。尽管有学者认为,终身监禁具有代替死刑的现实功用,但是,适用这一明显带有"残酷或异常的刑罚"来替代死刑立即执行,也并不是明智之举,也不应当采用此方式来限缩死刑的适用。① 基于刑法修正案(九)已经作出这一规定,要通过刑法修订来立即废除终身监禁刑必然不具有现实可行性。综合终身监禁刑的立法规定,加之终身监禁刑在理论层面的尴尬情形,笔者仍然坚定地认为,我们应当发挥司法的第二道防线功能,积极限缩终身监禁刑的司法适用。并且,终身监禁刑依附于死缓,而死刑的司法限制又是废除死刑的关键,②那么,终身监禁刑与死刑的这种依附关系就决定着,既然司法限制方式是消亡死刑适用空间的关键,其也应该是缩减终身监禁刑适用空间的核心路径。尽管这不是彻底解决问题的思路,但是应当是当下"善待"终身监禁刑的可行性方式,在相当程度上也能够起到立竿见影的效果。

(四)我国将进一步加大腐败犯罪追逃追赃的国际司法协作

反腐败已经不仅仅局限于一国之内,在腐败发生之后的追逃追赃必然会寻求他国司法机关的协作。我国近年来也在不断加大反腐的追逃追赃力度,这是贯彻"有罪必有罚"的刑罚必要性及其体现。2015 年 4 月,中央反腐败协调小组部署"天网"行动,中组部、最高检、公安部、央行等单位从清查官员违规护照、打击地下钱庄、追逃追赃等方面牵头进行相应工作。2018 年 4 月 24 日,中央反腐败协调小组国际追逃追赃工作办公室在北京举办"天网 2018"行动启动仪式暨全国追逃追赃工作培训班开班式。自"天网"行动正式实施以来,已经在实践层面取得了一定的成效。截至 2018 年 7 月 28 日,已经有 54 名"红色通缉令"的犯罪嫌疑人顺利归案。通过这一行动,一方面展现了我国对惩治腐败犯罪的极大决心,另一方面也说明我国通过自己在追逃追赃上的积极行动,尽力贡献自己反腐举措

① 吴雨豪:《论作为死刑替代措施的终身监禁》,《环球法律评论》2017 年第 1 期,第 131 页。
② 刘春花:《向死而生——中国死刑制度改革的政治抉择》,法律出版社 2015 年版,第 314 页。

上的"中国智慧"。因为无论刑事立法与司法制度多么完善，由于腐败犯罪行为人不能到案接受应有的惩罚、犯罪赃物不能顺利地得以追缴，则法治正义的效果必将无从体现，也必将直接影响反腐这一攻坚战的深入推进。

在反腐行动跨越多个法域之时，即使存在多边条约签订的现有前提，仍然需要得到不同国家或者地区之间的良好协作与共同认可；与此同时，也要充分运用引渡制度来强化国际间的司法协作。"多边条约的'软性'和双边引渡条约的缺乏局限了现有国际反腐合作机制发挥最大的效力。"[1]但是，基于国际协作的努力一直都在进行之中，这也必然是后期我们在介入到跨国性反腐中仍需进一步慎重对待之事。2014年，APEC第26届部长级会议在北京召开，会议通过了由我国主导起草的《北京反腐败宣言》。2016年，二十国集团(G20)杭州峰会批准通过了《二十国集团反腐败追逃追赃高级原则》《二十国集团2017—2018年反腐败行动计划》，并且在华设立G20反腐败追逃追赃研究中心等等重要事项。由此可见，中国的反腐败已经远远超越了"理念倡导"与"口头表态"的阶段，而是以实际行动的方式表明了我国积极加入反腐败国际行列的态度与决心。而且，2018年10月26日，第十三届全国人民代表大会常务委员会第六次会议通过了修改《中华人民共和国刑事诉讼法》的决定，在新修订的刑事诉讼法中正式确立了"缺席审判制度"，这同样是为了更好回应跨国司法协作面临的困境而作出的及时调整，其对国际反腐中的追逃追赃必将带来更大程度的积极性意义。

另外，在现有的基础上，如何更好地进行双边或多边的反腐条约拟定，创建不以定罪为前提的资产冻结或扣押措施，建立规范化的司法协作机制，实现对合约国批捕措施或者作出判决的司法承认，建立腐败涉案人员的信息共享平台与保密制度，创建定期或不定期的对话交流机制，保障反腐机构之间的信任与有效配合，确立合理的涉案赃款追回分享比例等等，这些悬而未决的问题仍然需要我们正面应对，这也是我国在涉及到国际反腐行动中需要进一步完善的重要事项。

---

[1] 张丽华、王硕：《〈联合国反腐败公约〉视角下国际反腐合作机制分析》，《理论探讨》2018年第2期，第51页。

第二节　风险社会与民生社会
维度下的刑法立法

　　风险社会和民生社会有别于传统社会,在此之下也对犯罪模式的立法重塑带来了新视角,因而可以就此进行刑法立法的另行考察。在科学立法的时代潮流驱动以及新型社会维度的视域下,刑法立法应当在一般性原则的遵循下挖掘出更为深层次的具体规则。社会类型的新维度强调刑法立法的层次性思维在具体社会化构造下的融合,从而指导刑法立法的针对性构建与完善。罪刑法定原则作为刑法的基本原则,在现代社会具有无可替代的法治价值。但是,罪刑法定原则也给我们带来了困境,面对社会的现代化转型以及刑法规则的滞后性,各种新型危害行为极易无从规制,从而导致民众的刑法期待值骤降,减损刑法规范的社会效益。

　　此时,刑法立法应在科学化立法思想的指导下,透过社会新维度与刑法立法之间的关联视角,综合考虑不同社会类型下的行为模态,形成刑法立法的一般原则与具体规则的协调性构建,从而有助于我们在现有学术研究的零散性探讨之中,提供一条可供参照的体系性思路。此外,基于现阶段危害行为的多样性与易变性,其所引发的社会危害性也往往具有层次性与差异性。刑法作为评判严重社会危害性行为的规范标准,刑法立法在遵循基本原则以外,还应当契合不同社会类型及其要求,并在立法过程中予以密切对应。基于此,笔者尝试剖析风险社会、民生社会的新型样态,分别检讨刑法立法在"风险入侵、民生稀释"方面存在的相应缺陷,从而构建出与之相适应而存在的"前瞻性、民本性"的刑法立法规则。

一、风险社会维度下刑法立法的前瞻性规则[①]

　　风险社会(Risk Society)是对现今社会样态的理论概括与时代描述,

---

① 本部分由陈伟、熊波共同完成,相关内容已经发表于《检察日报》2018 年 9 月 26 日第 3 版,在收入本书时进行了修改与调整。

也是现代化社会发展进程中的一种真实状态。风险社会的形成并非一蹴而就，它是在经济快速发展和社会技术高度集中、变迁的时代潮流趋势中，引发的一种社会系统紊乱、生活状态失序的基本形态。[①] 风险社会形态具有全球性、潜在性和不特定性，因而，风险社会下的刑法立法规则应当具备前瞻性，以适应风险社会的基本特质，保持刑法与风险社会之间的适应性，契合社会现代化转型的基本趋势。

（一）结果评价：法益的"消极评价"与"积极评价"

传统刑法对待法益的概念界定，通常具有个体化、静态化与物质化的感情色彩，无法评价新兴权利类型。[②] 新兴权利类型对接到刑法的危害评价体系之中，则蕴含着法益类型的转换评价。在规范保护主义的评价标准及其视域中，只有通过综合证据证明某种行为造成严重侵犯国民的利益之际，才能启用刑事法进行评价。而在传统刑法的法益消极主义者看来，正是造成了某种社会关系的危害，才能称得上是刑法意义上的危害行为。[③] 与之不同的是，法益积极评价主义者认为，从侵犯的法益类型而言，现实法益保护原则强调犯罪侵害的现实结果与威胁的利益程度。[④] 从法益的消极评价到积极评价，体现了规范刑法主义下结果类型的转化，刑事违法性的重点转移到对法益的多维度综合认定上，而不在于单方面、固态化的对社会关系的侵犯行为。概言之，"双重法益"的性质确认应当是风险社会下刑法立法规则应当秉持的科学态度。

笔者认为，"双重法益"的概念提出并不是建立在罪数形态的数个法益侵犯的价值评判基础之上。前者侧重于性质认定的多层性，其仍是在单一、个体法益的范围内认定；后者则强调法律行为下行为量化分析的多个危害结果。[⑤] 立足于法益的消极评价与积极评价的法益类型认定，

---

① ［德］乌尔里希·贝克：《风险社会》，何博闻译，译林出版社 2004 年版，第 4 页。

② Vgl. Stratenwerth, Das Strafrecht in der Krise der Industriegesellschaft, 1993, S. 17.

③ 高铭暄、马克昌主编：《刑法学》（第七版），北京大学出版社、高等教育出版社 2016 年版，第 73 页。

④ 张明楷：《刑法学》（第五版），法律出版社 2016 年版，第 63 页。

⑤ 陈伟、熊波：《罪数形态中行为定量分析的理论重构——兼对"行为"立法模态化用语之辩正》，《西南政法大学学报》2017 年第 2 期，第 54 页。

刑法立法应当构建以法益积极评价为主、消极评价为辅的具体规则,实现风险社会下被害人与行为人权益保障的价值兼顾。上述目的的推崇要求将刑法立法的前瞻性思维运用于刑法立法规则之中,具体而言,应当遵循如下方面的要义:

1. 侵犯的法益类型应当具体于实体规范之中

基于罪刑法定基本原则的规范要求,刑法立法的过程就是危害行为在规范层面的文本实现与类行为的实体评价过程。法益类型的实体判断作为刑事司法中严重社会危害性行为认定的第一步,将侵犯的法益类型明定于刑法立法规则之中,能够化解抽象性表述或者兜底性条款适用的随意性和笼统性。应当承认,在风险社会的风险具有不特定性和蔓延性这一现实境况下,法益的界定模糊或者外延扩张是被害人权益保障最大化与最优化的实然趋势。① 然而,立法者试图通过"其他方法"、"其他严重情节"等模糊用语的文本来涵盖相应的风险行为;或者是在司法实践中借助实质解释的外衣,大范围地通过扩大解释甚至类推解释,将新型化的危害行为积极入罪,就此难免会造成对法益评价的曲解。因此,在类罪名②概括化归纳的法益之下,应当将个罪侵犯的具体法益较好地体现于法律文本之中,以消解实质解释的肆意性以及法益评价的抽象化。

2. 刑罚配置应当明确法益关联性的价值定位

刑罚的现代化强调刑罚适用的"特殊预防为主、消极惩罚为辅",防止刑罚之泛滥。③ 法益的积极评价不仅意味着刑罚实施的强制力,还应当囊括刑罚适用的针对性,而法益的消极评价则表明刑罚适用的有限性、合理性。过度强化刑罚的改造功能和惩罚功能,往往会促使刑罚适用的严苛性。目前死刑仍残留于部分经济犯罪之中,刑罚的种类匹配并不符合

---

① [日]关哲夫:《现代社会中法益论的课题》,王充译,法律出版社 2008 年版,第 388 页。
② 类罪名是指依据同一类犯罪行为所共同侵犯的我国社会主义社会关系的某一方面而划归的罪名体系。其并非作为一个单独的罪名予以适用。类罪名涵射的同类客体揭示的是同一类型犯罪在客体方面的共同本质。目前我国依据社会危害性程度的大小,由重至轻共布局了 10 类犯罪罪名。参见高铭暄、马克昌主编:《刑法学》(第七版),北京大学出版社、高等教育出版社 2016 年版,第 312—313 页。
③ [美]马库斯·德克·达博:《积极的一般预防与法益理论》,杨萌译,陈兴良主编:《刑事法评论》(第 21 卷),北京大学出版社 2007 年版,第 446 页。

法益的关联性。此外,在刑法立法进程中,终身监禁[①]、从业禁止等新兴的刑罚制度随之出台,但是是否能够恰如其分地发挥刑罚特殊预防之功效仍存异议。譬如,在晋江市罗某污染环境刑事一案中,人民法院在认定从业禁止的适用范围时,仅禁止罗某从事机械、汽车配件加工职业,而并非禁止其从事与环境资源有关的职业。[②] 如此一来,这一从业禁止能否达到立法初衷、是否契合刑罚目的,均值得我们再反思。刑罚适用作为罪刑关系的实践展开,势必要按照行为人征表外的危害行为的性质进行准确性、针对性地认定。[③] 而这一切均依赖于刑罚种类的关联性调适,需要在立法层面予以较好的规范配置,否则到了司法适用层面往往就成了片断性的机械应对。

3. 法益涵摄范围应当符合类罪名的实质评价

刑法立法的篇章布局蕴含着立法者对具体个罪法益的积极评价与消极评价。法益的积极评价要求尽可能将风险类型之下的不法侵害性纳入文本规范之中,以有效避免法益缺位而带来的刑法规范不周延;法益的消极评价是为防范实质解释下类推适用造成人权肆意侵犯而被提出来的,要求法益的明确性与确定性。但是,法益作为概括与归纳的产物,无论采用哪一种界定方式,均应当在类罪名框定下的法益范围内进行认定,以符合罪刑法定原则对法益内容的界限束缚。

第一,明确类罪名法益的基本范围,有利于各罪法益界定的深入展开。审视我国刑法典体系,从十章类罪名的表述技巧来看,除贪污贿赂犯罪与渎职罪外,危害公共安全罪等其他八个章节的类罪名都可以清晰展现其初步涵盖的法益类型。诸如,妨害社会管理秩序罪保护的法益为社会管理秩序。然而,贪污贿赂犯罪法益的基本范围为公职的廉洁性、不可收买性?[④] 抑或

---

① 对于终身监禁在刑罚体系中的角色定位,学界仍存在较大的争议。如张明楷教授认为终身监禁仅是死缓适用的情形之一,黎宏教授认为其是死刑的执行方式。参见张明楷:《终身监禁的性质与适用》,《现代法学》2017 年第 5 期,第 77 页;黎宏:《终身监禁的法律性质及适用》,《法商研究》2016 年第 3 期,第 23 页。

② 具体案件详情可参见福建省晋江市人民法院(2016)闽刑初字第 3010 号刑事判决书。

③ 陈伟:《教育刑与刑罚的教育功能》,《法学研究》2011 年第 6 期,第 155 页。

④ 张明楷:《刑法学》(第五版),法律出版社 2016 年版,第 1181 页;周光权:《刑法各论》(第三版),中国人民大学出版社 2016 年版,第 457 页。

公职的公正性?① 还是国家廉政建设制度?② 刑法理论界的观点莫衷一是。

　　第二,通过对类罪名范围的具体划定,实现各罪法益的具体类型认定。正如前述,因为侵犯的具体法益类型在现阶段刑法立法过程中并未完全实现法律文本的规范表达,致使在法益类型的具体判定时具有较多的不确定性,从而导致当下理论认定以及司法适用难以完全依据类罪名的概括法益进行具体界定。③ 非常显然的是,类罪名法益内容的精准划定,有利于规范个罪的法益确立及其罪状认定,反之亦然。

　　笔者认为,法益内涵的不明确是法益功能展开面向的困惑所在,正视这一问题而不是否定这一问题是我们正确的态度。笔者认为,化解上述问题的关键在于确立刑法立法规则适用时的层次性思维。首先,明确类罪名的基本范围,概括类罪名的概括性法益内容,为各罪名的法益内涵奠定基本方向。其次,在类罪名法益的基本内容明确以后,实体规范下各罪名法益类型的界定应当符合类罪名的基本范畴,不能产生根本性与实质性冲突。最后,透视犯罪行为的本质特征,对接刑法立法的具体规范,在前期法益基础之上进行再次精准化的现实评价。

(二) 价值识别:"结果本位"与"行为本位"的纠葛

　　在风险社会的行为多元化处境中,现代罪刑评价规则不再仅关注危害结果的状态与发展,而是同时把规则衍生到行为的危险状态上,刑法前置化也是其具体表现形式。顺应风险社会的现实特征,要求刑法立法规

---

① 〔日〕西田典之:《日本刑法各论》,刘明祥、王昭武译,武汉大学出版社 2005 年版,第 354 页。
② 高铭暄、马克昌主编:《刑法学》(第七版),北京大学出版社、高等教育出版社 2016 年版,第621 页。
③ 例如,侵犯公民人身权利、民主权利罪下的煽动民族仇恨、民族歧视罪,其法益涵盖的形式范围从类罪名的界定层次上来看,便是公民的人身、民主权利以及公民其他与人身有关的权利。然而,人身、民主权利由于其本身的抽象性和庞杂性,无法精确对接到具体行为侵犯的法益认定,因而出现煽动民族仇恨、民族歧视罪的"民族团结关系说"(周光权:《刑法各论》〔第三版〕,中国人民大学出版社 2016 年版,第 68 页)和"民族平等关系说"(高巍:《煽动民族歧视罪略论》,《云南民族大学学报》2009 年第 3 期,第 64 页)。然而,从实质侧面评价该罪名侵犯的具体法益类型来看,学者认识的法益内容与煽动民族仇恨、民族歧视罪,所在类罪名的法益类型并不具有直接关联性。

则体系的更新与调整,将关注点转向于行为本位下的危险状态,并在刑法立法之中予以具体体现。

1. 主体行为与客观结果之间的关联

行为无价值与结果无价值之争在违法性本质之中占据着重要的学术价值。在行为无价值论中,主观违法要素应当伴随着行为要件的认定,诸如,财产性犯罪的"以非法占有为目的",行为的认定必须附属于主观目的要素之上,否则很难依据单纯的客观行为即判断行为的违法性。因此,在德国刑法教义学中,客观层面的违法性判断时常受到质疑。在结果无价值论中,客观结果的违法性判断并不仅限于客观实然化的危害结果,这里的"客观"包括了"可感观、现实化"的法益侵害结果或危险。但在行为无价值论中,纵使结果并未客观化,由于其还必须付诸于主观恶性的行为人要素,如因行为人的主观意图而未产生客观结果,并不影响行为的违法性判断。因此,构成要件中主体行为与客观结果的关联程度,综合影响着危害行为的违法性判断的成立。所以,从两者的论争中同样可以发现,"行为无价值"与"结果无价值"的理论争点仍然具有调和的余地,二者均不反对法益侵害的现实危险性,只是"法益危险"认定的判断方法有所不同,因而导致两者关注的重心不同,前者在于主体行为,后者在于客观结果。基于此,这就为我们刑法立法如何对待行为入罪化提供了具体标准,即告诫我们不能单纯把所有的行为以虚无化的危险而纳入到刑法框架之中。

2. 危害原则中预防立法的调和适用

危害原则(Harm Principle)作为英美法系行为犯罪化下不法侵害性的基本要求,同中国行为犯罪化的社会危害性以及大陆法系的法益侵犯原理一样,都强调"只有社会成员危害个人合法利益的行为出现时,违背社会基本文明准则对该行为人施加刑罚才具有正当性"。[①] 预防型犯罪立法趋势的增强,蕴含着法益保护超前化的内在原理。其实在风险刑法主义者看来,超前的法益概念也属于法益的基本范畴,只不过该种法益或者社会关系演变为一种"离危害尚有一定距离,但是依据目前侦查手段尚

---

① J. S. Mill, On Liberty, J. M. Dent & Sons Ltd. 1910, p. 73.

不易觉察的危害结果"。① 实际上,这种危害结果只是风险推进的后期阶段,由于风险的存在必将加强"行为"与"结果"的紧密联系。这一现状在结果本位理念中,无法得到应有的充分评价。基于风险社会行为的潜伏性,危害原则的"行为本位"可以纳入到现阶段科学立法的罪刑评价规则之中,实现传统社会"结果本位"与现代风险社会"行为本位"的双向并重。②

3. 被允许危险原则下过失犯的限制

在风险社会的状态走向成熟之际,一派学者认为我国刑法立法体系应当扩增过失犯的范围。如单一正犯解释下的"共同过失正犯说"③与结果回避可能性下的"过失归责说"。④ 禁止的危险是刑法规制下的犯罪行为,而被允许的危险则排除在外,如不可抗力、自我担责行为。应当明确,风险社会中的风险不同于风险刑法中的风险,后者等同于"禁止的危险"。"风险"带有中性之意,而"危险"则为贬义,危险是指向危害结果的客观状态。目前,不具有期待可能性的行为并非规范化的排除犯罪成立的行为,其仅仅停留于理论探讨阶段。但是,科学立法的罪刑评价规则应当具有包容性,即在肯定被允许危险原则或者不具有期待可能性的前提下,基于风险社会的现实需求与过失犯扩张的有限性,在刑法立法时应予以充分考量,而非单一性地扩张过失犯。

然而,在风险社会中,被允许的危险原则应当适时予以更新,掺杂的过失行为的多样性极易扩充为被允许的危险范围。诸如,面临人工智能高速发展带来的刑事风险,被允许的过失"智能风险"如何认定? 人工智能技术需要创新,但人工智能技术的事故风险不同于网络犯罪的事故风险,在智能技术风险中,机器深度学习的自主化模块调整会影响技术事故

---

① Bernard E. Harcout, The Collapse of the Harm Principle, 90 J. Crim. L. & Criminology, 1999, p. 109.

② 笔者认为,此处的传统现实社会与现代风险社会构成"双层社会"视域,传统现实社会强调现实结果的危害认定,而现代风险社会则强调行为危害状态的存在。基于此,网络虚拟空间也应当归为风险社会,并具有与风险社会行为的潜伏性、不可特定性、结果蔓延性等特性。

③ 刘明祥:《区分制理论解释共同过失犯罪之弊端及应然选择》,《中国法学》2017年第3期,第205页。

④ 谢治东:《论结果回避可能性与过失犯的归责》,《政法论坛》2017年第2期,第62—63页。

风险的范围大小和认定,这是传统的网络犯罪无可比拟的。与此相一致的是,由于风险刑法规制的广泛性,过失危险犯的范围扩张应当予以条件限制,可以借助"危险"或者"风险"的行为模型在立法规范层面建构,对其予以相对明确化的限缩。回归到被允许危险原则下过失犯的限制以及人工智能过失犯的风险认定,行为风险类型的立法区分无疑是刑法立法明确性及其完善的不二之选。

(三)限度原则:风险行为的刑法化应当符合审慎性

刑罚的苛责性促使公众内心得到道德情感的慰藉,以此维系道德观念的最低塑造。[①] 任何行为概念的范式研究都离不开从"量"到"质"的阶段性认识。刑法立法体系下的"行为量化"是实现罪责刑相适应原则的基本需求,也是人类朴素刑法价值观的规范运作。风险社会之下存在的是风险行为,对刑法立法来说关键在于哪些风险行为应纳入刑法范畴,即对多样化的风险行为予以筛选是刑法立法的首要任务。客观地说,风险社会带来的风险必然会影响刑法立法,这是毋庸置疑且已经被前期立法规范所证明了的,但是,是否把所有的风险均纳入到刑法体系之下,仍然并非不证自明的事情。需要注意的是,我们绝然不能因为刑法具有防范风险与保护法益的目标预设,就把社会演进中的所有风险行为不加区别地全部植入刑法之中。

在风险社会中,侵害后果往往很难估测与认定,再加之风险行为的繁芜多样性,行为的性质更加难以捉摸。化学污染、核辐射和转基因生物等潜在行为的衍生后果,已经超越人类的认知能力和水平。[②] 面对风险行为犯罪化立法趋势的增强,哪些风险需要上升到刑法立法之中,仍然需要理性审慎地细致考量,在必要性与比例性原则之下予以权衡与抉择。"人们的基本需要、共同的社会心理和'最低限度的道德'是严重的社会危害性的主客观相统一、事实与价值相统一的深层次累积性说明。"[③]由此可知,刑法立法必须秉持一定的谦抑态度,将"社会维护的基本需要、社会心

---

① 刘远:《刑法本体论及其展开》,中国人民公安大学出版社2007年版,第141页。
② 劳东燕:《公共政策与风险社会的刑法》,《中国社会科学》2007年第3期,第127页。
③ 马荣春:《刑法立法的正当性根基》,《中国刑事法杂志》2013年第3期,第12页。

理的普遍认同和道德层面的最低限度"作为风险行为的刑法介入标准,强化主观与客观相统一、事实与规范相统一的立法思维。

二、民生社会维度下刑法立法的民本性规则

刑法修正案的立法调整较大程度地折射出民本性的立法倾向,被称为"刑法民生与社会民声的紧密回应,法治返璞归真的刑事法"。[①] 民生社会是新型社会进程的现代标志,"以民为本"是民生刑法观的价值核心。当前我国的民生刑法观主要体现于食药安全犯罪、环境资源犯罪、公共秩序犯罪的刑事立法之中。

(一) 食药安全犯罪民生保护的刑法立法[*]

"民以食为天"表明食品安全的重要性,在"二元社会"结构日臻完善的当下,与食药安全相关的民生话语成为时代强音。[②] 中国现代法治建设要求民生刑法观念在食药安全犯罪立法中予以合理体现,并以此为宗旨优化食药安全犯罪的立法构建。结合新时代民生社会的价值蕴涵,食药安全犯罪立法的民生情怀可以从以下方面得以体现:

1. 从业禁止的刑法规制与立法完善

刑法修正案(九)新增从业禁止制度,以适应职业犯罪的新形势,对应刑罚多样性的社会需求,从预防层面起到良好的事前防范作用。但是,存在的不足之处在于,该制度究竟与哪些刑法分则上的罪名相对应仍然并不明确。食药安全犯罪作为职业性较强的经济犯罪,从业禁止制度的条款细化在此类罪名的立法模式中应当予以重视。为此,食药安全犯罪从业禁止制度作为保障民生权利的条款,应当着重考虑如下方面:

第一,性质的明确性。从业禁止制度是刑罚的变更执行方式还是新

---

① 雷小政:《民生与民声——刑事法的返璞归真》,法律出版社 2012 年版,第 4 页。

* 本部分由陈伟、熊波共同完成(包括"食药安全犯罪民生保护的刑法立法"、"环境资源犯罪刑法立法的民生转型"),相关内容已经发表于《中国社会科学报》2018 年 3 月 16 日第 5 版,在收入本书时进行了修改与调整。

② 车明珠:《民生刑法观导论》,知识产权出版社 2015 年版,第 53 页。

设的刑罚种类,总则的概括性规定并不具体、明确。因而,在刑法分则的食药安全犯罪中,可以在不违背总则条款的立法初衷下进行明晰界定。第二,期限的层次性。针对食药安全犯罪各罪行为的社会危害性程度,划分不同层次的适用期限,而并非一律适用最低期限三年,以映衬总则期限的幅度性规定。第三,范围的民本性。从业禁止制度适用的罪名范围应当予以扩展,而并非仅局限于食药安全这一类犯罪之中。对于渎职类罪名的食品监管失职罪、商检徇私舞弊罪、贪污贿赂犯罪等食药领域的职权犯罪也同样适用。第四,复权的开拓性。涉及谋生的职业种类,关乎着整个家庭的稳固与谋生方式的实施。因此,根据刑罚执行效果,有条件地创设从业禁止制度的复权条款,以此彰显刑罚民本秩序的维护与人性价值追求之间的平衡。

2. 注重行政法规与刑法之间的有序衔接

由于行为的隐蔽性以及刑事司法追究的成本效益,食药安全犯罪的遏制所达到的实际效果往往脱离预期的规划。追本溯源,主要还在于食药安全领域的行政法规与刑事法规范的严重脱节。仅仅依靠严密的刑事法网以及重刑苛责的方式寻求食药安全的"一劳永逸",仍然过于理想化。[①] 因此,在食药安全犯罪立法模式中寻求综合治理与限度规制才是不二之选。其一,填补司法实践的评价空白。针对食药监管工作中出现的介于行政法规与刑事法律调整之间的违法行为无法得到合理、应有的规范评估这一尴尬窘境,食药犯罪的刑事立法与一般的食药违法行为之间应当寻求缜密的规范衔接。其二,对接行政法律法规的附属性规定。在《食品安全法》《农产品质量安全法》等法律法规之中,诸多责任后果条款设置了"违反本法规定,构成犯罪的,依法应当追究刑事责任"的相关规定。但仔细审视食药犯罪的罪状规定,部分违法行为并没有与之对应的罪刑设定。其三,防控新型食药种类的风险。转基因食物、速冻食物、新型保健品等各类食品通常在短期内难以产生危害效应,[②]为深化风险防控,刑事立法应对接行政法律法规,彼此之间进行良好的衔接,从而让刑

---

① 舒洪水:《食品安全犯罪刑事政策:梳理、反思与重构》,《法学评论》2017年第1期,第78页。
② 邵彦铭:《食品安全犯罪治理的刑事政策研究》,中国政法大学出版社2014年版,第54—55页;舒洪水:《食品安全犯罪的罪与罚》,中国政法大学出版社2014年版,第109页。

法真正起到良好的第二道防线的功能。

3. 风险防范与刑法立法范围的适度延展

首先,契合法益类型的对应性与完整性评价。食药安全犯罪具有显著的涉众性、危害的不特定性、风险的潜藏性,因而,食药安全犯罪的法益侵害不应再侧重于"社会主义市场经济秩序的破坏性",而是应当将其法益内容定位于"公共且不特定多数人食药安全的危害性"。其次,延展行为模式的认定范围。针对不符合安全标准的食品与药品,不应仅局限于"生产、销售"这两类行为方式。尤其是在大规模生产、销售过程中,运输行为或者商标伪造行为也存在直接的作用力。① 相应的,行为主体范围也应当随之调整。最后,转变食药安全犯罪的调控模式。现阶段,我国食药安全犯罪的调控模式主要侧重于结果犯以及具体危险犯。而在台湾地区刑法典中,关于食品、金融、药物、交通等领域的抽象危险犯被视为民生刑法应对的核心。② 因而,转变食药安全犯罪的犯罪形态观念,有利于民生刑法观的最大程度保障。

(二) 环境资源犯罪刑法立法的民生转型

随着对生态资源与环境保护的日益重视,"可持续发展"成为当下新型社会的一道鲜明标签。环境刑法立法体系的转型势必是新型社会与之应对的合宜之举。在"生态法益中心论"与"人类法益中心论"的争论之下,环境犯罪立法体系的调适无法回避环境民生权益的现实探究。

1. 注重生态系统下环境与人类的和谐共处

环境空间与生态系统存在着内涵层面的差别,环境刑法的体系构建首先应当立足于立法用语的内涵。首先,应当承认环境空间与生态系统的密切关联,环境空间应当作为生态系统的循环更迭密不可分的一部分,

---

① 主要是考虑到假冒注册商标罪、销售假冒注册商标罪等商标类犯罪的起刑点较高,并且入罪的行为评价模式较为单一,而针对食品、药品的商标假冒行为,往往其在生产、销售过程中却是不特定性、涉众性危害的"隐形帮手"。因而,应当对其进行单独评价,延展食药安全犯罪领域帮助行为正犯化的新模式。以此避免附属评价(如帮助犯的罪刑适用)的滞后性、随意性以及商标类犯罪规制的无力。

② 刘伟:《风险社会语境下我国危害食品安全犯罪刑事立法的转型》,《中国刑事法杂志》2011 年第 11 期,第 30 页。

但是两者并不等同。环境概念的核心在于"人群外部的境况",表明人群外部的客观性。生态概念的本质在于"一切生物的生存状态",表明客观生存环境的关联性。[①] 由此得知,如果过于关注环境空间便会极易忽视人类与生态之间的紧密结合,而过度强调生态系统或者人类利益,则会陷入"生态法益中心论"或者"人类法益中心论"的泥潭之中。因而,生态系统的刑法立法既不能单一强化环境空间的保护,也不能过于偏执人类的发展需要,而是应当在新型环境社会中实现生态与人类的和谐有序发展,促进环境民生法益及其人本性的价值彰显。因此,环境空间和人类发展在生态系统中实现持续性平衡发展,才是环境刑法的民生立法方法的体现。否则,一味强调脱离环境空间的人类中心法益,环境刑法体系便会呈现出一种"鼠目寸光"的民生刑法观。

2. 确立人类·生态法益论的规则运行

在生态系统的刑法研究中,有两个问题体现出生态法益保护的正当性和有效性。其一,生态刑法的保护是否符合人类福利的要求;其二,生态刑法的体系运行是否符合经济利益的权衡以及"成本—收益"的分析。[②] 目前,在环境刑法立法体系之中,人类法益中心论仍占据着一定的主导地位,在评判环境空间的有序或者生态系统的平衡与否时,仍要根据环境污染是否对人类生产、生活造成了现实影响作为必要条件。然而,注重人类的现实利益未免凸显出环境刑法立法的片面性,尤其是割裂了环境与人类之间的内在关联。因而,笔者认为环境民生法益应当结合两个角度予以看待:一是环境民生的阶段性。即当下阶段的环境民生和预期阶段的环境民生,两者的综合才能较好映衬着可持续发展理念的现实性与长远性。二是环境民生的效益性。经济效益与环境效益是其最为显著的内在组成,前者注重民生发展的经济性支持,后者注重生态法益的优化与权衡。因而,构建人类·生态法益论才可以较好地结合二者,才有助于有效应对"人类法益中心论"之下环境污染的新型风险和"生态法益中心论"之下对经济民生的忽视。

---

① 焦艳鹏:《刑法生态法益论》,中国政法大学出版社 2012 年版,第 33—34 页。
② 安柯颖:《生态刑法的基本问题》,法律出版社 2014 年版,第 83 页。

3. 突显生态修复下刑法立法的宽宥化

环境犯罪刑罚立法的宽宥化对应着环境民生的修复性。环境空间的破坏以及生态系统的紊乱在环境刑罚立法方面彰显宽宥民生之际,可以得到污染结果的最小化与修复程度的最大化。2016 年两高《关于办理环境污染刑事案件适用法律若干问题的解释》第五条规定:"实施刑法第三百三十八条、第三百三十九条规定的行为,刚达到应当追究刑事责任的标准,但行为人及时采取措施、防止损失扩大、消除污染、全部赔偿损失,积极修复生态环境,且系初犯,确有悔罪表现的,可以认定为情节轻微,不起诉或者免予刑事处罚;确有必要判处刑罚的,应当从宽处罚。"尽管上述解释规定中及时采取措施后的"损失扩大的防止"、"清除污染"与"全部赔偿损失"的关系是"或"还是"且"的关系尚未明确,但是在环境犯罪中注重环境修复性的内在精神已然体现。

笔者认为,随着刑罚教育功能的实质化与预防功能的积极倡导,单纯的刑罚惩罚机能已然不能作为刑罚的全部意义所在。刑法介入需要考虑到刑罚适用之后的效益性价值,即哪些刑罚方式是有效益且可采用的,是刑罚必要性与经济性的自然要求。在此之下,刑罚不能为了便利性要求而"一视同仁",而是要针对不同的犯罪类型及其危害情形予以个别化配置。因而,针对环境犯罪的较强修复性及其公众的迫切意愿,注重危害行为发生之后的法益可恢复性的后果考察,把行为人积极恢复环境的主观愿望与后续行为整合起来,并据此而排除污染环境行为的犯罪评价,以积极调动危害环境行为人的主观能动性,也直接促进环境恢复与环境意识的增强。

(三) 公共秩序民生保护的刑法立法[①]

在社会的不断行进过程中,刑法立法的逻辑思维和调控方式均在发生相应的转变,这一变化在公共秩序犯罪中也得到了较大的体现。比如,从评价对象来看,从侧重法益的实害结果转向侧重法益的危险认定;从法

---

① 本部分由陈伟、王文娟共同完成,相关内容已经发表于《检察日报》2018 年 6 月 24 日第 3 版,在收入本书时进行了修改与调整。

益种类来看,从强化个人法益的保障转向强化公共法益和社会秩序的保障。[①] 在宪法保障自由和行为合理限度的导向下,刑法的社会公共秩序维护应当被赋予新的内涵。

1. 社会秩序与公共秩序有所区别的民生内涵

从民生概念的角度出发,民生有两层涵义界定:其一,民众的基本生存秩序和优化的生活状态。其二,民众的基本发展机会、基本发展水平和基本权益保护的境况。[②] 毋庸置疑,社会秩序的维护本身也是民生权益的保障内容,民众的基本生存秩序和最优的生活状态取决于生存空间的和谐状态及其满足,民众的基本发展机会、提升水平与权益实现是秩序平稳前提下的进一步延伸。从民生场域的角度出发,民生权益的实现离不开"社会秩序"这一大背景的依托,社会秩序包括社会模式、结构体系、社会关系,刑法立法中的"公共秩序"仅为其中的一种类型而已。[③] 鉴于此,社会秩序应当是公共秩序的上位概念,危害社会秩序的犯罪并不等同于就是危害公共秩序的犯罪,二者的差异性仍然客观存在。因而,就民生权益保护来说,社会秩序与公共秩序的民生内涵在广度和深度上应有所区别。基于此,这一差异在公共秩序犯罪的罪状立法中应当有所体现,不能把社会秩序的刑法保护完全等同于公共秩序的刑法保护。

2. 场所类型相对明确规定的民生保护

公共秩序犯罪不同于隐秘场所犯罪,前者法益侵犯的危害后果具有蔓延性和难以恢复性。另外,由于公共秩序犯罪牵涉的面较广,属于涉众型的特殊犯罪类型,因而公共秩序犯罪与民生保障之间的关系较紧密。在民生权益保障下的运行场域——"公共秩序"的界定尤为关键,公共秩序是一种社会模式的征表下"场所"运转的统一集合,之所以如此界定,主要在于公共秩序由"不特定多数人"和"开放性的场所"这两个要素构成。场所的公共性作为公共秩序犯罪认定的核心要义,这一问题的厘清有利于刑法立法规则的科学化。然而,场所具有隐性的"放大效应",

---

① 周光权:《转型时期刑法立法的思路和方法》,《中国社会科学》2016 年第 3 期,第 124 页。
② 吴忠民:《走向公正的中国社会》,山东人民出版社 2008 年版,第 311—312 页。
③ 马荣春:《刑法完善论》,群众出版社 2008 年版,第 30 页。

范围界定存在的纷争仍然客观存在,由于立法构建时的不清晰,这一诟病在扰乱公共秩序罪涵盖下的寻衅滋事罪和聚众扰乱社会秩序罪中显得尤为突出。① 因而,在立法设置时予以公共秩序的相对明确规定,仍然具有积极意义。

3. 扰乱行为方式明确列举的民生关联

之所以将聚众斗殴罪和寻衅滋事罪纳入扰乱公共秩序罪的类法益之下,主要在于两者的行为构成要素直接对接着民生权益的侵犯。刑法修正案(九)将新设的扰乱法庭秩序罪划归在"妨害司法罪"之中,而并非在"扰乱公共秩序罪"之下,笔者认为,也正是基于扰乱行为与民生关联性的考虑。罪名行为方式的列举是对构成要件行为的具体规定,该规定一旦设定,就意味着其具有法定性。在罪刑法定基本原则的指引下,司法实践应当无条件遵循。② 因此,为避免出现类似寻衅滋事罪列举的四种行为方式之间的跨度较大、缺乏密切关联性这一立法尴尬情形,笔者认为,刑法立法者在设定定罪量刑模式之际,应当结合扰乱公共秩序罪的民生关联性予以合理构建,防止社会秩序下的非常态行为一律被归为扰乱公共秩序的犯罪行为,通过立法的明确性来防范司法适用偏差的现象出现。

第三节　刑法立法的类型化表述及其提倡*

刑法条款的修订旨在填补原有立法规定上的空缺,然而过于频繁化的变动反映出我国刑法适应性的不足。精细化的刑法立法有适用统一性的追求,又能从立法层面防范罪名"口袋化"的警惕。然而,过于精细的刑

---

① 依据寻衅滋事罪的罪状描述,列举的四种行为类型所在的公共场所并未有特殊场合的限制(即使第四种"在公共场所起哄闹事,造成公共场所秩序严重混乱的"中有"公共场所"的规定,但是也没有对"公共场所"予以明示化的具体限定)。与之不同的是,聚众扰乱社会秩序罪的场所类型限定为"工作、生产、营业"和"教学、科研、医疗"。因而,两者相比较,场所具有的隐性"放大效应"则凸显出来了。

② 陈兴良:《寻衅滋事罪的法教义学形象:以起哄闹事为中心展开》,《中国法学》2015 年第 3 期,第 265 页。

* 本部分由陈伟、蔡荣共同完成,相关内容已经发表于《法制与社会发展》2018 年第 2 期,在收入本书时进行了修改与调整。

事立法破坏了刑法的安定性,限缩了司法人员的解释空间,也无法及时与司法实践中出现的多样犯罪行为相对应。刑法规范具体与抽象的辩证关系,需要我们在立法上注重类型化的立法构造,即以描述类型的本质特征为罪状表述方式,采用例示立法技术来兼顾精确性与适应性的需求,从而较好实现刑法规范的明确性与稳定性要求。

刑法类型化的提倡由来已久,从对类型概念本身的理论介绍,到如何将类型思维运用于刑事立法和刑事司法之中,类型理论的研究正在逐渐从理论铺垫走向实践运用。但让人产生疑问的是,当我们在呼吁和践行罪刑法定原则保障基本人权和限制刑罚权力、当我们还在为形式解释与实质解释的争论乐此不疲、当我们还在对刑法的"兜底条款"口诛笔伐的时候,为什么我们又要在刑法立法上提出并倡导"类型思维"? 基于上述疑问,只有立足于现有的立法规范,并对类型化改造的必要性和可行性进行深入研究,才能发现我们刑法立法当前存在的问题,并对刑法类型化如何具体落实有更加理性的认识。

一、精确主义刑法立法的现实之弊

任何部门法都没有如刑法这般强调贯彻明确性的要求。规范条文应当清楚明确清晰,使人能够确切了解行为的内容,准确分辨罪与非罪的界限。使国民能够准确预测哪些行为可能是犯罪行为、使法官能够公平地适用刑法规范,在结果上做到类似案件得到相同的处理。但构成要件也不应过度地精确,这会造成刑法适应性的不足,刑法只有保持相对的明确,才能保持适应性,做到刑事处罚边界的周延。构成要件规定的越细致,适用的范围就相对较为狭窄,不仅压缩适用者的解释空间,为了填补漏洞而将可能对刑法安定性造成破坏。回顾二十年的刑法立法进程,伴随着刑法理念的创新以及立法技术的完善,刑法规范正在走向科学立法,但变革进程的每一步都充满着危险,我国的刑事立法也在罪刑法定主义的快车道上蒙眼狂奔,正逐步从一个深渊滑向另一个深渊,从对模糊笼统的矫枉过正,走向极致精确的误区。

(一) 刑法中某些说明性条文的规定过于精细

以我国刑法中关于"国家工作人员"的规定为例。本条属于说明性法条,其详细描述了应用于其他法条的概念或类型(描述性法条),是针对构成要件要素所做的规定,本是为对"国家工作人员"这一概念进行的解释和说明而进行了特别的规定,但这反而造成了国家工作人员认定的混乱。究其根本,正是因为我国刑法给"国家工作人员"下了一个过于精细的定义。即"在国家机关、国有企事业单位、人民团体中或受委派从事公务的人员"。立法将国家工作人员的工作地点予以详细列举,而对于何为"从事公务"这一认定国家工作人员的核心要素却没有过多的描述。人们的关注点就会落在被条文所反复提及的"工作地点"之上,关注行为人所在单位的"国家属性",而忽视其职务行为的性质。随着我国经济体制改革的逐渐深入,国有控股、参股公司正逐渐成为国家企业的主要组成形式,而国有控股、参股企业的国有性质并不明显,于是引发了对国有控股企业和国有参股企业的国家工作人员如何认定的困难。而其他国家刑法一般都将国家工作人员称为公务员,而公务员的范围完全以《公务员法》的规定为准,不存在公务员的认定疑难问题。[①] 也就是说,我国对于"何为国家工作人员"的详细列举反而增加了实践中对这一要素认定的困难。

(二) 我国刑法对一些犯罪行为方式的规定过于精细

以破坏生产经营罪为例,我国刑法第 276 条规定:"由于泄愤报复或其他个人目的,毁坏机器、残害耕畜或者以其他方法破坏生产经营的……"。从条文的表述中我们可以看出,这条规定是以保护生产经营活动的稳定性和安全性作为立法目的的。但是在司法实践中,出现的破坏生产经营活动并达到起诉标准的行为远不止"毁坏机器"和"残害耕畜",尤其是在网络时代,通过"恶意注册"[②]、"恶意好评"等不正当竞争手段破坏

---

① 陈兴良:《国家出资企业国家工作人员的范围及其认定》,《法学评论》2015 年第 4 期,第 10 页。

② 高艳东:《破坏生产经营罪包括妨害业务行为》,《预防青少年犯罪研究》2016 年第 2 期,第 14 页。

网店或者网络平台的正常经营活动的行为频繁发生,具有相当的社会危害性,但刑法上并没有对相应行为的罪状表述。而学界和实践部门普遍倾向于对破坏经营罪中的"其他方法"作扩大解释以将这类行为纳入刑法评价。但难题在于无法将"恶意好评"和"恶意注册"等行为同"破坏机器、残害耕畜"作同类解释,虽然学界和实践部门普遍以目的解释论为基础来论证解释的合理性和可行性,但不免有超出法律条文文义范畴的质疑。尽管我国对破坏生产经营行为的规定详细并具体,可是"恶意注册账号"、"恶意好评"等破坏生产经营的行为依然缺乏处罚依据。显然这是对具体罪状规定得过于精细的缘故。这样过于精确的罪状描述,留给法官能动解释的空间太小,无法弥补刑法滞后性的不足。

(三) 我国刑法对某些行为主观内容的规定过于精细

比如,"为他人谋取利益"是我国刑法中受贿罪的主观违法要素之一,但是对该要件的性质和必要性,理论界和司法实践部门素来存在争议。诚然,行贿或受贿必然存在一定的权钱交易,受贿人在接受贿赂之前或之后必然要以职务行为提供给行贿人某种"利益"。这是受贿罪典型的犯罪类型。但典型也意味着存在"非典型"的情形。随着"感情投资"型受贿罪成为常见的受贿罪类型,"为他人谋取利益"成为这类犯罪司法认定的最大阻碍。而"为他人谋取利益"要件的存在,虽然能一定程度上体现出贿赂犯罪"权钱交易"的实质特征,但作为主观要件,其并不必然内含于受贿罪的行为模式之中。出于反腐现实的需要,司法机关与理论界都在事实上采取了对该要件进行实质消解的策略,这有突破罪刑法定原则的风险。[①] 所以,刑事立法上对受贿罪主观要件的描述过于精细,导致难以涵盖所有的受贿行为,而这样的刑法漏洞是通过立法方法的改进可以避免的。

因此,刑法规范既在对犯罪构成要件规定得过于精细,详细描述典型犯罪类型的具体细节,又对构成要件要素的具体细节定义过于狭窄,无法涵摄新出现的生活事实。这样的精细立法使得刑法为了应对随时可能出

---

① 李琳:《论"感情投资"型受贿罪的司法认定——兼论受贿罪"为他人谋取利益"要件之取消》,《法学论坛》2015 年第 5 期,第 101 页。

现的新情况、新类型而处于不断地修正和频繁的变动之中,是对刑法安定性和权威性的极大损害。过于详细的构成要件的描述给司法上预留的解释空间过于狭小,文义的限定使得法官在将新出现的犯罪事实嵌入构成要件时,难以通过解释保持刑法的适应性。

二、精细化刑事立法的理论再检视

我国对构成要件的规定颇为精细,对其中个别要素的定义也难以做到周延。这严重影响了我国刑事立法的科学性和协调性。但这不能简单地认为是我们立法技术不成熟,更与我国的立法理念和立法思维有着密切的联系。面对构成要件精细化带来的诸多适用上的问题,我们需要思考的是,为什么会出现如此精确具体的罪状描述呢?

(一)立法活动中的"司法者"思维

考据现如今的刑法体例,"司法解释立法化"在一片质疑声中成为我国法律漏洞填补常态化的运作模式。但当我们将立法与司法衔接的重心回归到立法上时,我们会发现,我国的刑法立法充斥着"司法者"思维。"立法论的思考是关于法律的思考,而司法论的思考是根据法律的思考。"[①]立法的任务是描述各种犯罪,将其抽象为构成要件而予以规定。立法当然要考虑司法适用的便捷,但如果过多地担心构成要件的抽象性对法官理解和适用法律造成困难,便采用详细的罗列式规范,就会使得具体事实能够符合构成要件的条件愈加苛刻,入罪的门槛相应地提高,从而限缩构成要件所涵摄的范围。同时,构成要件表述的语言越多,需要解释的内容也就越多。有限类型的罪状设计并不能保持适度的张力,而使得追求"刑法规范的精确性"的努力反而带来负作用,造成对新出现的法律的漏洞。

法律是一种一般性的规则。卢梭认为:"法律的对象永远是普遍的,

---

① 陈兴良:《立法论的思考与司法论的思考——刑法方法论之一》,《人民检察》2009 年第 21 期,第 6 页。

法律只考虑共同体以及抽象行为,而绝不考虑个别的人以及个别的行为。"①哈特认为:"只有通过一般化的行为标准,才能够在没随时发出进一步指示的情况下,让广大的人民能够理解,在某些情况发生时,我们应当做什么。"②以"司法者"思维指导立法活动,企图为司法适用便利以及追求类似案件相同对待的司法规范化目标,最终可能导致构成要件的过度精细,而影响了罪名适用的空间。在处理立法与司法的关系时,应当将立法的归立法,司法的归司法。避免对每一种社会现象或行为单独立法,这样不仅能简化刑法条文、节约立法成本,也能够提高刑事立法的预见性和适应性。

(二) 刑法立法动因的"问题意识"导向

回顾 1997 年刑法典颁布以来修正案的历程会发现,刑法修订的动因在于,刑法在实施过程中暴露出规范与事实的不对称。作为社会治理的重要一环,刑事法实践中产生的问题很大程度上被认为是立法设计存在问题。③ 立法者的逻辑在于,刑法的立法缺陷造成了一定的社会影响,可能引发对刑法公平性的信任危机,于是就需要进行新一轮立法修订予以完善。问题导向的立法启动模式,体现在"对一些社会危害严重,人民群众反响强烈"的行为的刑法关注,足以体现对公民权益的保护。立法者对社会治理问题的关注是导致近年来我国刑事立法的修改也充斥着"问题意识"的价值导向,即功利性地希望直接通过立法修订解决已然出现的问题,过度放大刑法的社会治理功能。这造成了立法修改中的两个趋势:一是,以对新出现犯罪类型的经验性的总结进行罪状描述,缺乏对犯罪类型可能的、前瞻性的预测与归纳;二是,当今社会的迅速变革,新的犯罪类型和法律适用问题层出不穷,问题意识指导下频繁进行的刑事立法活动,使得刑法成为一系列为对付一时性变故而制定的特定措施,它缺乏逻辑

---

① [法]卢梭:《社会契约论》,何兆武译,商务印书馆 1982 年版,第 50 页。
② [英]哈特:《法律的概念》,许家馨、李冠宜译,法律出版社 2006 年版,第 119 页。
③ 陈瑞华:《论法学研究方法》,法律出版社 2017 年版,第 335 页。

上的自洽性和连续性。[①]

　　以"危险驾驶罪"的设立为例。一方面,为了严惩"飙车"和"酒后驾车"行为,这是立法者面对社会现实产生的"问题意识",与此相对应,刑法修正案(八)新增了危险驾驶罪。盲目的罪名增设忽略了罪名体系的协调性,罪名之间的冲突可能导致罪刑不均衡。当追逐竞驶或者醉酒驾车的行为所导致的危险足够具体、现实但尚未造成严重后果时,原本可以依据刑法第 114 条以危险方法危害公共安全罪加以规制,反而在因为有了针对专门行为的专门规定,而造成原本能按重罪处理的行为只得认定为轻罪。另一方面,对危险驾驶罪罪状规定得过于细致,缺乏对危险驾驶行为抽象性的概括归纳,造成危险驾驶罪的行为方式过于狭隘。危险驾驶罪入罪之后,在刑法修正案(九)中又加入了"校车业务或者旅客运输"和"运输危险化学品"两种危险驾驶行为,易让人对危险驾驶罪"立法口袋化"产生警觉。这样的单纯列举并且细致的罪状描述,当出现新的值得刑法处罚的危险驾驶行为时,只能通过立法修订将其纳入犯罪圈之中,导致危险驾驶罪处于不断的变动之中。

(三) 立法语言选用的口语化

　　"法律漏洞指的是法律规则和标准旨在涵盖或者解决所有实际的、可能的问题或纠纷这样的目的是失败的。"[②]法律漏洞是立法理想状态与立法现实的落差,法律漏洞的产生可能是语言相对模糊性对法律规范的理解偏差,也可能是立法者预测能力不足而造成的相对无知。这些法律漏洞的产生不可避免。但我们在思考法律漏洞不可避免的同时,也应当警惕人为制造的法律漏洞。"立法是一种准确地贯彻立法意图,熟练地驾驭语言文字,以最精确合理的形式将法律内容表达出来的技艺。"[③]而立法语言选择的不严谨会造成人为制造的法律漏洞。

　　比如,"扒窃"自刑法修正案(八)入刑以来,"贴身说"还是"近身说"一

[①] 〔美〕E. 博登海默:《法理学——法哲学及其方法》,邓正来译,中国政法大学出版社 2004 年版,第 239 页。
[②] 〔英〕布莱恩·H. 比克斯:《牛津法律理论词典》,邱昭继译,法律出版社 2007 年版,第 158 页。
[③] 刘作翔:《迈向民主与法治的国度》,山东人民出版社 1999 年版,第 94 页。

直争论不休,最高法和最高检对相关司法解释的解读也并不完全一致。"扒窃行为"对象认定标准混乱的原因就在于,在刑法及其司法解释能够涵盖"扒窃"这一盗窃行为的情况下,刑事立法又增加了一个扒窃类的犯罪类型。[①] 扒窃入刑这一"画蛇添足"式的精细化操作,因为对立法语言表达的口语化造成了对扒窃的司法认定的冲突。立法的精髓,在于条理分明地组合事实,准确严密地分析事实,而普通语言又全然缺乏所需要的术语来明确显示对立法者至关紧要的罪状描述。[②] 即是说,由于立法过程中对罪状设计精细化的过度追求导致立法语言的通俗化。立法语言应具有其显著的风格和特征,庄重严肃。而庄严性要求多用书面用语、法言法语和规范化用语。[③] 于是,立法者为了具体地描述犯罪类型,忽略了对法律语言严谨性的把握,而人为地制造了不应有的法律漏洞。

(四) 技术上对"口袋罪"风险的警惕

刑事法活动中,罪刑法定原则日渐深入人心,对口袋罪的反思则时刻引起人们对构成要件行为开放性的警觉。对可能过于模糊性、概括性的刑法规定在立法上予以严格的限制。另外,伴随着德日刑法理论的引入,我国的刑法研究朝着精确化方向发展。"最精确的刑法只能来自最精确的刑法学,因为刑法学是研究和构造刑法领域的思维方式的,刑法的条文乃至刑法典不过是这种思维方式的结晶……"[④]刑法理论研究的精确化变革带来的是对刑法规范愈加精细的要求,构成要件的开放性与罪刑法定原则的冲突关系在封闭式刑法体系的要求下愈加紧张。即使兜底条款与罪名的"口袋化"并无必然的联系,但依然提升了成为口袋罪的风险。因此,在对构成要件明确性苛求的法治环境下,晚近的立法修改已经很难再见到兜底性条款的出现,立法者在对兜底性条款这一有效协调刑法稳定性与社会多变性冲突的立法技术的使用上慎之又慎,兜底的行为方法

---

① 陈丽萍:《扒窃行为是否应当入罪存争议》,《法制日报》2011 年 1 月 7 日,第 3 版。
② 周旺生:《立法学》,法制出版社 2009 年版,第 486 页。
③ 李振宇:《法律语言学初探》,法律出版社 1998 年版,第 9 页。
④ 王世洲:《刑法学是最精确的法学》,[德]克劳斯·罗克辛:《德国刑法学总论》(第 1 卷),王世洲译,法律出版社 2005 年版,第 1 页。

偶有设立,但兜底性罪名和兜底性行为方式的规定则鲜有涉及。

相反,为了体现罪刑法定原则的明确性要求,更多地采用列举式的方法来详细列出可能存在的行为方式,刑法规定看似内容清晰,界限分明。但由于列举的构成要件概念分离,内容封闭,能给司法者留下的解释空间极为有限,使得司法者只能以破坏法律确定性的方法来解释法律。再则,刑法本应简洁精炼,但列举的不完全性损害着刑法罪名体系的协调性以及简洁性。分则中逐渐臃肿的罪名体系正是过于精细的刑法立法所导致的必然结果。经历数次修改的刑法变得冗长琐碎,分则罪名体系协调性不足,影响刑法的理解和遵守,不便于查找和适用。

三、类型化刑法立法的理论再提倡

对绝对罪刑法定主义的矫枉过正导致了刑法规定的过于精细,由此带来了解释空间不足、刑法变动频繁、体系臃肿冗长等弊端。但对于精细化的纠偏又不能罔顾明确性的具体要求,而重回二十年前粗疏的刑事立法的时代。那么,刑法应如何在安定性与适应性中保持平衡?刑法应当怎样在概念逻辑的体系性与立法语言的模糊性之间精确表达?刑法应以何种方式在抽象的规范事实与具体的生活事实之间寻求安身?刑法应当简洁精炼还是细致入微?笔者认为,对刑法立法的类型化改造,将是破解刑法构成要件在具体与抽象之间辩证难题的关键。

(一) 构成要件与类型特征相互契合

立法者的任务是形成法律,"将大量彼此不同,而且本身极度复杂的生活事件,以明了的方式予以归类,用清晰易辨的要素加以描述,并赋予在法律意义上相同者同样的法律效果,此正是立法的任务所在。"[①]然而,我们如何挑选生活事实将其上升至法律规范?或者说,生活事实将以一种怎样的形态表述在法律规范之中?要想完成从生活事实到法律规范的跳跃,就需要找到二者之间的内在关系,而这一种探索就是立法活动最为

---

① [德]卡尔·拉伦茨:《法学方法论》,陈爱娥译,商务印书馆 2003 年版,第 332 页。

关键的环节。我们不能将法律理念寄托于抽象而空洞的法律概念中,封闭的概念定义是对刑法适应性最大的否定。相反,为了发现具体事实中具有法律评价价值的要素,我们必须回溯到某些直观的事物,即有关的具体生活事实。但生活事实的细节也同样过于繁琐和散漫,"必须在以抽象方式规定的构成要件中反映出生活事实的本质,才能将规范事实与现实具体相联系。"①对生活事实本质的把握,并将反映其本质的行为特征规范化为犯罪的构成要件,才能架构其规范与事实之间互通的桥梁。

问题的关键在于,立法稳定性要求法律能够在一定时期内适应生活变化的能力。从生活事实的变化规律来看,社会的发展是现实而具体的,新型犯罪的出现与社会发展具有依附性,不可能凭空出现某种新型的犯罪行为。任何新型犯罪类型的出现总是或多或少地与旧有的犯罪类型之间存在联系。尽管某种新型的犯罪或多或少地在某些方面与传统犯罪不同,但它也同样与传统犯罪存在某些方面的一致性,而立法者的任务就是找寻这种关联性。法律形成就是将刑法规范与具体事实相互调适的过程。而规范与事实之间的关系并不是一一对应的,一个规范事实涵摄了大量的具体事实。而规范事实能够涵摄大量具体事实的前提是,现实存在的具体事实之间存在着一致性与差异性。② 缺乏差异性,事物之间就缺乏可比较性,只是同一事物的不断重复。过于精确的构成要件表述试图在形式上做到一致性,是有违认识论的基本常识的。相反,如果没有一致性,具体事实之间就不具备可比较性,刑法规范就要对所有可能发生的每一件事实进行规定,这是立法所不可能完成的任务。而我国过于精确的立法规定正在进行这样的"尝试",犯罪的规定愈加个别和具体,过于具体精细的犯罪描述总是同新出现的生活事实之间缺乏一致性,只能通过一次次的刑法修订将新出现的犯罪类型再次写入刑法之中。

但形式的相同性并不存在,它只存在于数理逻辑之中。社会生活多样的表现形态证明,形式上的差异性是难以避免的,对具体事实的归类只能将事物本质上的一致性作为参考。因此,规范事实和生活事实本质的

---

① [德]亚图·考夫曼:《类推与"事物本质"——兼论类型理论》,吴从周译,学林文化事业有限公司 1999 年版,第 23 页。
② 同上书,第 42 页。

一致性是将具体事实上升到行为规范的标准和依据。事物本质是事物内在不变的、可以成为其辨认特征的固有属性。其并不是个别或偶然的现实存在，而是会重复发生的、特有的内容。刑法对犯罪行为的规定，是以构成要件的形式体现的。而构成要件的定型化机能正是通过对反映某一犯罪类型共性的本质的把握而获得的。"构成要件是从犯罪类型中推导出来的，而每一种犯罪类型都具有各自的构成要素，正是这些构成要素决定着犯罪类型的特征。"①构成要件在刑法上的意义在于，其不是简单地对具体事实经验上的总结，而在于对具有法律意义要素的提炼。应当选择能够反映事物本质（类型共性）的要素来组成构成要件，而行为的外在形式上可以有所不同。"构成要件是犯罪的主导，构成要件既不和犯罪类型同一，也不是它的一部分，但却是犯罪类型作为逻辑上的先导并指示其方向。"②从具体事实上升到法律规范、从外在的差异性到本质的一致性，立法上的构成要件就应当是介于同一性与矛盾性、法律规范与生活事实之间的中间点。

对于"类型"的概念，中外学者并没有一个明确的定义，只是作为对概念所固有的封闭性和僵直性的否定而提出的一种新型思维方式。"刑法类型化思维具有具体性、开放性与过渡性的思维特征，以更好地解决刑法问题的刑法中间思维或刑法混合思维。"③类型思维的混合特征可以从中外学者对"类型"特征的描述中表现出来："类型是建立在一般及特别间的中间高度，是规范正义与实质正义的中间。是现象的规范及理念的样式。较理念更直观且丰富，而较现象更具有持续性和可比较性。"④"类型同样作为抽象概念与个别案件之间的中间点，与个别事物相适应同时又超越个别事物的'观念的形象'。"⑤"类型化的思考既是对抽象概念的进一步演绎，同时还是对具体事实的进一步抽象。"⑥从上述对类型特征的描述可以看出，类型是介乎具体事实与抽象概念之间的中间项，较之概念它不

① 陈兴良、周光权：《刑法学的现代展开Ⅱ》，中国人民大学出版社 2015 年版，第 195 页。
② ［日］泷川幸辰：《犯罪论序说》，王泰译，中国人民公安大学出版社 2004 年版，第 5 页。
③ 马荣春：《刑法类型化思维的概念与边界》，《政治与法律》2014 年第 1 期，第 109 页。
④ ［德］亚图·考夫曼：《法律哲学》，刘幸义译，法制出版社 2011 年版，第 148 页。
⑤ 张明楷：《刑事立法的发展方向》，《中国法学》2006 年第 4 期，第 20 页。
⑥ 杜宇：《再论刑法上之"类型化"思维》，《法制与社会发展》2005 年第 6 期，第 106 页。

是非此即彼的界限分明,而具有程度性;较之具体事实它又不是一次性出现,而是能够重复界定不同事物的。因此,类型是具体与抽象的中间点,具有中间性特征。

与不明确的中间形态不同的是,"类型所具有的重要意义便是'完全形态或标准形态。'"①当我们在描述一个行为类型的时候,"在一个概念中,出现了至少一个可区分等级的要素。"②这个要素以外的其他要素仅为组成这个概念的必要条件而非充要条件。类型的层级性和非充分性说明类型具有开放性,而对开放性类型的把握就在于,对类型的开放性决定了"能否归于类型并不需要外部特征的完全相同,而是要回溯到规范类型背后的评价性观点,回溯到类型的意义核心,回溯到事物本质"。③"一般而言,只有本质相同的事物才能将其归入一个类型,而形式上相同但实质上相异的事物就不属于一个类型,也不能将其归入一个类型,否则,就不能准确地把握事物的本质。"④类型对概念具体化的标准即是对事物本质的把握,事物的本质是指向类型的。

综上所述,构成要件是规范与生活事实的中间点,而类型是概念与具体的中间点,构成要件与类型都具有混合性的特征,构成要件与类型存在天然的内在契合。因此,法律规范与具体事实之间的联系在于,法定构成要件是类型化的具体事实。"每个法定的构成要件都表现为一个类型。"⑤作为法律规范,其通过对构成要件的规定,使得人们能够据此将具体发生的案件事实抽象为具有法律评价意义的规范事实;而生活事实,通过对类似行为归纳总结,模型化和图像式的构建,提炼出具有法律意义的部分事实作为构成要件。我们将这样法律规范与具体事实之间的联系称之为类型化。因此,我们应当以"类型思维"来指导刑事立法,实现对过于

---

① 转引自赵春玉:《罪刑法定的路径选择与方法保障——以刑法中的类型思维为中心》,《现代法学》2014年第3期,第116页。

② 〔德〕英格博格:《法律思维小课堂》,蔡圣伟译,北京大学出版社2011年版,第25页。

③ 齐文远、苏彩霞:《刑法中类型思维之提倡》,《法律科学》2010年第1期,第69页。

④ 吴学斌:《刑法思维之变革:从概念思维到类型思维——以刑法的适用为视角》,《法商研究》2006年第6期,第142页。

⑤ 〔德〕恩斯特·贝林:《构成要件理论》,王安异译,中国人民公安大学出版社2006年版,第5页。

精确的罪状表述的类型化重构,从而实现科学立法。

(二) 类型思维是事物本质的思维方式

概念思维下形成的犯罪构成要件,被概念所组成的构成要件的适用是形式上的,只需要判断具体事实具备构成要件中概念所描述的全部特征。[①] 而"类型化"的本质在于:它是从"事物本质"来进行描述犯罪类型的,其形式边界的外延是模糊的。抽象概念的外延越宽,则内涵越少,其由法规范所能调整的内容也就越少。概念试图完全列举事物的充要特征,以囊括所有的同类事物,但这样的高度抽象,不仅仅忽略了具体事实的个别特征,也同样可能忽略其中具有法律重要意义的个别特征,因为对概念要素的过分夸大,以及对充要性的过度追求,使得构成要件过于抽象,而无法与正在发生或新出现的生活事实相结合。一旦犯罪事实之中涉及的概念要素发生变化,缺乏程度思维和层次递进,法官只能将其排除在刑法之外;而另一方面,概念要素选取的不科学,过分重视形式要素而对实质要素归纳得不充分;或者过于重视实质要素而对形式要素过于宽松。"非此即彼"的区分本身就是概念的核心功能。由于缺乏"缓冲"的程度思维,前者可能造成内涵具体事实的单一(而这与概念本身的目的相冲突),后者可能造成对罪刑法定原则的破坏。

类型思考进展的第一步与抽象化思考并无不同:"从有关的具体事物中抽象出一般特征,并概念化。"类型处于具体事实与抽象概念两者之间,它比概念更具体。这里具体指的是,"类型并希望得出一个确定的定义,它更像是在描述一个现象。"[②]概念之间是非此即彼的关系,而同一类型上的规范事实可能存在着或多或少这种程度上的差异,而这种程度上存在差异的事实共同构成了某个类型。我们对这个现象的理解是一目了然的,知道这个描述的所指,即使具体到每个生活事实可能存在细节上的不同。很明显的一个例子是"持有"的概念,这个概念从现行刑法典颁布以来,被重新定义及修正过无数次,但仍未找到一个足以详尽地切中它所意

---

① 齐文远、苏彩霞:《刑法中类型思维之提倡》,《法律科学》2010 年第 1 期,第 69 页。
② [德]卡尔·拉伦茨:《法学方法论》,陈爱娥译,商务印书馆 2003 年版,第 338 页。

涵的类型及其定义。我们对持有在刑法上的规定,并没有给予其一个精确的定义,需要法官在法律适用过程中推论出来。纠结于持有究竟是作为还是不作为,这是概念定义的典型思维路径,但这样的区分是不必要的。持有作为一种犯罪类型的存在,其只需要提供一个适宜推论的前提,并不是要给出一个定义从而不加价值评判而可直接套用。持有的"本质"内容一直是明确的,即行为人对物的实力支配。构成要件只是对这一犯罪类型典型特征的描述,但在形式和程度上,类型始终保持着开放性。这一点使其优于概念的封闭性,同时也使得刑法能够掌握生活事实的多变形态,保持刑法的稳定性。具体的生活事实可以以不同的形态来展现某一种犯罪类型的典型特征,即使欠缺其中某一要素,也不影响将其纳入某一种犯罪类型之中。

(三) 类型改造破解刑法明确性的辩证难题

构成要件的类型化是否真的能在刑法理论上得以成立,最关键的在于如何处理与罪刑法定原则,尤其是其中的明确性原则的关系。明确性原则处理的是法律规范中具体与抽象的辩证关系,要避免走向高度概括和过度精确两个极端,而处在一般性和普遍性中间的类型,与相对明确性完美契合。

首先,在理论层面,构成要件的类型化改造难题在于:"类型结构固然是一个开放结构,而其为追寻规范与生活事实的对应,明显地暴露出类型模糊性与不稳定性,从而丧失其存在的界限。"[1]界限的流变、形式内容的不周延,这些类型性的显著特征总是难以逃避罪刑法定原则的诘问。"类型范畴的普遍存在使构成要件无法发挥界定处罚范围的功能。"[2]刑法的明确性原则要求,进行罪状的描述应当尽可能地实现刑法条文语言含义的明确性。但同时我们应该认识到,法律所调整的生活事实的无限性与法律条文的有限性之间的固有矛盾,必将使得成文法规范包含一般性、普遍性的评价标准。

---

① 徐育安:《刑法上类推禁止之生与死》,元照出版公司 1998 年版,第 98 页。
② 王昭振:《类型思维:刑法中规范构成要件要素存在的法理根据》,《法制与社会发展》2009 年第 1 期,第 145 页。

　　基于此而主张的相对法定主义,则否定了绝对明确的法律规范的要求,允许一些规范性要素和开放性构成要件的存在。而这为我国刑法立法上犯罪构成要件的类型化改造铺垫了理论基础。但现代罪刑法定原则不再是机械的,构成要件也不再苛求繁琐具体或偏执于简单抽象,而是相对形成了既有明确性又有模糊性的开放的构成要件。[1] 类型化在程度上和形式上有一定意义的开放性,而其对"事物本质"核心内容的描述是对人们的生活实践的一种归纳与总结,"故一般人的标准也使构成要件作为开放性的类型结构与罪刑法定主义并不存在实质上的冲突。"[2]我国部分犯罪的构成要件规定得过于细致,就是出于对过去粗疏刑事立法指导思想的矫枉过正,而走向了绝对的法定主义,这是我国刑事立法力求科学化的进程中所应当避免的。

　　其次,在法律适用上,坚持严格的罪刑法定主义,将行为成立犯罪的具体的、个别的条件在刑法典中予以明确规定,是我国刑法体系建立初期,司法者自觉合理地适用法律能力不足,为了避免罪刑擅断,在刑法立法上采取相对精确的罪状表述。但是,刑法规定明确清晰时,其解释和适用的空间便具体而有限,当出现新的具有更大社会危害性的行为时,法官难以通过解释将其涵括在现有的刑法之中,这就使得明确的刑法规范频繁地进行修改成为一种常态。[3] 对立法的明确性只能是一种相对的要求,实现刑法的明确性是刑法立法和刑事司法共同的任务。而在这过程中,立法需要做的就是使得制定法比立法者"更聪明"从制定法中可以解读出立法者根本没有预见的事实。法律的安定性本身就是正义的一种属性,法律时常变动,尤其是简单地增加行为模式的修改,是在遵守罪刑法定原则形式要求的外壳下进行的任意归罪。而立法者再三地、频繁地进行这样的立法修改,其带来的危害程度甚至比法官类推适用刑法更为严重。

　　因此,为了司法适用的便利和统一而加重立法负担,忽略法官进行法律解释的能动机能,不仅导致刑法体系繁杂臃肿,而且助长法官不去能动

① 刘艳红:《刑法类型化概念与法治国原则之哲理》,《比较法研究》2003 年 3 期,第 34 页。
② 马荣春:《刑法类型化思维:一种"基本的"刑法方法论》,《法治研究》2013 年 12 期,第 82 页。
③ 张建军:《刑法中不明确概念类型化研究》,法律出版社 2016 年版,第 109 页。

地阐释法律的惰性,使其成为"判决的自动售货机"。法律是对过去事实的总结,但却要适用于未来。因此,刑法从它被制定出来的那一刻就落伍了。甚至说,当我们用法律把构成要件固定下来的那一刻,我们就有发生错误的危险。而如何让生而"滞后"的刑法规范跟上社会变迁的步伐,实现法的适应性与安定性之间的平衡就需要进行法律解释。构成要件的类型化所具有的开放性就是立法的留白,为司法者提供了解释的空间,当结合其裁判经验予以填补。

(四) 类型化是立法技术与实践沟通的桥梁

类型是无法被定义,只能被描述的。而立法的成功与失败,端赖立法者能否正确地掌握"类型"。[①] 对类型的把握就在于对类似行为事物本质的抽象与归纳。相比对具体事实详尽描述的构成要件,类型化的构成要件具有一定的抽象性。在立法技术上,刑法类型化的支持者主张在立法技术上采取例示法描述犯罪类型。立法者只能例示性地描述类型,对具体案件的把握交给法官。而这样抽象性的刑法规定和兜底条款的广泛应用,是否又使得某些罪名可能有沦为"口袋罪"的危险呢?笔者认为,一方面,对刑法精细化的否定,反对的仅仅是对行为过于精细的描述而限缩了其所能反映的具体事实,造成法律漏洞。"一种徒有其表的清晰可能比一种诚实的、开放性的模糊更为有害。"[②]以类型思维指导的例示法的采用,是秉持"内涵清晰而边界开放"的类型思维。通过列举,尽可能精确地描述行为类型,对构成要件要素的提炼选取能够反映事物本质属性的要素进行归纳和总结,而不是简单地对生活事实细节的概括列举。另一方面,口袋罪现象的日益严重,并不能归咎于"例示法"这一立法技术本身。口袋罪实质上是被司法机关滥用的特定罪名,而兜底性条款实质上是对特定罪名罪状中的描述。[③] 虽然口袋罪的出现多是以兜底性条款为规范依据的,但主要是源于司法者在兜底性

---

① [德]亚图·考夫曼:《类推与"事物本质"——兼论类型理论》,吴从周译,学林文化事业有限公司 1999 年版,第 42 页。

② [美]富勒:《法律的道德性》,郑戈译,商务印书馆 2005 年版,第 76 页。

③ 于志刚:《口袋罪的时代变迁、当前乱象与消减思路》,《法学家》2013 年第 3 期,第 70 页。

条款本身的含义范围外进行类推适用,超越兜底性条款的字面含义进行解释,口袋罪是司法上任意归罪的产物,不能以存在"口袋"的危险为由而否认一般性规范的价值功能。

以对破坏生产经营罪的类型化改造为例。刑法第 275 条对破坏生产经营罪的行为规定得过于具体、详细,体现了刑法明确性的优点,但也造成谨慎拘泥以及与实际生活脱节的结果。虽然有"其他方法"作为兜底性条款防止可能存在的遗漏,但严格的同类解释要求,很难在现有的文义范围内涵盖"恶意好评"等在网络时代新型的破坏生产经营的行为。因此,借鉴日本刑法中妨害业务罪的相关内容,将行为方法类型化表述为:"使用诡计或威力妨害"。[①] 其内容的适应性和包容性将大大增加。可以看出,其类型化的标准抓住了妨害业务行为具有欺骗性和暴力性这两个反映事物本质的特征,而不仅仅局限于对具体行为方式的描述。进行类型化改造之后,"恶意注册"和"恶意好评"等在网络空间破坏生产经营的行为,就轻松地纳入了破坏生产经营罪予以规制,刑法规定与新兴的网络犯罪无缝对接,刑法的稳定性和权威性得以彰显。

我们不应当将立法的频繁修订归咎于社会现实的急剧变化,原因在于新型犯罪的出现并不是超越之前犯罪类型而原创性地产生的,实际上,其只是外在形式上同新的社会技术和社会现象相结合而已。刑法立法不应为了实现社会治理而追着新出现的犯罪形式进行盲目的、频繁的修订。刑法规范不可能针对所有具体的犯罪行为进行立法,频繁地立法修改看似时刻关注社会变化,但其实是以刑法的权威性为代价的,使得普通民众正逐渐失去对刑法的敬畏。我们应当将目光从犯罪现象回溯到刑法规范本身,审视我国刑法规范本身规定得过于精细而导致的适应性不足的弊端。通过对刑法规范的类型化改造,在安定性与适应性之间寻求一种平衡状态,并贯彻相对法定主义的现代法治精神,做到在具体与抽象之间辩证看待。笔者相信,通过立法技术的灵活运用与刑事司法的协同配合,刑法立法一定能在立法观念与立法技术的双向度重构的基础之上最终实现科学立法。

---

① ［日］西田典之:《日本刑法各论》,王昭武、刘明祥译,法律出版社 2012 年版,第 124 页。

第四节　本章小结

　　规范与事实具有显著的差异性：规范是静态的，事实是变动的；规范是抽象的，事实是具体的；规范是单一的，事实是无穷的。规范与事实之间的非一致性，导致立法者用心编撰的刑法条文，总是会落后于现实所需，甚至从严格意义上可以说，刑法典从它颁布施行的那一刻起，就已经是"旧法"了。规范与事实的不对应性作为一种客观实在，严重影响着刑法立法的科学化进程，从而引发了对刑法立法方法的不断思考。因此，协调规范与事实之间的适应关系是刑法立法方法构建的价值目标。规范与事实的分立自然需要适于规范的立法方法和适于应对事实变动的立法方法，为此，刑法立法需要在此方面予以努力。

　　本章首先对受贿罪的立法修订进行了一番考察，并对未来立法的完善方向进行了展望。除此之外，本章分别从事实层面和规范层面探讨了立法方法的构建模式，以实现规范与事实之间尽可能的彼此适应。在事实层面，面对当前"风险入侵"、"民生稀释"等客观现实展现出来的类型样态，分别从风险社会与民生社会的维度探讨了刑法规范具体的构建规则。在规范层面，面对刑法立法精细化趋势所造成的刑法适应性不足的弊端，提出"立法类型化"作为刑法规范表达的未来发展方向。笔者认为，通过事实层面的具体规则和规范层面的方法论指引，能够较好实现规范和事实之间的协调，通过合理的刑法立法方法而有益促进刑法规范的科学构建。

第十章

人工智能刑法立法的理论逻辑与制度规划①

第一节　人工智能风险刑法立法的研究现状

　　目前,"涉人工智能体刑事责任独立化"②与"人工智能刑事归责既定化"③已然形成两派争锋相对的鲜明观点。人工智能技术引发的风险具有内生性、共生性,其中,风险体系的一部分源于人类对高品质生活的需要和渴求;另一部分源于科技本身掺杂着诸多不确定性和异质性。在这一背景下,"涉人工智能体刑事责任独立化"的支持学者极易忽视现实发

---

① 本章内容由陈伟、熊波共同完成,相关内容已经发表于《学术界》2018 年第 9 期,在收入本书时进行了修改与调整。

② 如部分学者认为:"发展到一定阶段的智能机器人可能超越程序的设计和编制范围,按照自主的意识和意志实施犯罪行为,因而完全可能成为行为主体而承担刑事责任。"参见刘宪权、胡荷佳:《论人工智能时代智能机器人的刑事责任能力》,《法学》2018 年第 1 期,第 40 页。类似论述还可见刘宪权:《人工智能时代的"内忧""外患"与刑事责任》,《东方法学》2018 年第 1 期,第 134 页。

③ 持有该种观点的学者认为,考虑到人工智能的行为危害与人类自由意志行为密切相关,且对其施加刑罚不具备可行性,进而认为"人工智能独立承担刑事责任不具有理论自洽性"。而对于人工智能可能产生的威胁所做的刑法对策,"应当根源于刑法的基本理论。仅从伦理的角度高瞻远瞩,尽早确立严格的 AI 研发、生产技术伦理规则和法律标准,保障 AI 技术和产品的人类可控性。"由此可知,该观点虽然认清人工智能刑事风险可根源于现有的刑法基本理论,但与此同时,其认为并非需要更改现有的刑法立法,仅从人工智能的伦理规则和技术标准进行人类的支配和控制即可。参见储陈城:《人工智能可否成为刑事责任主体》,《检察日报》2018 年 4 月 19 日,第 3 版。

展的客观需求,将主观臆造的虚幻风险带入刑事归责理论和刑事立法体系之中,造成司法处断与实践依据的整体崩塌;"人工智能刑事归责既定化"的支持学者对现行刑事立法过于自信,从而面对科技犯罪类型的刑法立法混杂化和智能技术迅猛发展背景下刑法立法的滞后化,却一直岿然而伺、无动于衷。"智能时代是人类社会生产力发展的自然产物,它不断满足着人类生活的实际需要并迅猛地发展着。"①因而,人工智能风险应当始终被定位为一种"人工"之下智能化创造的产物类型,并据此对人工智能风险进行刑事归责。依据客观实际的阶段情形,人工智能风险主要存留于智能技术的"研发监管、制造销售、使用管理"的三个阶段。

反思现行刑法立法对待科技犯罪问题的治理,则一直存在着科技风险混杂化的尴尬处境。目前学者的探究仍立足于网络犯罪整体趋势,予以对待人工智能机器犯罪。② 然而,网络犯罪仅为科技犯罪的一种类型划分,互联网时代,无论是 PC 互联网还是移动互联网,大家更多关注的是软件层面的行为危害。因而,网络犯罪立法更多为软件技术犯罪。但是在人工智能时代,技术发明更多关注的是软件和人脑的结合创新。

诚如百度创始人、董事长兼 CEO 李彦宏所言:"'闷头憨软件'的时代已经成为历史。移动互联网时代已经结束,人工智能时代已经来临。"③"人机的交互性"作为人工智能时代的显著标签,其表明算法歧视数据的形成和输入模式、危害行为操作过程以及法益侵害结果的发展,完全能够形成人机一体化。因而,在既有的刑事归责理论范围内,科技刑法立法应当将目标从网络技术犯罪类型的局部性治理,转向并聚焦于"人工"支配下的智能科技刑事风险阶段化的类型治理。在理清网络技术犯罪和智能科技犯罪之间的关联和区别的前提下,依据人工智能刑事风险阶段的类

---

① 余来文等:《智能革命:人工智能、万物互联与数据应用》,经济管理出版社 2017 年版,第 25 页。
② 如有观点认为"计算机技术的发展和互联网的普及又将人类带入了信息时代,特别是移动互联网、智能终端、社交网络、大数据、云计算等新一代信息技术的产生和推广,更使人类的生产、生活和交互的范式发生了天翻地覆的变化",进而依据此,科技发展、治理挑战与刑法变革的主要理由在于网络空间的虚拟性和网络犯罪行为模式的双层空间性。参见叶良芳:《科技发展、治理挑战与刑法变革》,《法律科学》2018 年第 1 期,第 100 页。
③ 余来文等:《智能革命:人工智能、万物互联与数据应用》,经济管理出版社 2017 年版,第 1 页。

型化分析,适时调整刑事立法体系的发展方向。

"人机交互性"作为人工智能技术的显著特质,是基于智能技术的现实和理论逻辑层面的双重考量,其旨在揭示人工智能犯罪在算法歧视数据的形成和输入、危害行为操作以及法益侵害结果的发展过程中形成的人机一体化模式。人工智能犯罪行为的发生与结果发展的进程具有隐蔽性、间隔性,结果的形态固定也并非如同网络犯罪一样具备瞬时性。因而,刑法立法应当重新构造一种"科技犯罪"的上位概念,取代网络犯罪这一"大杂烩"体系,以此形成"计算机系统犯罪——信息网络犯罪——人工智能犯罪"三位一体的科技犯罪规制模式。目前,学界存在的"涉人工智能体刑事责任独立化"与"人工智能刑事归责既定化"两种观点均背离现实的发展境况与科技社会的技术性法律共治理念,明确人工智能风险应当是"人工"之下智能化行为与结果的支配表现。在此基础上,依据刑法类型化思维,抽象人工智能技术发展在不同阶段的同质犯罪行为,继而相应地设置人工智能犯罪的立法规制模式。[1]

第二节 人工智能风险刑法立法的现实逻辑

虽然在许多任务上,人工智能都取得了匹敌甚至超越人类的结果。但将人工智能风险归为某种机器或者产品的物质本身,其瓶颈还是非常明显的。比如计算机视觉方面,存在的自然条件的影响(如光线遮挡等)、主体的识别判断问题(如从一般结构复杂的图片中难以找到关注重点);语音技术方面,存在的特定场合的噪音问题(如在车载、家居环境中)、远场识别问题、与物理世界缺乏对应问题(如常识和经验的缺乏)。[2] 而这一切问题的根源就在于人工智能仅是"人工"之下现实环境或事物的智能化分析和运用,也是"人机交互性"特质的反映。人脑思维支配和控制的

[1] 陈伟、熊波:《人工智能刑事风险的治理逻辑与刑法转向——基于人工智能犯罪与网络犯罪的类型差异》,《学术界》2018年第9期,第74页。
[2] 腾讯研究院、中国信通院互联网法律研究中心:《人工智能:国家人工智能战略行动抓手》,中国人民大学出版社2017年版,第63—64页。

可操作性和涉人工智能体物质经验的脱离性,致使人工智能刑事风险的归责基础,更多地应当将重心偏向于如何疏通"人工"行为对风险的支配和控制性理论研究,而并非仅将目光游离于脱离编制和设计程序内的行为与智能机器的关系配置方面。

一、人类思维模式的智能输出

无论是强人工智能还是弱人工智能,人工智能运作的基本机制仍在于算法系统,而算法系统依赖于大量现有数据输入和自主决策分析得出。在输出和分析过程中,人工智能机器的行为举动,在某种程度上反映出数据运用与外界环境的关联性关系。刑事责难可能性依据在于行为人对严重危害社会的行为与结果是否有主观上明知或者预见的可能,[①]能否将人工智能机器的行为危害视为一种刑事风险,进而将其归为自然人刑事责任的承担依据。其实,这仍取决于科技危害结果或是行为发展是否受到人类自由意志的行为支配和控制。当然,弱人工智能机器由于行为的具体操作和后续步骤的推进,完全是来源于人类指令和代码的程序性输入。在此方面,可以说并不存在刑事责任承担的争议。而对于强人工智能机器的"编制和设计程序外的独立危害行为"的性质评价,则取决于深度学习过程中数据输出的来源评价和自主决策系统的数据获取能力。"现有的人工智能技术,乃至于未来,必须依赖于大量高质量的训练数据,也依赖于独立的、具体的应用场景。"[②]由此可见,数据的性质评价和客观具体情境的变化,关乎着人工智能技术发展在各个阶段危害行为归责的具体认知。

笔者认为,无论是算法系统中数据的输入过程,或是自主决策系统中人工智能技术的深度学习过程,都包含着人类思维模式的全面输出,一种是行为本源性法律风险的刑事责任追究,另一种则为间接型深度学习数据分析过程中刑事责任评价的方向性指引。

---

① 参见[日]山口厚:《刑法总论》,付立庆译,中国人民大学出版社2018年版,第195页。
② 腾讯研究院、中国信通院互联网法律研究中心:《人工智能:国家人工智能战略行动抓手》,中国人民大学出版社2017年版,第64页。

　　首先,人工智能运用中行为浅层面的现象型风险,并非刑事法所评价的危害对象。在人工智能技术发展的高强度表面上,算法系统的数据输入过程与危害行为操作、危害结果发生存在一定的时间间隔,导致无法探究算法系统数据输入过程这一行为本身与后续机器危害行为发生和结果发展,是否具备直接且具体的因果关系,但这并不阻断前行为得确保数据安全的义务这一间接性因果关系源。譬如,在智能机器研发过程,应当确保基本行为指令的数据系统安全性。如果因行为与结果发生的时间间隔,而否定研发过程中的行为故意或过失,直接将使用环节过程中脱离研发过程中的数据安全的机器危害行为,视为一种单独的机器人行为刑事风险,那么依据行为发生的时间远近,来选择性确定的刑事归责事实,则是一种现象型的事实风险,这并不利于真正揭示出人工智能刑事风险的类型。管中窥豹的表层现象并非是刑事责任追究的法律风险依据。在后现代化智能工业时代,即使机器能够脱离行为人全程不间断的操作范围,但是还是需要人类将操作指令输入信息系统,并辅之以基本的监控和维护。[1]

　　其次,机器的自主决策系统深度学习过程的数据获取能力,本质上亦可还原为一种人类思维模式全面输出的过程。强人工智能的显著特质在于深度学习过程中机器对环境、事物变化等数据信息的及时获取能力,而且将这一能力与人脑神经网结合起来,以形成人机交互的多层神经网络,以此突破和超越人类思维模式。[2]然而,神经网络对于环境和事物变化的捕捉过程,并非是任何类型数据的全面性操作,而是依据具体使用环境的不同,选择性地进行相应的数据类型择取。无论是立足科技发展层面的现实境况,还是国家政策层面的前瞻性指引,人工智能产品始终被定位为一种服务并满足于人类社会生活、工作等方面的综合化需求的工具。

　　因而,在智能技术产品的研发过程中,"网络社会赖以存在的技术注

① 参见[英]芬巴尔·利夫西:《后全球化时代:世界制造与全球化未来》,王吉美、房博博译,中信出版集团 2018 年版,第 101 页。
② 参见李彦宏:《智能革命——迎接人工智能时代的社会、经济与文化变革》,中信出版集团 2017 年版,第 104 页。

定应该是用于满足各类社会需要的工具。"①对此,相关生产者和技术研发人员必然会依据不同使用环境过程中的需求类型,来相应地设计智能机器。如国务院颁布的《新一代人工智能发展规划》,将人工智能技术的产品用途细分为"智能政务、智能法庭、智能交通、智能医疗、智能家庭"等。而选择性深度学习功能的数据分析就来源于智能机器具体使用和管理阶段中数据模块的输出,"由于人造机器没有自身的目的,其工作目的非常特定,且为人类设计者所设计。机器人没有自身积累的知识,其机器知识库的知识都是特定领域的,并且都是人类输入的。"②据此,就危害行为刑事风险的源泉定位,仍可将"人工"之下的智能化刑事风险,依据研发监管、使用管理阶段的数据分析,直接或间接性地评价为一种人类思维模式的全面输出过程。

二、人类行为场域类型的扩展

人工智能犯罪不同于信息网络犯罪,单独将弱人工智能作为一种犯罪工具进行杀人、盗窃或者伤害行为,并非是展现智能犯罪特质性的一面。信息网络犯罪和人工智能犯罪的显著差异就在于前者可以突破地域范围的局限性,广泛地实施特定或者不特定的严重暴力行为或者恐怖犯罪行为等社会影响恶劣事件;而后者的行为操作依据的背景是虚拟空间,③并且,人工智能犯罪这一潜在危害并非如同人类亲自实施的实行行为,后者在相当程度上仍然是一种可随时支配、控制的风险行为。根本缘由在于:信息网络犯罪和人工智能犯罪的行为载体的空间类型不同,信息网络犯罪的空间类型虽然具有虚拟性,但是毕竟空间的虚拟性桎梏了

---

① 徐汉明、张新平:《网络社会治理的法治模式》,《中国社会科学》2018 年第 2 期,第 70 页。

② 吴汉东:《人工智能时代的制度安排与法律规制》,《法律科学》2017 年第 5 期,第 131 页。

③ 对于网络犯罪的场所类型,有学者将网络虚拟空间和现实空间并称为一种"双层社会空间"。参见于志刚:《"双层社会"中传统刑法的适用空间——以"两高"〈网络诽谤解释〉的发布为背景》,《法学》2013 年第 10 期,第 107 页;而有的学者则认为网络虚拟空间中的各种错综复杂的社会关系,本质上是现实领域各种关系的反映、延伸与表达。参见徐汉明、张新平:《网络社会治理的法治模式》,《中国社会科学》2018 年第 2 期,第 58 页。就笔者而言,更倾向于第一种观点。

行为发展至实体场所的衍生性。① 譬如,网络谣言对社会秩序的危害性发展不同于寻衅滋事罪中的"随意殴打、追逐、拦截他人"的行为危害。前者可在网络空间和实体场所空间随意扩散;但是后者的行为发展仅限于现实的公共场所类型。② 而人工智能犯罪主体实施寻衅滋事罪的构成要件,完全可以实现智能载体的虚拟操作和危害结果的同步性。但该点仅表明人工智能犯罪创造了一个全新的人类行为场所类型,其行为操作并不同于网络空间的全局虚拟性,亦不同于现实场所类型事物的整体可视性。但是,这并非能够成为涉人工智能体的刑事责任独立化评价的依据。

　　之所以对比信息网络犯罪和人工智能犯罪背景下行为载体的差异,就在于两者的区别和联系,为"人工"之下智能化犯罪行为的操作环境的认定奠定了现实基础。此外,信息网络犯罪亦不同于计算机系统犯罪,其纯粹是将互联网作为虚拟空间危害结果实现的一种工具。就实际情形来看,人工智能犯罪既能将智能载体作为一种犯罪工具,亦能将智能载体作为一种犯罪对象。人工智能犯罪能够通过算法系统的破坏,直接实现数据自主分析过程的紊乱,从而导致因"算法歧视"③引发的犯罪行为。就此而言,涉人工智能体的科技创新,其实是人类行为场域类型化的一种扩展,从计算机系统犯罪到信息网络犯罪,最后再到人工智能犯罪。追本溯源,三者显著的区别便在于行为发生的场域背景不同。"人类的特质性在于不断挖掘行为发生的各种场合类型,人工智能机器能够做的事情都需要逻辑运算,但是逻辑只是人类思维的一部分。因为情感、创造力、辨别力和批判性思维等的存在,人类将继续担任有用的工作。"④因而,即使在人工智能犯罪行为发生之际,其脱离了人类思想的支配和控制,但这并未

---

① 参见陈伟、熊波:《网络谣言型涉众事件:传播机理、罪罚及调整》,《西南民族大学学报》2018年第4期,第147页。

② 同种观点还可参见郭旨龙:《"双层社会"背景下的"场域"变迁与刑法应对》,《中国人民公安大学学报》2016年第4期,第44页。

③ 算法系统歧视主要在于数据分析环节的结果偏差和数据结构的部分性缺失,"因为这样的数据模拟过程经常会由于某一个环节的错误导致最终模拟结果的偏差甚至是错误,而这是与人类通常认知世界的思维规律相违背的——人类的思维过程是思辨的、批判性的,所以大数据溯因思维通常并不在数据完备的情况下进行推理"。参见刘伟伟、原建勇:《人工智能难题的大数据思维进路》,《新疆师范大学学报》2018年第2期,第121—122页。

④ [美]Kalman Toth:《人工智能时代》,赵俐译,人民邮电出版社2018年版,第38—39页。

否决"人化风险所具有的多发性、不确定性、危害性、跨时空性等特征,给风险治理带来了巨大挑战"。[①] 譬如,这一挑战就包括犯罪行为发生的高度隐蔽性。人工智能犯罪中,研发、使用过程中的罪过主观预断,包含了"自然人利用隐蔽的智能机器犯罪(如行为与结果的高度间隔性)来掩盖先前行为的场域类型扩展"的故意和过失心理,而这一情境显著地影响着未来智能犯罪刑事治理的决策与行为。

三、行为危害进程的前期预判

不同于前述人类思维模式在人工智能技术研发和产品使用阶段的全面输出,而数据输入为人工智能机器危害行为的罪责评价提供的客观依据,则是从前行为的理解层面进行阐释,表明智能科技犯罪是"人工"之下的智能化危害行为。但是,对于在基本数据输出正确的情况或是不存在任何"算法歧视"的处境下,是否亦可以将危害结果的发生,归责于自然人主体"人工"之下的智能化支配作用力? 笔者认为,这是肯定的。

其一,对于自主决策系统未出现任何紊乱情况下,所发生的人为无法控制危害结果的产生、发展到最终定型的系列过程,我们应当借助客观归责理论,将该种结果视为一种可允许性风险。[②] 因为,"当今中国社会呈现出'私人风险'与'公共风险'交织的局面,但公共风险尤为显著,这既有现代工业化的内生性原因,也有外在人为原因。"[③]对于智能新兴科技引发的危害结果,刑法无法承担起苛责的责任要求,全面管控人工智能风险类型。唯有符合社会集中利益最大化的情况下,对人工智能科技风险发生,进行技术研发和使用阶段行为标准的深度提升,以防止人工智能风险

---

① 范如国:《"全球风险社会"治理:复杂性范式与中国参与》,《中国社会科学》2017 年第 2 期,第 69 页。

② 对此,罗克辛教授认为:"从一开始,当行为人采取减小对被害人已经存在的危险,即以改善行为客体状况的方式,对一种因果过程进行修改时,风险创设及其可归责性就不存在了"。如果人类在确保人工智能技术研发和使用阶段无过错的前提下,都无法控制风险的发展过程,更何况谈及因果进程的修改问题。参见罗克辛:《德国刑法学总论(第一卷)》,王世洲译,法律出版社 2005 年版,第 247 页。

③ 宋亚辉:《风险控制的部门法思路及其超越》,《中国社会科学》2017 年第 10 期,第 137 页。

的无端扩散。

其二，在满足自主决策分析进程完美无瑕的情况下，对于符合过失或者故意罪过心理的危害行为，应当将其评价为一种滥用科技产品和技术的犯罪行为。就深度学习系统正常的机器人而言，面对后续危害行为的发生，人工智能系统"不具备人类的核心认知功能。它们没有自我意识，它们不能理性思考自己行动目标并对其进行调整，它们不会因为实现目标的憧憬而感到兴奋，它们并不能真正理解自己所做的事情"。①　而这一切均可归为一种"人工"智能滥用科技产品和技术的结果预断行为。诸如，在研发、销售、使用和管理阶段，自然人未严格按照研发技术的标准程序进行制造、未及时对展柜上的智能机器进行检测和维修、未履行智能机器的操作步骤和及时提交瑕疵产品进行检测、未执行技术的严格评定和不合格产品的查封行为，最终因上述行为过错导致一系列严重危害社会和国民的结果。即使是在深度学习过程中机器自主无意识实施的危害行为，亦应当将刑事可罚性归为相应阶段的自然人。而对于上述行为，可评价为一种"危害结果进程的前期预断"的作为和不作为行为。在接触人工智能机器之际，"所有的社会行动者对他们在日常生活中的所作所为的条件和后果都拥有大量的知识。"②并且应当知道一旦智能机器行动者的计算机系统认知能力嵌入实践意识，面貌将变得极为复杂。因此，可以得知，在相应阶段"人工"支配和控制下的过失和故意的罪过心态评价，仍可在算法系统正常的情况下予以进行。

第三节　人工智能刑法立法的理论逻辑

人工智能犯罪与信息网络犯罪之迥异不仅在于行为发生的载体背景或者场所类型，在社会危害性的类型评价方面，人工智能犯罪亦不同于信

---

① ［英］卡鲁姆·蔡斯：《人工智能革命：超级智能时代的人类命运》，张尧然译，机械工业出版社2017年版，第45页。
② 参见［英］安东尼：《社会的构成——结构化理论纲要》，李康、李猛译，中国人民出版社2017年版，第265页。

息网络犯罪。对于信息网络犯罪的结果评价,现行刑法立法采取的依据是行为作用力大小。诸如,信息网络服务提供商的不作为行为,信息网络帮助行为的正犯化以及非法利用信息网络罪的"预备行为正犯化与纯粹实行行为"的二元形态,①都依据各自的情节严重程度配置了相应幅度的法定刑。然而,人工智能犯罪由于其行为模式可以在虚拟和现实的共同体中得以实现危害行为的全程性操作,至此,我们应当探寻一套适合人工智能风险科学化治理的立法模式,以此应对新兴人工智能风险的来临。而这一切均无法脱离现实智能产品运行过程的阶段化认定,亦即,分别对人工智能机器的研发、销售、使用和管理等阶段,采取类型化分析思路,认清人工智能刑事风险的客观来源。

一、义务来源的类型化

将人类对人工智能机器的危害行为支配力的发展进程,划分为技术研发和监管阶段、机器的制造和销售阶段以及产品的使用和管理阶段,主要原因在于各阶段的义务来源决定着各罪名在科技刑法体系中的定位。采取义务来源类型化的思维,在于智能科技发展的长远性和技术规模的不确定性。因此,就目前来看,刑法立法者无法构建一套精细化的智能科技刑法立法体系。但是至此,立法者能够做到的便是首先从义务来源的类型化思维出发,克服网络犯罪中行为义务确定模式中"概念式思维的抽象性、封闭性与断裂性而生成的具有具体性、开放性与过渡性的思维特征,"②以便为智能科技立法提供背景支撑。

1. 确保技术安全监管与审慎研发义务要求。技术研发和监管的安全性义务作为整体流程的萌芽期,义务的核心要求应当以类型化思维为基础。③ 诚如,"义务的存在构成整个结果归责判断结构的重心。这意味

---

① 依据刑法第 287 条第一款第一项第二项可知,设立和发布行为本身就是一种非法利用信息网络行为,而第一款第三项的"为实施诈骗等违法犯罪活动"则是预备行为正犯化的立法表现。参见陈伟、熊波:《利用信息网络犯罪行为二元形态的教义解读》,《上海财经大学学报》2018年第 2 期,第 125 页。

② 马荣春:《刑法类型化思维的概念与边界》,《政治与法律》2014 年第 1 期,第 109 页。

③ 例如,义务来源承担的主体类型、手段类型或是标准类型。

着,刑法中除支配维度的结果归责类型之外,同时存在着以义务为核心的结果归责类型。"①智能技术研发阶段决定着初始算法系统的性质好坏问题,技术监管则在研发阶段全过程中发挥着举足轻重之功效。对于确保技术安全监管与审慎研发的义务要求,应当注重如下两个方面要求:

(1)技术安全监管主体包括研发单位和技术、产品管理部门。其实,对于研发单位和技术、产品的管理部门来说,其承担着实施对后续脱离设计和编制程序的机器人自主决策的危害行为的保证义务,以及监督积极履行研发技术的安全义务,是其作为保证人应尽的职责。

(2)义务履行的最低标准应当是"作为可能性"。之所以研究研发者和监管者的义务来源要求,是因为上述阶段作为智能产品的初始环节,如果放纵技术研发和监管的滥用行为,则意味着在可移动的涉人工智能体中潜伏着巨大的安全隐患。而对于作为可能性的具体要求,即表明现实履行的义务实现。诸如,研发者和监管者应当意识到自主决策系统的技术疏忽,会导致后续机器行为操作的失范。

2. 及时排除产品制造和销售隐患的义务。智能产品的制造和销售阶段,是智能技术的运作和产品的成型、流通环节。在这一环节中,如果忽视产品的瑕疵责任,导致智能产品在制造和销售环节的安全隐患,亦可将其评价为一种刑事责任的义务来源。② 刑法第 145 条对待生产、销售不符合保障人体健康的国家标准、行业标准的医疗器械、医用卫生器材的行为,单独设置具体危险犯,一种高于电器、压力容器和易燃易爆等产品的生产、销售实害行为的刑事责任认定,以应对关乎医疗民生的重大风险侵蚀。作为跨越医疗、交通、工厂、家庭等诸多特定或不特定的公共和私人场所、领域的人工智能产品的运用,其制造和销售的义务来源于人工智能产品系统中隐患风险的排除义务。对待信息网络犯罪,网络犯罪

---

① 劳东燕:《风险社会中的刑法:社会转型与刑法理论的变迁》,北京大学出版社 2015 年版,第 135 页。

② See Trevor N. White, Seth D. Baum, "Liability for Present and Robotics Technolo-gy", in Patrick Lin, Ryan Jenkins, and Keith Abney (eds.), Robotics Ethics 2.0: From AutonomousCars to Artificial Intelligence, Oxford University Press, 2017, pp. 66 - 79.

预备行为因为"可能威胁重大、众多法益,而且其法益侵害危险较之传统犯罪预备具有倍增性、现实性和不可控性",[①]因而具备了预备阶段行为风险扩大可能性排除的义务责任承担,更何况涉及民生众多领域的人工智能犯罪行为。然而,在生产、销售普通产品瑕疵的刑事责任认定中,"国家标准和行业标准"作为刑事义务来源的转折点。如何审慎认定不同领域标准,便成为人工智能刑事风险消解的关键性要素。因此,规范智能产品的标准建立问题,可以首先从构建一套完整的国家、行业标准体系开始,加强不同智能产品运用领域的义务和责任等方面着手准备。

3. 符合机器正常使用的标准要求义务。对于智能技术和产品的标准设置,应当包含"研发标准——制造标准——使用标准"。在智能机器的使用阶段,大数据的系统输入尤为重要。依前文所述,智能机器是依据不同行业、领域的个性化需求,满足各个阶段的高效操作而服务的。不同于信息网络犯罪,在人工智能犯罪过程中,自主决策分析和后期使用的大数据输入充当着"领头羊"的角色。"大数据之所以重要,关键之点就在于:人们对因果关系的把握从既存结果推展到潜在结果,从过去时推展到将来时,从而能够根据因素关系进行结果创构。"[②]由此可知,符合机器正常使用的标准义务要求的实现,关键之处在于大数据信息决策整体过程的安全性确保。具体而言:其一,输入、点击和管理等其他机器操作手续的程序性的义务要求;其二,数据集合过程中信息本源安全性的义务要求,亦即确保数据分类的合理性和"人机互动性"正当展开;其三,算法系统运行过程中正常维护的义务要求。在智能技术兴起伊始,虽然"人类不得不相信计算的力量,是速度成就了'超人类'智能,而不是我们无法理解智能。因此,智能危险的合理理解在于没有人能确保该算法设计正确,尤其是当它与众多算法交互时"。[③]

---

① 梁根林:《传统犯罪网络化:归责障碍、刑法应对与教义限缩》,《法学》2017 年第 2 期,第 8 页。

② 王天思:《大数据中的因果关系及其哲学内涵》,《中国社会科学》2016 年第 5 期,第 29 页。

③ 〔美〕皮埃罗·斯加鲁菲:《智能的本质:人工智能与机器人领域的 64 大问题》,任莉、张建宇译,人民邮电出版社 2017 年版,第 169 页。

二、现实结果的类型化

危害结果的类型表达一直是刑法教义炙手可热的研究话题。人工智能的刑事违法性何以归为自然人主体,重点在于危害结果的现实产生,亦即产生了一种法益侵犯的威胁和结果。客观构成要件中最为重要的构成要件之一便是结果。就结果类型的上位概念而言,智能科技犯罪中的现实结果包括实质犯和形式犯,而实质犯这一概念是指"发生法益侵害或者使得法益危险的犯罪"。

由此得知,实质犯由侵害犯和危险犯两种类型构成。[①] 立足智能产品技术的研发、销售、使用等三阶段的法益侵犯,人工智能犯罪的侵害犯要求法益现实地遭受侵害;危险犯则只需要发生法益侵害的智能技术危险就足够了。而与实质犯相对应的则是形式犯,亦即,只要形式上违反了智能技术管理刑事法规就能成立犯罪。[②] 针对实质犯和形式犯、侵害犯和危险犯,如何将其分门别类地运用于各个智能技术阶段的犯罪立法体系之中,仍需要具体理解各阶段侵害结果类型的性质来源。

1. 抽象危害如何认定? 义务履行的前提在于危害结果的可能预见性,如果某种特定危害在行为前根本无法预知,那么义务的强加便无任何意义可言。易言之,对于研发者和使用者造成的抽象危害,亦应当立足抽象危害结果的发生可能性。譬如,智能技术的研发者违反一般业务标准,本应当对智能医疗领域的产品技术进行相当规模或数量的评测,但因为过于轻信自身的技术研发水平,即使该项智能技术还未或者即将投入生产、制造环节,而未造成特定的危害结果,也应当将其认定为一种"瑕疵技

---

① 参见[日]前田雅英:《刑法总论讲义》,曾文科译,北京大学出版社 2018 年版,第 35 页。

② 当然,也有学者将形式犯认为是行为犯;而危险犯又依据"危险发生",细分为抽象危险犯和具体危险犯。参见张明楷:《刑法学》,法律出版社 2016 年版,第 166 页。亦有学者将危险本身视为实害结果类型之一,如山口厚教授认为:"仅有行为就能成立,其实这样的犯罪是结果与行为同时或者几乎是同时发生的。其与其他犯罪的区别仅仅在于,其他的犯罪是结果的发生和行为之间存在时间的、场所的间隔而已。"参见[日]山口厚:《刑法总论》,付立庆译,中国人民大学出版社 2018 年版,第 45 页。但是考虑到具体概念界定并不影响本章对现实结果的类似化分析,亦不是本章的重点分析,对此笔者将不单独予以详细阐述。

术障碍"的抽象危害。当然,这一前提也应当建立在其既可能预见危害结果的产生,也确实未履行监督义务的基础之上,否则应当按照意外事件处理。① 然而,瑕疵技术障碍对接到具体侵犯的法益类型或程度上是否有所限制? 答案是肯定的。规范保护目的认定作为一种价值取向,其内涵和性质以及适用范围,会因为实务经验或者学识阅历的不同而产生分歧。② 因而,宽泛设置抽象危害行为模式,必然会导致适用实体依据的普遍存在。

化解抽象危险犯认定的无所适从,刑法立法道阻且艰。原因在于抽象危险犯和具体危险犯的具体认定存在争议。对于抽象危险认定模式的设置,有学者推崇"准抽象危险犯"的模式设置,认为借助当前五个"足以"型危险犯的立法形态,亦可化解抽象形态危险认定过程的抽象化,其并不要求对"足以造成……"附加"具体、紧迫、现实"的危险,也可成立准抽象危险犯。将抽象危险结合具体个案和实际情况,进行刑事违法性的实质评断情形,可以涤除具体危险犯的具体个案紧迫现实危险的约束性之困境。③ 就人工智能技术研发和监管阶段的过失疏忽心态而言,有时并未导致现实、紧迫、具体的个案风险。但是,其又并不同于形式犯(抽象危险犯)的行为一经作出,则满足个罪的构成要件而成立既遂。④ 因此,准抽象犯的概念塑造,为人工智能刑事风险的前期防控奠定了理论基础。但不可否认的是,准抽象危险犯的设计理念仍需借助司法解释的具体情形认定,以初步构建情节严重的诸多类型。⑤ 就这一弊端而言,笔者认为,可以从各种情形的可能现象中,⑥抽象化几种类型特征,来设置一些具体

---

① 参见刘宪权:《人工智能时代刑事责任与刑罚体系的重构》,《政治与法律》2018 年第 3 期,第 89 页。

② 吴尚赟:《注意规范保护目的理论的本土化展开》,《政法论丛》2018 年第 2 期,第 83 页。

③ 参见陈洪兵:《准抽象危险犯概念之提倡》,《法学研究》2015 年第 5 期,第 128 页。

④ 如破坏交通工具罪,破坏交通设施罪,生产、销售不符合安全标准的食品罪,生产、销售不符合标准的医用器材罪以及非法采集、供应血液、制作、供应血液制品罪等罪名设置。

⑤ 比如,2016 年 12 月 23 日出台的《关于办理环境污染刑事案件适用法律若干问题的解释》(法释〔2016〕29 号)第一条中污染环境罪中"情节严重"的认定。

⑥ 当然,这一可能现象的判断标准也应当从现实逻辑和理论逻辑两个层面予以考虑。其一,人工智能犯罪立法应当注重算法系统操作的技术性规范;其二,人工智能犯罪立法应当体现刑法归责理论体系的内部自洽性。

智能技术研发的监督过失行为或是数据指令输入造成智能系统紊乱的情形,以尽可能实现罪刑法定对法律文本与具体司法个案的衔接要求。

2. 具体实害如何认定? 由于人工智能犯罪能够实现双层社会空间的法益侵害,因而,如同普通犯罪一样,其侵犯的具体实害涵射国家公共利益和个人人身、财产利益范围。但就具体内容而言,信息网络犯罪和人工智能犯罪在侵犯法益的形态界定方面存在着显著的差别。不同于计算机系统犯罪和人工智能犯罪,信息网络犯罪立法更多关注的是实害结果的认定。在刑法修正案(九)中,编造、故意传播虚假信息罪,拒不履行信息网络安全管理义务罪,非法利用信息网络罪,帮助信息网络犯罪活动罪等分罪设置均采取"情节严重"或者"严重后果"作为入罪标准。在法益侵害行为或者后果模式中,值得考究的是,其行为模式的设置均采取类型化表述,这一标准值得人工智能犯罪立法借鉴。

人工智能犯罪由于其危害行为形态的特质性,对其部分实害结果认定能否从信息网络犯罪立法中探寻一定规律? 如所周知,"当代刑事立法只能追求一种明确性,而不是精确性或模糊性。"[1]因而,相对罪刑法定必然要求刑事立法推崇的仅是一种相对明确性。人工智能犯罪不同于信息网络犯罪,后者不存在危害行为和结果样态的阶段化认定,其具体危害不可一概而论。由于算法系统的歧视效果依随着数据输入和深度学习而衍生,因而,人工智能犯罪更多侧重于一种行为阶段化和类型化评价,其思想根源于刑事立法类型化之倡导。对于实害结果的类型化认定主要存在诸种情形:

(1)技术研发行为。技术研发行为中实害结果的认定情形主要包括业务上的过失致死伤行为。对于具体业务情形认定应当有所限定,其存在于从事高度智能危险业务的人员,因其比普通人员更具注意义务。此外,对于业务人员技术研发漏洞致死行为的罪责承担主要在于其反复持续地实施危险行为。因为"从其知识、经验来看,业务行为本应该比普通人更容易预见、避免结果的发生,因而,其责任或者违法性相应更大"。[2]

---

[1] 姜涛:《当代刑事立法应当遵循明确性原则》,《国家检察官学院学报》2018 年第 2 期,第 67 页。

[2] [日]西田典之:《日本刑法各论》,王昭武、刘明详译,法律出版社 2013 年版,第 63 页。

（2）产品制造和销售行为。产品制造、销售行为的实害结果情形主要在于瑕疵产品展示和流通环节中致人死伤和严重经济损失的行为，对于产品制造和销售行为的情节认定标准应当低于上述技术研发行为，主要考虑的仍是技术操作的熟练程序、行为注意和结果预见义务的行业差距。

（3）机器使用行为。机器使用行为的实害结果情形，主要在于数据的输入行为所致的严重实害。对于算法系统的紊乱这一实害如何评价，则存在着刑事立法涵射的不周延现象，传统的计算机系统能否包含"人机交互性"特征显著的智能系统仍值得学界探讨。虽然"行为人自己亲自往计算机系统中输入不当或者不完全的数据的，无疑属于计算机犯罪行为的'使用'工具行为"。[①] 但是我国刑事立法中计算机犯罪行为的认定，却主要仍在于固定设备中软件数据的破坏行为之规制。[②]

第四节　人工智能刑法立法的现实困境

我国刑法虽然已经初步形成较为完善的"计算机系统犯罪——信息网络犯罪"治理体系，但面对"互联网＋"向"人工智能＋"的社会转型，[③] 刑事立法仍存在不足与缺憾。最主要的缘由就在于现有的立法模式混淆了信息网络犯罪与人工智能犯罪，导致目前面对技术超越的人工智能刑事风险，缺乏技术可操作性。基于人工智能刑事风险治理的双重逻辑思维，可以明确人工智能犯罪不同于信息网络犯罪，前者行为违法性或是法益侵害性的表层化现象凸显较为缓慢或者隐蔽，其行为潜伏于多个阶段，使得人工智能刑事风险呈现出量变到质变的犯罪化过程。因而，"人类社

[①] 该学者还进一步认为，德国刑法上的利用计算机系统的犯罪，如诈骗罪，包括类型有：不当编排应用程序、使用不当或不完全的数据、无权使用数据、其他对系统进行的无权操作行为。德国刑法中的计算机犯罪实际上已经偏离了我国刑事立法上的计算机系统犯罪。参见王钢：《德国判例刑法》，北京大学出版社2016年版，第233—237页。

[②] 譬如，刑法第286条中破坏计算机信息系统罪的计算机信息系统功能"删除、修改、增加、干扰"行为。

[③] 参见吴汉东：《人工智能时代的制度安排与法律规制》，《法律科学》2017年第5期，第129页。

会行为中的某一类行为因为社会危害当量从量的积累到质的变化,而必须通过立法层面上的技术处理迫使其步入刑事法的调整视域,成为刑法规范规制的对象,从而使此类行为完成入罪的'成年礼'"。综合刑事立法体系来看,在人工智能犯罪既有的可能风险内,如果忽视这一变化,那么出现诸如"涉人工智能体刑事责任独立化"与"人工智能刑事归责既定化"等幻化或滞后的立法现象便不足为奇。

一、只关注危害结果的形态,疏忽技术性差异理念

现行刑法立法偏好结果型立法,即在现有的风险社会中存留哪种显著的危害结果,便转向该种结果类型的犯罪模式研究。这便是刑法立法活性化的典型表现,亦是国民安全焦虑感在刑事立法方面的映射。[①] 刑事立法的时代发展历来承担着化解国民体感不安结果的艰巨使命,立足目前乃至未来较长一段时间,科技犯罪的样态流变中,其实一直存在着三种类型化的刑事风险形式,亦即,计算机系统犯罪、信息网络犯罪、人工智能犯罪。计算机系统犯罪是程序性的控制、侵入,包括内部数据的破坏或窃取;信息网络犯罪是工具型的支配和利用,将信息网络作为违法犯罪的平台和手段;而人工智能犯罪是一种兼具工具型和对象型的犯罪表现,将现实直接性的普通犯罪行为通过间接乃至直接的数据输入输出的过程,达致不法的犯罪目的。其中,三者最大差异之处,便在于技术性理念的不同运用。计算机系统犯罪、信息网络犯罪是一种平台利用犯罪化以及危害结果的直接性和瞬时性发生过程,人工智能犯罪是一种数据系统犯罪化以及危害结果的隐蔽性和间接性发展历程。

现阶段,按照科技水平的发展现状,我国科技犯罪的阶段和类型主要可以分为三类:其一,数据的存储和传输阶段的"计算机系统犯罪"。该类犯罪的特质主要在于行为危害的局域性和固定性,主要体现在控制、侵入系统,提供控制和侵入工具和程序,破坏系统(包括制造破坏系统的病毒等程序)等行为方式上,其结果形态侧重于实害犯。其二,弱人工智能

---

① 参见陈家林:《外国刑法:基础理论与研究动向》,华中科技大学出版社 2017 年版,第 16 页。

阶段的信息网络犯罪。该类犯罪特质主要体现出工具型犯罪的传播性、瞬时性,通常行为方式有拒不履行信息网络安全管理义务;利用信息网络;帮助信息网络犯罪;编造、传播虚假信息等行为,其侧重于危险犯的结果评价。其三,强人工智能阶段的人工智能犯罪。该类犯罪特质主要体现在机器人犯罪。比如,再造和使用期间,技术行为产生局部使用者的危害,并且其危害效果是广泛性、持续性的。因而,该行为主要表现为制造程序漏洞风险行为、滥用人工智能技术行为以及产品的科技监管失职行为、人工智能技术制造和销售行为、过失使用科技产品行为等。其结果形态需要区别看待:在研发监管、制造销售阶段,侧重危险犯;而在使用和管理阶段,侧重实害犯。

在这一显著特质背景下,刑事立法难以透过三者危害结果的现象型风险,以寻求立法体系的区别对待,这实质上是在规范层面上忽视技术差异理念在制度体例上的交叉融合。

刑事立法层面难以渗透技术差异理念,以致出现混淆人工智能犯罪、计算机系统犯罪和信息网络犯罪的尴尬处境,归根结底这是一种结果型立法的常态现状。其实,未深入技术创造性的集合过程,从表面上看,人工智能犯罪、计算机系统犯罪和信息网络犯罪在危害结果形态表现上毫无差异。因而,即使是在忽视技术性差异理念的际遇下,也能借助关联罪名的同种危害结果,来实现犯罪行为的刑法规制目的。诸如三者均能实现侵犯公民个人信息罪的数据权利侵害的危害结果。因为归纳信息系统产生的数据来源,均能够从人工智能系统、计算机系统和信息网络中得出结论。①

但这种链而走险的粗犷式、发散性刑事立法背离了刑法类型化的相对确定性,从而导致刑法类推适用的人权侵蚀现象频发。例如,张某帮助信息网络犯罪活动罪一案,②被告人张某明知其朋友胡某欲进行网络犯罪活动,而按照胡某的要求为其提供了一个伪装成游戏网站的钓鱼网站,尔后胡某又将该网站网址发送给被害人杨某,被害人杨某点击该链接输

① 参见徐子沛:《数据之巅:大数据革命、历史、现实与未来》,中信出版社 2014 年版,第 281—282 页。
② 参见江苏省太仓市人民法院(2017)苏 0585 刑初 1086 号刑事判决书。

入的账号密码被其后台窃取,从而将被害人杨某得到的 13000 余个"元宝"全部转移到自己账户后使用和售卖。一审法院认为,被告人张某明知他人利用信息网络实施犯罪,为其犯罪提供帮助,其行为已构成帮助信息网络犯罪活动罪。但是,一审法院忽视了刑法第 287 条之二的帮助信息网络犯罪活动罪与刑法第 285 条之二的非法获取计算机信息系统数据、非法控制计算机信息系统罪两者之间的量刑配置,相较于帮助信息网络犯罪活动罪,后者应当量刑适用空间更大。数据获取型计算机系统犯罪行为与帮助型信息网络犯罪的互联网接入、服务器托管、网络存储、通讯传输等技术支持理念存在着南辕北辙的显著差异。在笔者看来,该种问题的出现主要在于刑事立法未从根本上明确计算机系统犯罪与信息网络犯罪的技术性差异,仅从行为帮助后的危害结果形态,择取罪名字面含义进行行为定性。[①]

二、只关注行为模式的认定,缺乏行为属性的明定

刑法修正案(九)在创设大量的信息网络犯罪模式之际,随之而来的便是刑法类型化思维的运用,将调适理想类型、具体案件事实群形成与国民的可预测程度结合起来,[②]成为此次刑法修订的一大特色。结合具体罪名而言,诸如,非法利用信息网络罪的三种类型化非法利用行为模式;帮助信息网络犯罪活动罪的技术支持等六种具体类型化的帮助型犯罪行为。这便给国民规范自身行为操作提供了基本指引,以防止在具体相关司法解释出台前造成行动自由的不便。但是与此同时,我们更应当看到该行为模式相应的不足之处,刑法类型化适用之余,如何避免"技术归化"

[①] 诸如,2011 年 9 月 1 日施行的两高《关于办理危害计算机信息系统安全刑事案件应用法律若干问题的解释》第 11 条,对"计算机信息系统"和"计算机系统"进行必要解释,将其扩张解释为:"具备自动处理数据功能的系统,包括计算机、网络设备、通信设备、自动化控制设备等"。但实际上,该司法解释的出台,却将信息网络犯罪与计算机系统犯罪混为一谈。在"互联网3.0"时代,网络已然经历了由"量变"到"质变"的巨大转变。现行刑法立法层面的计算机系统犯罪仅为一种网络对象犯罪,而信息网络犯罪应当包含网络赌博、网络诈骗、网络安全管理义务等诸如网络工具型犯罪。

[②] 赵春玉:《罪刑法定的路径选择与方法保障——以刑法中的类型思维为中心》,《现代法学》2014 年第 3 期,第 116 页。

后行为属性界定之缺乏？信息网络犯罪的大规模设置，带来诸多譬如"信息网络安全管理义务"、"非法利用信息网络"以及"帮助信息网络"等具体技术性行为的理解和适用问题。因为，行为模式类型化设置并非精确性的数量例示，而是采取"具体＋兜底"形式的设置特色进行的。对于兜底性的行为模式，应当类比具体行为模式的类型特征进行规范解读。

"'技术归化'是网络社会治理的必然要求和核心内容，网络社会治理法治保障体系同样建立在技术保障的基础之上，充分运用现有技术，又要放眼长远、占领未来网络社会的技术高地。"[①]因而，人工智能犯罪立法模式的借鉴应当立足现有的计算机系统犯罪、信息网络犯罪模式的既有形态进行比较研究，方可知悉智能数据系统的法治治理体系的大致方向和体系构架，进而为人工智能技术支撑提供制度保障。在此基础上，人工智能的刑法立法类型化模式的现实需求，应当被附加相应行为属性的前提要义。除此之外，还应当强调此种行为属性的界定过程应当极力避免"对象的事实性白描"，[②]其是一种基于特定规范目的和思维逻辑而抽象化的同质行为，并依据技术归化的设计理念和科技犯罪的惩治需要而进行的。例如，在人工智能犯罪立法模式中区分"应用程序"、"算法系统"、"数据歧视"等技术性较强的名词属性解释，明确上述概念属性的内涵和外延。毕竟，刑法作为一种权利保障法，"必须既涵盖各种侵害传统有形价值观的新型犯罪行为，也必须保护当今信息社会的各种新的无价值观"，[③]而这一前提便是在明晰相关技术性理念的基础上展开的。

三、只注重法益类型的界定，淡化客观结果的演进

人工智能犯罪行为新类型形态在创设一系列前所未有的刑事风险之余，也带来新的一股人工智能刑法法益类型界定过程的探讨清风。将人工智能刑事风险归为一种"人工"支配之下的智能化法益侵害，是立足现

---

① 徐汉明、张新平：《网络社会治理的法治模式》，《中国社会科学》2018 年第 2 期，第 70 页。
② 王志远：《论我国刑法各罪设定上的"过度类型化"》，《法学评论》2018 年第 2 期，第 148 页。
③ ［德］乌尔里希·齐白：《全球风险社会与信息社会中的刑法》，周遵友等译，中国法制出版社 2012 年版，第 306 页。

实基础进行的,能够实现现有刑事归责理论和刑罚适用目的的体系自洽与和谐统一。在人工智能犯罪行为新类型形态产生之前,对现行法律保持敏感度可以避免将刑法理想化。因为"任何源自新的刑事责任模式的归纳,都将导致与刑法理论家所推崇的规范原则相矛盾",①最终造成刑法理论的整体崩塌。因而,对人工智能犯罪的法益类型界定能够充分体现理论界和立法者对人工智能刑事风险的体系定位与属性确立。

然而,人工智能犯罪法益类型的界定过程如何进行,应当归于教义学的规范解读。其实,反思现行刑法对法益的立法确认,无论是计算机系统犯罪还是信息网络犯罪,都仅关注行为发展的局部性后果,继而导致部分罪名设置存在着交叉重合之处。譬如,破坏计算机信息系统罪包含部分非法侵入计算机信息系统罪和非法获取计算机信息系统数据、非法控制计算机信息系统罪。无独有偶,在网络服务提供者触犯帮助信息网络犯罪活动罪时,也存在部分拒不履行信息网络安全管理义务罪的重叠构成要件。如此一来,便导致不同业务主体之间适用刑法的错乱和不公。在网络科技发展过程中,从计算机系统犯罪到信息网络犯罪的罪名体系设置,如果仅关注行为发展的局部性后果,从现象型的刑事风险入手,还极易将一般行政违法行为的规制范畴纳入刑事治理体系之中。再如,非法利用信息网络罪中三种行为类型模式的设置都涉及违法犯罪活动的认定,因而,便出现诸如是否意味着"利用型"信息网络犯罪仅一般的违法犯罪行为亦可。② 甚至有学者认为应当对非法利用信息网络罪中的"违法犯罪"作广义的宽泛理解,并进一步指出:"采取严格解释得出的限缩结论不妥,可能导致实际的适用范围非常有限,增加司法证明的难度,不利于提前介入高度危险的网络预备行为。"③由此得知:在上述两种情况下,从犯罪行为发展的局部性后果入手,采取结果发展的一部分进程,仅关注预备行为或者帮助行为的两个阶段性,还易混淆刑事不法和行政不法的边

① [美]道格拉斯·胡萨克:《刑法哲学》,姜敏译,中国法制出版社2015年版,第11页。
② 车浩:《刑事立法的法教义学反思——基于〈刑法修正案(九)〉的分析》,《法学》2015年第10期,第12页。
③ 孙道萃:《非法利用信息网络罪的适用疑难与教义学表述》,《浙江工商大学学报》2018年第1期,第51页。

界问题。但从实质的罪刑法定原则来讲,这是违背法益保护的比例性原则的必然要求。

追本溯源,截取行为发展的局部性过程,是囿于现行刑法立法对传统犯罪结果型立法特色的严格遵照,从而仅关注法益类型的具体界定,以此来设置具体的计算机系统犯罪和信息网络犯罪的行为模式。刑法立法界认为这两者犯罪行为所侵犯的具体法益为计算机和信息网络社会的公共管理秩序,从而以此为起点,发散性地设置与该法益牵连的相关行为,从而忽视了结果发展演变的渐进过程,导致司法实践出现罪名适用不一的情况。诸如,邹某、彭某利用网络平台诈骗案。[①] 由于该案件涉及新旧法交叉适用阶段,从而法院利用从旧兼从轻原则,依据刑法修正案(九)判决两被告触犯非法利用信息网络罪。而检察院抗诉认为,两被告的行为符合非法利用信息网络罪以及诈骗罪的想象竞合犯,理应择一重罪处断。该案的罪名适用不统一在于是依据结果型立法或是仅关注法益的类型界定,容易出现罪名设置的交叉现象。尤其是在人工智能犯罪中,因为该罪名既可符合普通罪名的构成要件,又关联特殊的危害行为模式,因而要避免出现以法益界定为中心的发散型、局部型刑事立法现象,可采取刑法类型化立法发展,从关注危害结果发展的多个进程出发,分别根据危害行为所处的"研发监管"、"制造销售"、"使用管理"三个阶段类型,来研究设置相应的罪名,以防止罪名体系的部分重合。

第五节　阶段化立法模式的刑法规制及其创设

人工智能刑事风险作为一种"人工"支配下的风险类型,人工智能犯罪立法模式应当立足现有的刑事归责理论展开研讨,无需将智能时代的科技风险一味归于智能机器,其既无法实现现实意义和达到刑罚适用效果,反而为人类自主创新智能科技的疏忽寻找借口,逃脱刑事责任承担。

[①] 参见浙江省宁波市海曙区人民检察院甬海检公诉刑诉(2015)235 号起诉书;浙江省宁波市海曙区人民法院(2015)甬海刑初字第 258 号刑事判决书。

"当网络化和数据交换不断扩大时,相应的数据网络犯罪也会侵入更多区域。"[①]至此,我们有必要开始省思现行刑法是否能够契合人工智能刑事风险新类型的发展趋势,以及现有的计算机刑法和网络刑法是否能够包容"气象万千"的智能时代危害行为。至少从前文所述的刑法立法的诸多技术性理念缺失可知,采用现有的"计算机系统犯罪—信息网络犯罪"双层规制模式以化解人工智能刑事风险,根本无法企及智能科技社会的发展情势。

对此,科技刑事立法应当紧密契合当下科技发展形势,对刑法立法规范进行相应的调整。而在具体塑造"计算机系统犯罪—信息网络犯罪—人工智能犯罪"三足鼎立的刑法规制模式之前,我们必须清楚地知悉,应当在掌握三者之间的技术危险差异之后,塑造人工智能犯罪的立法理念才是制度设计的首要前提。在此基础上,从"技术研发阶段和监管阶段"风险创设的初始环节、"机器的制造和销售阶段技术风险"的流通环节以及"产品的使用和管理阶段"的使用环节,来分别设计人工智能刑事风险的立法规制模式。

一、前提概要:塑造人工智能犯罪的立法新理念

在塑造人工智能犯罪立法模式之前,必须理清刑法类型化思维的具体运用方式和方法。计算机系统犯罪和信息网络犯罪的规制思路较少有学者探讨,多数学者忽视计算机系统犯罪和信息网络犯罪的技术差异,直接从危害结果的显性风险研究转至刑法立法方法的研究,导致现在刑法理论界认为网络犯罪包含了一切的科技性工具和手段的犯罪行为,如张明楷教授认为,网络犯罪虽然作为一种严重犯罪类型,但是其体系实际上包罗万象,既包括新型犯罪也包括与计算机数据和系统相关而实施的传统犯罪。[②] 但是,准确地立足于刑法教义层面,其实刑法立法在修订历程中,逐步地显现出刑法类型化的一种思维现象。在刑法修正案(九)中,新

---

① [德]埃里克·希尔根多夫:《德国刑法学:从传统到现代》,江溯、黄笑岩等译,北京大学出版社2017年版,第423页。
② 参见张明楷:《网络时代的刑事立法》,《法律科学》2017年第3期,第75页。

增的几种罪名类型均以"信息网络"为犯罪的平台和载体。从此,计算机犯罪不再能够涵盖新型的网络犯罪形态,计算机系统犯罪与信息网络犯罪形成两种鲜明的体系对比。但是,略显遗憾之处在于刑法立法体系由于缺乏对危害结果发展过程的整体认知感和技术认同感,到目前为止,网络犯罪仍然是一种上位概念,包涵众多复杂的科技犯罪。而笔者认为,准确来说,刑事立法首先应当树立一种全新的技术犯罪新理念,亦即"科技犯罪"作为一种上位概念,取代现如今推崇的网络犯罪。详言之,在智能科技犯罪这一大背景之下,以软件技术的运用和开发程度为中心,以科技发展的时间背景为轴线,形成"计算机系统犯罪—信息网络犯罪—人工智能犯罪"三足鼎立的刑法立法模式。

人工智能犯罪技术性差异理念的融合乃至行为属性的界定都建立在对相关概念和属性的理清基础之上,如人工智能犯罪、信息网络犯罪、计算机系统犯罪三者之间的概念构筑;再如算法系统、"数据歧视"以及互联网平台三者之间的联系和区别。毋庸置疑,信息网络作为交流信息的平台和载体,为虚拟空间和现实空间提供资源的共享之途径。与此同时,犯罪行为的法益侵害也随之从虚拟空间扩散至现实场域。对此,在这一背景下,最高人民法院部分学者认为:"网络犯罪分为对象型网络犯罪(纯正网络犯罪)和工具型网络犯罪(不纯正网络犯罪)。"[1]而相对于计算机犯罪则是指"计算机操作所实施的危害计算机信息系统(包括内存数据及程序)安全的犯罪行为"。[2] 这种类型的计算机犯罪,实际上是指只能在计算机空间所实施的犯罪。由此可知,按照该种思路发展,网络犯罪便包容了一切利用计算机系统和互联网技术的危害行为和结果。而在部分学者看来:"网络因素的介入,改变了组成犯罪的'原料'和'元素',导致了犯罪的构成要件要素的变异,包括犯罪对象、犯罪行为、犯罪目的和犯罪结果等方面"。[3] 因而,相对于"互联网 1.0 时代",网络犯罪是一种新类型犯罪,表现在传统犯罪构成要件的诸多方面之变异。结合网络平台的赌博、

---

① 最高人民法院刑事审判第三庭:《网络犯罪司法实务研究及相关司法解释理解与适用》,人民法院出版社 2014 年版,第 3 页。
② 于志刚、于冲:《网络犯罪的裁判经验与学理思辨》,中国法制出版社 2013 年版,第 23 页。
③ 于志刚:《网络犯罪与中国刑法应对》,《中国社会科学》2010 年第 3 期,第 111 页。

诈骗、非法经营等司法解释和刑法修正案(九)的新设罪名,均可证成刑事立法上的网络犯罪,严格意义上,仅为"信息网络犯罪",一种信息共享资源交流、利用基础上的科技犯罪,一种不同于计算机系统犯罪软件、数据信息破坏基础上的攻击性行为。

大数据分析和深度学习的自主决策,为科技犯罪的体系扩充提供了现实基础。人工智能犯罪不同于计算机系统犯罪和信息网络犯罪,后者无论如何,行为发生的即刻,则可预见到系统指令操作的违法性范围。而人工智能研究的核心,通常是开发各种像人类一样具有某种思考能力的软件,配合电子计算机超高速的计算能力和超大的存储容量,支持人类完成各种任务。① 因此,"人机交互性"作为人工智能犯罪的典型表现和独特属性,意在凸显"人机共存"的行为一体化过程。智能技术危害行为的发生和危害结果的发展过程具有隐蔽性、间隔性,因而结果的形态固定并非如前者那么具备瞬时性。对于人工智能刑事风险的不确定性和结果发展的漫长性,要求刑事立法必须提高人工智能产品系统漏洞的前期预见可能性认识。督促相关阶段的责任人员提前排除自主决策的技术瑕疵程序,如此一来,人工智能犯罪立法的刑罚苛责便具备必要性以及现实意义。在人工智能逐渐普及并运用于生活各个方面之际,科技价值的介入为行为职责标准及度量提供了基础,并成为刑法体系研判的对象。"立法者意欲借助法定的价值尺度,将这种不被公众认可的行为(笔者注:如智能技术人员在研发过程中对深度学习系统漏洞的严重疏忽行为)正式宣告为法秩序所不能容忍的对象,进而让刑罚的介入'师出有名'且名正言顺。"②

在智能科技犯罪规制新模式下,刑法类型化思维的理解和运用议题是模式构建的前提之一。刑法类型化有别于刑法精细化,前者突出一种全局性和整体性的特殊属性,后者旨在表明刑法立法的精准定位和行为与结果规范的详实指引。精细化立法因存在"立法定位模糊、功能缺失以及观念滞后等"缺陷,③往往被诸多学者所诟病。在精细化的立法研究

① 刘韩:《人工智能简史》,人民邮电出版社 2018 年版,第 65 页。
② 孙建保:《刑法中的社会危害性理论研究》,上海人民出版社 2016 年版,第 233 页。
③ 陈伟、蔡荣:《刑法立法的类型化表述及其提倡》,《法制与社会发展》2018 年第 2 期,第 116 页。

理念下,科技知识的长足发展、自身领域的技术专业性缺乏以及风险社会的潜在诱因,会导致刑法精细立法的目光狭隘与现实司法实践需求之间的内生性冲突。而人工智能的刑事风险定位目前尚存在较多争议,人工智能技术的分类方法在科技界也存在可探讨空间。① 但是,这并不影响刑法立法对人工智能刑事风险法益侵害性的整体把握,因为技术性理念的立法融合并不要求对智能科技发展的技术运用原理进行解释,只需在通用技术手段的基础理解下进行刑事技术立法便可。例如,刑事立法不需要表明人工智能技术发展不同阶段下犯罪行为的发展过程,以及解释为何人工智能犯罪会产生危害结果发展过程的间隔性和隐蔽性,因为其本可以归属为犯罪学和刑法教义学的研究视域。人工智能犯罪的刑法立法类型化,只需明确界定不同危害行为属性阶段化的人工智能犯罪,对法益侵害的程序性差异在量刑幅度上的区分即可。

二、立法模式:聚焦人工智能犯罪发展的全过程

随着人工智能技术研究的如火如荼,智能机器已经悄然地步入现实生活之中,并潜移默化地影响着关联性管理制度的发展。随着一系列人工智能技术创新战略以及自动驾驶汽车的制度规范出台,人工智能风险已经成为一种不可否认的科技风险新类型。对此,笔者在明确人工智能风险新类型的基本属性定位之后,随之而来的便是探讨刑法立法层面的规范应对。在参考计算机系统犯罪与信息网络犯罪立法模式之后,其中的优劣得失显而易见,这也为人工智能犯罪的刑法立法奠定了良好的理论基础。人工智能犯罪是技术性理念与高风险危害共存的失范行为,其中在规范科技创新发展的同时,亦应当考虑到法律治理的边界问题。信

---

① 譬如,智能科技界有的学者认为人工智能存在"弱人工智能、强人工智能和超人工智能阶段";参见李开复:《人工智能》,文化发展出版社 2017 年版,第 115 页;See Sean Semmler, Zeeve Rose, "Artificial Intelligence: Application Today and Implications T-omorrow", Duke Law & Technology Review, Vol. 16, No. 1 (Winter, 2017-2018), pp. 85-99;而又有的学者认为仅有"弱人工智能和强人工智能"的技术阶段之差异。参见 Rosendo Abellera, Lakshman Bulusu, Oracle Business Intelligence with Machine Learning, Apre-ss, 2018, p. 3。

息数据作为智能机器运作的物质来源,合理正当地使用信息数据是新时代科技法律治理所倡导的。

在刑事法领域,如何界定因数据权利适用不当所致的人工智能刑事风险,是人工智能犯罪规制模式的关注重点。"无论是立法者还是研究者,在讨论个人数据权利配置时,都应当注意协调多方的利益关系,"[①]而数据权利配置应建立在审慎履行人工智能刑事风险最大化预见可能的基础之上。"人机交互性"作为人工智能犯罪的独特属性,相应地,制度构建应当从数据系统的危害行为着手进行。基于此,利用人工智能机器所进行的传统犯罪行为并非为本章关注和探讨的重点内容,其亦非属于人工智能刑事风险所要探讨的新类型。根据前文对人工智能犯罪结果类型的探讨,人工智能犯罪的法益侵害在于智能技术的研发和监管阶段、智能产品的制造和销售阶段以及使用和管理阶段具体化的抽象危险和具体实害。具体而言:

1. 风险创设的初始环节:技术研发阶段和监管阶段。人工智能产品的安全性取决于"深度学习"的算法质量,以及它所学习的数据集的完整程度。再深度挖掘,自主学习的算法质量则来源于智能系统对外界环境变化的感知能力和应对能力。在技术研发和监管阶段,如果法律允许放任存在系统漏洞的智能科技流入制造和使用环节,无异于间接支配和控制着严重危害肆意侵蚀国民的整体安全感。诚如,有学者认为:"对于人工智能引发的现代性的负面影响,有必要采取风险措施,即预防性行为和因应性制度"。[②]　其中,预防型和因应性制度要求探寻人工智能刑事风险的最初源头。

基于此,笔者认为技术研发阶段和监管阶段,应当成为预防型人工智能刑事风险的初始环节。对于技术研发行为,由于受制于生产伪劣产品罪、投放危险物质罪等罪状模式设置的法益类型、行为手段以及主体身份的限制,目前现行刑法缺乏单独的对研发人员主观意志内技术生产的可控漏洞行为的规制模式。而此类故意、过失制造技术风险的行为在未来

---

① 程啸:《论大数据时代的个人数据权利》,《中国社会科学》2018 年第 3 期,第 122 页。
② 吴汉东:《人工智能时代的制度安排与法律规制》,《法律科学》2017 年第 5 期,第 128 页。

的人工智能时代将会逐渐显现出来,目前刑法立法的设置却对此捉襟见肘。[①] 因此,笔者认为可单独设置非法制造技术风险罪与过失制造科技风险罪。其中,责任主体为科技的研发者,而研发者往往以一个团队的形式存在,因而划分团队内部的技术研发的作用力完全是有必要的。但对此,有学者也担心若分别依据团队内部技术研发人员的不同作用力,追究相应的刑事责任,会存在量刑过轻和消解业务监督、协作机制的发挥等诸多弊端。[②] 出现此类立法担忧并非庸人自扰,也情有可原。但其忽略了互相监督、协助的工作义务缺失何尝不是一种研发工作的渎职行为? 关键在于刑事立法应当在模式塑造时明确智能技术研发团队的内部监督、协作的义务性要求。两类罪名的危害行为模式应当为技术漏洞的故意、过失制造行为,并可以单独设置单位犯罪。其中,系统瑕疵的结果"已经预见"不是一种抽象的"预见",而是认为智能机器人在未来可能会危害到人类社会,并且该种"预见"是可推测到的具体内容,即预见到自己研发或使用的智能机器人,在投入使用后可能会实施严重危害社会的犯罪行为。基于此,则可以成立相关过失犯罪,并让其承担刑事责任。[③]

政府监督是严密科技治理与建立法治监督体系的主导。[④] 对于人工智能产品研发的监管行为,行政监管者和风险监测部门的测评者应当谨慎和严格履行智能风险监控和测试行为。否则因严重职责疏忽或者明定的放任故意,促使漏洞存在的智能技术进入流通制造、销售环节,造成国家利益、公共利益或者公民的人身和财产损失的,应当被评价为一种滥用职权或者玩忽职守行为。对于模式构建的大体方向可借鉴刑法第 408 条的环境监管失职罪和食品监管失职罪,对造成大规模智能刑事风险损害的,界定不

---

① 刑法第 125 条的非法制造危险物质罪中的"危险物质"仅限于毒害性、放射性、传染病病原体以及与上述物质存在相当属性的物质,人工智能产品研发过程中故意、过失制造的系统漏洞无法被涵盖在其中。无独有偶,刑法第 136 条的危险物品肇事罪同样存在前述问题。而投放危险物质罪则由于投放行为种类的问题,致使"投放"无法包容人工智能风险的制造行为。

② 参见刘宪权:《人工智能时代刑事责任与刑罚体系的重构》,《政治与法律》2018 年第 3 期,第 92 页。

③ 参见刘宪权:《人工智能时代刑事责任与刑罚体系的重构》,《政治与法律》2018 年第 3 期,第 92 页。

④ 徐汉明、张新平:《网络社会治理的法治模式》,《中国社会科学》2018 年第 2 期,第 69 页。

同于玩忽职守罪和滥用职权罪的法定刑模式,提高基本法定刑,提升入罪标准。对造成公私财产重大损失、人身伤亡严重后果的,设置科技监管失职罪;对于故意放任智能漏洞行为,设置放纵不符合技术标准的科技产品罪。

2. 技术风险的流通环节:机器的制造和销售阶段。在目前既有的人工智能刑事风险应对理念的探讨之中,有观点认为应当加快建构研发者和使用者的刑事义务体系。[①]但是对于智能机器的销售和制造环节的研究仍尚存空缺,"技术固然沿着自己的规律在前行,但其进化进程也受到了人类需求的直接影响。"[②]这一直接影响不仅来源于技术的研发和监督过程,还受制于技术研发过后的机器制造和销售阶段存留的智能刑事风险。以人类需求作为产品制造和销售的导向标,能够调控智能技术研发的基础进程。比如,固然智能研发技术的缜密操作和监督环节的严格履行,能够一定程度地提前消除人工智能风险的侵蚀,但不可否认的是,仍然可能存在着智能技术转化为生活产品之后,不按照智能产品的设计标准和程序去制造以及销售过程中因不定期检修,造成算法系统紊乱的现象出现,继而导致存在诸多安全隐患的不合格智能产品流通于现实生活之中。如此一来,必将导致人类对于智能技术产品的需求与渴望不会那么强烈,进而挫败国家对人工智能技术的战略支持。

有鉴于此,笔者认为可以单独设置生产、销售不符合安全标准的人工智能产品罪。考虑到人工智能产品在社会实践中已经存在取代人类活动的可移动智能机器人,因而,该种安全标准不应当以符合保障使用者的人体健康、财产健康为标准,而应当以保障不特定多数人的人身、财产安全利益保障为基础标准。除此之外,此类犯罪应当不同于刑法第146条生产、销售不符合安全标准的产品罪的实害犯的模式设置,而采取"准抽象危险犯"的模式,对其"足以"造成的后续产品使用和管理阶段的危害结果,无需附加具体危险犯的现实、具体、紧迫的危险。因为,在制造和销售过程中,瑕疵智能产品危害结果的出现具有一定的间隔性和潜伏期,对于明显不符合人工智能产品的国家标准和行业标准的,应当被认定为人工

① 参见刘宪权、朱彦:《人工智能时代对传统刑法理论的挑战》,《上海政法学院学报》2018年第2期,第46—47页。
② 牟怡:《传播的进化:人工智能将如何重塑人类的交流》,清华大学出版社2017年版,第5页。

智能刑事犯罪的一种"准抽象危险"。

3. 使用环节：产品的使用和管理阶段。在人工智能产品使用和管理阶段，针对人工智能刑事风险的行为规制，应当单独设置非法滥用科技产品罪和过失使用科技产品罪。其中，责任主体分别为科技产品的使用者、管理者和再利用者[①]；危害行为模式为科技产品的不正当使用、处置与随意再利用，主观上系故意或过失造成危害结果的发生，同时亦需要单独设置单位犯罪类型。在初始系统无任何风险漏洞的情况下，人工智能使用者、管理者和再利用者应当审慎按照合法、合规的使用方法进行操作，如果人为故意损坏或者过失致使人工智能深度学习系统功能，最终导致发生严重危害结果的，则应当将这一结果评价为"人为续造风险"。而对于人工智能刑事风险的具体类型评价，应当结合行为人行为时的主观心理状态，具体适用非法滥用科技产品罪或过失使用科技产品罪。但是，人工智能产品使用和再利用阶段，刑事风险的理性评判主要在于，审慎评价智能编程的后续失范行为，按照行为人理当认知的系统操作程序进行科学认定。对于使用过程中，因智能系统自主功能损耗导致严重危害结果发生的，应当排除犯罪成立。[②]

第六节　本章小结

"网络社会技术治理与法律的二元共治"的基本模式已经开始渐入部分学者的研究视角，[③]而刑法立法技术性思维模式的专门研究，目前为止

[①] 此处的"再利用行为"是指，行为人明知或者应当知道人工智能产品的合理使用期限，在超过规定使用期限范围的情况下，行为人仍然继续使用，并且不施加任何防范措施（如再次接受技术风险评估和产品定期检修），而放任危害结果发生的行为。
[②] 参见［德］冈特·施特拉腾韦特、洛塔尔·库伦：《刑法总论 I——犯罪论》，杨萌译，法律出版社 2006 年版，第 261、405 页。当然对于人工智能产品的自主性功能损耗，使用者和管理者也具有排查义务，但是脱离现有的技术去认定刑事法层面的危害结果，则增加了行为人认识不法程度的危险情况。
[③] 例如，郑智航教授认为：随着网络技术发展的日新月异，网络社会的法律治理关注技术性理念，是出于对"并行化治理、吸收化治理和多利益攸关方治理三种基本共治模式"的考虑。参见郑智航：《网络社会法律治理与技术治理的二元共治》，《中国法学》2018 年第 2 期，第 125 页。

仍鲜有学者涉足。人工智能时代的来临,意味着科技发展水平已经不仅仅局限于互联网技术平台的区域研究。大数据分析的集合化、模块化以及自主化,促使人工智能之下的法益侵害呈现出网络刑法治理方式的背离趋势。人工智能"人机交互性"应当被视为人工智能犯罪体系独立化的一种论证依据,"人机交互性"表明算法歧视数据的形成和输入模式、危害行为操作过程以及法益侵害结果的衍生,在相当程度上能够形成人机一体化。因而,刑法立法应当摆正人工智能犯罪立法模式的塑造方向,明确"科技犯罪"作为一种上位概念,取代网络犯罪这一"大杂烩"系统。在科技犯罪的宏观框架下,采取类型化思维,以软件技术的运用和开发为中心,以科技发展的时间背景为轴线,可以形成"计算机系统犯罪—信息网络犯罪—人工智能犯罪"三足鼎立的刑法规制模式。相应地,国家对人工智能技术开发战略的支持与制度规范的相应设计,都要求我们在未来人工智能犯罪的立法体系中,避免将人工智能犯罪纳入网络犯罪的框架之中,以实现科技犯罪的技术性理念融合与模块区分。

　　基于对人工智能犯罪"人机交互性"的技术危害特性分析,需要确立阶段化的刑法立法制度规划,并贯穿人工智能刑事风险立法规制的整体过程。概言之,具体体现在人工智能刑事风险的三个不同阶段:首先,在"技术研发阶段和监管阶段"属于风险创设的初始环节,现行刑法可区分法益侵害程度,并设置相应的罪名。对造成公私财产重大损失、人身伤亡严重后果的,设置"科技监管失职罪";对于故意放任智能漏洞行为,设置"放纵不符合技术标准的科技产品罪"。其次,在"机器制造和销售阶段"的流通环节,可以单独设置"生产、销售不符合安全标准的人工智能产品罪"。最后,在"产品使用和管理阶段"的使用环节,可单独设置"非法滥用科技产品罪"和"过失使用科技产品罪",与之对应的责任主体分别为科技产品的使用者、管理者和再利用者。

参考文献

一、国外译著

1. [美]本杰明·N.卡多佐：《法律科学的悖论》，劳东燕译，北京大学出版社 2016 年版。

2. [美]E.博登海默：《法理学：法律哲学与法律方法》，邓正来译，中国政法大学出版社 1999 年版。

3. [美]E.博登海默：《法理学：法律哲学与法律方法》，邓正来译，中国政法大学出版社 2004 年版。

4. [美]R.K.莫顿：《科学社会学》，鲁旭东译，商务印书馆 2003 年版。

5. [美]道格拉斯·胡萨克：《过罪化及刑法的限制》，姜敏译，中国法制出版社 2015 年版。

6. [美]罗斯科·庞德：《法律史解释》，邓正来译，中国法制出版社 2002 年版。

7. [美]劳伦斯·M.弗里德曼：《法律制度——从社会科学角度观察》，李英、林欣译，中国政法大学出版社 2004 年版。

8. [美]哈波特·L.帕克：《刑事制裁的界限》，梁根林译，法律出版社 2008 年版。

9. [美]亚历山大·汉密尔顿、约翰·杰伊、詹姆斯·麦迪逊：《联邦党人文集》，张晓庆译，中国社会科学出版社 2009 年版。

10. [美]乔尔·范伯格：《刑法的道德界限：无害的不法行为》（第四卷），方泉译，商务印书馆 2015 年版。

11. [美]富勒：《法律的道德性》，郑戈译，商务印书馆 2005 年版。

12. [美]庞德：《法律的任务》，童世忠译，商务印书馆 1984 年版。

13. [美]庞德：《通过法律的社会控制》，沈宗灵译，商务印书馆 1984 年版。

14. [美]布赖恩·Z.塔玛纳哈：《法律工具主义：对法治的危害》，陈虎、杨洁译，北京大学出版社 2016 年版。

15. [美]理查德·A. 波斯纳：《超越法律义》，苏力译，北京大学出版社 2016 年版。

16. [美]理查德·A. 波斯纳：《法律、实用主义与民主》，凌斌、李国庆译，中国政法大学出版社 2005 年版。

17. [美]大卫·梅林科夫：《法律的语言》，廖美珍译，法律出版社 2014 年版。

18. [美]罗伯特·K. 默顿：《社会理论和社会结构》，唐少杰、齐心等译，译林出版社 2017 年版。

19. [美]劳拉·昆兰蒂罗：《赛博犯罪——如何防范计算机犯罪》，王涌译，江西教育出版社 1999 年版。

20. [美]迈克尔·D. 贝勒斯：《法律的原则——一个规范的分析》，张文显等译，中国大百科全书出版社 1996 年版。

21. [美]雷·库兹韦尔：《人工智能的未来：揭示人类思维的奥妙》，盛杨燕译，浙江人民出版社 2016 年版。

22. [美]玛丽安·康斯特布尔：《正义的沉默——现代法律的局限性与可能性》，曲广娣译，北京大学出版社 2011 年版。

23. [美]凯斯·R. 桑斯坦：《恐惧的规则——超越预防原则》，王爱民译，北京大学出版社 2011 年版。

24. [美]伯纳德·施瓦茨：《美国法律史》，苏彦新等译，中国政法大学出版社 1990 年版。

25. [日]西田典之：《日本刑法总论》(第 2 版)，王昭武、刘明祥译，法律出版社 2013 年版。

26. [日]佐伯仁志：《制裁论》，丁胜明译，北京大学出版社 2018 年版。

27. [日]大塚仁：《刑法概说(总论)》，冯军译，中国人民大学出版社 2009 年版。

28. [日]大塚仁：《犯罪论的基本问题》，冯军译，中国政法大学出版社 1993 年版。

29. [日]西原春夫：《刑法的根基与哲学(增补版)》，顾肖荣等译，中国法制出版社 2017 年版。

30. [日]西原春夫：《日本刑事法的形成与特色——日本法学家论日本刑事法》，李海东等译，法律出版社 1997 年版。

31. [日]松尾浩也：《刑事法学的地平》，有斐阁 2006 年版。

32. [日]山口厚：《刑法总论》，付立庆译，中国人民大学出版社 2018 年版。

33. [日]松宫孝明：《刑法总论讲义》，钱六叶译，中国人民大学出版社 2013 年版。

34. [日]前田雅英：《刑法总论讲义》，曾文科译，北京大学出版社 2017 年版。

35. [日]泷川幸辰：《犯罪论序说》，王泰译，中国人民公安大学出版社 2004 年版。

36. 〔日〕关哲夫:《现代社会中法益论的课题》,王充译,法律出版社 2008 年版。

37. 〔日〕大谷实:《刑法讲义各论》,黎宏译,中国人民大学出版社 2008 年版。

38. 〔德〕黑格尔:《法哲学原理》,范杨、张企泰译,商务印书馆 1961 年版。

39. 〔德〕乌尔里希·齐白:《全球风险社会与信息社会中的刑法》,周遵友、江溯译,中国法制出版社 2012 年版。

40. 〔德〕冈特·施特拉腾韦特、洛塔尔·库伦:《刑法总论Ⅰ——犯罪论》,杨萌译,法律出版社 2006 年版。

41. 〔德〕阿特斯兰德:《经验性社会研究方法》,李路路、林克雷译,中央文献出版社 1995 年版。

42. 〔德〕托马斯·莱赛尔:《法社会学基本问题》,王亚飞译,法律出版社 2014 年版。

43. 〔德〕古斯塔夫·拉德布鲁赫:《法哲学》,王朴译,法律出版社 2013 年版。

44. 〔德〕约翰内斯·韦塞尔斯:《德国刑法总论》,李昌珂译,法律出版社 2016 年版。

45. 〔德〕汉斯·韦尔策尔:《目的行为论导论——刑法理论的新图景(增补版)》,陈璇译,中国人民大学出版社 2015 年版。

46. 〔德〕恩斯特·贝林:《构成要件理论》,王安异译,中国人民公安大学出版社 2006 年版。

47. 〔德〕埃里克·希尔根多夫:《德国刑法学:从传统到现代》,江溯、黄笑岩译,北京大学出版社 2017 年版。

48. 〔德〕克劳斯·罗克辛:《德国刑法学总论(第 1 卷)》,王世洲译,法律出版社 2005 年版。

49. 〔德〕卡尔·马克思:《马克思恩格斯全集》第 1 卷,中共中央马克思恩格斯列宁斯大林著作编译局译,人民出版社 2001 年版。

50. 〔德〕弗里德利希·冯·哈耶克:《自由秩序原理》,邓正来译,生活·读书·新知三联书店 1997 年版。

51. 〔德〕伽达默尔:《真理与方法》,洪汉鼎译,上海译文出版社 2004 年版。

52. 〔德〕克劳斯·罗克辛:《德国刑法学总论》(第 1 卷)序言,王世洲译,法律出版社 2005 年版

53. 〔德〕亚图·考夫曼:《类推与“事物本质”——兼论类型理论》,吴从周译,学林文化事业有限公司 1999 年版。

54. 〔德〕冯·李斯特:《论犯罪、刑罚与刑事政策》,徐久生译,北京大学出版社 2016 年版。

55. 〔德〕卡尔·拉伦茨:《法学方法论》,陈爱娥译,商务印书馆 2016 年版。

56. [德]英格博格：《法律思维小课堂》，蔡圣伟译，北京大学出版社 2011 年版。

57. [德]鲁道夫·冯·耶林：《法学是一门科学吗?》，李君韬译，法律出版社 2010 年版。

58. [德]海因里希·罗门：《自然法的观念史与哲学》，姚中秋译，上海三联书店 2007 年版。

59. [德]安塞尔姆·里特尔·冯·费尔巴哈：《德国刑法教科书》，徐久生译，中国方正出版社 2010 年版。

60. [德]阿图尔·考夫曼、温弗里德·哈斯默尔主编：《当代哲学和法律理论导论》，郑永流译，法律出版社 2013 年版。

61. [德]阿图尔·考夫曼：《法律哲学》，刘幸义译，法律出版社 2011 年版。

62. [英]约翰·斯图亚特·穆勒：《功利主义》，徐大建译，商务印书馆 2014 年版。

63. [英]科林·斯科特：《规制、治理与法律：前沿问题研究》，安永康译，清华大学出版社 2018 年版。

64. [英]弗里德利希·冯·哈耶克：《法律、立法与自由》（第一卷），邓正来、张守东、李静冰译，中国大百科全书出版社 2000 年版。

65. [英]吉米·边沁：《立法理论》，李贵方等译，中国人民大学出版社 2003 年版。

66. [英]朱利安·罗伯茨、麦克·豪夫：《解读社会公众对刑事司法的态度》，李明琪等译，中国人民公安大学出版社 2009 年版。

67. [英]保罗·维诺格拉多夫：《历史法学导论》，徐震宇译，中国政法大学出版社 2012 年版。

68. [英]伯特兰·罗素：《权力论》，靳建国译，东方出版社 1988 年版。

69. [英]梅因：《古代法》，沈景一译，商务印书馆 1959 年版。

70. [英]蒂莫西·A.O.恩迪科特：《法律中的模糊性》，程朝阳译，北京大学出版社 2010 年版。

71. [英]安东尼·吉登斯：《社会的构成：结构化理论纲要》，李康、李猛译，中国人民大学出版社 2017 年版。

72. [英]威廉·葛德文：《政治正义论(下卷)》，何慕李译，商务印书馆 1980 年版。

73. [英]哈特：《法律的概念》，许家馨、李冠宜译，法律出版社 2006 年版。

74. [英]布莱恩·H.比克斯：《牛津法律理论词典》，邱昭继译，法律出版社 2007 年版。

75. [英]Tomas L. Pangle：《孟德斯鸠的自由主义哲学——〈论法的精神〉疏证》，胡兴建、郑凡译，华夏出版社 2016 年版。

76. 〔英〕芬巴尔·利夫西：《后全球化时代：世界制造与全球化未来》，王吉美、房博博译，中信出版集团 2018 年版。

77. 〔意〕恩里科·菲利：《犯罪社会学》，郭建安译，中国人民公安大学出版社 1990 年版。

78. 〔意〕切萨雷·贝卡利亚：《论犯罪与刑罚》，黄风译，北京大学出版社 2008 年版。

79. 〔意〕杜里奥·帕多瓦尼：《意大利刑法学原理（注评版）》，陈忠林译评，中国人民大学出版社 2009 年版。

80. 〔法〕卢梭：《社会契约论》，何兆武译，商务印书馆 1982 年版。

81. 〔法〕奥古斯特·孔德：《论实证精神》，黄建华译，北京联合出版公司 2013 年版。

82. 〔阿塞拜疆〕H. M. 拉基莫夫：《犯罪与刑罚哲学》，王志华、丛凤玲译，中国政法大学出版社 2016 年版。

83. 〔瑞〕索朗热·戈尔纳奥提：《网络的力量：网络空间中的犯罪、冲突与安全》，王标、谷明菲、王芳译，北京大学出版社 2018 年版。

二、中文著作

1. 高铭暄、赵秉志：《新中国刑法立法文献资料总览》，中国人民公安大学出版社 1998 年版。

2. 高铭暄：《中华人民共和国刑法的孕育诞生和发展完善》，北京大学出版社 2015 年版。

3. 高铭暄、马克昌主编：《刑法学》，北京大学出版社、高等教育出版社 2016 年版。

4. 高铭暄、马克昌：《中国刑法解释》，中国社会科学出版社 2005 年版。

5. 高铭暄、马克昌主编：《刑法学》（上编），中国法制出版社 1999 年版。

6. 马克昌：《刑法学》，北京大学出版社 2016 年版。

7. 马克昌：《宽严相济刑事政策研究》，清华大学出版社 2012 年版。

8. 陈兴良：《本体刑法学》，中国人民大学出版社 2017 年版。

9. 陈兴良：《走向哲学的刑法学》（第 2 版），法律出版社 2008 年版。

10. 陈兴良、周光权：《刑法学的现代展开 II》，中国人民大学出版社 2015 年版。

11. 陈兴良：《刑法的人性基础》，中国人民大学出版社 2017 年版。

12. 陈兴良：《刑法哲学》，中国政法大学出版社 1997 年版。

13. 陈兴良：《中国案例指导制度研究》，北京大学出版社 2014 年版。

14. 赵秉志：《刑法修改研究综述》，中国人民公安大学出版社 1990 年版。

15. 赵秉志：《刑事法时评（第 4 卷）》，中国法制出版社 2012 年版。

16. 赵秉志：《刑法解释研究》，北京大学出版社 2007 年版。

17. 张明楷：《日本刑法典》，法律出版社 2006 年版。

18. 张明楷：《刑法格言的展开》，北京大学出版社 2013 年版。

19. 张明楷：《刑法学》（上册），法律出版社 2016 年版。

20. 张明楷：《刑法学》（下册），法律出版社 2016 年版。

21. 张明楷：《刑法分则的解释原理》，中国人民大学出版社 2011 年版。

22. 张明楷：《行为无价值论与结果无价值论》，北京大学出版社 2012 年版。

23. 张明楷：《法益初论》，中国政法大学出版社 2000 年版。

24. 张明楷：《责任刑与预防刑》，北京大学出版社 2015 年版。

25. 张明楷：《外国刑法纲要》，清华大学出版社 2016 年版。

26. 周光权：《刑法各论》，中国人民大学出版社 2016 年版。

27. 周光权：《法治视野中的刑法客观主义》（第二版），法律出版社 2013 年版。

28. 杨新京：《刑法修正案与立法解释》，中国检察出版社 2005 年版。

29. 陈忠林：《刑法散得集》，法律出版社 2003 年版。

30. 李永升：《刑法总论》，法律出版社 2016 年版。

31. 陈伟：《人身危险性研究》，法律出版社 2010 年版。

32. 风笑天：《社会研究方法》，中国人民大学出版社 2013 年版。

33. 于兆波：《立法决策论》，北京大学出版社 2005 年版。

34. 于志刚、郭旨龙：《信息时代犯罪定量标准的体系化构建》，中国法制出版社 2013 年版。

35. 谢望原等：《英国刑事制定法精要（1351—1997）》，中国人民公安大学出版社 2003 年版。

36. 李春雷、张鸿巍：《外国刑法学概论》，北京大学出版社 2011 年版。

37. 张旭等：《澳大利亚联邦刑法典》，北京大学出版社 2006 年版。

38. 李希慧：《中国刑事立法研究》，人民日报出版社 2005 年版。

39. 郭义贵、方立新：《外国法制史》，清华大学出版社 2010 年版。

40. 黄道秀：《俄罗斯联邦刑法典》，北京大学出版社 2008 年版。

41. 刘仁文等：《美国模范刑法典及其评注》，法律出版社 2005 年版。

42. 利子平：《刑法司法解释瑕疵研究》，法律出版社 2014 年版。

43. 郭立新：《刑法立法正当性研究》，中国检察出版社 2005 年版。

44. 汪太贤：《中国宪法学》，法律出版社 2011 年版。

45. 徐久生、庄敬华：《德国刑法典》，中国方正出版社 2004 年版。

46. 许玉秀：《当代刑法思潮》，中国民主法制出版社 2005 年版。

47. 胡玉鸿：《法学方法论导论》，山东人民出版社 2002 年版。

48. 喻海松：《刑法的扩张》，人民法院出版社 2015 年版。

49. 郭旨龙等：《网络犯罪公约的修正思路》，中国法制出版社 2016 年版。

50. 梁根林：《刑法方法论》，北京大学出版社 2006 年版。

51. 白建军：《刑法规律与量刑实践——刑法现象的大样本考察》，北京大学出版社 2011 年版。

52. 白建军：《法律实证研究方法》，北京大学出版社 2014 年版。

53. 季卫东：《法治秩序的建构》（增补版），商务印书馆 2014 年版。

54. 季卫东：《大变局下的中国法治》，北京大学出版社 2013 年版。

55. 黄太云：《刑法修正案解读全编》，人民法院出版社 2015 年版。

56. 陈瑞华：《论法学研究方法》，法律出版社 2017 年版。

57. 臧铁伟、李寿伟：《中华人民共和国刑法修正案（九）条文说明、立法理由及相关规定》，北京大学出版社 2015 年版。

58. 周长康：《市场经济与犯罪控制》，中国发展出版社 1994 年版。

59. 亢犁、杨宇霞：《地方政府管理》，西南师范大学出版社 2015 年版。

60. 郝艳兵：《风险刑法：以危险犯为中心的展开》，中国政法大学出版社 2012 年版。

61. 李世军：《我国跨境就业立法研究》，中国科学技术大学出版社 2012 年版。

62. 孙景仙、安永勇：《网络犯罪研究》，知识产权出版社 2006 年版。

63. 莫晓宇：《涉众型犯罪研究》，中国人民大学出版社 2015 年版。

64. 费孝通：《社会调查自白》，知识出版社 1985 年版。

65. 汪明亮：《道德恐慌与过剩犯罪化》，复旦大学出版社 2014 年版。

66. 孙战国：《犯罪化基本问题研究》，中国法制出版社 2013 年版。

67. 茅仲华：《刑罚代价论》，法律出版社 2013 年版。

68. 叶传星：《转型社会中的法律治理——当代中国法治进程的理论检讨》，法律出版社 2012 年版。

69. 蒋红珍：《论比例原则——政府规制工具选择的司法评价》，法律出版社 2010 年版。

70. 许玉镇：《比例原则的法理研究》，中国社会科学出版社 2009 年版。

71. 姜昕：《比例原则研究——一个宪政的视角》，法律出版社 2008 年版。

72. 徐国祥主编：《统计预测和决策》（第二版），上海财经大学出版社 2005 年版。

73. 龙腾云：《刑罚进化研究》，法律出版社 2014 年版。

74. 王爱声：《立法过程：制度选择的进路》，中国人民大学出版社 2009 年版。

75. 汪全胜：《立法后评估研究》，人民出版社 2012 年版。

76. 李翔：《刑法解释的利益平衡问题研究》，北京大学出版社 2015 年版。

77. 李道军：《法的应然与实然》，山东人民出版社 2001 年版。

78. 张志铭：《法律解释操作分析》，中国政法大学出版社 1998 年版。

79. 李培传：《论立法》，中国法制出版社 2013 年版。

80. 张甘妹：《刑事政策》，三民书局 1979 年版。

81. 李立众：《刑法一本通》，法律出版社 2016 年版。

82. 李国如：《罪刑法定原则视野中的刑法解释》，中国方正出版社 2001 年版。

83. 齐文远、周详：《刑法司法解释立法化问题研究》，中国人民公安大学出版社 2010 年版。

84. 陈刚：《刑法司法解释问题研究》，中国政法大学出版社 2014 年版。

85. 贾济东：《外国刑法学原理（大陆法系）》，科学出版社 2018 年版。

86. 孙晓东：《立法评估后的原理与应用》，中国政法大学出版社 2016 年版。

87. 周少华：《刑法理性与规范技术——刑法功能的发生机理》，中国法制出版社 2007 年版。

88. 于冲：《域外网络法律译丛·刑事法卷》，中国法制出版社 2015 年版。

89. 苏惠渔、孙万仁：《论国家刑权力》，北京大学出版社 2006 年版。

90. 朱景文：《法社会学》（第 2 版），中国人民大学出版社 2009 年版。

91. 蔡道通：《刑事法治的基本立场》，北京大学出版社 2008 年版。

92. 王俊平：《〈公民权利和政治权利国际公约〉与中国刑法立法：域外的经验和启示》，知识产权出版社 2013 年版。

93. 刘雪明：《政策运行过程研究》，江西人民出版社 2005 年版。

94. 刘远：《刑法本体论及其展开》，中国人民公安大学出版社 2007 年版。

95. 雷小政：《民生与民声——刑事法的返璞归真》，法律出版社 2012 年版。

96. 车明珠：《民生刑法观导论》，知识产权出版社 2015 年版。

97. 邵彦铭：《食品安全犯罪治理的刑事政策研究》，中国政法大学出版社 2014 年版。

98. 舒洪水：《食品安全犯罪的罪与罚》，中国政法大学出版社 2014 年版。

99. 焦艳鹏：《刑法生态法益论》，中国政法大学出版社 2012 年版。

100. 安柯颖：《生态刑法的基本问题》，法律出版社 2014 年版。

101. 吴忠民：《走向公正的中国社会》，山东人民出版社 2008 年版。

102. 沈德咏：《〈刑法修正案（九）〉条文及配套司法解释理解与适用》，人民法院出版社 2016 年版。

103. 黄泽林：《网络犯罪的刑法适用》，重庆出版社 2005 年版。

104. 罗传贤：《立法程序与技术》，台湾五南图书出版社公司 2005 年第 3 版。

105. 刘作翔：《迈向民主与法治的国度》，山东人民出版社 1999 年版。

106. 李振宇：《法律语言学初探》，法律出版社 1998 年版。

107. 王世洲：《现代刑法学（总论）》，北京大学出版社 2011 年版。

108. 徐育安：《刑法上类推禁止之生与死》，春风煦日论坛 1998 年版。

109. 张建军：《刑法中不明确概念类型化研究》，法律出版社 2016 年版。

110. 何士青、徐勋：《科技异化及其法律治理——基于以人为本的视角》，中国社会科学出版社 2010 年版。

111. 陆学艺：《当代中国社会结构》，社会科学文献出版社 2010 年版。

112. 阴建峰等：《刑事立法过程中公民参与问题研究》，人民邮电出版社 2017 年版。

113. 余来文等：《智能革命：人工智能、万物互联与数据应用》，经济管理出版社 2017 年版。

114. 徐明：《生命科技问题的法律规制研究》，武汉大学出版社 2016 年版。

115. 劳东燕：《风险社会中的刑法：社会转型与刑法理论的变迁》，北京大学出版社 2015 年版。

116. 丁春燕：《网络社会法律规制论》，中国政法大学出版社 2016 年版。

117. 曲新久：《刑事政策的权力分析》，中国政法大学出版社 2002 年版。

118. 刘长秋：《生命科技犯罪及现代刑事责任理论与制度研究》，上海世纪出版集团 2011 年版。

119. 胡凌：《网络法的政治经济起源》，上海财经大学出版社 2016 年版。

120. 白泉民：《中外刑罚执行监督与人权保护》，中国检察出版社 2007 年版。

121. 冯军：《刑事责任论》，社会科学文献出版社 2017 年版。

122. 古承宗：《刑法的象征化与规制理性》，元照出版有限公司 2017 年版。

123. 李开复：《人工智能》，文化发展出版社 2017 年版。

124. 杨雪冬：《风险社会与秩序重建》，社会科学文献出版社 2006 年版。

125. 杨兴培：《犯罪构成原论》，北京大学出版社 2014 年版。

126. 李彦宏：《智能革命——迎接人工智能时代的社会、经济与文化变革》，中信出版集团 2017 年版。

127. 郝英兵：《刑事责任论》，法律出版社 2016 年版。

128. 翟中东：《刑罚问题的社会学思考：方法及应用》，法律出版社 2010 年版。

129. 刘士心：《美国刑法中的犯罪论原理》，人民出版社 2010 年版。

130. 张道强：《中西刑法文化冲突与中国刑法近代化》，中国政法大学出版社 2015 年版。

131. 陈家林：《外国刑法：基础理论与研究动向》，华中科技大学出版社 2017 年版。

132. 黄荣坚：《基础刑法学》，中国人民大学出版社 2009 年版。

133. 王政勋：《刑法解释的语言论研究》，商务印书馆 2016 年版。

134. 刘少杰：《中国网络社会研究报告》，中国人民大学出版社 2018 年版。

135. 周其华、何苏民等：《刑法补充规定适用》，中国检察出版社 1995 年版。

136. 宋北平：《法律语言》，中国政法大学出版社 2012 年版。

137. 贾济东：《外国刑法学原理（大陆法系）》，科学出版社 2018 年版。

138. 夏燕：《网络空间的法理研究》，法律出版社 2016 年版。

139. 林山田：《刑法通论》，北京大学出版社 2012 年版。

140. 刘刚：《风险规制：德国的理论与实践》，法律出版社 2012 年版。

141. 付子堂：《法理学进阶（第四版）》，法律出版社 2013 年版。

142. 付子堂：《法理学初阶》，法律出版社 2013 年第 4 版。

143. 李怀胜：《刑法立法的国家立场》，中国政法大学出版社 2015 年版。

144. 周旺生：《立法学》，法制出版社 2009 年版。

145. 龚稼立：《刑法修正案（九）司法实务问题研究》，法律出版社 2016 年版。

146. 何勤华：《外国法制史》，法律出版社 2011 年版。

147. 罗结珍：《法国新刑法典》，中国法制出版社 2003 年版。

148. 姚龙兵：《刑法立法基本原则研究》，中国政法大学出版社 2014 年版。

三、期刊论文

1. 高铭暄：《浅谈〈刑法修正案九〉的创新点》，《人民法治》2016 年第 1 期。

2. 高铭暄：《20 年来我国刑事立法的回顾与展望》，《中国法学》1998 年第 6 期。

3. 马克昌：《论宽严相济刑事政策的定位》，《中国法学》2007 年第 4 期。

4. 陈兴良：《国家出资企业国家工作人员的范围及其认定》，《法学评论》2015 年第 4 期。

5. 陈兴良：《立法论的思考与司法论的思考——刑法方法论之一》，《人民检察》2009 年第 21 期。

6. 陈兴良：《刑法的刑事政策化及其限度》，《华东政法大学学报》2013 年第 4 期。

7. 陈兴良：《犯罪范围的扩张与刑罚结构的调整》，《法律科学》2016 年第 4 期。

8. 陈兴良：《死刑适用的司法控制——以首批刑事指导案例为视角》，《法学》2013年第 2 期。

9. 陈兴良：《风险刑法理论的法教义学批判》，《中外法学》2014 年第 1 期。

10. 陈兴良：《法的解释与解释的法》，《法律科学》1997 年第 4 期。

11. 陈兴良：《刑法教义学的发展脉络——纪念 1997 年刑法颁布二十周年》，《政治与法律》2017 年第 3 期。

12. 陈兴良：《寻衅滋事罪的法教义学形象：以起哄闹事为中心展开》，《中国法学》2015 年第 3 期。

13. 陈兴良：《刑法修正案的立法方式考察》，《法商研究》2016 年第 3 期。

14. 赵秉志：《〈刑法修正案〉(八)宏观问题探讨》，《法治研究》2011 年第 5 期。

15. 赵秉志：《当代中国刑法法典化研究》，《法学研究》2014 年第 6 期。

16. 赵秉志：《关于完善刑法典分则体系结构的新思考》，《法律科学》1996 年第 1 期。

17. 赵秉志、于志刚：《计算机犯罪及其立法和理论之回应》，《中国法学》2001 年第 1 期。

18. 赵秉志：《积极促进刑法立法的改革与完善》，《法学》2007 年第 9 期。

19. 赵秉志、金翼翔：《论刑罚轻缓化的世界背景与中国实践》，《法律适用》2012 年第 6 期。

20. 赵秉志：《当代中国刑罚改革制度论纲》，《中国法学》2008 年第 3 期。

21. 赵秉志：《和谐社会构建与宽严相济刑事政策的贯彻》，《吉林大学社会科学学报》2008 年第 1 期。

22. 赵秉志：《当代中国刑法体系的形成与完善》，《河南大学学报(社会科学版)》2010年第 6 期。

23. 张明楷：《网络时代的刑事立法》，《法律科学》2017 年第 3 期。

24. 张明楷：《日本刑法的发展及其启示》，《当代法学》2006 年第 1 期。

25. 张明楷：《网络时代的刑法理念——以刑法谦抑性为中心》，《人民检察》2015 年第 5 期。

26. 张明楷：《刑事立法的发展方向》，《中国法学》2006 年第 4 期。

27. 张明楷：《言论自由与刑事犯罪》，《清华法学》2016 年第 1 期。

28. 张明楷：《法益保护与比例原则》，《中国社会科学》2017 年第 7 期。

29. 张明楷：《终身监禁的性质与适用》，《现代法学》2017 年第 5 期。

30. 周光权：《转型时期刑法立法的思路与方法》，《中国社会科学》2016 年第 3 期。

31. 周光权：《积极刑法立法观在中国的确立》，《法治研究》2016 年第 4 期。

32. 周光权：《〈刑法修正案〉（九）（草案）的若干争议问题》，《法学杂志》2015 年第 5 期。

33. 周光权：《抽象性问题及其意义——对刑法领域法治立场的初步考察》，《中国社会科学》2001 年第 2 期。

34. 张文显：《新时代全面依法治国的思想、方略和实践》，《中国法学》2017 年第 6 期。

35. 刘宪权、胡荷佳：《论人工智能时代智能机器人的刑事责任能力》，《法学》2018 年第 1 期。

36. 刘宪权：《人工智能时代我国刑罚体系重构的法理基础》，《法律科学》2018 年第 4 期。

37. 刘宪权：《刑事立法应力戒情绪——以〈刑法修正案（九）〉为视角》，《法学评论》2016 年第 1 期。

38. 刘宪权：《网络犯罪的刑法应对新理念》，《政治与法律》2016 年第 9 期。

39. 刘宪权：《人工智能时代的"内忧""外患"与刑事责任》，《东方法学》2018 年第 1 期。

40. 刘宪权：《人工智能时代的刑事风险与刑法应对》，《法商研究》2018 年第 1 期。

41. 刘宪权：《人工智能时代刑事责任与刑罚体系的重构》，《政治与法律》2018 年第 3 期。

42. 刘宪权：《互联网金融股权众筹行为刑法规制论》，《法商研究》2015 年第 6 期。

43. 于志刚：《口袋罪的时代变迁、当前乱象与消减思路》，《法学家》2013 年第 3 期。

43. 于志刚：《三网融合视野下刑事立法的调整方向》，《法学论坛》2012 年第 4 期。

45. 于志刚：《网络空间中犯罪帮助行为的制裁体系与完善思路》，《中国法学》2016 年第 2 期。

46. 于志刚：《网络思维的演变与网络犯罪的制裁思路》，《中外法学》2014 年第 4 期。

47. 于志刚、吴尚聪：《我国网络犯罪发展及其立法、司法、理论应对的历史梳理》，《政治与法律》2018 年第 1 期。

48. 于志刚：《网络空间中犯罪预备行为的制裁思路与体系完善——截至〈刑法修正案（九）〉的网络预备行为规制体系的反思》，《法学家》2017 年第 6 期。

49. 于志刚：《网络犯罪的发展轨迹与刑法分则的转型路径》，《法商研究》2014 年第 4 期。

50. 于志刚：《网络"空间化"的时代演变与刑法对策》，《法学评论》2015 年第 2 期。

51. 劳东燕：《公共政策与风险社会的刑法》，《中国社会科学》2007 年第 3 期。

52. 劳东燕：《正当防卫异化与刑法系统的功能》，《法学家》2018 年第 4 期。

53. 劳东燕：《责任主义与过失犯中的预见可能性》，《比较法研究》2018 年第 2 期。

54. 劳东燕：《过失犯中预见可能性理论的反思与重构》，《中外法学》2018 年第 2 期。

55. 劳东燕：《功能主义刑法解释论的方法与立场》，《政法论坛》2018 年第 2 期。

56. 劳东燕：《转型中的刑法解释学》，《法商研究》2017 年第 6 期。

57. 劳东燕：《风险社会与功能主义的刑法立法观》，《法学评论》2017 年第 5 期。

58. 劳东燕：《能动主义与功能主义的刑法解释论》，《法学家》2016 年第 6 期。

59. 劳东燕：《事实因果与刑法中的结果归责》，《中国法学》2015 年第 2 期。

60. 劳东燕：《刑法学知识论的发展走向与基本问题》，《法学研究》2013 年第 1 期。

61. 刘伟：《风险社会语境下我国危害食品安全犯罪刑事立法的转型》，《中国刑事法杂志》2011 年第 11 期。

62. 刘艳红：《刑法修正案（八）的三大特点——与前七部修正案相比较》，《法学论坛》2011 年第 3 期。

63. 刘艳红：《象征性立法对刑法功能的损害——二十年来中国刑事立法总评》，《政治与法律》2017 年第 3 期。

64. 刘艳红：《网络时代言论自由的刑法边界》，《中国社会科学》2016 年第 10 期。

65. 刘艳红：《网络犯罪帮助行为正犯化之批判》，《法商研究》2016 年第 3 期。

66. 刘艳红：《网络时代刑法客观解释新塑造："主观的客观解释论"》，《法律科学》2017 年第 3 期。

67. 刘艳红：《刑法类型化概念与法治国原则之哲理》，《比较法研究》2003 年第 3 期。

68. 刘艳红：《我国应该停止犯罪化的刑事立法》，《法学》2011 年第 11 期。

69. 刘艳红：《刑法立法解释若干问题新析》，《华东政法大学学报》2007 年第 1 期。

70. 黄明儒：《论刑法立法的科学性》，《中南大学学报》2003 年第 1 期。

71. 黄明儒：《论刑法立法的合理性原则》，《国家检察官学院学报》2001 年第 3 期。

72. 姜涛：《立法事实论：为刑事立法科学化探索未来》，《法制与社会发展》2018 年第 1 期。

73. 姜涛：《关于三角刑法修正案的展望》，《江海学刊》2009 年第 6 期。

74. 姜涛：《宽严相济刑事政策的立法化及其实现》，《法律科学》2011 年第 6 期。

75. 谢望原、陈琴：《改革开放 30 年的刑事法制——以刑法立法为视角》，《法学论坛》2008 年第 6 期。

76. 谢望原、张宝：《〈刑法修正案（九）〉的亮点与不足》，《苏州大学学报》2015 年第 6 期。

77. 刘仁文：《宽严相济刑事政策研究》，《当代法学》2008 年第 1 期。

78. 刘仁文、敦宁：《醉驾入刑五年来的效果、问题与对策》，《法学》2016 年第 12 期。

79. 齐文远、夏凉：《徘徊于传统与现代之间的刑法观——以创新社会治理体系为视角》，《武汉大学学报》2015 年第 1 期。

80. 齐文远、苏彩霞：《刑法中类型思维之提倡》，《法律科学》2010 年第 1 期。

81. 孙万怀：《违法相对性理论的崩溃——对刑法前置化立法倾向的一种批评》，《政治与法律》2016 年第 3 期。

82. 孙万怀、邱灵、侯婉颖：《论公共安全刑事政策的合法性》，《政治与法律》2011 年第 9 期。

83. 郎胜：《在构建和谐社会的语境下谈我国刑法立法的积极与谨慎》，《法学家》2007 年第 5 期。

84. 郎胜：《刑法修正案（八）解读》，《国家检察官学院学报》2011 年第 2 期。

85. 杜宇：《基于类型思维的刑法解释的实践功能》，《中外法学》2016 年第 5 期。

86. 杜宇：《再论刑法上之"类型化"思维——一种基于"方法论"的扩展性思考》，《法制与社会发展》2005 年第 6 期。

87. 魏东：《刑法修正案观察与检讨》，《法治研究》2013 年第 2 期。

88. 魏东：《〈刑法修正案（八）〉若干新规的诠释与适用》，《法治研究》2011 年第 5 期。

89. 孙道萃：《我国刑事司法智能化的知识结构与应对逻辑》，《当代法学》2019 年第 2 期。

90. 孙道萃：《移动智能终端网络安全的刑法应对——从个案样本切入》，《政治与法律》2015 年 11 期。

91. 孙道萃：《非法利用信息网络罪的适用疑难与教义学表述》，《浙江工商大学学报》2018 年第 1 期。

92. 王志远：《论我国刑法各罪设定上的"过度类型化"》，《法学评论》2018 年第 2 期。

93. 王志远：《事实与规范之间：当代中国刑法立法方法论批判》，《法制与社会发展》2011 年第 1 期。

94. 王志远：《〈刑法修正案（九）〉的犯罪控制策略视野评判》，《当代法学》2016 年第 1 期。

95. 何荣功：《社会治理"过度刑法化"的法哲学批判》，《中外法学》2015 年第 2 期。

96. 何荣功：《预防刑法的扩张及其限度》，《法学研究》2017 年第 4 期。

97. 何荣功：《要慎重对待"民生刑法观"》，《中国检察官》2014 年第 2 期。

98. 赵春玉：《罪刑法定的路径选择与方法保障——以刑法中的类型思维为中心》，

《现代法学》2014 年第 3 期。

99. 李海青：《体现公民权利的民主程序现代性价值共识达成的基本途径》,《云南大学学报》2013 年第 1 期。

100. 游涛、杨茜：《网络犯罪实证分析——基于北京市海淀区人民法院 2007—2016 年审结网络犯罪案件情况的调研》,《法律适用》2017 年第 17 期。

101. 艾佳慧：《网络时代的影响性诉讼及其法治影响力(上)——基于 2005—2009 年度影响性诉讼的实证分析》,《中国法律》2010 年第 4 期。

102. 赵琼：《民生语境下"诉求"——"民生立法"所怀揣的宪政意蕴》,《政法论坛》2013 年第 2 期。

103. 王利明：《我国案例指导制度若干问题研究》,《法学》2012 年第 1 期。

104. 卢晖临、李雪：《如何走出个案——从个案研究到扩展个案研究》,《中国社会科学》2007 年第 1 期。

105. 王永茜：《论现代刑法扩张的新手段——法益保护的提前化和刑事处罚的前置化》,《法学杂志》2013 年第 6 期。

106. 赵书鸿：《风险社会的刑法保护》,《人民检察》2008 年第 1 期。

107. 李小虎：《定义概念与被定义概念是具有同一关系的概念——与费洪稳同志商榷》,《山东师大学报》1987 年第 6 期。

108. 何大安：《理性选择向非理性选择转化的行为分析》,《经济研究》2005 年第 8 期。

109. 李树民：《当代中国司法公信力建构的政治蕴含》,《当代法学》2013 年第 6 期。

110. 郑成良、张英霞：《论司法公信力》,《上海交通大学学报》2005 年第 5 期。

111. 向玲、王宝玺、张庆林：《主观概率判断中次可加性的三因素实验研究》,《心理科学》2007 年第 1 期。

112. 刘媛媛：《刑法谦抑性及其边界》,《理论探索》2011 年第 5 期。

113. 刘权：《论必要性原则的客观化》,《中国法学》2016 年第 5 期。

114. 黄明儒：《论刑法的修改及其原则》,《山东警察学院学报》2009 年第 5 期。

115. 邢馨宇、邱兴隆：《刑法的修改：轨迹、应然与实然——兼及对刑法修正案(八)的评价》,《法学研究》2011 年第 2 期。

116. 姜忠：《论刑罚效益的实现途径》,《法学论坛》2008 年第 2 期。

117. 陈正云：《刑罚效益成本资源有效配置论》,《现代法学》1998 年第 4 期。

118. 刘大元：《论刑罚资源的有效配置》,《学术界》2011 年第 7 期。

119. 车浩：《刑事立法的法教义学反思——基于刑法修正案(九)的分析》,《法学》

2015 年第 10 期。

120. 车浩：《中国刑法学的现状、传统与未来》，《法学研究》2013 年第 1 期。

121. 李艳华、潘爱仙：《论司法效益》，《法商研究》1997 年第 3 期。

122. 凌霄：《论我国司法效益实现状况及其对策》，《南京航空航天大学学报》2001 年第 2 期。

123. 何柏生：《论法律价值的数量化》，《法律科学》2011 年第 6 期。

124. 易有碌、武杨琦：《科学立法的内涵与诉求——基于"法治建设新十六字方针"》，《江汉学术》2015 年第 2 期。

125. 张勇：《刑法修正案立法功能及其矫正》，《时代法学》2011 年第 1 期。

126. 庄乾龙：《从刑法修正案看经济刑法立法走向》，《研究生法学》2012 年第 2 期。

127. 苏永生：《变动中的刑罚结构——由刑法修正案（九）引发的思考》，《法学论坛》2015 年第 5 期。

128. 赵运锋：《惩罚主义立法与刑法教义学反思》，《河南警察学院学报》2016 年第 5 期。

129. 李晓欧：《中国重刑化弊端及其限制路径》，《当代法学》2010 年第 6 期。

130. 郭泽强：《从立法技术层面看刑法修正案》，《法学》2011 年第 4 期。

131. 刘春花：《宽严相济：刑事立法之政策选择》，《南都学坛》2011 年第 4 期。

132. 黑静洁：《刑法修正案之立法质量的实证考察》，《中国刑事法杂志》2010 年第 5 期。

133. 刘志伟：《刑法修正案（九）的犯罪化立法问题》，《华东政法大学学报》2016 年第 2 期。

134. 邵博文：《晚近我国刑事立法趋向评析》，《法制与社会发展》2015 年第 6 期。

135. 王玉珏：《对刑法修正案模式之再思考》，《社会科学家》2011 年第 3 期。

136. 肖世杰：《法律的公众认同、功能欺诈与道德承载》，《法学研究》2011 年第 4 期。

137. 陈银珠：《刑法修正案（八）的保守与激进：立法、民意和理论》，《湖南大学学报》2012 年第 4 期。

138. 邓路遥：《论影响性诉讼个案的法律价值》，《西部法学评论》2010 年第 5 期。

139. 郝艳兵：《影响性诉讼的司法应对——基于对刑事影响性个案的分析》，《西安电子科技大学学报》2013 年第 3 期。

140. 李晓明、李争尧：《"并合主义"刑罚观对我国刑法立法的推动》，《政法论丛》2016 年第 2 期。

141. 刘风景：《立法目的条款之法理基础及表述技术》，《法商研究》2013 年第 3 期。

142. 方宏伟、张忆白：《司法目标与司法再解读》，《西部法学评论》2015 年第 3 期。

143. 刘治斌：《立法目的、法院职能与法律适用的方法问题》，《法律科学》2010 年第 2 期。

144. 李翔：《刑法修订、立法解释与司法解释界限之厘定》，《上海大学学报》2014 年第 3 期。

145. 刘克毅：《法律解释抑或司法造法？——论案例指导制度的法律定位》，《法律科学》2016 年第 5 期。

146. 熊永明：《刑法立法协调性研究》，《河北法学》2011 年第 1 期。

147. 孙光宁：《案例指导的激励方式：从推荐到适用》，《东方法学》2016 年第 3 期。

148. 李森：《刑事案例指导制度的中国问题与德国经验———以"癖马案"为视角》，《湖南社会科学》2016 年第 3 期。

149. 胡云腾：《人民法院案例指导制度的构建》，《法制资讯》2011 年第 1 期。

150. 李相森：《当前案例指导制度存在的若干问题及其完善——以民国判例制度为参照》，《东方法学》2016 年第 1 期。

151. 林维：《论刑法立法解释权与立法权和司法权的纠葛》，《当代法学》2006 年第 5 期。

152. 彭文华：《黑社会性质组织犯罪若干问题研究》，《法商研究》2010 年第 4 期。

153. 贾济东：《论刑法立法解释与司法解释的协调》，《国家检察官学院学报》2004 年第 4 期。

154. 袁明圣：《司法解释"立法化"现象探微》，《法商研究》2003 年第 2 期。

155. 蒋凡：《醉酒驾车犯罪若干法律适用问题研究》，《犯罪研究》2010 年第 5 期。

156. 任则禹：《立法后评估的主体及其他》，《公民导刊》2010 年第 6 期。

157. 黄云波、黄太云：《论稳健型刑法立法观》，《中国刑事法杂志》2019 年第 3 期。

158. 黄太云：《〈刑法修正案（八）〉解读（二）》，《人民检察》2011 年第 7 期。

159. 晋涛：《合宪性原则在风险刑法个性中的运用》，《浙江树人大学学报》2017 年第 3 期。

160. 晋涛：《体系性原则在刑法修改中的应用》，《北华大学学报》2017 年第 2 期。

161. 公丕祥：《新时代中国法治现代化的战略安排》，《中国法学》2018 年第 3 期。

162. 公丕祥：《中国特色社会主义法治道路的时代进程》，《中国法学》2015 年第 5 期。

163. 公丕祥：《挑战与回应：有效满足人民群众司法新需求的时代思考》，《法律适用》2009 年第 1 期。

164. 周永坤：《法学的学科定位与法学方法》，《法学论坛》2003 年第 1 期。

165. 赫兴旺：《对新刑法典的简要评价》，《法学家》1997 年第 3 期。

166. 赫兴旺：《我国单行刑法的若干基本理论问题研析》，《法学家》1994 年第 4 期。

167. 李瑰华、姬亚平：《行政立法评估制度论析》，《江西社会科学》2013 年第 7 期。

168. 陈洪兵：《论中立帮助行为的处罚边界》，《中国法学》2017 年第 1 期。

169. 戴昕、申欣旺：《规范如何"落地"——法律实施的未来与互联网治理平台的实现》，《中国法律评论》2016 年第 4 期。

170. 陈春光、郭琳：《制度变迁与技术变迁双向互动》，《社会科学》1996 年第 10 期。

171. 谢治东：《论结果回避可能性与过失犯的归责》，《政法论坛》2017 年第 2 期。

172. 庄劲：《机能的思考方法下的罪数论》，《法学研究》2017 年第 3 期。

173. 黎宏：《终身监禁的法律性质及适用》，《法商研究》2016 年第 3 期。

174. 刘明祥：《区分制理论解释共同过失犯罪之弊端及应然选择》，《中国法学》2017 年第 3 期。

175. 舒洪水：《食品安全犯罪刑事政策：梳理、反思与重构》，《法学评论》2017 年第 1 期。

176. 卢有学：《论并存罪过》，《法律科学》2015 年第 1 期。

177. 卢勤忠：《程序性构成要件要素概念的提倡》，《法律科学》2016 年第 6 期。

178. 高艳东：《破坏生产经营罪包括妨害业务行为》，《预防青少年犯罪研究》2016 年第 2 期。

179. 李琳：《论"感情投资"型受贿罪的司法认定——兼论受贿罪"为他人谋取利益"要件之取消》，《法学论坛》2015 年第 5 期。

180. 程兰兰：《挪用公款罪犯罪构成之重构——以模糊性立法为视角》，《政治与法律》2013 年第 1 期。

181. 余俊：《环境污染罪的违法性问题思考》，《法学杂志》2011 年第 6 期。

182. 段启俊、刘源吉：《〈刑法修正案（八）〉新增坦白制度的理解与适用》，《法学杂志》2012 年第 7 期。

183. 柳忠卫：《刑法立法模式的刑事政策考察》，《现代法学》2010 年第 3 期。

184. 刘之雄：《单一化的刑法立法模式反思》，《中南民族大学学报》2009 年第 1 期。

185. 黄华平、梁晟源：《试论刑法修正案的立法模式》，《中国人民公安大学学报》2005 年第 3 期。

186. 吴学斌：《刑法思维之变革：从概念思维到类型思维——以刑法的适用为视角》，《法商研究》2006 年第 6 期。

187. 王昭振：《类型思维：刑法中规范构成要件要素存在的法理根据》，《法制与社会发展》2009 年第 1 期。

188. 姚建宗：《法学研究及其思维方式的思想变革》，《中国社会科学》2012 年第 1 期。

189. 利子平：《风险社会中传统刑法立法的困境与出路》，《法学论坛》2011 年第 4 期。

190. 孟庆华、李佳芮：《重构我国刑法分则体系若干问题探讨》，《河北师范大学学报》2012 年第 1 期。

191. 李培泽：《刑法分则体系的反思与重构》，《现代法学》1996 年第 3 期。

192. 王文华：《我国刑法分则研究之考察》，《东方法学》2013 年第 1 期。

193. 左卫民：《一场新的范式革命？——解读中国法律实证研究》，《清华法学》2017 年第 6 期。

194. 梁根林：《传统犯罪网络化：归责障碍、刑法应对与教义限缩》，《法学》2017 年第 2 期。

195. 马克平：《DNA 条形码：从物种到生物群区》，《生物多样性》2015 年第 3 期。

196. 肖显静：《转基因技术的伦理分析——基于生物完整性的视角》，《中国社会科学》2016 年第 6 期。

197. 苏力：《也许正在发生——中国当代法学发展的一个概览》，《比较法研究》2001 年第 3 期。

198. 周维明、赵晓光：《分化、耦合与联结：立体刑法学的运作问题研究》，《政法论坛》2018 年第 3 期。

199. 欧阳本祺、王倩：《〈刑法修正案（九）〉新增网络犯罪的法律适用》，《江苏行政学院学报》2016 年第 4 期。

200. 白建军：《中国民众刑法偏好研究》，《中国社会科学》2017 年第 1 期。

201. 胡江：《侵犯公民个人信息罪中"违反国家有关规定"的限缩解释——兼对侵犯个人信息刑事案件法律适用司法解释第 2 条之质疑》，《政治与法律》2017 年第 11 期。

202. 王华伟：《网络服务提供者的刑法责任比较研究》，《环球法律评论》2016 年第 4 期。

203. 郑智航：《网络社会法律治理与技术治理的二元共治》，《中国法学》2018 年第 2 期。

204. 徐汉明、张新平：《网络社会治理的法治模式》，《中国社会科学》2018 年第 2 期。

205. 朱景文：《论法治评估的类型化》，《中国社会科学》2015 年第 7 期。

206. 叶良芳：《科技发展、治理挑战与刑法变革》，《法律科学》2018 年第 1 期。

207. 贾健：《人类图像与刑法中的超个人法益——以自由主义和社群主义为视角》，《法制与社会发展》2015 年第 6 期。

208. 蔡曙山、薛小迪：《人工智能与人类智能——从认知科学五个层级的理论看人机大战》，《北京大学学报》2016 年第 4 期。

209. 简爱：《一个标签理论的现实化进路：刑法谦抑性的司法适用》，《法制与社会发展》2017 年第 3 期。

210. 张青波：《自我规制的规制：应对科技风险的法理与法制》，《华东政法大学学报》2018 年第 1 期。

211. 段伟文：《人工智能时代的价值审度与伦理调适》，《中国人民大学学报》2017 年第 6 期。

212. ［德］克劳斯·罗克辛：《对批判立法之法益概念的检视》，陈璇译，《法学评论》2015 年第 1 期。

213. 陈景辉：《捍卫预防原则：科技风险的法律姿态》，《华东政法大学学报》2018 年第 1 期。

214. 艾志强、沈元军：《科技风险与公众认知的关系研究》，《中国人民大学学报》2012 年第 4 期。

215. 冯洁语：《人工智能技术与责任法的变迁——以自动驾驶技术为考察》，《比较法研究》2018 年第 2 期。

216. 郑智航：《网络社会法律治理与技术治理的二元共治》，《中国法学》2018 年第 2 期。

217. 常鹏翱：《法律事实的意义辨析》，《法学研究》2013 年第 5 期。

218. 李怀胜：《域外刑罚民粹主义的模式、危害和启示》，《国家检察官学院学报》2015 年第 4 期。

219. 储槐植、侯幼民：《论刑事立法方法》，《中外法学》1992 年第 4 期。

220. 郝守才：《附属刑法的立法模式的比较和优化》，《现代法学》1996 年第 4 期。

221. 孟庆华：《附属刑法的立法模式问题探讨》，《法学论坛》2010 年第 3 期。

222. 张波：《论刑法修正案——兼谈刑事立法权之划分》，《中国刑事法杂志》2002 年第 4 期。

223. ［德］许乃曼：《传统过失刑事责任观念在当代社会中的弊端——新的趋势与展望》，王秀梅译，《法学家》2001 年第 3 期。

224. 程琳：《加快信息网络法治建设维护网络社会安全秩序》，《中国人民公安大学学报》2013 年第 1 期。

225. ［日］小野上真也：《从犯中客观成立条件的具体化》，《早稻田法学会志》第 60 卷 2 号（2010 年）。

226. ［美］保罗·H.罗宾逊、马卡斯·德克·达博：《美国模范刑法典导论》，刘仁文、王祎译，《时代法学》2006 年第 2 期。

227. 谢望原：《论拒不履行信息网络安全管理义务罪》，《中国法学》2017 年第 2 期。

228. 王牧：《我国刑法立法的发展反向》，《中国刑事法杂志》2010 年第 1 期。

229. 陈金钊、孙光宁：《"历史"的危机与"意义"的重生——法律解释中的历史方法（因素）》，《河南省政法管理干部学院学报》2006 年第 2 期。

230. 陈璐：《犯罪行为类型的立法设置问题研究》，《刑法论丛》2013 年第 4 期。

231. 许光：《论犯罪形势与刑罚轻缓化》，《北京化工大学学报》2009 年第 1 期。

232. 张珂：《宽严相济刑事政策下的假释制度分析——以〈刑法修正案（八）〉为背景》，《河南警察学院学报》2011 年第 3 期。

233. 赫韩伟：《"量刑轻缓化附条件展开的规范化努力"——"以需罚性消解"概念建构为起点》，《赤峰学院学报》2016 年第 10 期。

234. 石经海、严海杰：《中国量刑规范化之十年探讨与展望》，《法律科学》2015 年第 4 期。

235. 喻海松：《网络犯罪的立法扩张与司法适用》，《法律适用》2016 年第 9 期。

236. 阴建峰、刘雪丹：《网络刷单行为可能触犯五项罪名》，《检察日报》2017 年 4 月 17 日。

237. 孙道萃：《人工智能对传统刑法的挑战》，《检察日报》2017 年 10 月 22 日。

238. 张涛：《"醉驾入刑"，在争论中前行》，《民主与法制时报》2012 年 5 月 21 日。

239. 王一多：《危险驾驶：97.5％是男性驾驶员》，《四川法制报》2017 年 4 月 28 日。

240. 游伟：《社会治理切忌"泛刑法化"思维》，《法制日报》2012 年 2 月 23 日。

241. 陈丽萍：《扒窃行为是否应当入罪存争议》，《法制日报》2011 年 1 月 7 日。

242. 储陈城：《人工智能可否成为刑事责任主体》，《检察日报》2018 年 4 月 19 日。

243. 朱明哲：《法教义学与法社会学相遇点》，《中国社会科学报》2016 年 6 月 28 日。

四、外文文献

1. Michel Bellet，"Alternatives to Imprisonment in the German Criminal Justice System"，Fed. Sent. R，Vol. 16，No. 3（Feb.，2004）.

2. Benjamin L. W. Sobel, "Artificial Intelligence's Fair Use Crisis", Columbia Journal of Law & the Arts, Vol. 41, No. 1 (Oct. ,2017).

3. See Mindaugas Naucius, "Should Fully Autonomous Artificial Intelligence Systems Be Granted Legal Capacity", Teises Apzvalga Law Review, Vol. 17, No. 1 (Spring 2018).

4. Cara E. Rabe-Hemp, Anu Gokhale, Lori Woeste, "Perceptions of Science and Technology: A Comparison of Criminal Justice and Traditional Science and Technology Majors", Journal of Criminal Justice Education, Vol. 24, No. 2 (June, 2013).

5. Catherine Nunez, "Artificial Intelligence and Legal Ethics: Whether AI Lawyers Can Make Ethical Decisions", Tulane Journal of Technology and Intellectual Property, Vol. 20(Spring 2017).

6. Rosendo Abellera, Lakshman Bulusu, Oracle Business Intelligence with Machine Learning, Apress, 2018.

7. Calo, Ryan, "Artificial Intelligence Policy: A Primer and Roadmap", U. C. Davis Law Review, Vol. 51, No. 2 (Dec. , 2017).

8. Majid Yar, Cyber Crime and Society, SAGE Publications Inc, 2006.

9. David Lawrence, etc, "It's the Cyber Crime and Its Sponsors (Not My Cyber-Security), Stupid", Journal of Law & Cyber Warfare, Vol. 5, No. 2 (Winter 2017).

10. Jones, Meg Leta, "The Ironies of Automation Law: Tying Policy Knots with Fair Automation Practices Principles, Vanderbilt Journal of Entertainment & Technology Law", Vol. 18, No. 1,2015.

11. Rosendo Abellera, Lakshman Bulusu, Oracle Business Intelligence with Machine Learning, Apress, 2018.

12. George, O'Malley, "Hacktivism: Cyber Activism or Cyber Crime", Trinity College Law Review, Vol. 16,2013.

13. Pramod Kr. Singh, Laws on Cyber Crimes: Alongwith IT Act and Relevant Rules,Book Enclave Press, 2007.

14. Andrey Filchenkov, Lidia Pivovarova, Jan Žižka (Eds.), Artificial Intelligence and Natural Language, Springer, 2017.

15. Scutt, Jocelynne A, "Cyber Crime & Warfare; Cybercrime-The Psychology of

Online Offenders", Denning Law Journal, Vol. 26, 2014.

16. Andrew, Cornford, "Preventive Criminalization", New Criminal Law Review, Vol. 18, No. 1 (Winter 2015).

17. K. Jaishankar, Cyber Criminology: Exploring Internet Crimes and Criminal Behavior, CRC Press, 2011.

18. Bennett, Capers, "Crime, Legitimacy, Our Criminal Network, and the Wire", Ohio State Journal of Criminal Law, Vol. 8, NO. 2 (Spring 2011).

19. Debarati Halder, K. Jaishankar. Cyber Crime and the Victimization of Women: Laws, Rights and Regulations, Information Science Reference, 2012.

20. Vivien. Marx, "Gene: How to Stay On-target with CRISPR, Nature Methods", Vol. 11, No. 10, 2014.

21. Ariel Ezrachi, Maurice E. Stucke, "Artificial Intelligence & Collusion: When Computers Inhibit Competition", University of Illinois Law Review, Vol. 2017, No. 5 (2017).

22. Andrew Arruda, "An Ethical Obligation to Use Artificial Intelligence: An Examination of the Use of Artificial Intelligence in Law and the Model Rules of Professional Responsibility", American Journal of Trial Advocacy, Vol. 40, No. 3 (Spring 2017).

23. Debra Littlejohn Shinder, Scene of the Cybercrime: Computer Forensics Handbook, Syngress Publishing, 2002.

24. Petter Gottschalk, Policing Cyber Crime, Petter Gottschalk & Ventus Publishing ApS, 2010.

25. Soloviova A. , "Some Aspects of the Criminal Responsibility for Crimes against Property Committed with the Use of Computer Technology by the Legislation of Ukraine and Some Foreign Countries", Juridical Science, Vol. 2016, No. 9 (2016).

26. SchwienbacherArmin, Larralde Benjamin. Crowdfunding of Small Entrepreneurial Ventures. SSRN Working Paper. 2010.

27. System Security Study Committee, Computer at risk: Safe computing in the information age, Nationgal Academies Press, 2008.

28. J. S. Mill, On Liberty, J. M. Dent & Sons Ltd. 1910.

29. Bernard E. Harcout, "The Collapse of the Harm Principle", 90 J. Crim. L. &

Criminology，Vol. 90，No. 1(Fall 1999).

30. Vgl. Stratenwerth,Das Strafrecht in der Krise der Industriegesellschaft，1993，S. 17.

31. Lucj Wintgens Legisprudence. A New Theoretical Approach to Legislation，Oxford Hart，2002.

32. Rosendo Abellera，Lakshman Bulusu，Oracle Business Intelligence with Machine Learning，CA：Apress,2018.

33. Elizabeth E. Joh，"Private Security Robots，Artificial Intelligence，and Deadly Force"，U. C. Davis Law Review，Vol. 51，No. 2 (Dec. ，2017).

34. Song Moonho，Leonetti Carrie，John Marshall Journal of Computer & Information Law，No. 28，No. 4 (Summer 2011).

35. H. L. A. HART，The Concept of Law，Oxford University Press，1994.

36. Thomas Burri，"The Politics of Robot Autonomy"，European Journal of Risk Regulation (EJRR)，Vol. 7，No. 2 (June,2016).

37. Fissell，Brenner M. ，"Abstract Risk and the Politics of the Criminal Law"，American Criminal Law Review，Vol. 51，No. 3 (Summer 2014).

38. K. Jaishankar，Cyber Criminology：Exploring Internet Crimes and Criminal Behavior，CRC Press，2011.

39. A. Von Hirsch，Extending the Harm Principle："Remote" Harms and Fair Imputation，in A. P. Simester and A. T. H. Smith (eds.)，Harm and Culpability. Oxford University Press，1996.

40. Cristian-Vlad Oancea，"Artificial Intelligence Role in Cybersecurity Infrastructures"，International Journal of Information Security and Cybercrime，Vol. 4，No. 1，(winter 2015).

41. Toni M. Massar,Helen Norton，"Siri-Ously? Free Speech Rights and Artificial Intelligenc"，Northwestern University Law Review，Vol. 110，No. 5 (June，2016).

42. Ryan Calo，"Peeping HALs：Making Sense of Artificial Intelligence and Privacy"，European Journal of Legal Studies，Vol. 2，No. 3 (May，2010).

43. Sean Semmler，Zeeve Rose，"Artificial Intelligence：Application Today and Implications Tomorrow"，Duke Law & Technology Review，Vol. 16，No. 1 (Winter，2017－2018).

44. Thomas Burri, "The Politics of Robot Autonomy", European Journal of Risk Regulation (EJRR), Vol. 7, No. 2 (June, 2016).

45. Immanuel Kant, Kritik der praktischen Vernunft, Werke in zehn Bänden, 1975.

46. Burkhard, Schafer, "Editorial: The Future of IP Law in an Age of Artificial Intelligence", SCRIPTed: A Journal of Law, Technology and Society, Vol. 13, No. 3 (Dec. , 2016).

47. Rosendo Abellera, Lakshman Bulusu, Oracle Business Intelligence with Machine Learning, Apress, 2018.

48. Scherer, Mattew U, "Regulating Artificial Intelligence Systems: Risks, Challenges, Competencies, and Strategies", Harvard Journal of Law & Technology, Vol. 29, No. 2(Spring 2016).

49. Darryl K, Brown, "Criminal Law Reform and the Persistence of Strict Liability", Duke Law Journal, Vol. 62, No. 2 (Nov. , 2012).

50. Arruda, Andrew, "An Ethical Obligation to Use Artificial Intelligence: An Examination of the Use of Artificial Intelligence in Law and the Model Rules of Professional Responsibility", American Journal of Trial Advocacy, Vol. 40, No. 3 (Spring 2017).

51. Naucius, Mindaugas, "Should Fully Autonomous Artificial Intelligence Systems Be Granted Legal Capacity", Teises Apzvalga Law Review, Vol. 17, No. 1 (Spring 2018).

52. Omer Tene, Jules Polonetsky, "Taming the Golem: Challenges of Ethical Algorithmic Decision-Making", North Carolina Journal of Law & Technology, Vol. 19, No. 1 (Oct. , 2017).

53. Durkheim, E. , The Rules of Sociological Method, Free Press, 1982.

54. H. L. A. Hart, The Concept of Law, New York: Oxford University Press, 1994.

55. Alan L. Schuller, "At the Crossroads of Control: The Intersection of Artificial Intelligence in Autonomous Weapon Systems with International Humanitarian Law", Harvard National Security Journal, Vol. 8, No. 2 (Winter 2017).

后　记

　　刑法立法方面的研究算不上是一个新话题,因而,其作为学术研究的选题具有相当程度的局限性。但是,前述文字并不是就立法而研究立法,而是要通过立法反思刑法立法方法,因而在研究过程中,既需要横向地考察域外的立法脉络及其现状,同时又需要对国内刑法立法有一纵向地梳理与归纳,从而寄希望能够对我们未来的刑事立法及其规范完善有更好的指导意义。因而,能够有幸获得司法部重点项目的支持并从事刑法立法方法的研究,对我而言实际上也是一个重要的学习机会,是对原有刑法立法规范的零散化解读到有更系统感悟的提升过程,尽管其间的研究有其艰辛之处,但是内心一直充满激励。

　　就我国刑事立法的发展历程来看,从 1979 年刑法典颁布实施至 2019 年,已经整整跨越了四十年。四十年的风雨历程,见证了刑事法治点滴成长的不易"过往",也见证了中国特色社会主义法律体系不断成熟完善的"今生"。在这四十年的岁月洗礼中,新中国的刑法立法从无到有、从不成熟到不断完善,取得的成绩有目共睹,这是刑法几代学界同仁共同努力的成果,虽然未必"尽如人意",但也一直在"不辱使命"地辛勤耕耘。我们肯定刑事立法规范化完善的积极意义,与之同时,也要看到刑事立法方法及其部分规范存在的欠缺之处。法治化运行的过程是一个不断去除非理性化的过程,刑法立法作为法治化的缩影也是如此,它必然要在学者们不断的检讨与审视中受到理性关注,并在事实与规范之间的往返省思中得以渐进成长。

党的十八大提出了依法治国的"新十六字方针",即"科学立法、严格执法、公正司法、全民守法"。这一"新十六字方针"把"科学立法"作为核心要求并置于依法治国的首要位置,由此仍然能够看到立法的重要地位与基础价值。在全面依法治国的法治方略中,"科学立法"的政策指引已经深入人心,关键在于,"科学立法"作为一种目标及要求如何转化为立法实践、如何真正产出科学化的立法产品,这是需要我们共同关注之事。理所应当的是,"科学立法"一定是通过科学性立法方法而取得的立法成果,欠缺了这一科学方法的护佑,"科学立法"终究只能是一种期待。因而,刑法的"科学立法"也必须回归到科学立法方法上面来,通过科学的方法手段而源源不断地输出科学的立法产品。

刑法的不断修订完善已经成为客观事实,从成文法国家来看,伴随社会发展进行刑事立法的修订已经成为常态,这也说明了刑法的生命在于不断与社会相结合,说明依赖科学立法方法的修订是延续刑法生命力的一种表现方式。就我国刑事立法的实践来看,十个刑法修正案组成了刑事立法修订的整体格局,刑事立法的活性化特征已经呈现得较为明显。因而,既要保持一种不断往前看、向前走的立法动态趋势,同时也要通过回溯性地总结前期立法经验,通过前期丰富的立法素材而归纳其间的利弊得失,从而更好地指导未来必不可少的刑法立法活动。

在笔者研究刑法立法方法的同时,相关教义学的文章与著述俯拾即是,刑法教义学正方兴未艾,而且刑法教义学也引发了法教义学研究的连锁效应。在此过程中,部分学者正大力呼吁我们应当从"刑法立法中心主义"走向"刑法司法中心主义"。因而,在刑法教义学如火如荼的背景下,从某种程度上来说,刑法立法或者刑法立法方法的著述是不合当下"潮流"的,但是,要真正撇开刑法立法与刑事司法之间的关系,仍然永远都只是一种奢望。甚或在某种意义上,司法中心主义或者教义学论的呼吁者并不是真正意义上的刑法立法否定论者,他们更期望的是刑事司法者能够通过教义运用而自主发现立法规范背后的真谛,通过教义挖掘并揭示条款背后的价值与内涵,以刑法既有条文为基础自主性地生产出刑法知识,而不是把所有的重任寄托于刑法立法来解决。

因而,在此层面来说,刑法教义学与刑法立法论并不是相互矛盾的。

刑法教义学是以刑法规范为逻辑前提的,是从现有规范出发的教义阐释,但是缺乏规范或者规范有所欠缺时,单纯的教义分析仍然不能自给自足。教义能够一定程度地弥补刑法成文规范的不足,但是此种漏洞填充仍然是有局限性的,因而通过教义阐述而发现立法规范的短板,并通过刑事立法予以及时修订补充,这也是刑法教义学之于刑法立法的积极意义。立法与司法永远是刑事法治一体二面的共同存在,刑法立法指导刑事司法进行良好运作,刑事司法反向促进刑法立法的更好完善,在彼此二者的互动关系中,仍然很难说哪一个是光环照映的"中心",哪一个是辅助性的"配角"。

毋庸置疑,刑法立法作为相当宏大的学术叙事,牵涉到刑法内外的多方面知识体系,牵涉到刑事政策、秩序调整、权利保障、刑法理性、非刑事法律衔接等多方面的内容。这不是当下就能够完全胜任的工作,这也决定了笔者在以后的学术探讨中需要继续对此"且行且思"。除此之外,刑法立法方法需要刑法之外的立法经验、立法体会与立法感悟,很遗憾的是,笔者在此方面也是欠缺的,在现有短时间内也是无法弥补的。但是,让人欣慰的是,笔者对此方面的学术兴趣还在,对刑法立法方面的研究热情也未曾消减,这将作为后期研究的动力所在,也权当勉励自己研究成果后续推出的一份期待吧。

感谢司法部对本课题的顺利立项并予以的经费资助,感谢司法部研究室对本课题组织的现场结项答辩,感谢校内外评审专家参与结项评审并提出的积极且有益的诸多建议。课题研究的部分阶段性成果已经在相关学术刊物上公开发表,这些阶段性成果部分是课题主持人与课题参与者共同完成的,本书一并收录并作了相应调整,合作完成与刊发情况已经在书中的具体位置进行了备注说明。感谢前期成果的共同撰写者,感谢期刊编辑们的辛勤付出与无限厚爱,感谢出版社责任编辑老师的细致与热情,点点滴滴的情谊已经永驻我心。感谢本人所指导的博士生与硕士生为本课题的辛勤付出,正是有了大家的反复研讨和卓有成效的辅助性工作,现有的成果才能完整地以现有状态呈现出来。

课题研究暂时告一段落,但是,刑法立法方法的研究并未真正完结,对此课题的关注与思考仍将进一步延续。对笔者而言,刑法立法方法只是开启了个人学术研究的另一个窗口,把我引入到刑法立法方面研究的场域中来,让我能够时时在立法与司法的相互映照中进行更全面、更系统、更深入的问题思考。现有完成的学术研究只是一个阶段性的小结,相关的学术思考仍将不断进行,当然,作为后期的研究,仍然要留待以后细细耕耘……

陈伟

2019 年 5 月 2 日

2019 年 8 月 31 日修改

于绿地翠谷寓所

图书在版编目（CIP）数据

刑法立法方法研究/陈伟著. —上海：上海三联书店，2020.7
ISBN 978－7－5426－6954－4

Ⅰ.①刑…　Ⅱ.①陈…　Ⅲ.①刑法－立法－研究
Ⅳ.①D914.04

中国版本图书馆 CIP 数据核字（2019）第 296443 号

刑法立法方法研究

著　　者/陈　伟

责任编辑/殷亚平
装帧设计/一本好书
监　　制/姚　军
责任校对/王凌霄

出版发行/上海三联书店
　　　　　（200030）中国上海市漕溪北路 331 号 A 座 6 楼
邮购电话/021－22895540
印　　刷/上海惠敦印务科技有限公司

版　　次/2020 年 7 月第 1 版
印　　次/2020 年 7 月第 1 次印刷
开　　本/640×960　1/16
字　　数/300 千字
印　　张/25.75
书　　号/ISBN 978－7－5426－6954－4/D·443
定　　价/88.00 元

敬启读者，如发现本书有印装质量问题，请与印刷厂联系 021－63779028